ÉTUDES MUSULMANES

Fondées par
Étienne Gilson et Louis Gardet

Dirigées par
Cristina D'Ancona Costa

HÉTÉRODOXES ET NON MUSULMANS DANS LA PENSÉE D'ABŪ ḤĀMID AL-ĠAZĀLĪ

DANS LA MÊME COLLECTION
(DERNIÈRES PUBLICATIONS)

Tome 54 – AVERROÈS (IBN RUŠD), *Destruction de la Destruction (Tahāfut al-tahāfut)*, présentation, trad. de l'arabe et notes par Taïeb Meriane, précédé d'une étude de Gerhard Endress, *Le projet d'Averroès*, 520 p., 2022.

Tome 53 – JABBOUR J., *De la matière à l'intellect. L'âme et la substance de l'homme dans l'œuvre d'al-Fārābī*, 472 p., 2021.

Tome 52 – *Noétique et théorie de la connaissance dans la philosophie arabe du* IXe *au* XIIe *siècle. Des traductions gréco-arabesaux disciples d'Avicenne*, M. Sebti et D. De Smet (éd.), 412 p., 2019.

Tome 51 – TABBARA N., *L'itinéraire spirituel d'après les commentaires soufis du Coran*, 328 p., 2018.

Tome 50 – BENKHEIRA M. H., *La maitrise de la concupiscence. Mariage, célibat et continence sexuelle en Islam, des origines au* X[e]/XIe *siècle*, 504 p., 2017.

Tome 49 – VAJDA G., *Pensées médiévales en hébreu et en arabe. Études (1931-1981)*, études réunies et introduites par E. Coda, 376 p., 2016.

Tome 48 – BORRMANS M., *Quatre acteurs du dialogue islamo-chrétien, Arnaldez, Caspar, Jomier, Moubarac*, Avant-propos de Henri de la Hougue, 152 p., 2016.

Tome 47 – ARNALDEZ R., *Aspects de la pensée musulmane*, préface par Maurice Borrmans, 320 p., 2015.

Tome 46 – *De l'Antiquité tardive au Moyen Âge; Études de logique aristotélicienne et de philosophie grecque, syriaque, arabe et latine offertes à Henri Hugonnard-Roche*, E. Coda & C. Martini Bonadeo (éd.), 664 p., 2014.

Tome 45 – AVICENNE, *Commentaire sur le livre* Lambda *de la* Métaphysique *d'Aristote*, éd. critique, traduction et notes par Meryem Sebti, Marc Geoffroy et Jules Janssens, 120 p., 2014.

Tome 44 – DAFTARY F., *Les ismaéliens dans les sociétés musulmanes médiévales*, 184 p., 2011.

Tome 43 – IBN ZUHR DE SÉVILLE, *Le traité médical* (*Kitâb al-Taysir*), introduit, traduit et annoté par Fadila Bouamrane, 480 p., 2010.

Tome 42 – AL-ĠAZÂLÎ, *Le critère de distinction entre l'islam et l'incroyance. Interprétations et divergences en Islam*, édition, trad., présentation et notes par M. Hogga, 128 p., 2010.

Tome 41 – BONMARIAGE C., *Le réel et les réalités. Mulla Sadra Shirazi et la structure de la réalité*, 352 p., 2008.

Tome 40 – DAFTARY F., *La légende des Assassins. Mythe sur les ismaéliens*, 208 p., 2007.

Tome 39 – ARNALDEZ R., *Les sciences coraniques, Grammaire, droit, théologie et mystique*, 288 p., 2005.

Tome 38 – VALLAT Ph., *Al-Fârâbî et l'école d'Alexandrie. Des prémisses de la connaissance à la philosophie politique*, 432 p., 2004.

Tome 37 – ARNALDEZ R., *Fakhr al-Dîn al-Râzî, commentateur du Coran et philosophe*, 288 p., 2005.

Tome 36 – ALAMI A., *L'ontologie modale. Étude de la théorie des modes d'Abû Hâšim al-Ǧubbâ'î*, 240 p., 2001.

Tome 35 – JOMIER J., *L'islam vécu en Égypte*, 244 p., 1994.

ÉTUDES MUSULMANES

LV

Emmanuel PISANI

HÉTÉRODOXES ET NON MUSULMANS DANS LA PENSÉE D'ABŪ ḤĀMID AL-ĠAZĀLĪ

Ouvrage publié avec le concours
du Centre national du livre

PARIS

LIBRAIRIE PHILOSOPHIQUE J. VRIN

6 place de la Sorbonne, V^e^

2022

La thèse dont est issu l'ouvrage a reçu le prix Mohammad Arkoun en 2016.

Imprimé en France

ISSN 0531-1888
ISBN 978-2-7116-2980-0

www.vrin.f

AVERTISSEMENT

Afin d'éviter les confusions, nous suivons pour la retranscription des noms arabes le système le plus commun d'*Arabica*, soit dans l'ordre de l'alphabet arabe : ʾ, b, t, ṯ, ǧ, ḥ, ḫ, d, ḏ, r, z, s, š, ṣ, ḍ, ṭ, ẓ, ʿ, ġ, f, q, k, l, m, n, h, w, y.

tâ marbûṭa : a, at (état construit)

article : al- et l- (même devant les lettres solaires)

voyelles : a, i, u, ā, ī, ū ; diphtongues : aw, ay.

Les dates données des auteurs sont celles de leurs décès avec en premier celle du calendrier musulman (hégirien), puis son équivalent dans le calendrier grégorien. Pour les auteurs contemporains, nous ne mentionnons que celle du calendrier grégorien.

Le Coran (abrévation : S.) est cité d'après la traduction de Denise Masson, éventuellement modifiée.

La marque du pluriel des mots translittérés les plus courants est le s. Nous écrivons ainsi les *ḥadīṯs* ou les *ḏimmīs*.

Pour les références dans l'*Iḥyāʾ*, nous renvoyons à deux éditions : Dār al-Salām, 2007 et [Dār al-Minhāǧ, 2011]. Nous traduisons les divisions comme suit :

ʿār pour *ʿāriḍ* (incidence)
a pour *aṣl* (fondement)
B pour *Bāb* (partie)
b pour *bayān* (article)
d pour *daraǧa* (classe)
ḏ pour *ḏikr* (mention)
f pour *faṣl* (chapitre)
fā pour *fāʾida* (bénéfice)
fq pour *firqa* (segment)
ḥ pour *ḥāla* (cas)
Ḫ pour *ḫātima* (épilogue)
K pour *Kitāb* (livre)
l pour *lafẓ* (énoncé)
m pour *masʾala* (question)
mʿ pour *maʿnā* (signification)
ma pour *martaba* (degré)
maq pour *maqām* (aspect)
mi pour *miṯāl* (exemple)
mu pour *mudrak* (concept)
mur pour *murābaṭa* (application)
Q pour *Qawl* (considération)
q pour *qism* (numéro)

R pour *Rukn* (section)
r pour *rutba* (classe)
Š pour *Šaṭr* (division)
ṣ pour *ṣifa* (titre)
ṣf pour *ṣinf* (catégorie)
ṭ pour *ṭabaqa* (rubrique)
w pour *waẓīfa* (fonction)
wa pour *waǧh* (aspect)

NB : ce livre est la version très sensiblement résumée de notre thèse de doctorat. Pour l'exposé et les précisions de l'appareil critique, il conviendra de se repporter au travail de thèse. Les parties ayant fait l'objet d'une publication sont intégrées de manière synthétique à la cohérence de notre propos. Pour plus de précisions, nous renvoyons le lecteur à leurs lectures.

C'est le Père Caspar qui m'inspira ce sujet de thèse tandis que je faisais mes premiers pas en islamologie au PISAI à Rome en 2006. La lecture d'un de ses articles parus dans *Islamochristiana* attira mon attention sur Abū Ḥāmid al-Ġazālī et son *Fayṣal al-tafriqa bayna l-islām wa l-zandaqa* dans lequel il dessinait des perspectives audacieuses pour penser une théologie des religions. Je tiens à remercier Madame Geneviève Gobillot qui su m'écouter, me confirmer dans l'intérêt de ma recherche, me transmettre déjà des clefs pour la définition d'une problématique, ainsi que Michel Younès, qui m'aida à comprendre comment le théologien interroge une question d'islamologie.

Je remercie bien sûr mes frères dominicains pour leur aide précieuse, leurs conseils de lecture, leur écoute bienveillante au cours de conversations fraternelles et informelles. Je dois citer en tout premier lieu le frère Emilio Platti, toujours très généreux pour aider et encourager les frères doctorants, mais aussi les frères Claude Gilliot, Jean Druel, Rémi Chéno, André-Pierre Maistre, Régis Bron, Gilles Danroc. Je tiens aussi à remercier la province de Toulouse et le frère Gilbert Narcisse, provincial, ainsi que le Régent des études, le frère Luc-Thomas Somme, pour leur confiance et pour la disponibilité qu'ils m'ont donnée afin de mener à bien cette recherche.

Je remercie l'Institut Dominicain d'Études Orientales pour son accueil huit mois durant, le frère René-Vincent Guérin du Grandlaunay, pour la facilité qu'il m'a accordée dans l'accès au magasin de la bibliothèque et le frère Jean-Jacques Pérennès pour la bourse qui me fut octroyée. Enfin, je remercie les frères de mon couvent de Montpellier qui ont tout fait pour me ménager du temps malgré les nombreuses charges conventuelles et apostoliques à assumer. Un merci tout particulier au frère Rémy Bergeret.

INTRODUCTION

Dès la mort du prophète de l'islam, la communauté musulmane a été le théâtre de profondes divisions marquées par des conflits meurtriers entre les premiers musulmans : c'est la grande discorde (*al-fitna al-kubrā*)[1] qui a conduit au premier schisme ḫāriğite et à la constitution du parti de ʿAlī, la *šīʿa*. Résultat d'une "disjonction originelle", ces oppositions intestines ne l'ont jamais quitté. Politiques en leur origine, les divisions sont devenues doctrinales, réduisant à néant l'aspiration à l'unité de l'*umma*. L'hétérodoxe est désormais à combattre, que les différences soient marginales ou fondamentales, qu'elles relèvent de la pratique ou du *credo*, qu'elles concernent l'interprétation coranique ou l'acceptation d'une parole prophétique. Un célèbre *ḥadīṯ* est cité généralement par les hérésiographes en exergue à leurs ouvrages[2] comme formule d'avertissement prophétique : « Les juifs se sont divisés en soixante et onze groupes et un seul va au paradis, les autres en enfer ; les chrétiens se sont divisés en soixante-douze groupes, un seul d'entre eux entrera au paradis, les autres iront en enfer ; de même ma communauté s'est divisée en soixante-treize groupes et un seul d'entre eux ira au paradis, les autres en enfer »[3].

Ce phénomène de fragmentation, de divergence, d'*iḫtilāf* est loin de satisfaire les différents courants musulmans, car l'unité reste l'idéal. Les divisions et les polémiques constituent un défi pour la communauté musulmane en son ensemble, toujours en proie à la violence des « identités meurtrières » sur fond de rivalités politiques et de querelles de légitimité. Parallèlement, cette situation s'est trouvée très tôt doublée de l'exclusion du musulman de la communauté, le terme de *kāfir* étant utilisé par l'ensemble de ces factions elles-mêmes pour

1. H. Djaït, *La grande discorde, Religion et politique dans l'Islam des origines*, Paris, Gallimard, 1989.

2. Al-Baġdādī, *Al-Al-Farq bayna l-firaq*, éd. M. Muḥyī al-dīn ʿAbd al-Ḥamīd, al-Qāhira, sd, p. 4, 13 *sq.* ; al-Šahrastānī, *Al-Milal wa l-niḥal*, éd. M. Fath Allāh Badrān, 2 t., al-Qāhira, 1366-1375/1947-1955, p. 7 ; trad., introd. et notes D. Gimaret et G. Monnot, *Livre des religions et des sectes*, 2 t., Louvain, Peeters, UNESCO, 1986 et 1993, p. 109.

3. Ibn Māğah, *Al-Sunan*, n° 3992. À propos de ce *ḥadīṯ*, *cf.* S. Dedering, « Ein *Kommentar* der *Tradition* über die 73 Sekten », *Le Monde Oriental*, XXV, 1931.

désigner « l'infidèle extérieur » : le non-musulman, le juif, le chrétien, le bouddhiste, l'athée, et beaucoup d'autres encore.

Quel sens les penseurs musulmans ont-ils donné à ces deux catégories de divergences religieuses ? Pouvaient-elles être envisagées sur un même plan ? Ont-elles été considérées comme entrant dans le dessein de la perfection de la création voulue par Dieu ? Ont-elles constitué un défi pour les hommes en vue de rechercher l'unité ou exhorter à une fructueuse émulation dans le respect de chaque faction, conformément à l'incitation du Coran : « Il y a pour chacun une Direction vers laquelle il se tourne. Cherchez à vous surpasser les uns les autres dans les bonnes actions » (S. 2, 148) ? Ou bien ont-elles donné lieu à d'autres attitudes, le penseur ou le théologien constituant le vecteur idéologique d'un parti ou d'une faction de l'islam ?

Pour tenter de répondre à ces questions incontournables, nous avons scruté la pensée d'un des plus grands auteurs de l'islam classique, Abū Ḥāmid al-Ġazālī (m. 505/1111), surnommé la « Preuve de l'islam », *Ḥuǧǧat al-islām*. À son époque, en effet, les questions relatives aux polémiques et aux querelles fratricides se posaient avec la même acuité qu'elles s'étaient posées à la naissance de l'islam ou qu'elles se posent encore aujourd'hui dans nombreux milieux religieux.

Né à Ṭūs en 450/1058, d'obédience šāfiʿite et ašʿarite, philosophe et mystique soufi, al-Ġazālī est aujourd'hui le penseur classique le plus représentatif de l'islam sunnite et l'un des auteurs les plus étudiés et les plus édités du monde universitaire musulman, tandis qu'en Europe des collections lui sont consacrées[1]. Le réformiste pakistanais Muḥammad Iqbāl (m. 1938) le compare à Emmanuel Kant en tant que fondateur d'une nouvelle direction pour la philosophie[2]. Le fondamentaliste Mawdūdī (m. 1979) l'évoque comme l'un des grands réformateurs (*muǧaddid*) de l'âge d'or de l'islam[3]. ʿAbd al-Raḥmān Badawī, qui a édité plusieurs de ses textes, le considère comme « le penseur musulman et humaniste le plus important »[4]. Abū al-Ḥasan ʿAlī Ḥasanī Nadwī (m. 1999), l'un des fondateurs de la Ligue islamique mondiale, dit d'al-Ġazālī « qu'il compte parmi les auteurs les plus éminents du monde islamique, qu'il en est l'un des plus grands esprits, l'un des plus grands réformateurs et rénovateurs dont le crédit est immense au sein du monde islamique »[5]. L'historien

1. À l'exemple de la collection *Fons Vitae* éditée par *The Islamic Texts Society* ou de la collection grand public « Revivification » chez Al-Bouraq.

2. Muḥammad Iqbāl, *Taǧdīd al-tafkīr al-dīnī fī l-islām* [Le renouveau de la pensée religieuse en islam], trad. en arabe ʿAbbās Maḥmūd, al-Qāhira, *Laǧnat al-ta'līf wa l-tarǧama wa l-našr*, I-I, 1968, I, 10 *sq.* Pour Iqbāl, al-Ġazālī et Kant donnent à la philosophie une direction nouvelle en montrant que la Dogmatique n'est pas à subordonner aux preuves rationnelles.

3. Mawdudi, *A Short History of the Revivalist Movement in Islam*, Lahore, Islamic Publications, 1963, p. 52-61.

4. ʿAbd al-Raḥmān Badawī, *Mu'allafāt Al-Ġazālī*, Kuweit, Wakālat al-Maṭbūʿāt, 1977, p. 19.

5. Rapporté par Yūsuf Qaradāwī, *Al-Imām Al-Ġazālī bayna mādiḥīhi wa nāqidīhi*, Bayrūt, Muwassat al-risāla, 1994, p.w.

tunisien Abdelmajid Charfi voit en ses écrits les fondements d'un islam du sujet libéré de l'asservissement d'une tradition suivie aveuglément (*taqlīd*)[1]. Ǧamāl al-Banna (m. 2013) loue sa piété irréprochable et sa stature. Parmi les orientalistes, d'aucuns ont vu en lui le précurseur ou même l'inspirateur de Dante[2] ou de Descartes[3] tandis que le chercheur sud-africain Ebrahim Moosa n'hésite pas, non sans audace, à convoquer Ricœur, Lévi-Strauss ou MacIntyre pour décrypter la richesse de sa personnalité et approfondir la compréhension de son enseignement[4]. Son autobiographie, le *Munqiḏ min al-ḍalāl,* a été comparée aux *Confessions* de saint Augustin[5] et Abdelmalek Smari a relevé la profonde correspondance de leur enseignement caractérisé par la purification du cœur, une revivification de la lettre par l'Esprit, une spiritualité de la contemplation[6].

CONTEXTE HISTORIQUE DES DIVERGENCES ENTRE FACTIONS À L'ÉPOQUE D'AL-ĠAZĀLĪ

La seconde moitié du cinquième siècle de l'Hégire est traversée par une recrudescence des conflits religieux entre écoles sunnites. Face à la puissance croissante des ismaéliens, Niẓām al-Mulk (m. 485/1092), vizir des sultans seldǧūqides Alp Aslān et Malik Šāh Ier, soutient l'alliance entre le califat et le sultanat[7]. Dans ce contexte, il fonde des écoles en vue de véhiculer une idéologie conciliatrice. Entreprise hasardeuse car ces écoles, en privilégiant le šāfiʿisme et l'ašʿarisme suscitent la colère des ḥanbalites et des ḥanafites comme le rapportent les *Chroniques*[8]. Ainsi, en signe de résistance, Abū Saʿd al-Mustawfī, riche commerçant et financier, mécène important des ḥanafites, fit

1. Il écrit à propos de l'*Iḥyā'* : « dans son livre *La revivification des sciences de la religion*, al-Ġazālī utilise souvent l'expression "consulte ton cœur" : la formule mériterait d'être prise par les musulmans comme règle pour combler l'écart qui sépare la religion de la vie et pour briser l'imitation aveugle qui ne repose sur aucun argument valable » : Abdelmajid Charfi, *L'islam entre le message et l'histoire*, trad. de l'arabe A. Ferré, « L'islam des Lumières », Paris, Albin Michel, 2004, p. 74. Pour l'expression : « *istafti qalbak* » : K. 14 (*Kitāb al-ḥalāl wa l-ḥarām*) B. 2, 2, q. 2 [V. 3, p. 399]. Elle renvoie au *ḥadīṯ* d'al-Nawawī, n°27.

2. M. Asín Palacios, *Dante y el Islam*, Madrid, Voluntad, 1927.

3. Mahmoud Zakzouk, *Ghazali und Descartes. Ein interkultureller Vergleich*, Nordhausen, Interkulturelle Bibliothek, 2005. À la différence de Descartes que le doute conduit à poser la seule existence du « moi », al-Ġazālī voit dans ce doute l'occasion d'approfondir sa recherche de la certitude.

4. E. Moosa, *Ghazālī and the Poetics of Imagination*, Chapel Hill-London, The University of North Carolina Press, 2005.

5. H. Frick, *Ghazalis Selbstbiographie. Ein Vergleich mit Augustins Konfessionen*, Leipzig, Giessen, 1919.

6. Conférence donnée à la semaine augustinienne, le 1er septembre 2007, à Cassago Brianza (Cassiciacum) Varèse pour l'association Historique-culturelle St Augustin.

7. Niẓām al-Mulk, *Siyāsat nāmah*, Bayrūt, Dār al-Rā'id al-ʿArabī, 1976 [*Traité de gouvernement*, trad fr. Ch. Schefer, Paris, Sindbad, 1999].

8. Ibn al-Ǧawzī, *Kitāb al-muntaẓam*, Haydarābād, s.d., IX, p. 14.

construire juste devant la première *niẓāmiyya*, une *madrasa* de droit ḥanafite. De même, la rétractation publique d'Ibn ʿAqīl en 465/1073, exigée par les ḥanbalites contre ses tendances muʿtazilites, loin d'être anecdotique, est symptomatique de ce siècle marqué par des querelles continuelles entre les écoles. La *fitna* d'Ibn al-Qušayrī en 469-470/1077 où les ašʿarites attaquent le *šayḫ* Abū Ǧaʿfar dans sa mosquée de Bāb al-Nūbī en est un autre exemple. C'est dans ce contexte que Niẓām al-Mulk nomme à la *niẓāmiyya* de Nīšābūr le jeune Abū Ḥāmid al-Ġazālī, que ses capacités intellectuelles et ses prédispositions spirituelles semblaient vouer à accomplir la mission de constituer un ciment doctrinal commun aux différentes factions[1].

UN HOMME PRÉDISPOSÉ À SURMONTER L'*IḪTILĀF*

Homme à l'intelligence vive, observateur attentif du monde des hommes et de leurs croyances dès son plus jeune âge, assoiffé de vérité et toujours en quête de vrai, al-Ġazālī constate dès les premières lignes de son autobiographie *Al-Munqiḏ min al-ḍalāl*, que le monde se partage entre différentes religions et croyances. La question de la vérité est au cœur de sa réflexion : comment être sûr que l'islam est la vérité alors même qu'aux approches de l'adolescence, il confie qu'il voyait bien déjà « que les enfants chrétiens ne grandissaient que dans le christianisme, les jeunes juifs, que dans le judaïsme, et les petits musulmans, que dans l'islam »[2] ? Cette diversité n'est pas seulement interreligieuse mais aussi intrareligieuse. Il en a conscience : elle n'épargne pas la communauté musulmane qui ne cesse de se fractionner depuis son origine en divers courants et sectes de tout genre, chacun prétendant détenir le monopole de la vérité et vitupérant contre l'autre qu'il éconduit dans les tourments de l'enfer. Comme il l'écrit, non sans une réelle gravité :

> Sache que les religions et les croyances des hommes sont diverses ; que les tendances de la communauté diffèrent, entre les groupes et les voies : océan profond où la majorité a sombré et dont une minorité s'est sortie. Chaque groupe pourtant se croit sauvé, « chacun se réjouissant de ce qu'il détient ». Ainsi s'accomplit la promesse du Maître des prophètes, sincère et véridique : « Ma communauté se fractionnera en soixante-treize groupes, dont un seul sera sauvé ». Cette parole est sur le point de se réaliser[3].

Devant les divergences qui s'exposent à sa vue et l'enjeu du salut, al-Ġazālī dit avoir scruté les croyances de chaque secte. Il en a examiné les doctrines et les significations profondes avec le souci de distinguer le vrai du vain, la

1. Niẓām al-Mulk, *Siyāsat nāmah*, *op. cit.* [chap. 44, p. 283].

2. Al-Ġazālī, *Al-Munqiḏ min aḍalāl* [désormais *Al-Munqiḏ min al-ḍalāl*] (Erreur et délivrance), trad. fr., introd. et notes F. Jabre, Bayrūt, Collection d'œuvres représentatives, Commission libanaise pour la traduction des chefs-d'œuvre, ^{2}1969, ar. p. 10 ; fr. p. 59.

3. *Ibid.*, ar. p. 10, fr. p. 59.

tradition de l'innovation. La question des divisions en factions, en groupes ou en sectes de la communauté des hommes en général et de la communauté islamique en particulier, est un abîme. Il faut donc se garder, dit-il, d'y apporter des réponses hâtives et arrêtées, mais, « c'est en audacieux et non en homme craintif et timoré », qu'il se lance (*iqtaḥama*) et se plonge (*ḫāḍa*) dans « les profondeurs de cet océan », qu'il « s'enfonce (*tawaġġala*) dans ces questions obscures et se précipite (*tahaǧǧama*) sur ces difficultés »[1].

Il se découvre un intérêt, une passion, un instinct et même une « tendance naturelle » à s'engager dans ces gouffres abyssaux. En quête de réponses, afin de sonder la science, il se « laisse choir hardiment dans les précipices »[2]. Esprit libre, « aux approches de l'adolescence, déjà s'étaient défaits [en lui] les liens traditionnels et brisées les tendances héréditaires »[3]. Dans cet autoportrait certes complaisant, al-Ġazālī souligne l'originalité et la profondeur de sa pensée : il n'est pas le jouet d'une imitation ou d'un conformisme religieux servile (*taqlīd*) qui accepterait, sans effort de réflexion aucune (*iǧtihād*), l'enseignement d'une école ou d'un maître dont les vues étroites et réductrices ne permettraient pas d'avoir un regard lucide. De cette libération associée à une quête approfondie de l'autre, il s'ensuit une attitude singulière dans son rapport aux autres : ses avis sur les écoles juridiques, théologiques ou les courants soufis ne reproduisent pas l'anathème systématique de ses pères, mais, fondés sur une curiosité intellectuelle et une étude minutieuse, ils acquièrent une dimension nouvelle.

Pour autant, al-Ġazālī n'est pas un relativiste. Sa démarche est celle de la quête de la certitude mais il n'hésite pas dans un premier temps à questionner l'adhésion à sa foi. Né dans une famille chrétienne, n'eût-il pas été lui-même chrétien ? Dans le dialogue qu'il restitue avec un ismaélien, son adversaire lui rétorque que s'il est membre de cette école [taʿlīmite], c'est notamment en vertu du témoignage de sa mère, femme chaste et pudique, qui ne cessa de louer l'*imām*[4]. L'assurance de chaque croyant à détenir la vérité pose la question de son statut épistémologique, la possibilité de la déduire rationnellement, à moins qu'elle ne trouve ses fondements au-delà de la raison, dans la révélation peut-être ou encore dans l'inspiration issue de l'expérience spirituelle et personnelle, dans le cœur de l'homme, dans une mystique fondée sur la subjectivité[5]. Il reste que l'adhésion aveugle à une vérité est source d'extrémisme et de fanatisme. L'un et l'autre ne construisent nullement l'*umma*,

1. *Ibid.* [trad. légèrement mod.].
2. *Ibid.*
3. *Ibid.*, ar. p. 11, fr. p. 61.
4. Al-Ġazālī, *Al-Qisṭās al-mustaqīm*, éd. V. Chelhot, Bayrūt, Les deux océans, ^{2}1986, p. 71.
5. À cet égard, on a pu rapprocher Kant d'al-Ġazālī en tant qu'ils critiquent tous deux le statut de la métaphysique et développent une approche subjectiviste : Muḥammad Iqbāl, *Taǧdīd al-tafkīr al-dīnī fī l-islām*, *op. cit.*, p. 10 *sq.*

ils la détruisent au contraire par la violence et l'anathémisation (*takfīr*). Telle est la conviction d'al-Ġazālī.

Ainsi donc, nommé à la *niẓāmiyya* de Nīšābūr, où il y a déjà étudié la jurisprudence šāfiʿite avec, pour maître, al-Ǧuwaynī (m. 478/1085), il travaille à la définition d'un principe de résolution contre le danger inhérent de la *fitna*. Il enseigne et œuvre à cette grande mission de réconciliation, forme d'union sacrée réunissant les hommes de Loi, les théologiens, les traditionnistes ḥanbalites et les soufis. Ce mandat est au cœur de sa problématique d'enseignement et de ses écrits, et s'il faut un ennemi commun pour souder la communauté, ce sera les bāṭinites et nul autre[1]. Cet objectif ne quittera jamais al-Ġazālī et l'on peut dire qu'il ne cessera d'intégrer ses connaissances à ce projet : il voit dans l'ašʿarisme, le šāfiʿisme et le soufisme les trois axes majeurs qui lui permettent de réaliser cette synthèse inclusiviste, dans la mesure où chaque axe, en son domaine, présente les ressources les plus intégratrices. Mais soucieux de réunir, il n'hésite pas à emprunter les opinions de toutes les autres doctrines, fussent-elles marginales, dès lors qu'elles contribuent à éclairer la vérité et correspondent à sa vision universelle et inclusiviste, qui propose de ne rien laisser de côté.

Ainsi dès ses premiers écrits, dans la préface d'*Al-Waǧīz fī fiqh maḏhab al-Imām al-Šāfiʿī*, il indique son intention de mentionner les avis de Mālik (m. 179/796), d'Abū Ḥanīfa (m. 148/767) et d'al-Muzanī (m. 264/876)[2]. L'*Iḥyā'*, sa *Somme* spirituelle, dresse le tableau élogieux des fondateurs des *maḏhabs* et se réfère sans cesse à l'autorité de ces illustres personnages[3]. Selon la chronologie de ses œuvres, on remarque la prévalence d'un axe sur l'autre, tantôt le juridique, parfois le théologique ou le mystique, mais il n'y a pas de « rupture épistémologique » au sens où al-Ġazālī édifierait une connaissance nouvelle sur le rejet de la précédente – ce que pourrait laisser supposer une lecture littéraliste du *Munqiḏ*. Al-Ġazālī ne devient pas soufi à la suite d'un parcours intellectuel traversé de doutes philosophiques et de questionnements. Lorsqu'il critique les philosophes, il ne renonce pas à l'usage de la raison, mais il unit son savoir au service de l'unité de la communauté, intégrant et traduisant en des termes islamiques des emprunts audacieux à la philosophie grecque qu'il a connue dans un premier temps grâce à la lecture des traités de *kalām*.

1. Pour Farid Jabre, à la lumière des *Ṭabaqāt* d'al-Sobkī, cet ennemi le restera jusque dans ses derniers écrits. *Cf.* F. Jabre, « La biographie et l'œuvre de Ghazālī reconsidérées à la lumière des Ṭabaqāt de Sobkī », *MIDEO* 1, 1954, p. 73-102.

2. Ce dernier est un des plus brillants étudiants d'al-Šāfiʿī. *Cf.* Al-Ġazālī, *Al-Waǧīz fī fiqh al-Imām al-Šāfiʿī*, 2 vol., éd. ʿAlī Muʿawwaḍ, ʿĀdil ʿAbd al-Mawǧūd, Bayrūt, Dār al-Arqām, 1997.

3. Al-Ġazālī, *Iḥyā'*, *op. cit.*, K. 1 (*Kitāb al-ʿilm*), B. 2, b. 2, p. 35-40 [V. 1, p. 92-109].

Cette approche conciliatrice constitue donc un essai de réponse au défi des divisions en islam. Al-Ġazālī a cherché à circonscrire l'extrémisme exclusiviste : "hors de ma secte, point d'islam". Cette conciliation ne se réalise pas au prix de la vérité dans une synthèse artificielle mais correspond, au sens étymologique du terme, à une pensée complexe, tissée d'éléments (*complexus*) différents voire contradictoires, puisant dans les principes heuristiques de créativité, de réflexivité et de responsabilité[1]. C'est en ce sens, qu'il faut comprendre les contradictions entre ses ouvrages, les dissonances ou les antinomies apparentes au sein d'un même recueil, les ambivalence ou ambiguités de ses propos. Une lecture en termes d'opportunisme des écrits d'al-Ġazālī à l'instar de celle projetée par Ibn Ṭufayl (m. 581/1185)[2] ou Ibn Sabʿīn (m. 668/1269)[3] risque fort de ne pas saisir l'acuité heuristique de la forme et du fond de sa pensée. Or, au sein même des divergences et des paradoxes se dessine une voie originale (*créativité*) qui puise dans la raison et s'adapte au gré du contexte historique et politique (*réflexivité*), s'ouvre à l'hétérodoxe ou au non musulman dans une logique dialogale en reconnaissant la part de vérité qui est la sienne ce qui contribue à établir les fondements d'une communauté pacifiée qui ne se réduit pas aux frontières visibles de l'islam (*responsabilité*).

Dans ce cadre, sa réflexion sur l'« autre musulman » ne devrait-elle pas avoir des incidences quant à sa réflexion sur le non musulman ? La question de l'hétérodoxe est première et l'impérieuse nécessité de la résoudre ne lui a pas échappée. Mais des perspectives anthropologiques et "théologiques" qu'il dessine en vue de contribuer au mouvement de pacification de la communauté musulmane il s'ensuit l'élaboration de fondements pour penser le non musulman. Sa pensée inclusiviste à l'égard de l'hétérodoxe s'accompagne d'une inflexion de la pensée exclusiviste islamique classique à l'égard des non musulmans vers une forme d'inclusivisme universel. Sa volonté de fonder la possibilité du salut pour des factions différentes lui permet d'envisager la possibilité du salut des non musulmans. Son principe heuristique fondant le recours à tout ce qu'il y a de vrai dans des mouvements concurrents le conduit à reconnaître tout ce qu'il y a de vrai dans les écrits des non musulmans. Sa théologie intrareligieuse le conduit à une théologie interreligieuse.

1. Voir E. Morin, *Introduction à la pensée complexe*, Paris, Seuil, 1990.

2. Ibn Ṭufayl, *Ḥayy bn yaqẓān*, Farūq Saʿd, Bayrūt, Dār al-Āfāq al-Ǧadīda, 1992, p. 113 [Ibn Ṭufayl (m. 581/1185-6), *Hayy bin Yaqzan*, trad. fr L. Gauthier, Paris, Papyrus, 1983, p. 15, légèrement mod.].

3. Ibn Sabʿīn, *Budd al-ʿārif*, ms. Berlin, f. 38. *Cf.* L. Massignon, « Ibn Sabʿīn et la critique psychologique dans l'Histoire de la Pensée musulmane », dans *Mémorial Henri Basset*, « Nouvelles études nord-africaines et orientales publiées par l'Institut des Hautes-Études Marocaines », Paris, Geuthner, 1928, p. 126.

Points d'attention

Pour montrer cet inclusivsime, il convient de partir des œuvres d'al-Ġazālī établie par Bouyges[1]. Leur lecture se heurte à plusieurs difficultés.

Primo, il faut reconnaître l'importance que revêt la chronologie de ses œuvres. En effet, la rédaction de ses lettres, opuscules et livres doit être resituée dans leur contexte historique et notamment à la lumière de la crise spirituelle qu'il traversa et qui lui fit cesser près de dix années durant toute activité d'enseignement. Al-Ġazālī exprime en des termes religieux profonds l'expérience d'une rupture, d'une conversion, au sein même d'un parcours de vie où il n'a cessé de rechercher la vérité, croyant l'approcher parfois, mais découvrant plus tard qu'elle n'était que voilée, et qu'il n'en avait perçu qu'une infime et pâle réalité[2].

Secundo, l'ambivalence du style et des positions doctrinales ne résulte pas seulement de la confrontation d'ouvrages de nature différente, mais se retrouve au sein d'un même livre. Ainsi, dans l'*Iḥyā'*, al-Ġazālī est tour à tour philosophe, juriste, *mutakallim*, soufi. Il laisse sa plume aller à de longues digressions de grande teneur théologique avant de revenir à son sujet, plus immédiat et terre à terre, s'excusant de ses excursus, les assumant pleinement cependant, attirant par là même l'attention du lecteur sur leur degré d'importance. Cependant, dans le flot des contradictions et des oppositions, symptomatique d'une pensée complexe, mais aussi de l'islam[3], se dessine une orientation, une inclination parfois théologique ou spirituelle, une ligne directrice.

Tertio, en pédagogue avisé, al-Ġazālī souligne la nécessité, pour le savant, d'adapter ses discours au public auquel il s'adresse. Il ne s'agit pas de trahir la vérité ou de seulement s'en accommoder, mais de considérer le contexte situationnel, afin de discourir de la manière la plus judicieuse[4]. Il ne convient pas toujours, dit-il, de s'engager dans les subtilités et les nuances de l'enseignement, et il arrive parfois « qu'un maître se satisfasse de donner une réponse à celui qui lui pose une question en s'en tenant à ce qui est strictement nécessaire »[5]. Cette pluralité des niveaux de discours est celle du savant attentif et attentionné à l'ensemble de sa communauté : « Cheminez au rythme des plus faibles parmi vous et ne dévoilez pas le soleil aux chauves-souris au risque de les brûler. Revêtez-vous des vertus de Dieu et condescendez à quitter votre

1. M. Bouyges, *Essai de chronologie des œuvres de al-Ghazālī (Algazel)*, éd. mise à jour M. Allard, Bayrūt, Imprimerie catholique, 1959.

2. Comme le relève Michel Younès, la chronologie des ouvrages ne suffit pas à rendre compte des balancements de ses opinions théologiques, *cf.* M. Younès, « Al-Ghazālī, un mutakallim ? », *MIDEO* 30, 2014, p. 27-33.

3. Thomas Bauer, *Die Kultur der Ambiguität : Eine andere Geschichte des Islam*, Berlin, Verlag der Weltreligionen (Neuauflage), 2011.

4. Al-Ġazālī, *Iḥyā'*, *op. cit.*, K. 32 (*Kitāb al-ṣabr wa l-šukr*), Š. 2, R. 1, b. 2, p. 1418 [V. 7, p. 287] ; Š. 2, R. 3, b. 3, p. 1476 [V. 7, p. 453].

5. *Ibid.*

éminente dignité pour rejoindre le ciel de ce monde, afin que les faibles se lient à vous et puisent quelques étincelles de lumière parvenant ainsi à percer vos voiles, comme les chauves-souris puisent à la lumière perdurant du soleil et des étoiles au plein cœur de la nuit »[1]. Dans cette expression, le ton didactique, poétique et mystique de l'*Iḥyāʾ* est donné. Il ne doit pas échapper au commentateur au risque d'incompréhensions et de juxtapositions textuelles malheureuses.

Quarto, à travers cette pédagogie contextuelle, al-Ġazālī laisse entendre, à plusieurs reprises, l'existence d'un enseignement caché, non transmissible par écrit, et que seule l'élite de l'élite (*ḫāṣṣ al-ḫawāṣṣ*) est en mesure de comprendre[2]. Cet enseignement ésotérique doit être tenu secret, car le dévoilement d'une telle connaissance aux gens ordinaires (*ʿawāmm*) ou même à l'élite (*ḫāṣṣ*) ne pourrait que provoquer scandale, effroi et consternation. Cette conception tripartite n'est pas coranique et l'on n'en trouve aucune trace dans les écrits des premiers soufis. Elle apparaît cependant au siècle précédent celui de notre auteur. En effet, la série *ʿāmm*, *ḫāṣṣ*, *ḫāṣṣ al-ḫawāṣṣ* décrit le parcours spirituel de l'humanité, allant pour al-Sarrāǧ (m. 378/998) de la masse ignorante, puis informée, au soufi néophyte et enfin au mystique parfait[3]. À suivre al-Ġazālī, nous ne pouvons saisir de sa pensée que l'écorce, mais non le substrat : ce que les chercheurs ou ses contempteurs en diront sera donc toujours en dessous de ce qu'il pensait et transmettait à ses disciples et fidèles. Pour autant, il se pourrait aussi que la dimension ésotérique de son enseignement relève davantage de la figure de style que de la dissimulation noétique concrète et il ne faudrait pas accorder une place suréminente à cet aspect de sa pensée. En suivant Léo Strauss et sa théorie sur l'art d'écrire[4], nous savons que la dimension ésotérique de la philosophie est une stratégie d'écriture qui invite à lire et à relire le maître, à approfondir sans cesse son enseignement par le biais d'une lecture proleptique qui ouvre à une progressivité en dévoilant des degrés d'approfondissement. La vérité y est donc fragmentée, le vrai se dit et se

1. *Ibid.*, Š. 2, R. 1, b. 4, p. 1431 [V. 7, p. 321-322].

2. Al-Ġazālī, *Iḥyāʾ*, *op. cit.*, K. 1 (*Kitāb al-ʿilm*), Muqaddima, p. 10 ; K. 2, f. 2, m. 3, p. 119 [V. 1, p. 366] ; *Miškāt al-anwār*, trad. angl. D. Buchman *Al-Ghazālī' The Niche of Lights*, Provo (Utah), Brigham Young University Press, 1998. La pagination renvoie au texte arabe ; nous indiquons entre crochet la trad fr. de R. Deladrière, *Le tabernacle des Lumières* [*Miškāt al-anwār*], Paris, Seuil, 1981, p. 1-2 [trad. fr. p. 35-36].

3. Abū Naṣr ʿAbdallāh al-Sarrāǧ, *The Kitāb al-Kulaʿ fī l-taṣawwuf*, éd. Reynold A. Nicholson, Leiden, Brill, 1914, p. 71. Al-Qušayrī dans sa *Risāla* indique un propos d'Ibn Ḥanbal sur l'ascèse (*zuhd*) où il distingue la pratique ascétique des gens ordinaires (*ʿawāmm*), celle de l'élite (*ḫawāṣṣ*) et celle des gnostiques (*al-ʿārifīn*). À suivre al-Qušayrī, Ibn Ḥanbal serait donc le premier à poser cette répartition spirituelle de l'humanité : al-Qušayrī, *Al-Risāla al-qušayriyya*, éd. Maʿruf Zurayq et ʿAlī ʿAbd al-Ḥamīd Balṭaǧī, Bayrūt, Dār al-Ḫayr, 1988, p. 119. Cependant, Jonathan Brown plaide pour une attribution apocryphe de ladite citation, *cf.* J. Brown, « The Last Days of al-Ghazzālī and the Tripartite division of the Sufi World. Abū Ḥāmid al-Ghazzālī's Letter to the Seljuq Vizier and Commentary », *The Muslim World*, 96/1, 2006, p. 111-112.

4. L. Strauss, *Persecution and the Art of Writing*, Glencoe, The Free Press, 1952.

retire, il se dévoile ici, en partie, et se découvre là, autrement, mais il y est toujours, et derrière les énoncés énigmatiques ou contradictoires, on retrouve en filigrane la pensée de l'auteur. Cette tactique d'écriture était connue à l'époque d'al-Ġazālī : les philosophes arabes, et notamment al-Fārābī y ont eu recours[1] ; les chrétiens et les juifs l'ont adoptée jusque dans leurs liturgies ; les mouvements religieux šīʿites, à l'instar des ismaéliens, l'ont formalisée dans leurs doctrines et croyances[2]. Un tel usage y est justifié non seulement à des fins pédagogiques mais aussi en raison de l'objet même de la matière, la métaphysique, les réalités divines. À cet égard, Hava Lazarus-Yafeh a pu montrer qu'al-Ġazālī distinguait plusieurs niveaux de vérité, qui dépendaient des catégories de personnes auxquelles il s'adressait : si la vérité dans sa plénitude se retire, ce n'est pas en raison d'une teneur hermétique et secrète, mais parce que le public auquel il destine son ouvrage ne peut en saisir davantage[3]. Dans cette perspective, les mentions ésotériques qu'il revendique et qu'il affirme être inhérentes à sa doctrine, ne pourraient avoir qu'une fonction pédagogique et stratégique : al-Ġazālī avertit de la difficulté du propos comme pour se prémunir de la censure, mais aussi comme pour souligner la dimension essentielle de ce qui est enseigné dans le flot des pages qu'il a rédigées. Certes, pour l'entendre, précise-t-il, il faut « parler le langage des oiseaux », mais de ce langage, il n'en est pas l'unique locuteur, son enseignement doit donc être dispensé à celui qui peut l'entendre[4].

En suivant notre hypothèse de recherche et afin de saisir la pensée complexe d'al-Ġazālī, nous présenterons comment il considère l'autre musulman et le non musulman. Cet exposé conduit à scruter la nature de son anthropologie et à souligner l'humanisme universel qui la sous-tend, la méthode pour approcher « l'autre en tant qu'autre » à partir de ce qu'il dit de lui-même et non de ce qu'une tradition religieuse ou une école peut en dire. Par la suite, nous exposerons la terminologie utilisée pour désigner l'hétérodoxe ou le non musulman selon ses ouvrages. À la lumière de la réfutation des philosophes, des bāṭinites et des ibāḍites, nous nous demanderons dans quelle mesure l'analyse du mystique croise celle du théologien ou du juriste, quelle

1. Al-Fārābī, *Le livre du régime politique*, trad. fr. Ph. Vallat, Paris, Les Belles Lettres, 2012. Dans le *Livre de l'ascension du Prophète Muḥammad au paradis*, Ibn Sīnā, à moins qu'il ne s'agisse d'un disciple, introduit son essai par cet avertissement : « La divulgation des secrets à un étranger [à un non philosophe] est une faute » : P. Heath, *Allegory and Philosophy in Avicenna (Ibn Sînâ)*, with a Translation of the Book of the Prophet Muḥammad's Ascent to Heaven, Philadelphie, University of Pennsylvania Press, 1992, p. 111.

2. Daniel de Smet, *La philosophie ismaélienne : un ésotérisme chiite entre néoplatonisme et gnose*, Paris, Cerf, 2012. Voir aussi G. Makdisi, « Ashʿarī and the Ashʿarites in Islamic religious History », *Studia Islamica*, fasc. 17-18, 1962-1963, p. 37-80.

3. H. Lazarus-Yafeh, « The Esoteric Aspect of Al-Ghazzālī's Writings », *Studies in al-Ghazzali*, Jerusalem, The Hebrew University, 1975, p. 349-411.

4. À l'exemple de maints passages dans l'*Iḥyā'* : K. 32 (*Kitāb al-ṣabr wa l-šukr*), Š. 2, R. 1, b. 4, p. 1429-1430 [V. 7, p. 319].

ligne semble se creuser dans l'entremêlement des opinions et quelles conséquences il faut en déduire en termes de *convivencia*. Enfin, nous verrons comment sa « théologie des non musulmans » conduit à l'élaboration d'une « théologie des religions non musulmanes ». Le thème de la miséricorde divine qui embrasse les membres de la communauté musulmane, d'une part, et celui de la lumière muḥammadienne qui éclaire tout homme, d'autre part, le conduisent à élaborer une eschatologie originale qui, par certains aspects, ouvre à l'hypothèse de l'apocatastase.

PREMIÈRE PARTIE

L'ANTHROPOLOGIE INCLUSIVISTE D'AL-ĠAZĀLĪ

Aristote dit de l'homme qu'il est par nature un animal politique. Aussi, celui qui est *apolis* est soit un être mineur, diminué, soit un être supérieur, au-dessus de l'humanité. Le Stagirite précise dans *La Politique* que celui qui ne peut vivre en communauté « ne fait en rien partie de la cité et se trouve par conséquent être soit une bête brute, soit un dieu » [1]. L'islam nous conduit à penser l'homme sous d'autres lumières. Il est une créature divine singulière appelée à louer et adorer le créateur ainsi qu'à invoquer son secours [2]. Doué de raison, il a la capacité de découvrir, de reconnaître et de connaître par les signes qui lui sont donnés les réalités spirituelles. Mais si l'homme s'accomplit en tant qu'homme dans l'acte religieux qu'il pose, est-il encore homme s'il échappe à la vertu de religion qu'est l'islam ? Est-il encore homme s'il est exclu de la communauté (*umma*) des musulmans ? L'étude du déviant parmi les musulmans, comme celle des non musulmans, ne saurait faire l'économie d'une recherche anthropologique. Qu'est-ce qu'un homme et qui est homme ? À cette question, al-Ġazālī construit une anthropologie inclusive à caractère universel où la définition de l'homme ne se réduit pas à l'appartenance à la communauté de l'islam. Son exposé réflexif sur la connaissance et la possibilité pour l'homme d'atteindre et de connaître une réalité qu'il ne voit pas et qui est vérité, dessine une épistémologie à la fois universelle et particulariste par la définition d'un critère spécifique qui permet de délimiter et de définir les éléments cognitifs de vérité religieuse. Enfin, au-delà de la reconnaissance du non musulman en tant qu'homme, al-Ġazālī définit une stratégie méthodologique pour connaître la nature de ses croyances, de ses doctrines et pratiques. Dans ce cadre, la connaissance qu'il acquiert des non musulmans ne résulte pas

1. Aristote, *Politique*, I, 1253 a 2-29.

2. Comme il l'est exprimé dans la sourate d'ouverture du Coran : « C'est Toi seul que nous adorons, Toi seul dont nous invoquons le secours » (S. 1, 5).

إِيَّاكَ نَعْبُدُ وَإِيَّاكَ نَسْتَعِينُ

d'une connaissance théologique issue de la Révélation coranique ou de la tradition prophétique mais d'une sociologie des religions qui recherche l'objectivité de l'information par des méthodes définies, comme l'observation et l'expérimentation, afin d'obtenir un savoir clair et vrai sur la réalité doctrinale et spirituelle de l'autre.

CHAPITRE PREMIER

UN « UNIVERSALISME RELATIONNEL »

Dans ses études sur al-Ġazālī, Hava Lazarus-Yafeh a relevé sa conception étroite de l'homme. Selon elle, le non musulman est en effet mis au même niveau que l'animal : « pour al-Ġazālī, dit-elle, l'homme c'est toujours l'homme musulman, tandis que le *ḏimmī* n'est pas un homme marqué de l'étincelle divine, mais plutôt un objet légal, similaire aux animaux et aux choses inanimées »[1]. Questionner l'anthropologie d'al-Ġazālī revient à se demander s'il est possible d'identifier l'existence ou non d'un dénominateur commun aux hommes, au-delà de leurs différences religieuses, et de à vérifier si, l'autre, l'hétérodoxe ou le le non musulman, se voit déchoir de sa condition humaine et de ses droits afférents[2].

1. H. Lazarus-Yafeh, « Jews and Christians in the Writings of al-Ghazzālī », *Studies in al-Ghazzali*, Jerusalem, The Hebrew University, 1975, p. 446. Certains versets coraniques indiquent un rapprochement entre les non musulmans et les animaux. Ainsi, les juifs ne respectant pas le sabbat sont-ils transformés en singe et les *kuffār* sont-ils comparés à des bêtes (S. 8, 22) ou à un troupeau sans guide (S. 7, 129 ; 25, 44). De même, les juifs qui ne saisissent pas les écritures qu'ils ont reçues sont pareils à des ânes portant des livres (S. 62, 5).

2. Sur l'anthropologie d'al-Ġazālī, plusieurs travaux sont à indiquer, *cf.* C. Reid Upper, « Al-Ghazālī's Thought concerning the Nature of Man and Union with God », *The Muslim World*, 42, 1952, p. 23-32 ; A. Issa Othman, *The Concept of Man in Islam in the Writings of al-Ghazali*, al-Qāhira, Dār al-Maaref, 1960 ; E. Yousif, *L'homme selon Ghazali*, Thèse pour le doctorat de Philosophie, pro manuscrit, Toulouse, juin 1979 ; J.-Y. L'Hopital, « Le point de vue de Ghazālī sur la condition de l'homme », *Arabica*, t. XXVI, f. 3, 1979, p. 274-297 ; Maha Elkaisy-Friemuth, *God and Humans in Islamic Thought*, ʿAbd al-Jabbār, Ibn Sīnā and Al-Ġazālī, Culture and Civilization in the Middle East, London-New York, Routledge, 2006.

SENS DES DIFFÉRENCES TERMINOLOGIQUES POUR DÉSIGNER L'HOMME : *INSĀN, BAŠAR* ET *ʿABD*[1]

Le Coran recourt à trois termes pour désigner la notion d'homme : *insān* (65x), *bašar* (36x) et *ʿabd*[2]. Selon les lexicographes *bašar* est sans distinction de genre et de nombre. Il renvoie à l'épiderme, à la chair et il désigne ce qui est visible et palpable. *Bašar* est souvent employé par opposition aux êtres spirituels que sont les anges (*malāʾika*)[3]. Pour le Coran, le terme *bašar* apparaît souvent dans un contexte polémique entre les envoyés de Dieu et ceux qui refusent son message en raison de leur assujettissement à la condition humaine[4]. L'étymologie d'*insān* est plus complexe. Pour certains, le terme dériverait de la racine *a.n.s* qui exprime l'idée de civilité, d'affabilité. Pour d'autres, *a.n.s.* signifie « apercevoir ». En ce sens, l'*insān* est la pupille de l'œil. Enfin, pour certains lexicographes, *insān* dériverait de *nusyān*, oubli[5]. Si *bašar* s'oppose au monde angélique, *insān* s'oppose au monde animal. Il renvoie aux dimensions plurielles de l'homme, à la fois spirituelle et matérielle, mortelle et immortelle. Le terme *ins* en tant que collectif désigne l'humanité dans son ensemble[6]. Enfin, *ʿabd* a le sens général de serviteur, de créature, d'adorateur. Le terme, en insistant sur sa dépendance à l'égard de Dieu, peut signifier l'homme en général : « tous les hommes sont des serviteurs de Dieu »[7] ; en ce sens, les non musulmans (*kuffār*) sont aussi des *ʿibād*[8]. L'expression désigne aussi ceux qui croient explicitement en Dieu, dont la foi est pure et sincère : ce sont les purs de cœur (*muḫliṣūn*). Dans un troisième groupe, le terme est employé dans l'expression honorifique *ʿabd Allāh* et s'applique aux prophètes. Enfin, le terme se retrouve *sui generis* pour les anges et les créatures de Dieu[9]. Ici, l'anthropologie coranique dessine une conception universelle de l'homme.

1. *Cf.* E. Pisani, « L'approche humaniste d'Abū Ḥamid al-Ghazālī (m. 505/1111) », *Studia Islamica*, 109/1, 2014, p. 117-146.

2. T. Izutsu, *God and man in the Koran, Semantics of the Koranic Weltanschauung*, "Studies in the humanities and social relations » 5, Tōkyō, Keio Institute of Cultural and Linguistic Studies, 1964. J. Jomier, *Dieu et l'homme dans le Coran, L'aspect religieux de la nature humaine joint à l'obéissance au Prophète de l'islam*, « Patrimoine Islam », Paris, Cerf, 1996 ; R. Arnaldez, *L'homme selon le Coran*, Paris, Hachette, 2002 ; C. Addas, « Homme » dans M. Ali Amir-Moezzi (dir.), *Dictionnaire du Coran*, Paris, Robert Laffont, 2007, p. 395-400. J. E. Brockopp, « Servants », dans Mcauliffe Jane Dammen (ed.) *Encyclopeadia of the Qur'ân*, Leiden, Boston, Brill, vol. 4, 2004, p. 576a-580a.

3. S. 12, 31.

4. S. 23, 24 et 33, S. 17, 94

5. S. 20, 115.

6. S. 51, 56.

7. S. 19, 93.

8. S. 25, 17.

9. L'article de l'*Encyclopédie de l'islam* restreint le champ sémantique du terme *ʿabd* à celui d'esclave pouvant conduire, lorsqu'il traite du Coran, à un contre-sens : R. Brunschvig, « ʿAbd », dans *Encyclopédie de l'islam II*, t. 1, Paris/Leyde, Maisonneuve/Brill, 1960, p. 25a-41a.

Le musulman comme le non musulman ont été créés hommes et si le même terme est utilisé au jour de leur création, la mécréance de l'un n'altère aucunement la manière de le nommer. Homme (*insān, bašar*) il a été créé, homme (*ʿabd*) il reste jusqu'à sa mort, indépendamment de sa religion (*dīn*). Certes, le sens de ces termes dépend du contexte littéraire dans lequel ils sont utilisés. Ambiguïtés et subtilités demeurent puisque d'un contexte à l'autre, le même terme peut servir à ne désigner que les membres d'un groupe singulier, mais la dimension non particulariste de chacun de ces termes reste fondée dans le Coran.

L'analyse des termes utilisés par al-Ġazālī dans le *Miškāt al-anwār* d'intentionnalité philosophique et mystique et dans le *Munqiḏ min al-ḍalāl*, œuvre où il donne le substrat d'un enseignement qu'il adresse à tout homme montre combien l'anthropologie d'al-Ġazālī suit et s'inscrit dans l'universalisme coranique.

Dans le *Miškāt al-anwār*, on retrouve à vingt-huit reprises le terme de *ʿabd*, *ʿibād* au pluriel. Il est nécessaire à l'homme (*ʿabd*) de devenir célestiel (*malakūtī*)[1]. Par suite, l'homme doit dominer ses sens et son imagination pour faire du suprasensible son « ciel »[2]. Tel est le chemin du pèlerin spirituel (*sālik*) qui se libère des attaches sublunaires pour devenir célestiel. La symbolique de l'oiseau, bien connue dans le soufisme et que reprend al-Ġazālī dans sa *Risālat al-ṭayr* en réponse à Ibn Sīnā, traduit la libération de l'âme et son ascension au ciel[3]. Pour al-Ġazālī, la dignité de l'homme est en cette accession au ciel[4]. Tel est le chemin parcouru par les prophètes qui parviennent ainsi à pénétrer le cœur des hommes (*qalb al-ʿibād*) et à en déceler ce qui y est caché[5]. Mais le *ʿabd* est aussi l'idolâtre[6], l'esclave d'une passion – à l'instar de l'expression *ʿabd al-darāhim*[7], ou la créature angélique[8].

Ḫalq est plus transversal en son immanence et recouvre le sens des créatures humaines créées par Dieu[9]. Il renvoie au créé, au périssable et s'oppose au *ḥaqq*, le Réel, l'Éternel, le Permanent. Le *ḫalq* est l'homme doué de vie, d'intellect et de force[10]. Al-Ġazālī l'emploie pour décrire les habitants de

1. *Al-Ghazālī' The Niche of Lights, op. cit.*, p. 11 [trad. fr. p. 47].

2. Al-Ġazālī, *Miškāt al-anwār, op. cit.*, p. 11 [trad. fr. p. 47].

3. M. Waida, « Birds », dans *Encyclopedia of Religion*, vol. 2, New York, Macmillan Publishing Company, 1987, p. 224-227. En réponse à l'épître aux oiseaux d'Ibn Sīnā, al-Ġazālī a rédigé son propre essai où il reprend le thème de l'oiseau à la recherche du Roi. Mais contrairement à Ibn Sīnā, al-Ġazālī y affirme l'absolue liberté de Dieu : *Al-Ghazzālī's Epistle of the Birds.* A translation of the *Risālat al-ṭayr*, *The Muslim World*, 34, 1944, p. 46-53.

4. L'image suggère cependant que l'homme qui ne parvient pas à cette ascension échoit de sa condition d'homme pour être condamné au rang des bestiaux.

5. Al-Ġazālī, *Miškāt al-anwār, op. cit.*, p. 12 [trad. fr. p. 87].

6. *Ibid.*, p. 47 [trad. fr. p. 89].

7. *Ibid.*, p. 46 [trad. fr. p. 87].

8. *Ibid.*, p. 51 [trad. fr. p. 93].

9. *Ibid.*, p. 44 [trad. fr. p. 85].

10. Al-Ġazālī, *Iḥyā', op. cit.*, K. 23 (*Kitāb kasr al-šahwatayn*), b. 3, p. 953 [V. 5, p. 320].

l'Enceinte au Jour de la résurrection[1] et souligner la compassion nécessaire à leur égard. Quant au *rağul*, c'est l'homme dans sa dimension corporelle, l'être de désirs et de passions[2].

L'*insān* est l'homme créé par Dieu et doué de facultés pour découvrir les principes de la connaissance[3]. Il est un être de désirs aspirant à la prospérité[4]. C'est l'homme qui expérimente ou prend conscience[5] ; l'*insāniyya* est l'humanité sur laquelle Dieu répand ses lumières spirituelles et rationnelles[6]. L'homme a le pouvoir diffuser de la lumière (*al-nūr al-insāniyya*) sur les autres créatures[7]. Dans l'*Iḥyā'*, l'*insān* est l'homme composé d'un corps (*ğasad*), d'un esprit (*rūḥ*) et d'une âme (*nafs*)[8]. Comme dans le *Miškāt*, l'*insān* définit la nature rationnelle de l'homme, capable de discernement, de prise de conscience. Mais il est sujet aussi à une forme d'obscurcissement, à l'affaiblissement de la force coercitive morale (*al-quwwa al-wāziʿa*) et à la soumission aux instincts inférieurs[9]. L'*insān* est un pécheur, apte à récuser l'œuvre de Dieu[10], à nier la réalité de la sainteté ou de la prophétie[11].

Le terme *bašar* sert à décrire les cinq facultés de l'homme (*al-arwāḥ al-bašariyya*) communes avec le règne animal mais dont le degré est plus noble en l'homme[12]. Al-Ġazālī distingue les lumières de l'ange de celles de l'esprit humain (*al-rūḥ al-bašarī*)[13]. À ces termes communs avec le Coran pour désigner la réalité humaine, al-Ġazālī emploie aussi le mot *ādamī* au sens d'« être humain »[14]. Ce rapprochement avec la terminologie coranique appuie l'idée que l'anthopologie du *Miškāt* est en conformité avec l'anthropologie universelle du Coran.

1. Al-Ġazālī, *Iḥyā'*, *op. cit.*, K. 23 (*Kitāb kasr al-šahwatayn*), b. 2, 4, p. 949 [V. 5, p. 305].

2. Al-Ġazālī rapporte cette anecdote d'al-Ḥasan al-Baṣrī : « Il y a un homme (*rağul*) que tu ne vois jamais et qui est assis derrière la colonne de la mosquée. Mais al-Ḥasan dont le regard pénétrant devine la profondeur de l'homme l'interpelle ainsi : 'Ô serviteur de Dieu (*ʿabd* Allāh) qui t'empêche de t'asseoir avec les gens (*al-nās*)' » (Al-Ġazālī, *Iḥyā'*, *op. cit.*, K. 16 (*Kitāb ādāb al-ʿuzla*), B. 2, p. 672 [V. 4, p. 268]).

3. *Ibid.*, p. 38 [trad. fr. p. 78].

4. *Ibid.*, p. 46 [trad. fr. p. 87].

5. *Ibid.*, p. 18 [texte fr. p. 55].

6. *Ibid.*, p. 19 [trad. fr. p. 56].

7. *Ibid.*

8. Al-Ġazālī, *Iḥyā'*, *op. cit.*, K. 22 (*Kitāb riyāḍat al-nafs*), b. 2, p. 914 [V. 5, p. 190].

9. *Ibid.*, K. 16 (*Kitāb ādāb al-ʿuzla*), B. 2, fa. 2, p. 675 [V. 4, p. 280].

10. *Ibid.*, B. 2, fa. 6, p. 681 [V. 4, p. 298].

11. *Ibid.*, K. 4 (*Kitāb asrār al-ṣalāt fī l-islām*), B. 3, b. 4, p. 197 [V. 1, p. 632].

12. Al-Ġazālī, *Miškāt al-anwār*, *op. cit.*, p. 36 [texte fr. p. 75]. Al-Ġazālī distingue entre les facultés sensible (*al-rūḥ al-ḥissī*), imaginative (*al-ḫayālī*), intellectuelle (*al-ʿaqlī*), cogitative (*al-fikrī*) et prophétique (*al-nabawī*).

13. *Ibid.*, p. 26 [trad. fr. p. 65].

14. *Ibid.*, p 35 [trad. fr. p. 75].

Dans le *Munqiḏ min al-ḍalāl*, al-Ġazālī recourt ainsi à *ḫalq* (40x), *insān* (8x), *nās* (7x), *bašar* (2x), *ʿibād* (2x), *ādamī* (1x) et *riğāl* (5x)[1]. La prédominance du terme *ḫalq* est manifeste : les hommes sont des êtres créés par Dieu. Le *ḫalq*, c'est l'humanité tout entière, qui se divise en plusieurs catégories. Ainsi, le terme est à plusieurs reprises associé à l'existence de différences entre les hommes dans leurs religions et doctrines religieuses (*iḫtilāf al-ḫalq fī l-adyān wa l-milal*)[2] ; il est utilisé pour nommer les controverses entre les hommes (*ḫilāf bayna l-ḫalq*)[3] ou les postures plus ou moins partagées par l'ensemble des hommes. Il souligne une certaine crédulité et la propension de la majorité à adopter le faux (*wa hāḏā wahm bāṭil wa huwa ġālib ʿalā akṯar al-ḫalq*)[4], mais aussi l'absence d'unanimité sur les miracles de Jésus[5], et le peu d'enclin de l'homme (*ḫalq*) à avoir foi (*īmān*) en la prophétie[6]. L'expression *ʿawāmm al-ḫalq* signifie le fond passionnel, violent et dangereux du commun des hommes et la nécessité de le discipliner par les pratiques religieuses[7]. Al-Ġazālī se désigne lui-même par ce terme lorsqu'il évoque son retour dans la vie du monde : « J'y revins alors que j'étais l'homme le plus éloigné du retour (*kuntu abʿada al-ḫalq ʿan al-ruğūʿ*) »[8]. Dans ce cas, cet homme n'est pas l'homme passionnel mais l'homme spirituel, épris de solitude et de conversation divine. Quant au terme *insān*, il recouvre une dimension plus théologique : Dieu a créé l'homme (*insān*) d'un corps et d'un cœur[9]. L'*insān* est doué de sens, dont celui de la raison (*ʿaql*). Il est dit aussi que le joyau, la substance de l'homme (*ğawhar al-insān*) est la *fiṭra*[10] et la conséquence en est sa capacité de connaître les mondes, les existants (*mawğūdāt*)[11]. Cette correspondance entre l'homme et l'intellect se retrouve dans l'usage du terme *ādamī*[12]. Le terme *bašar* qui n'apparaît qu'une fois qualifie l'homme tourné vers les sciences du monde et non vers la vraie science qui est orientée vers Dieu[13]. Contrairement au terme *nās* employé pour désigner les hommes en général[14], *ʿibād* désigne les hommes à qui Dieu a donné la vraie croyance (*ʿaqīda hiya*

---

1. Pour cette dernière, l'édition de Muḥammad Muḥammad Ğābir utilise à deux reprises le terme *ḫalq* et non celui de *riğāl* : Al-Ġazālī, *Al-Munqiḏ min al-ḍalāl*, éd. M. Muḥammad Ğābir, al-Qāhira, Maktabat al-Ğindī, sd, p. 30.
2. *Ibid.* [fr. 59 ; 70 ; ar. p. 10].
3. *Ibid.* [fr. p. 91 ; ar. p. 31].
4. *Ibid.* [fr. p. 83 ; ar. p. 26].
5. *Ibid.* [fr. p. 92 ; ar. p. 32].
6. *Ibid.* [fr. p. 110 ; ar. p. 46].
7. *Ibid.* [fr. p. 111 ; ar. p. 47]. Al-Ġazālī rapporte la thèse d'un philosophe sur la réalité de la prophétie qu'il réduit à une sagesse pour le commun des hommes.
8. *Ibid.* [fr. p. 99 ; ar. p. 38].
9. *Ibid.* [fr. p. 108 ; ar. p. 45].
10. *Ibid.* [fr. p. 103 ; ar. p. 41].
11. *Ibid.*
12. *Ibid.* [fr. p. 105 ; ar. p. 42].
13. *Ibid.* [fr. p. 121 ; ar. p. 55].
14. *Ibid.* [fr. p. 65, 99, 104, 120, 121 ; ar. p. 13, 38, 42, 54, 55].

al-ḥaqq)[1]. De tous les termes utilisés dans le *Munqiḏ* pour nommer l'homme, seul *ʿabd* a donc une consonance particulariste et religieuse.

Ainsi donc, à la lumière de cette terminologie, al-Ġazālī utilise les mêmes termes pour désigner la réalité humaine, au-delà de l'appartenance religieuse. Pour autant, en gardant en mémoire l'avertissement de l'exhorte extraite de la *Politique* d'Aristote, la communauté des musulmans ne constituerait-elle pas une assemblée d'hommes accomplis en leur vocation, d'hommes parfaits ou « sur le chemin de la perfection », se distinguant par conséquent des autres, différence qui justifierait dans l'espace social et sociétal une démarcation symbolique ? L'analyse du discours anthropologique d'al-Ġazālī nous permettra de montrer qu'il n'en est rien.

Ontologie et origine commune des hommes

Pour al-Ġazālī, tout existant est le fruit d'un acte créateur voulu par Dieu comme cause première. Les hommes partagent donc une origine commune, qu'ils reconnaissent ou non l'existence du Créateur. Cependant, dans l'acte créateur, Dieu particularise-t-il ses créateurs ? Érige-t-il certaines à une dignité éminente ? Existe-t-il une définition ontologique de l'homme au-delà de sa religion ?

L'exposé de la création de l'homme se trouve dans de nombreux écrits d'al-Ġazālī. Dans une de ses premières œuvres[2], *Mīzān al-ʿamal*, il présente la relation entre l'âme et le corps de l'homme créé par Dieu. Le *Kitāb al-tafakkur* de l'*Iḥyāʾ* est une méditation de la création de l'homme et un approfondissement de son embryogénèse et de sa forme tels que décrits dans le Coran[3]. Dans le *Kīmyāʾ al-Saʿāda*, épitomé persan de l'*Iḥyāʾ*, il consacre une partie des prolégomènes à la création de l'homme[4]. La *Risāla fī bayān maʿrifat Allāh*[5], le *Kitāb šarḥ ʿağāʾib al-qalb*, ainsi que la *Risālat al-laduniyya*[6] exposent des considérations importantes relatives à son anthropologie. Dans *Al-Maḍnūn al-ṣaġīr*[7], al-Ġazālī explique le sens à donner au verset coranique : « Lorsque je

1. *Ibid.*, [fr. p. 68 ; ar. p. 16].

2. Maurice Bouyges situe l'ouvrage avant l'*Iqtiṣād* et l'*Iḥyāʾ* : M. Bouyges, *Essai de chronologie des œuvres de al-Ghazālī (Algazel)*, *op. cit.*, p. 28-29.

3. Al-Ġazālī, *Iḥyāʾ*, *op. cit.*, K. 39 (*Kitāb al-tafakkur*), b. 3, p. 1806-1807 [V. 9, p. 270-272].

4. *Id.*, *The Alchemy of Happiness* (*Kīmiyā-yi al-Saʿādat*), *op. cit.*, vol. 1, p. 7-34.

5. *Id.*, *Risāla fī bayān maʿrifat Allāh*, dans *Talāṯ rasāʾil fī l-maʿrifa lam tunšar min qabl*, introd., éd. et commentaire M. Ḥamadī Zaqzūq, al-Qāhira, Maktaba al-Azhar, 1979.

6. *Id.*, *Al-Risāla al-laduniyya*, éd. Muḥyī al-dīn Ṣabrī al-Kurdī, al-Qāhira, Maktaba Kurdistān al-ʿIlmiyya, 1327 [1909]. Il existe une traduction partielle en français de L. Gardet, « Qu'est-ce que l'homme ? », *IBLA* (Tunis), 7, 1944, p. 395-426 et en anglais de M. Smith, « Al-Risāla al-Laduniyya. By Abū Ḥāmid Muḥammad al-Ġazālī (450/1059-505/1111), *Journal of the Royal Asiatic Society*, 1938, p. 177-374.

7. Al-Ġazālī, *Al-Maḍnūn al-ṣaġīr wa huwa al-mawsūm bi-l-ağwiba al-ġazāliyya fī l-masāʾil al-uḫrawiyya*, éd. Aḥmad al-Bābī al-Ḥalabī, al-Qāhira, al-Maṭbaʿa al-Maymaniyya, 1309 [1891].

l'aurai façonné [l'homme], j'insufflerai en lui mon esprit »[1]. Ces textes, de différentes factures, parfois philosophiques, parfois ésotériques, permettent de définir sa vision de l'homme à la lumière de sa création.

À suivre *Al-Maḍnūn al-ṣaġīr*, la création de l'homme s'inscrit dans le cadre d'un processus de transformation et de réception du souffle divin en trois étapes : d'une part, la constitution d'une matière, d'une forme (*ṣawwara*) ; d'autre part, la constitution d'une substance réceptacle (*ǧibilla*) à l'esprit et enfin, la venue à l'existence de l'individu, animé par l'esprit divin. Selon l'exégèse proposée par al-Ġazālī, le terme coranique *taswiya* renvoie au processus de transformation qui, de l'argile devient sang, puis, à la fois semence et ovule. L'union des deux corps donne une matière harmonieuse (*ǧibilla*). Pour al-Ġazālī, chaque être humain hérite directement de cette matière, mais chaque individu reçoit personnellement le souffle divin et c'est alors qu'un être humain vient à l'existence[2]. L'insufflation implique une dimension personnelle : l'homme n'est pas créé par le jeu des causes secondes – ce qui est le cas de l'animal –, mais directement par le premier principe, Dieu. Cette création de l'homme requiert deux conditions : d'une part, la générosité de Dieu (*fayḍ*)[3] qui se répand comme la cause de tout ce qui advient à l'existence, et d'autre part, une forme particulière du récepteur pour accueillir cette largesse divine. Ce souffle confère à l'homme un statut unique comparativement aux autres créatures terrestres. « Mon esprit » (*rūḥī*) traduit une relation de causalité, non de transfert de substance. Créé directement par le principe premier, l'homme n'en est pas pour autant une créature divinisée : l'esprit de Dieu ne vient pas habiter dans l'esprit de l'homme. Sur ce point, l'anthropologie d'al-Ġazālī se démarque d'une conception panthéiste de la création que l'on pourrait trouver sous la plume de certains soufis hétérodoxes. Dieu insuffle l'esprit dans l'homme afin de lui permettre « d'acquérir par ses sens corporels la connaissance des œuvres de Dieu et par eux, celle de Dieu lui-même »[4]. Cette insufflation divine est pour l'homme la possibilité de connaître Dieu[5]. Telle est l'origine commune à l'homme, sa dignité, sa perfection, son honneur[1].

L'essai se trouve en marge d'al-Ǧīlī, *Al-Insān al-kāmil*, al-Qāhira, Maktabat Muḥammad ʿAlī Ṣabīḥ, 1949, p. 89-98.

1. S. 15, 29 et 38, 72.

2. L'action divine est rendue par la racine *n.f.ḫ*, envoyer un souffle, exhaler.

3. Le terme est associé dans le Coran à celui de *ḫalq*, création, et de *bidʿa*, innovation. Sous l'influence du néoplatonisme, les philosophes musulmans (al-Fārābī, Ibn Sīnā) ont développé une conception émaniste de la création. *Fayḍ* y a pris le sens d'émanation. S'il réutilise le terme, al-Ġazālī n'en épouse cependant pas la compréhension des philosophes.

4. Al-Ġazālī, *The Alchemy of Happiness* (*Kīmiyā-yi al-Saʿādat*), *op. cit.*, vol. 1, p. 56.

5. Al-Ġazālī, *Iḥyāʾ*, *op. cit.*, K. 39 (*Kitāb al-tafakkur*), b. 3, p. 1806 [V. 9, p. 270]. Pour al-Ġazālī, cette émanation spirituelle est voulue par Dieu et ne relève pas de l'ordre de la nécessité, thèse dont il accuse les philosophes, et notamment Ibn Sīnā, dans la question 20 du *Tahāfut al-falāsifa* : al-Ġazālī, *The Incoherence of the Philosophers, Tahāfut al-falāsifa*, A parallel English-Arabic text translated, introduced, and annotated by M. E. Marmura, Islamic Translation Series, Provoh

Pour autant, en « prenant corps » dans le monde de la création, l'esprit humain perd en degré d'existence. Sa nature, ontologiquement spirituelle, se trouve assujettie à la sphère matérielle. Cette distorsion est insatisfaisante si bien que l'esprit humain aspire à s'échapper de son enveloppe corporelle pour rejoindre la sphère céleste d'où il a pris naissance. L'anthropologie d'al-Ġazālī est ici reliée à sa cosmologie où sphère céleste et sphère terrestre relèvent de niveaux différents de réalisation et d'accomplissement. Ainsi, al-Ġazālī distingue entre le monde spirituel du commandement (*amr*) et le monde matériel de la création (*ḫalq*)[2]. L'esprit, par son appartenance au monde du *amr*, aspire à exister indépendamment des contingences du monde du *ḫalq*. Cette aspiration est inscrite en sa nature et, tant que son niveau d'existence reste inférieur à celui de son origine, l'homme ne peut trouver le repos[3].

Cette inclination à rejoindre le monde céleste ou spirituel est donc commune à tout homme. Tout esprit humain en cherchant à connaître Dieu tend vers le monde du *amr*, pour devenir un être spirituel. Al-Ġazālī souligne même dans le *Livre de la patience et de la gratitude* la vocation royale à laquelle tout homme est convié non seulement dans l'au-delà mais aussi dès ici-bas. Il s'agit d'être déjà roi en renonçant au monde afin d'en être, non l'esclave mais le maître, et d'être demain roi, en vivant dans la proximité de Dieu, illuminé et participant à son éternité et à sa gloire[4].

Par les connaissances qu'il acquiert, l'homme se rapproche de Dieu. Il se différencie de l'ange dont l'état spirituel est statique. Au contraire, l'homme connaît une progression (*ruqiyy*) de degré en degré[5]. Cette quête de Dieu est pour al-Ġazālī inscrite en l'homme tel un dépôt (*amāna*)[6].

(Utah), Brigham Young University Press, ²2000. En réalité, le fond du débat entre Ibn Sīnā et al-Ġazālī est celui de la résurrection des corps (*cf.* deuxième partie). Ghassa Finianos a montré qu'en Dieu, pour Ibn Sīnā, la nécessité peut s'accompagner de la libéralité : G. Finianos, *De l'existence à la Nécessaire Existence chez Avicenne*, Bordeaux, Presses universitaires de Bordeaux, 2007, p. 206 : « N'étant ni accidentelle ni constitutive de l'univers avicennien ni identique à lui, l'existence n'est pas sortie de la Nécessaire Existence par une nécessité naturelle, mais par "pure générosité et pure libéralité". Cette existence est dans la pensée divine avant qu'elle n'en procède ». *Cf.* L. Gardet, *La Pensée religieuse d'Avicenne Ibn Sīnā*, Paris, Vrin 1951.

1. Al-Ġazālī, *Iḥyā'*, *op. cit.*, K. 21 (*Kitāb šarḥ ʿaǧā'ib al-qalb*), p. 857 [V. 5, p. 9].

2. Cette distinction est coranique (S. 7, 54) et au fondement de la cosmologie fāṭimide. En philosophie, elle recoupe la distinction entre l'essentiel et l'accidentel, le spirituel et le matériel. Dans l'*Iḥyā'*, al-Ġazālī indique que la création est soumise à la quantité (*kammiyya*) et à l'espace (*maqādīr*) – l'étymologie de création désignant précisément la mensuration – tandis que l'ordre en est libre : Al-Ġazālī, *Iḥyā'*, *op. cit.*, K. 30 (*Kitāb ḏamm al-ġurūr*), b. 1, mi. 2, p. 1292 [V. 6, p. 618].

3. Al-Ġazālī, *The Alchemy of Happiness* (*Kīmiyā-yi al-Saʿādat*), *op. cit.*, p. 21-22.

4. *Id.*, *Iḥyā'*, *op. cit.*, K. 32 (*Kitāb al-ṣabr wa l-šukr*), Š. 1, b. 7, p. 1411 [V. 7, p. 267].

5. *Ibid.*, K. 4 (*Kitāb asrār al-ṣalāt fī l-islām*), B. 3, b. 4, p. 197 [V. 1, p. 732].

6. *Id.*, *The Alchemy of Happiness* (*Kīmiyā-yi al-Saʿādat*), *op. cit.*, vol. 1, p. 21. Allusion à S. 7, 172.

Cependant, conformément au Coran, la présence de l'homme sur terre est aussi la conséquence de l'insoumission d'Adam[1]. L'étrangeté qu'il ressent vient du fait qu'il a été créé pour vivre au paradis, dans le voisinage de Dieu. L'aspiration à tendre vers Dieu est donc une caractéristique essentielle de sa nature (*ṭabīʿī ḏātī*)[2]. Mais cette aspiration est contrariée par l'insoumission ontologique qui altère l'homme dans la reconnaissance de l'existence de la sphère supérieure : l'homme tend à nier à chacune des phases [de l'évolution] la suivante[3]. Aspirant au monde célestiel, l'homme est freiné dans son ascension par une faiblesse ontologique qui vient à le faire douter du monde au-dessus de lui. Telle est pour al-Ġazālī la cause du doute ou de la négation de la prophétie en l'homme.

Dans certaines pages de l'*Iḥyā'* tout homme advient au monde sans la connaissance de Dieu mais avec la puissance de le connaître. Ici, al-Ġazālī corrige la dichotomie plus prononcée du *Mīzān* où le corps est simplement rattaché à l'argile, matière médiocre de la terre[4]. Dans l'*Iḥyā'*, al-Ġazālī exhorte à prendre soin du corps qui constitue la monture du cœur par laquelle il acquiert ses premières connaissances. Ainsi, le membres du corps sont à la fois chemin de son élévation mais aussi cause de sa perte[5]. Certes, la connaissance acquise par les sens ne suffit pas, car c'est l'esprit (*rūḥ*) ou l'âme (*nafs*)[6] qui appartient au monde du *amr*, mais elle est un préalable à une connaissance supérieure[7]. La prédisposition (*istiʿdād*) à se rapprocher de Dieu est le *qalb*, le cœur[8] ou le *ʿaql*, la raison ou le *nafs*, l'âme. Y a-t-il donc une simple synonymie entre ces termes ou bien désignent-ils des réalités distinctes selon le contexte et la nature de ses écrits ?

Dans le *Miškāt al-anwār*, al-Ġazālī désigne sous un vocable multiple la faculté de l'homme qui permet de connaître : « Il y a dans le cœur (*qalb*) de l'homme un œil (*ʿayn*) (...) qu'on appelle tantôt intellect (*ʿaql*), tantôt esprit (*rūḥ*), tantôt âme humaine (*nafs insāniyya*) »[9]. Mais dans l'*Iḥyā'*, il remarque que bien des confusions (*aġālīṭ*) sont dues au manque de clarification quant à la singularité de chacune de ces appellations[10]. Pour autant, il existe bien entre ces termes « un commun » qui explique l'existence d'une synonymie[11].

1. Al-Ġazālī, *Iḥyā'*, *op. cit.*, K. 30 (*Kitāb ḏamm al-ġurūr*), b. 1, mi. 2, p. 1292 [V. 6, p. 618].
2. *Ibid.*, b. 1, mi. 2, p. 1292 [V. 6, p. 618].
3. *Id.*, *Iḥyā'*, *op. cit.*, K. 4 (*Kitāb asrār al-ṣalāt fī l-islām*), B. 3, b. 4, p. 197 [V. 1, p. 631-632].
4. *Id.*, *Mīzān al-ʿamal*, *op. cit.*, p. 199 [trad. fr. p. 15].
5. *Id.*, *Iḥyā'*, *op. cit.*, K. 21 (*Kitāb šarḥ ʿaǧā'ib al-qalb*), b. 4, p. 865 [V. 5, p. 36-37].
6. La synonymie entre *nafs* et *rūḥ* est affirmée dans le *Mīzān* : Al-Ġazālī, *Mīzān al-ʿamal*, *op. cit.*, p. 199 [trad. fr. p. 15].
7. Al-Ġazālī, *Iḥyā'*, *op. cit.*, K. 39 (*Kitāb al-tafakkur*), b. 3, p. 1810 [V. 9, p. 281].
8. *Ibid.*, K. 21 (*Kitāb šarḥ ʿaǧā'ib al-qalb*), p. 857 [V. 5, p. 10].
9. Al-Ġazālī, *Miškāt al-anwār*, *op. cit.*, p. 5 [trad. fr. p. 40].
10. *Id.*, *Iḥyā'*, *op. cit.*, K. 21 (*Kitāb šarḥ ʿaǧā'ib al-qalb*), b. 1, p. 859 [V. 5, p. 13].
11. N. Kebe, « Al-Ġazālī et la problématique du rapport entre les notions de *ʿaql*, de *nafs*, de *rūḥ* et de *qalb* », *Annales islamologiques*, 40, 2006, p. 171-188.

Dans ses ouvrages à caractère spirituel, al-Ġazālī définit le *ʿaql* comme la faculté de connaître, de comprendre et de penser. C'est elle qui distingue l'homme de l'animal[1]. Communément traduit par raison ou intellect, le *ʿaql* est la propriété qui permet à l'homme de concevoir et de comprendre la réalité. Il est une lumière par laquelle l'homme atteint les objets. Dans le *Livre de la science*, al-Ġazālī distingue quatre champs de signification (*maʿnā*) : la raison intuitive (*ġarīzī*), la raison nécessaire (*ḍarūrī*), la raison expérimentale (*maǧrīdī*) et la raison discursive (*maǧrīdī*). La raison intuitive (*ġarīzī*) est cette disposition naturelle commune qui siège dans le cœur de l'homme, et qui lui permet de recevoir les connaissances spéculatives et de découvrir la subtilité des réalités spirituelles. C'est par la modalité spécifique du *ʿaql* que l'homme diffère de l'animal. La deuxième dimension du *ʿaql* est celle de la raison nécessaire (*ḍarūrī*). Elle se trouve en l'enfant dès lors qu'il parvient à distinguer entre le possible et l'impossible. Ainsi, par exemple, c'est par la raison nécessaire, correspondant aux « connaissances *a priori* des philosophes, que l'on parvient à poser que "deux" est plus grand que "un" ou qu'un même individu ne peut pas être situé en deux lieux différents en même temps »[2]. La raison expérimentale (*taǧrībī*) renvoie à la réalité du *ʿaql* en tant que l'homme est en mesure de tirer les conséquences de l'expérience vécue. Le sage est précisément celui qui a vécu et qui, à la lumière de son expérience, est devenu « raisonnable ». En ce sens, le sage reconnaît qu'il ne connaît que ce qu'il a expérimenté. Dans le cas contraire, il est un ignorant. Enfin, la raison discursive (*maǧrīdī*)[3] est cet instinct d'introspection de l'homme qui lui permet de s'interroger sur lui-même, sur son environnement, son origine, son avenir. C'est par cette faculté que l'homme connaît les conséquences de ses actes et par suite parvient à réfréner ses appétits. Par son usage, il est en mesure de poser des choix libres et de s'interdire de succomber à des passions subversives et annihilatrices[4]. C'est à elle que doivent revenir l'autorité (*siyāda*), la force répressive (*qahr*) et la souveraineté (*istīlāʾ*)[5]. La faculté discursive est celle du philosophe autodidacte qui parvient par le raisonnement à déduire la vérité de l'existence de l'être suprême et découvre la nécessité d'adapter son agir en conséquence. La raison de l'homme n'est donc pas raison créatrice mais raison contemplative. Elle modèle son agir à la lumière de celui qu'elle contemple. Parvenu à la vérité de l'être suprême, l'homme éprouve en effet la crainte de Dieu, expression d'une intelligence parvenue au sommet de la sagesse. La citation du *logion* prophétique « seul est intelligent celui qui croit en Dieu, à ses messagers et met en

1. Al-Ġazālī, *Iḥyāʾ*, *op. cit.*, K. 1 (*Kitāb al-ʿilm*), B. 7, b. 2, p. 103 [V. 1, p. 312-314].
2. *Ibid.*, [V. 1, p. 314].
3. *Ibid.*, B. 7, b. 2-b. 3, p. 103 ; 105-107 [V. 1, 314-315 ; 321-327].
4. *Ibid.*, K. 21 (*Šarḥ ʿaǧāʾib al-qalb*), b. 5, p. 867 [V. 5, p. 41] ; K. 32 (*Kitāb al-ṣabr wa l-šukr*), Š. 2, R. 2, b. 2, 2, p. 1447 [V. 7, p. 368-369].
5. *Ibid.*, b. 5, p. 867 [V. 5, p. 42].

pratique ses commandements »[1] appuie le système anthropologique d'al-Ġazālī qui articule la foi et la pratique, la raison et la révélation. Si la raison ouvre à la contemplation, al-Ġazālī montre dans le *Miškāt* son interdépendance avec les cinq sens externes : ils sont les observateurs qui permettent l'acquisition de la connaissance du monde physique[2]. Ils sont selon l'image classique à laquelle il recourt dans l'*Iḥyā'*, les soldats du cœur (*ğunūd al-qalb*)[3].

Par ailleurs, al-Ġazālī distingue les sens spécifiques au *ʿaql* comme l'imagination (*ḫayāl*), la faculté estimative (*wahm*), la faculté cognitive (*fikr*), la faculté de rappel (*ḏikr*) et la mémoire (*ḥifẓ*)[4]. Dans ses diverses dimensions, la raison est comme une lumière projetée sur l'objet afin de le connaître. Al-Ġazālī compare l'intellect (*ʿaql*) à l'œil mais pour mettre en évidence sa supériorité car le *ʿaql* a une connaissance de lui-même[5] et voit au-delà de ce qui est limité, il voit la réalité de ce qui est, sans dépendre des prismes des sens[6]. L'intellect est cette lumière reçue de la Lumière qui met « en lumière » la vérité. Il n'est pas une faculté ou une puissance (*quwwa*), mais un guide, un conducteur (*al-nāṣiḥ al-mušīr*)[7]. La perspective d'al-Ġazālī est donc à la fois philosophique et mystique : la raison est la lumière de l'homme. En tant que lumière, elle est ce qui conduit à la vérité et acquiert un rôle déterminant dans l'appréhension des doctrines qui affirment la vérité. L'adhésion aveugle à une croyance est pour al-Ġazālī pure imitation (*taqlīd*). Or, demande-t-il, le musulman qui se conforme à la religion de ses pères n'agit-t-il pas comme l'enfant juif qui suit la religion des siens[8] ? Dans le *Livre de la récitation du Coran*, al-Ġazālī compare l'imitateur (*muqallid*) à un aveugle[9]. Sans l'usage de la raison (*ʿaql*), il ne peut saisir le sens des versets qu'il récite. Il limite sa compréhension aux commentaires coraniques classiques d'Ibn ʿAbbās ou d'al-Muǧāhid sans imaginer que d'autres puissent apporter des lumières significatives à la compréhension du

1. *Ibid.*, K. 1 (*Kitāb al-ʿilm*), B. 7, b. 2 p. 104 [V. 1, p. 316].

2. Al-Ġazālī, *The Alchemy of Happiness* (*Kīmiyā-yi al-Saʿādat*), *op. cit.*, vol. 1, p. 19.

3. *Al-Ġazālī, Iḥyā'*, *op. cit.*, K. 21 (*Kitāb šarḥ ʿağā'ib al-qalb*), b. 2, p. 860-861 [V. 5, p. 21-25]. *Cf.* Al-Ḥakīm al-Tirmiḏī, *Al-Kalām ʿalā maʿnā lā ilāha illā Llāh*, MS n°443, Taṣawwuf, al-Qāhira, Maʿhad al-Maḫṭūṭāt al-ʿArabiyya, al-Ğāmiʿt al-Duwal al-ʿArabiyya, p. 91-93, cité par G. Gobillot, *Le livre de la profondeur des choses*, Villeneuve d'Ascq, Presses Universitaires du Septentrion, 1996, p. 124.

4. Al-Ġazālī, *Iḥyā'*, *op. cit.*, K. 21 (*Kitāb šarḥ ʿağā'ib al-qalb*), b. 2, 3, p. 861 [V. 5, p. 24] et *id.*, *Miškāt al-anwār*, p. 8 [texte fr. p. 43].

5. *Id.*, *Miškāt al-anwār*, *op. cit.*, p. 6 [trad. fr. p. 40].

6. *Ibid.*, p. 8-9 [trad. fr. p. 40-44].

7. *Id.*, *Iḥyā'*, *op. cit.*, K. 22 (*Kitāb riyāḍat al-nafs*), b. 2, p. 915 [V. 5, p. 193].

8. *Id.*, *Al-Munqiḏ min al-ḍalāl*, *op. cit.*, ar. p. 10 ; fr. p. 59. Dans l'*Iḥyā'*, al-Ġazālī souligne que la croyance de la plupart des musulmans est comparable à celle « des cœurs des juifs et des chrétiens qui reçoivent aussi avec confiance ce que leurs parents leur ont transmis », mais ce en quoi ils croient est erroné car le contenu de la foi qui est transmise est erroné » : *id.*, *Iḥyā'*, *op. cit.*, K. 21 (*Kitāb šarḥ ʿağā'ib al-qalb*), b. 6, r. 1, p. 871 [V. 5, p. 57].

9. Al-Ġazālī, *Iḥyā'*, *op. cit*, K. 8 (*Kitāb ādāb tilāwat al-qur'ān*), B. 3, 6, 2, p. 325 [V. 2, p. 304-305].

Coran ou encore qu'il est possible de porter un commentaire personnel (*tafsīr bi-l-ra'y*) sans être *de facto* précipité en enfer[1]. Ainsi donc, la faculté intellectuelle doit permettre d'accéder à la vérité de la croyance et de la fonder rationnellement. En revanche, l'adhésion aveugle à une croyance, fût-ce l'islam, revient pour al-Ġazālī à abdiquer l'éminence de la nature de l'homme et de sa prédisposition à connaître d'une connaissance rationnelle. C'est pourquoi, il pose dans le *Mīzān* l'absolue suprématie de la raison sur la simple adhésion à des croyances. Mais, *a contrario*, l'*Iḥyā'* souligne la possibilité pour la raison de s'égarer. Juge du cœur, la raison peut en effet argumenter en faveur des passions et en devenir la servante par des argumentations fallacieuses. La raison élabore alors des discours qui égarent l'homme et s'infiltrent jusque dans le cœur de sa foi[2]. Le statut de la raison est donc ambigu. Si elle éclaire, elle peut aussi obscurcir.

Quant à l'âme, al-Ġazālī reprend la distinction tripartite de Platon en distinguant les puissances rationnelle (*quwwat al-ʿilm*), irascible (*quwwat al-ġaḍab*) et appétitive (*quwwat al-šahwa*) de l'âme[3]. En sa faculté rationnelle, l'âme distingue entre l'honnêteté et le mensonge, entre la vérité et l'erreur (*bāṭil*) au sein des croyances (*iʿtiqādāt*) et, entre le beau (*ǧamīl*) et le laid (*qabīḥ*) au sein des actions (*afʿāl*). Le fruit de ces distinctions est la sagesse (*ḥikma*)[4]. Pour al-Ġazālī, l'âme est immortelle et elle ne saurait connaître d'anéantissement (*fanā'*), de néant (*ʿadam*), de corruption (*fasād*), de destruction (*halāk*)[5]. Elle doit cependant être purifiée des appétits que sont la colère et la concupiscence[6], aussi l'âme est-elle comparable à un malade qui a besoin d'un médecin attentionné pour la soigner[7]. Ce combat correspond pour

1. Al-Ġazālī, *Iḥyā'*, *op. cit*, K. 8 (*Kitāb ādāb tilāwat al-qur'ān*), B. 3, 6, 4, p. 326 [V. 2, p. 306]; K. 1 (*Kitāb al-ʿilm*) B. 3, b. 2, l. 4, [V. 1, p. 140].

2. *Ibid.*, K. 21 (*Kitāb šarḥ ʿaǧā'ib al-qalb*), b. 15, 2, p. 906-907 [V. 5, p. 164-166].

3. *Ibid.*, K. 22 (*Kitāb riyāḍat al-nafs*), b. 2, p. 914-915 [V. 5, p. 192-193]. Platon distinguait entre l'*épithumia* (ἐπιθυμία), l'« appétit », le concupiscible, siège des passions; le *thumos* (θυμός), l'irascible susceptible d'agressivité, de colère ou d'emportement; et le *logistikon* (λογιστικόν), le rationnel, le raisonnable, le divin : Platon, *La République*, 434 d1 *sq.* Cette dimension tripartite de l'âme se retrouve chez Galien et Miskawayh : Galien, *Scripta Minora*, vol. II, Leipzig, 1891; *L'âme et ses passions : les passions et les erreurs de l'âme;* les facultés de l'âme suivent les tempéraments du corps, introduction, trad. et notes V. Barras, T. Birchler, A.-F. Morand, préface de J. Starobinski, Paris, Les Belles Lettres, 1995, p. 80-87 et Miskawayh, *Traité d'éthique*, Kitāb tahḏīb al-aḫlāq, trad. fr., introd. et notes M. Arkoun, Damišq, Institut Français de Damišq, 1969, p. 27 et p. 75; réimpr. Paris, Vrin, 2010.

4. Al-Ġazālī, *Iḥyā'*, *op. cit.*, K. 22 (*Kitāb riyāḍat al-nafs*), b. 2, p. 915 [V. 5, p. 193].

5. *Id.*, *Maʿāriǧ al-quds fī madāriǧ maʿrifat al-nafs*, éd. Muḥyī al-Dīn Ṣabrī al-Kurdī, al-Qāhira, Maṭbaʿat al-Saʿāda, 1346/1927, p. 131-132. Pour Platon, l'âme rationnelle qui connaît les Idées appartient à la famille des Idées car le semblable est connu par le semblable. L'âme revêt donc les mêmes spécificités que les Idées : simplicité, nature divine, impossibilité de sa dissolution, certitude de son immortalité. La partie rationnelle de l'âme qui connaît l'Idée, le νοῦς, est donc immortelle : Platon, *Phédon*, 78 b, 80 c.

6. Al-Ġazālī, *The Alchemy of Happiness* (*Kīmiyā-yi al-Saʿādat*), *op. cit.*, vol. 1, p. 13.

7. *Id.*, *Iḥyā'*, *op. cit.*, K. 16 (*Kitāb ādāb al-ʿuzla*), B. 2, p. 682 [V. 4, p. 300].

al-Ġazālī au grand *ğihād* (*al-ğihād al-akbar*)[1]. Dans *Al-Risāla al-laduniyya* al-Ġazālī appelle *nafs* « la substance parfaite (*al-ğawhar al-kāmil*), simple (*fard*), à laquelle n'appartient rien d'autre que le rappel des souvenirs (*taḏakkur*), la mémoire conservatrice (*taḥaffuẓ*), la réflexion (*tafkīr*), le discernement (*tamyīz*), la vision (*ruʾyā*) »[2]. Elle est donc le principe le plus élevé de l'homme. Dans l'*Iḥyāʾ*, al-Ġazālī l'identifie à la réalité même de l'homme (*al-Insān bi-l-ḥaqīqa*)[3]. Elle est son essence (*ḏātuhu*) et traduit ses « états d'âme ». Ainsi, l'âme parvenue à la sérénité (*al-nafs al-muṭmaʾinna*) est celle qui a maîtrisé le feu des passions, la colère, l'envie[4]. Cet « état d'âme » résulte d'un combat spirituel entre deux autres propensions : l'âme intimant au mal (*al-nafs al-ammāra bi-l-sūʾ*) et l'âme blâmante (*al-nafs al-lawwāma*)[5]. Louis Gardet remarque que l'âme sereine (*al-nafs al-muṭmaʾinna*) n'est autre que l'âme raisonnable (*al-nafs al-nāṭiqa*) des philosophes ; elle est le principe ontologique de la personne[6]. Mais il faut souligner la dynamique inhérente aux distinctions ġazāliennes qui s'inscrivent dans un mouvement propre à l'itinéraire soufi : l'âme, gouvernée par les appétits sensibles doit se repentir en devenant âme blâmante pour accéder au degré de l'âme pacifiée dans laquelle elle rejoint le monde du *amr*. L'âme doit donc se libérer en transformant sa dimension animale, pulsionnelle et passionnelle pour retrouver sa nature originelle : libérée de son trouble, elle accède ainsi au repos. Cette œuvre de purification (*tazkiya*) qui conduit au retour à Dieu[7] s'opère aussi par une transformation spirituelle de toute l'âme qui retrouve son caractère divin.

Pour rendre compte de la réalité spirituelle qui est en l'homme, al-Ġazālī distingue dans l'*Iḥyāʾ* deux acceptions du concept de *rūḥ* : *primo*, le *rūḥ* désigne la réalité du souffle de vie qui circule et se diffuse dans l'ensemble du corps et donne vie à chacun de ses membres. *Secundo*, il est une subtilité seigneuriale (*laṭīfa rabbāniyya*) qui demeure dans le corps de l'homme bien qu'il appartienne au monde du *amr*[8]. *Rūḥ* renvoie à cette subtilité qui permet à

1. *Ibid.*, B. 2, p. 690 [V. 4, p. 326].

2. Al-Ġazālī, *Al-Risāla al-laduniyya*, trad. Gardet, *op. cit.*, [fr. p. 52 ; ar. p. 53].

3. *Id.*, *Iḥyāʾ*, *op. cit.*, K. 21 (*Kitāb šarḥ ʿağāʾib al-qalb*), b. 1, l. 3, mʿ. 2, p. 859 [V. 5, p. 16-17].

4. Chez al-Tirmiḏī, *al-nafs al-muṭmaʾinna* est celle qui a été « vaincue par l'eau de la miséricorde » : *Le livre de la profondeur des choses*, *op. cit.*, p. 277.

5. Chacun de ces termes est coranique : S. 13, 53 ; S. 75, 2 ; S. 89, 27 : Al-Ġazālī, *Iḥyāʾ*, *op. cit.*, K. 21 (*Kitāb šarḥ ʿağāʾib al-qalb*), b. 1, l. 3, mʿ. 2, p. 859 [V. 5, p. 16-17] ; K. 38 (*Kitāb al-murāqaba wa l-muḥāsaba*), mur. 6, p. 1785-1786 [V. 9, p. 206-209].

6. L. Gardet, *Dieu et la destinée de l'homme. Les grands problèmes de la théologie musulmane. Essai de théologie comparée*, Paris, Vrin, 1967, p. 242.

7. Al-Ġazālī, *Iḥyāʾ*, *op. cit.*, K. 21 (*Kitāb šarḥ ʿağāʾib al-qalb*), b. 1, l. 3, mʿ. 2, p. 859 [V. 5, p. 16-17].

8. La définition de cet esprit est tout aussi subtile que la réalité qu'il désigne et seule une connaissance prophétique permet d'en avoir une pleine connaissance. Seule l'expérience personnelle de cette réalité peut rendre compte de la réalité-même en tant que la *laṭīfa rabbāniyya* appartient à la science du dévoilement (*mukāšafa*) : Al-Ġazālī, *Iḥyāʾ*, *op. cit.*, K. 21 (*Kitāb šarḥ ʿağāʾib al-qalb*), b. 1, l. 2, mʿ. 2, p. 858 [V. 5, p. 16].

l'homme de connaître, de se connaître et de saisir la réalité[1]. Son intelligibilité est complexe et, de même que le regard est impuissant à appréhender le son, de même, la raison (*ʿaql*) ne peut en saisir la profondeur et doit recourir à une lumière supérieure, celle de la prophétie et de la sainteté[2]. « Il est une substance séparée, parfaite, vivante par elle-même. C'est de lui que vient le bon état religieux de l'homme et la corruption de cet état »[3]. « Il est dans le corps comme un étranger »[4]. Dieu est la source de l'esprit[5] et la face du *rūḥ* se tourne vers Lui car « c'est du côté de la source qu'il obtiendra ce qui lui est profitable, bien plus que du côté de l'être individuel, s'il est assez fort pour ne pas se laisser souiller par les souillures de la nature »[6]. Au-delà de ces deux acceptions, certains passages de l'*Iḥyāʾ* désignent par *rūḥ* l'homme dans sa dimension la plus profonde : le *rūḥ*, c'est l'homme lui-même, dans sa nature seigneuriale, transcendante, au-delà de l'imagination et de la raison.

De tous ces concepts, c'est la réalité du cœur (*qalb*) qui prédomine : cette importance révèle l'influence sur sa pensée d'al-Ḥasan al-Baṣrī et surtout d'Abū Ṭālib al-Makkī (m. 386/996) dont le maître ouvrage *Qūt al-qulūb fī muʿāmalat al-maḥbūb* (*La Nourriture des cœurs relative à l'agir envers le Bien-Aimé*) dresse le tableau d'un cheminement spirituel fondé sur la relation entre l'acte du cœur (*ʿamal al-qalb*) et l'acte des membres (*ʿamal al-ǧawāriḥ*), signes et manifestations de l'amour de la créature pour le Dieu unique.

Ainsi donc, pour al-Ġazālī, le cœur est une réalité spirituelle qui appartient à l'autre monde. Sa substance rappelle celles des anges. La supériorité et la dignité du cœur résultent de cette appartenance au monde spirituel : de même que Dieu règne sur toutes choses, le cœur règne sur toutes les parties du corps de l'homme. Mais s'il est le trône de ses inclinations spirituelles, il est aussi sollicité par les sens corporels. En ce sens, « le cœur a deux portes, l'une tournée vers le royaume céleste, l'autre vers le royaume terrestre et sensible »[7]. Le devoir de l'homme est d'ouvrir la porte qui conduit à la connaissance de Dieu et de maîtriser la seconde. Al-Ġazālī compare le cœur de l'homme à un miroir reflétant la parole de Dieu, ses décrets et jugements, paroles inscrites sur la Table Gardée[8]. Plusieurs causes peuvent obstruer le reflet de ce miroir : il est

1. Al-Ġazālī, *Iḥyāʾ*, *op. cit.*, K. 21 (*Kitāb šarḥ ʿaǧāʾib al-qalb*), b. 1, l. 2, mʿ. 2, p. 858 [V. 5, p. 16].
2. *Ibid.*, K. 32 (*Kitāb al-ṣabr wa l-šukr*), Š. 2, R. 2, b. 2, 3, p. 1451 [V. 7, p. 380-381].
3. *Id.*, *Al-Risāla al-laduniyya*, *op.cit*, p. 405 [trad. fr. p. 404].
4. *Ibid.*, p. 407 [trad. fr. p. 406].
5. *Id.*, *Al-Madnūn al-ṣaġīr*, *op. cit.*, p. 2.
6. *Ibid.*
7. *Id.*, *Iḥyāʾ*, *op. cit.*, K. 21 (*Kitāb šarḥ ʿaǧāʾib al-qalb*), b. 9, mi. 1, p. 877 [V. 5, p. 77] ; b. 10, 2, p. 882 [V. 5, p. 92-93].
8. L'image est reprise dans *l'Alchimie du bonheur* : al-Ġazālī, *The Alchemy of Happiness* (*Kīmiyā-yi al-Saʿādat*), *op. cit.*, vol. 1, p. 19. On retrouve chez al-Tirmiḏī l'image du cœur comme lieu de résidence de la connaissance sous la forme de lumière : Al-Ḥakīm al-Tirmiḏī, *Adab al-murīdīn wa bayān al-kasb*, éd. ʿAbd al-Fattāḥ ʿAbd Allāh Baraka, al-Qāhira, Maktabat al-Ḥakīm al-Tirmiḏī, 1976, p. 60, cité par G. Gobillot, *Le livre des profondeurs*, *op. cit.*, p. 120.

déformé, rouillé, mal orienté, voilé. Ainsi, le cœur de l'enfant n'est pas en mesure de refléter la table gardée car son cœur est déficient. De même, les péchés sont des souillures qui nuisent à la pureté du cœur et obstruent la clarté du reflet. Le ritualisme fixe l'attention sur un détail et non sur la vérité. L'apprentissage par répétition ou l'imitation contribuent aussi à faire obstacle comme un voile à la vérité. Enfin, on peut ignorer la direction vers laquelle il faut se tourner par ignorance des sciences rationnelles[1].

Le *qalb* renvoie à une réalité subtile, une « substance seigneuriale spirituelle (*laṭīfa rabbāniyya rūḥāniyya*) »[2]. Il est la partie la plus spirituelle de l'homme, profondément liée à la présence de Dieu. Le cœur est en l'homme

> ce qui connaît Dieu (*al-ʿālim bi-llāh*), qui se rapproche de Lui (*al-mutaqarrib ilā Allāh*), qui œuvre pour Lui (*al-ʿāmil li-llāh*), qui incline vers Lui (*al-sāʿī ilā Allāh*), et qui révèle (*al-mukāšafu*) ce qui permet d'être en sa présence[3].
>
> Il est la réalité essentielle de l'être humain (*ḥaqīqat al-insān*)[4].

Par suite, l'obéissance et la désobéissance procèdent du cœur et les actes d'adoration comme les abjections des membres du corps n'en sont que les conséquences. Le cœur est le siège de la volonté et de la décision. Dans cette perspective, l'anthropologie d'al-Ġazālī s'oppose une fois encore à toute forme de dualisme : il n'y a pas le corps contre le cœur, la croyance contre la mécréance, mais le bien et le mal dans le cœur, le corps n'étant que le reflet du cœur de l'homme. Il revient donc à l'homme de purifier son cœur, de le polir, de l'épurer des instincts animaux par la pratique de la vertu commandée et contrôlée par la raison[5]. Un cœur ainsi poli redevient lumineux et la vérité peut s'y refléter. L'homme en son cœur peut alors reconnaître « les exigences de la religion (*al-maṭlūb fī l-dīn*) »[6]. Mais le cœur de l'homme est déficient lorsqu'il « ne parvient pas à accomplir l'activité propre pour laquelle il a été créé, à savoir l'acquisition de la science (*ʿilm*), de la sagesse (*ḥikma*), de la connaissance (*maʿrifa*) et de l'amour de Dieu (*ḥubb Allāh*) ainsi que la pratique des actes de dévotion et le fait d'éprouver du plaisir (*taladdud*) au souvenir de son nom »[7]. Réalité subtile, le cœur de l'homme diffère d'un individu à l'autre, comme son caractère. Mais il est possible de distinguer quatre physionomies spirituelles : le cœur de celui qui aime Dieu et ne se satisfait que de sa connaissance et de la méditation de la réalité divine, le cœur de celui qui ignore tout de Dieu et de son intimité, le cœur de celui chez qui prédominent les aspirations au monde terrestre mais qui est parfois saisi par les réalités célestes

1. Al-Ġazālī, *Iḥyā'*, *op. cit.*, K. 21 (*Kitāb šarḥ ʿaǧā'ib al-qalb*), b. 6, p. 868-872 [V. 5, p. 47-59].
2. *Ibid.*, b. 1, mʿ. 2, p. 858 [V. 5, p. 14].
3. *Ibid.*, p. 857 [V. 5, p. 10].
4. *Ibid.*, p. 858 [V. 5, p. 14].
5. *Id.*, *Mīzān al-ʿamal*, *op. cit.*, b. 4, p. 218 [trad. fr., p. 21].
6. *Id.*, *Iḥyā'*, *op. cit.*, K. 21 (*Kitāb šarḥ ʿaǧā'ib al-qalb*), b. 5, p. 867 [V. 5, p. 43].
7. *Ibid.*, K. 22 (*Kitāb riyāḍat al-nafs*), b. 6, p. 924 [V. 5, p. 222].

de Dieu, et enfin, le cœur attaché à l'intimité du Seigneur, méditant avec empressement, mais restant attaché aux réalités sensibles dont il ne s'est pas entièrement coupé[1]. Commentant sa « typologie », notre auteur remarque combien prédomine dans le cœur des hommes la disposition à l'attachement au monde et aux réalités sensibles. Il faut donc un don divin pour qu'un rayon de lumière divine puisse leur laisser entrevoir une réalité qui leur échappe. Cet enfermement psychologique et spirituel du cœur des hommes est un trait de caractère propre à la personne, indépendamment de la religion. Le musulman comme le non musulman peut fort bien être victime des passions, de la vanité et de l'orgueil. Pour les uns comme pour les autres, la religion peut être instrumentalisée pour dissimuler leur nature et duper ses coreligionnaires. La métaphore de la maladie suggère cependant que seul le musulman peut diposer d'un cœur saint, puisque lui seul connait et aime Dieu par la pratique de sa loi. Il reste que l'anthropologie du cœur d'al-Ġazālī demeure universelle : elle s'appuie sur l'origine commune des hommes, leur aspiration au bonheur mais aussi leur faiblesse ontologique.

Entre l'ange et la bête ou la dualité ontologique de l'homme

L'anthropologie coranique souligne la faiblesse ontologique de l'homme : dès sa création, il est faible[2], peureux, angoissé[3]. Pour al-Ġazālī, cette fragilité est due à la jonction de deux principes différents inhérents à sa constitution, à savoir le corps et l'âme :

> Sache que Dieu a créé l'homme de deux principes différents. L'un est le corps obscur, grossier (*kaṯīf*), qui tombe sous les lois de la génération et de la corruption, mélangé et composé de terre et qui a besoin, pour être achevé, d'un principe autre que lui. L'autre, l'esprit, c'est l'âme substantielle simple, lumineuse, qui comprend, agit et meut et donne la perfection aux organes et au corps[4].

Partageant la même origine et la même relation directe à Dieu par l'insufflation divine, l'homme est en son essence un amalgame de bon et de mauvais, d'ange et de démon. La présence du mauvais est telle qu'aucun homme ne peut être un ange. Mais la réciproque est vraie. La part angélique de l'homme – spirituellement bonne – ne peut être totalement anéantie par le mal. Si *Al-Risāla al-laduniyya* est traversée parfois par une vision dualiste, l'anthropologie de l'*Iḥyā'* est celle de la dualité. L'homme tend vers le principe

1. Al-Ġazālī, *Iḥyā'*, *op. cit.*, K. 32 (*Kitāb al-ṣabr wa l-šukr*), Š. 2, R. 2, b. 1, q. 5, p. 1437 [V. 7, p. 338].

2. S. 4, 28.

3. S. 70, 19-21.

4. Al-Ġazālī, *Al-Risāla al-laduniyya*, *op. cit.*, p. 9 [trad. Gardet, p. 398].

spirituel ou vers le principe animal qui le constitue, mais il ne se réduit ni à l'un ni à l'autre. Par voie de conséquence, le principe du bien est dans le cœur du croyant comme du non croyant, du musulman comme du non musulman. De cette situation ontologique, il découle que la condition la meilleure pour l'homme est d'être un fils d'Adam, c'est-à-dire, un repentant :

> Celui qui s'adonne totalement au bien est un ange proche de Dieu, Roi et Juge ; celui qui s'applique au mal est un démon, celui qui se dérobe au mal en retournant au bien, celui-là est réellement un homme. L'argile dont l'homme a été créé (*ṭīnat al-Insān*) est en effet composée de deux éléments et entremêlée de deux dispositions caractérielles (*saǧiyya*). Chaque homme oriente son origine soit vers l'ange, soit vers Adam soit vers le démon. Le repentant a donné la preuve irréfutable de sa filiation avec Adam en conformité à ce qu'est un homme. Celui qui persiste dans l'insubordination se déclare du côté du démon. Quant à s'orienter définitivement vers les anges en se consacrant totalement au bien, cela n'est pas de l'ordre du possible. Le mal et le bien ont été trop pétris (*maʿǧūn*) dans la nature d'Adam si bien que seul l'un des deux feux peut le purifier : le feu de la contrition (*nār al-nadam*) ou le feu de l'Enfer. La consomption par le feu est nécessaire pour purifier l'essence de l'homme des vilénies du démon [1].

Pour autant, si l'homme a été créé de deux principes, son esprit et son corps sont intimement liés : « le corps n'est pas le lieu de l'esprit ni le réceptacle du cœur mais il est l'instrument de l'esprit, l'outil du cœur, le véhicule de l'âme » [2]. Afin de dissiper tout risque d'interprétation dualiste, al-Ġazālī propose dans le *Miʿrāǧ al-sālikīn* une conception anthropologique ternaire : « l'homme est un animal raisonnable composé de trois éléments : la *nafs*, le *rūḥ* et le *ǧism* » [3] et le corps renferme en lui-même l'esprit vital. « Redressé et capable de rire » [4], écrit al-Ġazālī, il n'est donc pas assimilable aux autres espèces animales, mais il se différencie d'elles. Lui seul est *ǧibilla*, pour reprendre la terminologie d'*Al-Maḍnūn al-ṣaġīr*. Cette mention aristotélicienne n'est pas anodine, puisqu'elle renvoie à la dimension célestielle de l'homme car, comme l'écrit le Stagirite, l'homme est « seul parmi les êtres que nous connaissons, ou du moins plus que tous ces êtres, à avoir une part du divin » [5], mais cette considération ne se réalise pas chez Aristote au détriment de la terre. La station debout symbolise ainsi la vocation contemplative de l'homme ; elle traduit aussi une réalité dynamique, concrète et vivante autour de laquelle s'organise l'ensemble des

1. Al-Ġazālī, *Iḥyāʾ*, *op. cit.*, K. 31 (*Kitāb al-tawba*), Préambule, p. 1328 [V. 7, p. 10-11] ; [trad. all. Gramlich, A. 3, p. 22-23].

2. *Id.*, *Al-Risāla al-laduniyya*, *op. cit.* [trad. Gardet, p. 40].

3. *Id.*, *Miʿrāǧ al-sālikīn* dans *Maǧmūʿ rasāʾil al-imām Al-Ġazālī*, Bayrūt, Dār al-Fikr, 1996, p. 52. Voir sur ce point N. Kebe, « Al-Ġazālī et la problématique du rapport entre les notions de *ʿaql*, de *nafs*, de *rūḥ* et de *qalb* », art. cit.

4. Al-Ġazālī, *Miʿrāǧ al-sālikīn*, *op. cit.*, p. 52. Voir Aristote, *Partie des animaux*, III, 10, 673-678.

5. Aristote, *Partie des animaux*, IV, 656 a 7-8.

membres du corps[1]. Quant au rire, il est le signe de la vivacité de l'esprit humain, capable d'une distance critique à l'égard du monde qui l'entoure, de distance à l'égard même de l'homme dont les préoccupations et les admirations sont signes de son ignorance comme l'exprime si admirablement le symptôme du rire de Démocrite[2].

La perfection de l'homme consiste donc à faire le bien, à maîtriser ses facultés animales, à brûler par le feu de la repentance les scories qui obstruent son cœur en vue de vivre la vie de l'ange. L'homme est donc voué à advenir en se transformant et al-Ġazālī invite à cette alchimie (*kīmiyā*), terme qui désigne en arabe à la fois la chimie mais aussi la substance appelée « Pierre philosophale » [3] qui permet la transmutation des métaux en or[4]. Dans son épitomé persan, al-Ġazālī remarque que Dieu a envoyé à l'humanité 124 000 prophètes[5] afin d'enseigner aux hommes la formule de l'alchimie qui transforme l'âme en la purifiant, en la conduisant vers le bien et en l'éloignant des instincts grégaires[6].

Le cœur est le terrain d'un combat entre deux armées : celle des anges et celle des démons[7]. Mais si le démon peut exercer une autorité sur celui qui sert ses passions, il n'a aucun pouvoir à l'égard de celui qui est un serviteur de Dieu. L'évocation du nom de Dieu vient se substituer aux suggestions malignes[8]. Elle est le propre des hommes justes (*muttaqūn*) aguerris à la répétition du souvenir de Dieu (*ḏikr*)[9]. Cette mention des hommes du *ḏikr* est l'indice d'une correspondance entre l'ascension célestielle par la purification du cœur et l'appartenance religieuse. Pour al-Ġazālī, en effet, la nature de ces suggestions n'est pas sans lien avec la religion d'un homme. Par fidélité à la religion de ses ancêtres, il peut s'interdire de se convertir à l'islam (*aslama*)[10].

Il reste que, musulman fervent ou non, l'absolu affranchissement du mal est impossible à l'homme dont le sang coule dans les veines, mais il doit constituer son horizon spirituel. En ce sens, l'homme, pour al-Ġazālī, est comparable à un cheval de race dont la perfection dépend de la puissance de sa course. S'il ne court pas, alors il est renvoyé à un niveau inférieur : il devient comme une bête

1. Rémi Brague écrit à ce propos : « La station droite est, de la sorte, prise dans, et comprise à partir de la relation particulière de l'homme au Tout. Mais, à son tour, elle rend possible certains effets qui concrétisent ladite relation » (*Aristote et la question du monde*, Paris, P.U.F., 1988, p. 238).

2. Hippocrate, *Sur le rire et la folie*, trad. fr. Y. Hersant, Paris, Rivages, 1991.

3. Al-Ġazālī, *The Alchemy of Happiness* (*Kīmiyā-yi al-Saʿādat*), *op. cit.*, vol. 1, p. 27.

4. P. Lory, « Alchimie – Islam », dans J. Servier (dir.), *Dictionnaire critique de l'ésotérisme*, Paris, P.U.F., 1998, p. 27.

5. Ce chiffre est celui de la tradition musulmane : A. J. Wensinck, « Muḥammad und die Propheten », *Acta Orientalia*, 2, 1924, p. 169.

6. Al-Ġazālī, *The Alchemy of Happiness* (*Kīmiyā-yi al-Saʿādat*), *op. cit.*, vol. 1, p. 3.

7. *Id.*, *Iḥyā'*, *op. cit.*, K. 21 (*Kitāb šarḥ ʿaǧā'ib al-qalb*), b. 11, p. 885 [b. 12, V. 5, p. 99-100].

8. *Ibid.*, b. 11, p. 885 [b. 12, V. 5, p. 102-103].

9. *Ibid.*, b. 11, p. 885 [b. 12, V. 5, p. 103].

10. *Ibid.*, b. 11, p. 886 [b. 12, V. 5, p. 104]

de somme vouée à porter des fardeaux et des vivres ou destinée à l'abattoir[1]. Ainsi donc,

> l'homme se trouve devant une alternative : soit il atteint [la perfection morale] en se rapprochant de Dieu et il touche alors à l'horizon des anges, ce qui constitue son bonheur, soit il s'adonne aux vices de la concupiscence et de l'irascibilité qu'il partage avec les bêtes, il s'abaisse alors à leur rang et comme elles, il périt éternellement ce qui constitue sa misère[2].

Ontologiquement parlant, l'homme reste cet amalgame d'esprit et de matière, situé entre l'ange et l'animal, mais « l'être humain est supérieur (*al-insān akbar min*) aux animaux, végétaux et minéraux »[3]. En outre, l'homme parvenu à un degré faible d'humanité a toujours la possibilité de se convertir jusqu'au dernier souffle de sa vie. Dans le *Kitāb ādāb al-ulfa wa l-uḫuwwa wa l-ṣuḥba* de l'*Iḥyā'*, al-Ġazālī met en garde son lecteur de ne « sous-estimer aucun être humain, qu'il soit vivant ou mort ; cela risquerait de conduire à ta perte, car il est peut-être meilleur que toi. En effet, même s'il est un libertin, il n'est pas sûr que ta fin ne sera pas la même et que sa fin ne sera pas autrement »[4]. Dans sa vision de l'homme, al-Ġazālī témoigne aussi d'un esprit de bienveillance (*iḥsān*) et d'indulgence (*tasāhul*), car il s'agit de reconnaître l'indigence ontologique de l'homme, le tort qu'il se fait à lui-même, son impuissance à être pleinement « céleste »[5]. Aussi, l'homme étant toujours entre l'ange et la bête, il peut être détestable sous un certain angle, mais aimable sous un autre[6].

Par ailleurs, lorsqu'il dit de l'homme qu'il est comme un animal, la comparaison ne concerne ni le *ḏimmī*, ni l'homme religieux, quelle que soit sa religion, mais seulement celui qui ne croit pas en la félicité promise et qui refuse de réformer son agir en conséquence. Les religions, dans leurs expressions doctrinales les plus diverses, apparaissent comme une "lumière" qui permet d'orienter le regard de l'homme vers Dieu, de maintenir une relation entre l'homme et Dieu : « la religion (*dīn*), définit-il dans le *Livre de la méditation*, est la relation (*muʿāmala*) entre l'homme (*ʿabd*) et le Seigneur »[7]. Elle ne semble donc pas altérer *stricto sensu* la nature essentielle de l'homme (*fiṭra*) qui le conduit à rechercher les réalités célestielles. Au contraire, elle l'y invite. Pour autant, la notion de *fiṭra* a suscité de larges développements chez

1. *Id.*, *Mīzān al-ʿamal*, *op. cit.*, p. 287 [trad. fr., p. 71 mod.]. L'image du cheval est réutilisée dans : *id.*, *Iḥyā'*, *op. cit.*, K. 21 (*Kitāb šarḥ ʿaǧā'ib al-qalb*), b. 4, p. 864 [V. 5, p. 35].
2. Al-Ġazālī, *Mīzān al-ʿamal*, *op. cit.*, p. 287 [trad. fr., p. 70].
3. *Id.*, *Iḥyā'*, *op. cit.*, K. 34 (*Kitāb al-faqr wa l-zuhd*), Š. 1, b. 4, p. 1552 [V. 8, p. 55].
4. *Ibid.*, K. 15 (*Kitāb ādāb al-ulfa wa l-uḫuwwa wa l-ṣuḥba*), B. 3, p. 652 [V. 4, p. 208].
5. *Ibid.*, K. 15, B. 1, b. 2, p. 601 [V. 4, p. 47].
6. *Ibid.*, K. 15, b. 2, p. 599 [V. 4, p. 43]. Ce refus de réduire l'homme à l'animal se retrouve dans les Lettres des *Iḫwān al-Ṣafā'* : Iḫwān al-Ṣafā', *Rasā'il Iḫwān al-Ṣafā' wa ḫullān al-wafā'*, Bayrūt, Maktab al-Iʿlām al-Islāmī, H. 1405, t. 3, p. 536.
7. Al-Ġazālī, *Iḥyā'*, *op. cit.*, K. 39 (*Kitāb al-tafakkur*), b. 3, p. 1797 [V. 9, p. 245].

les traditionnistes, théologiens, mystiques et philosophes, certains accusant les religions non musulmanes de contribuer à sa corruption, voire à sa mutilation. Il convient donc de rendre compte de la manière dont al-Ġazālī la comprend et comment il l'intègre à son anthropologie[1].

UNE APPROCHE UNIVERSALISTE DE LA *FIṬRA*

Dans le *Munqiḏ min al-ḍalāl*, al-Ġazālī confie avoir entendu dans sa jeunesse le *ḥadīṯ* bien connu : « tout homme (*kull mawlūd*) naît selon la nature originelle (*fiṭra*), ce sont ses parents qui font de lui un juif, un chrétien ou un mazdéen »[2]. Il reconnaît avoir ressenti une force le poussant à rechercher la vérité fondamentale de cette nature originelle. La majorité des penseurs musulmans a considéré la *fiṭra* comme étant altérée par l'éducation religieuse transmise par les parents de confession non musulmane, si bien qu'il n'est pas possible d'en faire un concept universel[3]. Il convient donc de s'interroger sur la nature de la *fiṭra* aux yeux d'al-Ġazālī et de vérifier si sa vérité intrinsèque demeure en l'homme au-delà de ce qui lui est sociologiquement transmis par son milieu familial ou au cours de son existence.

Si le mot *fiṭra* n'est employé qu'une seule fois dans le Coran[4], c'est essentiellement autour des *ḥadīṯs* que les savants musulmans vont élaborer différents systèmes épistémologiques. Plusieurs traditions sont rapportées. La première est issue d'Abū Hurayra et se trouve mentionnée par Mālik dans *Al-Muwaṭṭā'* : « Tout homme naît selon la *fiṭra* (*kull mawlūd yūlad ʿalā l-fiṭra*) et ce sont ses parents qui font de lui un juif ou un chrétien, et de même que le chameau engendre un animal sain, tu en trouves qui aient l'oreille coupée. Ils demandèrent : – Ô Envoyé de Dieu, que penses-tu du cas des enfants qui meurent en bas âge. Il répondit : "Dieu sait ce qu'ils auraient fait" »[5]. Dans le contexte de ce *ḥadīṯ*, l'interrogation porte sur les enfants des non musulmans

1. Geneviève Gobillot a relevé le parallèle avec la notion d'*anthropos* chez Lactance et la *fiṭra* dans le Coran : G. Gobillot, « Les Pères de l'Eglise et la pensée de l'islam », dans G. Gobillot et M.-Th. Urvoy (éd.), *L'Orient chrétien dans l'empire musulman*, édition augm. des actes du colloque des 15 et 16 octobre 2004 en hommage à Gérard Troupeau, Paris, Les Éditions de Paris, 2005, p. 59-90.

2. Al-Ġazālī, *Al-Munqiḏ min al-ḍalāl*, *op. cit.*, ar. p. 11, fr. p. 61 (trad. mod.).

3. Sur la *fiṭra*, voir G. Gobillot, *La conception originelle, ses interprétations et fonctions chez les penseurs musulmans*, « Cahiers des Annales Islamologiques » 18, Le Caire, Institut Français d'Archéologie Orientale, 2000.

4. S. 30, 30. Ce passage semble indiquer une correspondance entre d'une part la religion originelle (*ḥanīf*) et d'autre part la disposition que Dieu accorde à chaque homme. En revanche, la racine *f.ṭ.r.* se retrouve vingt fois dans le sens de créer ou de séparer. Ainsi Dieu est-il dit créateur du ciel et de la terre (*fāṭir al-samawāt wa l-arḍ*) (S. 6, 14 ; 2, 201 ; 14, 10 ; 35, 1 ; 42, 11). Pour l'exposé de l'histoire du concept : G. Gobillot, *La conception originelle*, *op. cit.*

5. Mālik, *Al-Muwaṭṭā'*, al-Qāhira, Maktabat al-Bābī al-Ḥalabī, 1951, 2 t., t. 1, p. 176-177, cité par G. Gobillot, *La conception originelle*, *op. cit.*, p. 14.

morts avant l'âge de raison. Faut-il les considérer comme musulmans ou faut-il leur accorder le statut de leurs parents dont ils auraient acquis en toute vraisemblance la religion[1] ? Sur le plan de l'interprétation jurisprudentielle, le fait de devenir juif ou chrétien fait perdre la *fiṭra* et cette perte s'apparente à une mutilation[2]. Une autre tradition identifiée par Abū Ḥanīfa indique que

> Dieu a créé les êtres libres à la fois de l'incrédulité et de la croyance, puis Il s'est adressé à eux, leur a donné un ordre et leur a fait connaître une interdiction. Celui qui a été incroyant l'a été de son propre fait. Sa négation et son désaveu de la vérité ont eu lieu parce que Dieu s'est détourné de lui. Celui qui a cru l'a fait de sa propre initiative. Sa proclamation (de foi) et sa sincérité viennent du fait que Dieu l'a agréé et de l'aide qu'Il lui a apportée. Il a sorti les descendants d'Adam de ses lombes sous forme d'atomes, il les a doués de raison et s'est adressé à eux en leur ordonnant de croire et en leur interdisant d'être incroyants. Ils ont proclamé qu'Il est le Seigneur, ceci étant de leur part un acte de foi. Ils naissent donc selon cette *fiṭra* et celui qui devient incroyant par la suite opère une transposition et un changement (de son état créaturel premier). Quant à celui qui est croyant et sincère, il reste fidèle à ce pacte et le perpétue. Dieu ne détermine aucune de ses créatures à être croyante ou incroyante, mais Il les crée comme des personnalités (responsables). La foi et l'incroyance sont des actes du serviteur[3].

Comme l'a montré Geneviève Gobillot, ces *ḥadīṯs* ont donné lieu à de nombreuses interprétations. Ainsi, pour al-Ṭabarī (m. 310/923), à propos du lien entre la *fiṭra* et le pacte (*mīṯāq*), il existe une profession de foi originelle exprimée par tout être humain qu'il convient de réitérer afin d'exprimer sa fidélité au pacte primitif. Cette fidélité est la marque du croyant. Pour Abū Ḥanīfa, tout être humain dispose d'une liberté fondamentale qui lui permet d'opter pour la foi ou l'incroyance[4]. Pour Ǧaʿfar al-Ṣādiq (m. 148/765), l'homme ne peut connaître Dieu, de même qu'il ne peut le voir ni l'atteindre. Or, c'est dans la *fiṭra* que réside le principe par lequel l'homme désire connaître Dieu et parvient ainsi à une certaine connaissance de Dieu. La *fiṭra* est donc la disposition intérieure qui conduit l'homme à la connaissance de la divinité en dépit de son absence de connaissance[5]. Pour al-Ḥakīm al-Tirmiḏī, l'esprit

1. Selon une version rapportée par al-Ḥasan al-Baṣrī, « tout être naît selon la *fiṭra* jusqu'à ce qu'il s'exprime par le langage » : Ibn Ḥanbal, *Musnad*, III, p. 435. Pour al-Šāfiʿī, il est possible de concevoir l'interdiction du combat s'il se trouve sur le champ de bataille des femmes et des enfants dans la mesure où selon l'omniscience divine, certains de ces femmes et enfants deviendront probablement musulmans de leur propre volonté : Al-Šāfiʿī, *Kitāb al-umm*, IV, p. 155.

2. G. Gobillot, *La conception originelle*, *op. cit.*, p. 20-21.

3. Abū Ḥanifa, *Al-Fiqh al-akbar*, al-Qāhira, 1955², p. 45-50, cité par G. Gobillot, *La conception originelle*, *op. cit.*, p. 15-16.

4. Liberté qu'Abū Ḥanīfa s'efforce de faire coïncider avec l'affirmation fondamentale selon laquelle Dieu égare ou guide qui il veut.

5. *Le tafsīr mystique attribué à Ǧaʿfar al-Ṣādiq*, éd. critique P. Nwyia, Mélanges de l'université Saint-Joseph, T. XLIII, Bayrūt, Imprimerie catholique, 1968, p. 196-197.

divin (*rūḥ*) insufflé en l'homme est la source de la *fiṭra*[1]. Chez Muslim, la *fiṭra* désigne la nature humaine faillible[2]. Quant aux philosophes, pour al-Fārābī (m. 339/950), la *fiṭra* est ce par quoi l'être humain accède à la connaissance de l'existence des êtres possibles. Elle est l'empreinte en l'homme de l'intelligence agente qui lui donne la certitude de son existence. Elle est la forme (*ṣūra*) de l'être humain[3]. Dans d'autres perspectives, la *fiṭra* s'apparente à l'islam ou à la *ḥanīfiyya*, la religion pure d'Abraham. Dans un contexte polémique ou apologétique, la *fiṭra* désigne un ensemble de prescriptions religieuses qui démarquent le musulman des gens du Livre.

Dans cette pluralité des exégèses, comme l'a montré Geneviève Gobillot, deux grandes perspectives peuvent être distinguées : une approche universaliste et une approche particulariste ou exclusiviste[4]. Qu'en est-il du concept de *fiṭra* sous la plume d'al-Ġazālī ?

La notion de *fiṭra* apparaît dès les premières lignes du *Munqiḏ min al-ḍalāl* en référence au logion *kull mawlūd yūlad ʿalā l-fiṭra*. Al-Ġazālī intègre la *fiṭra* à son anthropologie en lui donnant un sens cohérent avec sa vision de l'homme et du monde[5] : l'homme, au-delà de toutes différences particulières de caractère, est naturellement prédisposé à la connaissance car son cœur relève de la sphère célestielle.

> Dans la *fiṭra*, chaque cœur (*qalb*), malgré les différences individuelles, est prédisposé à connaître la réalité des choses (*al-ḥaqāʾiq*) car il est une chose divine et noble qui, par cela même, se distingue des autres substances du monde... À l'origine, le cœur de chaque homme est prédisposé à la foi et apte à croire[6].

La *fiṭra* désigne pour notre auteur une prédisposition. Elle est cet état originel de l'homme et de sa connaissance de Dieu. Dans le *Kitāb al-ʿilm*, il commente l'unique verset coranique où figure la notion qu'il définit de la manière suivante :

> Tout être humain (*kull ādamī*) est naturellement disposé [lorsqu'il est créé] (*fuṭira ʿalā*) à croire en Dieu (*al-īmān bi-l-llāh*) et plus encore à connaître les choses telles qu'elles sont (*maʿrifat al-ašyāʾ ʿalā mā hiya ʿalayhi*) ce qui signifie que la connaissance est inhérente aux choses dans la mesure où elle est proche

1. Al-Tirmiḏī, *Le livre de la profondeur des choses*, *op. cit.*, p. 221-224.

2. Muslim, K. 33 (*Kitāb al-qadar*), *ḥadīṯ* n°6425.

3. *Kitāb šarḥ al-Fārābī li-kitāb Aristūtālīs fī l-ʿibāra*, éd. et introd. Wi. Kutch et S. Marrow, Bayrūt, al-Maṭbaʿa al-Kāṯūlīkīya, 1960, p. 82-83.

4. G. Gobillot, *La conception originelle*, *op. cit.*, p. 130.

5. Les références à la notion de *fiṭra* sont relativement rares dans les écrits d'al-Ġazālī. Sans doute est-ce la raison pour laquelle le terme n'a pas fait l'objet d'études approfondies. Cependant, Frank Griffel a récemment consacré une étude à la *fiṭra* ġazālīenne : F. Griffel, « Al-Ġazālī's Use of "Original Human Disposition" (*fiṭra*) and Its Background in the Teachings of al-Fārābī and Avicenna », *The Muslim World*, 102, 2012, p. 1-32.

6. Al-Ġazālī, *Maʿāriǧ al-quds fī madāriǧ maʿrifat al-nafs*, al-Qāhira, 1927, p. 103, cité par A. J. Wensinck, *La pensée de Ghazzali*, *op. cit.*, p. 44.

de la connaissance intuitive (*li-qurb istiʿdādihā li-l-idrāk*). Il s'ensuit que la foi est située (*markaz*) dans les âmes de par la *fiṭra*. Cependant, malgré cela, les gens se divisent en deux groupes : d'une part, ceux qui se sont écartés de la foi en oubliant – ce sont les infidèles – et d'autre part, ceux qui ont scruté la mémoire et se sont ressouvenus [de ce qu'ils avaient oublié]. Ils sont comme ces gens qui portaient un témoignage, l'ont oublié par insouciance, puis s'en sont ressouvenus[1].

La *fiṭra* comme capacité originelle à connaître, est donnée à tous les hommes[2]. Elle est déjà une connaissance *en puissance*, une « connaissance cachée », de Dieu et de la prophétie. En ce sens, la *fiṭra* pour al-Ġazālī ne correspond pas exactement, même si elle s'en approche parfois, à l'idée de réminiscence soutenue par Platon où la connaissance humaine s'inscrit au sein d'un processus consistant à se remémorer le souvenir des Idées contemplées par l'âme avant son immersion dans le monde sublunaire[3]. De même, elle ne correspond pas à l'idée midrashique selon laquelle, l'enfant aurait déjà reçu, connu et suivi dans le ventre de sa mère les commandements de la Torah[4].

La *fiṭra* est pour lui une disposition, une *propension* à connaître Dieu en raison d'une connaissance manifeste donnée au moment de la création. Tout enfant naît musulman et il le demeure jusqu'à l'âge adulte. Conformément à son anthropologie, la nature originelle de l'homme est aussi traversée par la dualité : en sa *fiṭra*, l'homme a la capacité de recevoir les lumières positives des anges comme celles qui obscurcissent sa raison et qui émanent du démon[5]. Mais dans l'acte créateur, la *fiṭra* est saine et pure.

Fondamentalement, la *fiṭra* constitue le dénominateur commun du genre humain. Elle est la prédisposition universelle à tout homme à connaître la vérité ; elle est l'état de pureté originelle que l'homme doit rechercher pour accéder au monde du *amr*. La *fiṭra* différencie l'homme de l'animal et de l'ange. Elle n'est pas le privilège de ceux qui jouiraient d'une connaissance prophétique mais elle est donnée à tout homme[6]. Elle est le cœur ou la raison qui connaît, elle est la nature de l'homme en tant qu'il lui est donné de se connaître et de connaître Dieu, et qu'il a vocation à devenir un être seigneurial[7]. En retrouvant sa nature première, l'homme apprend à connaître Dieu. Cette connaissance est son honneur dans ce monde et son bagage dans l'autre[8]. Cette connaissance originelle fait de lui le lieutenant de Dieu sur terre[9].

1. Al-Ġazālī, *Iḥyāʾ*, *op. cit.*, K. 1 (*Kitāb al-ʿilm*), B. 7, b. 2, p. 105 [V. 1, p. 318].
2. *Id.*, *The Alchemy of Happiness* (*Kīmiyā-yi al-Saʿādat*), *op. cit.*, p. 22.
3. Platon, *Ménon*, trad. fr. M. Canto-Sperber, Paris, Garnier-Flammarion, ²1993, p. 74-93 et p. 103-106.
4. *Talmud de Babylone*, Traité Nidda 30b.
5. Al-Ġazālī, *Iḥyāʾ*, *op. cit.*, K. 21 (*Kitāb šarḥ ʿaǧāʾib al-qalb*), b. 11, p. 884 [V. 5, p. 99].
6. *Id.*, *The Alchemy of Happiness* (*Kīmiyā-yi al-Saʿādat*), *op. cit.*, vol. 1, p. 56.
7. *Id.*, *Iḥyāʾ*, *op. cit.*, K. 30 (*Kitāb ḏamm al-ġurūr*), b. 1, p. 1292 [V. 6, p. 617].
8. Al-Ġazālī, *Iḥyāʾ*, *op. cit.*, K. 21 (*Kitāb šarḥ ʿaǧāʾib al-qalb*), p. 857 [V. 5, p. 9-10].
9. Voir *id.*, *Miškāt al-anwār*, *op. cit.*, p. 20 [réf. fr. p. 56].

Pour al-Ġazālī, il n'y a pas de déterminisme religieux qui situerait les non musulmans dans un état d'animalité ou de semi-animalité sauvage cantonnée à un statut d'infériorité par rapport à l'humanité réelle incarnée par les musulmans. Pour autant, al-Ġazālī est confronté à une difficulté objective : certains hommes connaissent Dieu tandis que d'autres en nient l'existence. Quelle est la cause de cette différence ? Y a-t-il eu une altération de sa *fiṭra* ou bien celle-ci est-elle seulement obscurcie ?

En réalité, pour al-Ġazālī, il convient de distinguer la *fiṭra* dans sa dimension pure, immaculée et la *fiṭra* dans sa dimension animale. L'homme étant cet amalgame d'esprit et de matière, de bon et de mauvais, sa nature originelle intègre donc cette dualité. Si pour al-Ġazālī la raison (*ʿaql*), au sens de l'intelligence, appartient à la nature originelle de l'homme, la "bêtise" et la "stupidité" font aussi partie de cette nature originelle (*al-fiṭna wa l-kayyis fiṭra wa l-ḥumq wa l-balāda fiṭra*)[1]. Or, si tous les hommes possèdent la *fiṭra*, Dieu n'a pas octroyé la même *fiṭra* aux hommes dans la mesure où tous les hommes n'ont pas les mêmes capacités originelles. D'universel, le concept n'en est pas moins doublé d'une conception particulariste. La *fiṭra* ne renvoie pas à l'homme parfait mais à l'homme originel en sa fragilité et en sa diversité, tel qu'il est créé[2]. Al-Ġazālī recourt dans le *Mīzān al-ʿamal* à l'image de l'eau : l'eau peut jaillir sans la moindre intervention humaine, d'autres eaux sont latentes et nécessitent qu'on se donne de la peine pour les puiser, d'autres enfin nécessitent de creuser longuement pour les atteindre[3]. Dans le premier cas, l'actualisation de la connaissance de Dieu est donnée par une lumière divine, par une inspiration et certains prophètes jouissent directement de cette connaissance sans intermédiaire humain. Dans le deuxième cas, l'homme parvient à cette connaissance rapidement, grâce à ses dons : ce sont les enfants intelligents. Enfin, dans le troisième cas, et al-Ġazālī de dire que ce sont les plus nombreux, les hommes doivent leur connaissance de Dieu à leurs efforts et leurs recherches.

1. Al-Ġazālī, *Iḥyā'*, *op. cit.*, K. 30 (*Kitāb ḏamm al-ġurūr*), b. 2, ṣ. 4, fq. 6, 2, p. 1323 [V. 6, p. 709]. Selon la tradition, la *fiṭra* désigne à la fois la nature humaine dans son état originel et son état de vulnérabilité en raison de l'attaque du démon subie par le nouveau-né.

2. Il est possible de percevoir ici l'influence de l'anthropologie chrétienne où la notion de péché originel met en exergue la vulnérabilité de la nature humaine. Cette conception de la nature humaine ne connaît pour al-Ġazālī qu'une exception : Jésus. Le diable de dire en effet à sa naissance : « Un prophète est né hier. Jamais femme n'est tombée enceinte ni n'a accouché sans que je sois présent, excepté cette fois-ci » : al-Ġazālī, *Iḥyā'*, *op. cit.*, K. 21 (*Kitāb šarḥ ʿaǧā'ib al-qalb*), b. 12, p. 891 [V. 5, b. 14, p. 117]. Ailleurs, al-Ġazālī fait aussi mention de Jean-Baptiste comme ayant été préservé d'une « faiblesse ontologique ». Le *Kitāb šarḥ ʿaǧā'ib al-qalb* lui donne donc une prévalence. Voir le *ḥadīṯ* de Buḫarī, K. 65, *ḥadīṯ* n° 4590 ; Muslim, K. 44, *ḥadīṯ* n° 6282.

3. Al-Ġazālī, *Mīzān al-ʿamal*, *op. cit.*, p. 334 [trad. fr. p. 100].

Foncièrement universaliste, puisque tout homme dispose de la *fiṭra* et qu'il la conserve, la *fiṭra* est une disposition à connaître. Particulariste cependant, puisqu'al-Ġazālī la relativise en en faisant un concept de proportion dont le degré est relatif à chaque homme. Parvenu dans le monde du *ḫalq*, l'homme doit donc user de sa raison pour retrouver l'écho primordial du souffle divin, mais ce travail s'effectue de manière particulière, dans un univers social et religieux qui a ses propres croyances et modalités de transmission. À suivre al-Ġazālī, la raison est le vecteur premier de la remémorisation (*ḏikr*). S'il s'agit d'aller puiser au cœur, là où est imprimée la *fiṭra*, si la reviviscence de la *fiṭra* consiste à emprunter le chemin de la connaissance de Dieu, cette connaissance est rationnelle et spirituelle : elle n'est pas acquise mais elle est à acquérir et à conquérir par la lutte contre les péchés. Si l'islam constitue une lumière et les versets coraniques autant d'exhortations à assainir le cœur de la malice et de la turpitude (*al-ḫubṯ wa l-qāḏāra*) qui s'y déposent[1], la revivification de la *fiṭra* ne semble pas dépendante de la seule appartenance à l'islam en tant que religion institutionnelle. Pour appuyer la conception ġazālienne de la *fiṭra*, il s'agit donc de définir la valeur heuristique qu'il accorde à la raison comme chemin cognitif et réflexif par lequel l'homme parvient à la connaissance de Dieu.

1. Al-Ġazālī, *Iḥyā'*, *op. cit.*, K. 21 (*Kitāb šarḥ ʿaǧā'ib al-qalb*), b. 4, 2, p. 864 [V. 5, p. 33].

Chapitre II

ÉPISTÉMOLOGIE : ENTRE APPROCHE UNIVERSALISTE ET PARTICULARISTE

Les sens accompagnent la raison qui sont sa première source d'information[1]. Mais l'observation expérimentale (*al-taǧriba wa l-mušāhada*) révèle que les sens sont faillibles et peuvent induire le jugement en erreur[2]. Ce qui s'applique à la physique vaut aussi pour la sociologie et la théologie. Il convient donc pour al-Ġazālī de s'assurer de la vérité des informations et signes reçus, observés, lus. Ce qui vaut pour les choses et pour autrui, vaut plus encore pour Dieu. Penser atteindre le secret de « l'essence de Dieu » « par les cinq sens dans ce monde »[3], c'est être comme « un âne à deux pattes, se contentant du rang des animaux. Incapable de dépasser les données sensibles (*maḥsūsāt*), un tel homme est un ignorant qui ne peut qu'oublier Dieu » ; il s'est contenté de sa nature animale, il s'est enfermé dans le monde du *ḫalq* et « a négligé de monter vers l'horizon supérieur[4], trahissant le dépôt (*amāna*) que Dieu lui avait confié »[5].

Cette trahison consiste en l'abandon de la raison (*ʿaql*), de la *fiṭra* qui relève du monde du *amr*. L'homme qui ne raisonne pas est par voie de conséquence pareil à l'animal. Mais comment la raison se conçoit-elle dans son lien avec la lumière donnée par la révélation ? Dans quelle mesure permet-elle d'accéder à la connaissance de Dieu indépendamment de l'attachement doctrinal à une faction ou à une tradition religieuse et constituer la base heuristique du dialogue entre factions rivales ou traditions religieuses ? De la nature du statut épistémique de la raison découle la reconnaissance de la valeur des réalités spirituelles des non musulmans.

1. Al-Ġazālī, *The Alchemy of Happiness* (*Kīmiyā-yi al-Saʿādat*), *op. cit.*, t. 1, p. 11-12. Mais il est question des sens comme informant non pas la raison, mais l'âme (*nafs*).
2. *Id.*, *Al-Munqiḏ min al-ḍalāl*, *op. cit.*, ar. p. 12, fr. p. 63-64.
3. *Id.*, *Iḥyāʾ*, *op. cit.*, K. 31 (*Kitāb al-tawba*), R. 2, b. 2, r. 2, p. 1357 [V. 7, p. 100.].
4. Allusion à S. 53, 7.
5. Al-Ġazālī, *Iḥyāʾ*, *op. cit.*, K. 31 (*Kitāb al-tawba*), R. 1, p. 1357 [V. 7, p. 100].

Valeur heuristique de la raison

Pour al-Ġazālī, la raison doit permettre au savant de démontrer l'erreur qui s'est glissée dans une perception ou une compréhension tant de l'autre que du Tout-autre et de distinguer le vrai (*muḥaqq*) du faux (*mubṭal*)[1]. Cependant, dans le *Munqiḏ*, il soutient que le statut épistémologique de la raison est aussi à relativiser. Il écrit :

> On peut s'interroger sur la réalité des croyances acquises par les sens ou par la raison (*bi-ḥiss aw ʿaql*). Ne pourrait-on s'imaginer dans un état qui serait, à la veille, ce que celle-ci est au sommeil ? La veille serait alors le rêve de cet état, et ce dernier montrerait bien que l'illusion de la connaissance rationnelle n'est que vaine imagination[2].

La quête des soufis d'un état spirituel au-delà des données sensibles et rationnelles peut apparaître comme pure divagation ou supposition fantasque, mais l'engagement d'al-Ġazālī dans cette voie n'est-il pas l'indice de la faiblesse épistémique qu'il octroie à la raison ? L'architecture textuelle du *Munqiḏ* le suggère puisque le soufisme vient couronner avec bonheur sa quête de vérité jusqu'alors insatisfaite par le *kalām*, la *falsafa* et les partisans du *taʿlīm*. Apportant une connaissance plus précise que les sens, la raison n'atteint pas la connaissance parfaite : nul ne peut connaître la vérité sans la lumière de la science du dévoilement qui résulte non d'un raisonnement, mais d'un don singulier projeté par Dieu dans le cœur de certains hommes[3] :

> Cette lumière-là est la clé de la plupart des connaissances. Celui qui croit que le « dévoilement du vrai » est le fruit d'arguments bien ordonnés rétrécit l'immense miséricorde divine (*man ẓanna an al-kašf mawqūf ʿalā l-adillat al-muḥarrarat faqad ḍayyaqa raḥmat Allāh*). L'Envoyé de Dieu fut interrogé sur la « dilatation » spirituelle (*šarḥ*) et le sens selon lequel il faut l'entendre dans la parole de Dieu : « Celui que Dieu veut diriger, Il lui ouvre la poitrine à l'Islam ». Il dit : « c'est une lumière que Dieu projette dans le cœur ». « À quoi la reconnaît-on ? » lui fut-il demandé. Il répondit : « À ce qu'on fuit toute vanité, pour revenir à l'Éternité ». C'est Muḥammad aussi qui dit : « Dieu créa l'homme dans les ténèbres, puis il l'aspergea de sa lumière ». C'est à cette lumière que la révélation doit être demandée ; elle jaillit en certaines circonstances, du fond de la bonté divine ; il faut la guetter, selon la parole de Muḥammad : « Il arrive à

1. Al-Ġazālī, *Al-Munqiḏ min al-ḍalāl*, *op. cit.*, ar. p. 10, fr. p. 60. Jabre préfère traduire *mubṭal* par vain, *baṭala* indiquant l'idée de devenir vain, nul, néant : « Chez Ghazali on ne peut traduire par « être ou devenir faux » bien que ce soit là une interprétation acceptable » : F. Jabre, *Essai sur le lexique de Ghazali, Contribution à l'étude de la terminologie de Ghazali dans ses principaux ouvrages à l'exception du* Tahāfut, Beyrouth, Publications de l'Université libanaise, Section des études philosophiques et sociales, 1985, p. 37.

2. *Ibid.*, ar. p. 13, fr. p. 65.

3. Voir aussi *id.*, *Al-Iqtiṣād fī l-iʿtiqād*, Q. 4, B. 4, p. 202-209. Ici, il revient au prophète d'éveiller la raison aux réalités suprasensibles.

votre Seigneur d'envoyer ses souffles certains jours de votre vie ; exposez-vous donc à ces souffles »[1].

Al-Ġazālī appelle cette lumière islam, mais ce terme ne se réduit pas à l'expression de la religion historique. L'islam est ici l'établissement d'une foi personnelle en Dieu, elle est la certitude (*yaqīn*). Cette certitude est donc plus que la croyance (*iʿtiqād*)[2]. Elle est le sommet de la foi, le capital de la religion (*raʾs māl al-dīn*), toute la foi (*al-īmān kulluhu*)[3]. Elle est une connaissance de Dieu (*maʿrifat Allāh*) donnée par Dieu dans le cœur de celui qui s'y est préparé par la lutte spirituelle afin de le purifier de toutes les turpitudes (*ḫabāʾiṯ*)[4].

Cet apprentissage nécessite de fréquenter ceux qui ont reçu le don divin en les écoutant et en les imitant (*iqtidāʾ bi-him*)[5]. Cette imitation (*iqtidāʾ*) doit être distinguée de l'imitation servile (*taqlīd*). Si elle est absence de doute, la certitude est l'imprégnation de la lumière divine dans le cœur et l'intelligence du croyant. Une fois la certitude acquise, la raison retrouve sa pertinence : « les données rationnelles redevinrent acceptables ; j'eus confiance en elles ; je m'y trouvai en sécurité et dans la certitude »[6]. L'expérience spirituelle d'al-Ġazālī n'est donc pas la disqualification de la raison ou de la philosophie : « ceux qui croient défendre l'islam en rejetant les sciences philosophiques lui causent, en réalité, le plus grand tort. La Révélation n'a d'attitude ni affirmative, ni négative dans ce domaine et ces sciences ne s'opposent nullement aux matières religieuses (*wa lā fī hāḏīhi al-ʿulūm taʿāruḍ li-l-umūr al-dīniyya*) »[7]. L'usage de la raison est aussi nécessaire pour la compréhension de la révélation elle-même, qu'il s'agisse de l'intelligibilité des termes de la Révélation ou de l'intelligibilité de l'enseignement du Prophète : la raison est un guide pour comprendre la véracité du Prophète (*yahdīka al-ʿaql ilā ṣidq al-nabī*) et saisir la

1. Al-Ġazālī, *Al-Munqiḏ min al-ḍalāl*, *op. cit.*, ar. p. 13-14, fr. p. 66.

2. Al-Ġazālī distingue dans *Al-Mustaṣfā* trois degrés d'assentiment. D'une part la certitude où l'esprit se retrouve dans une quiétude absolue, certain de connaître, indépendamment du sujet lui-même. D'autre part, la croyance qui est l'adhésion à une proposition de foi et qui n'a pas conscience que celle-ci peut être contredite. Le doute nait alors dans l'esprit de celui qui se rend compte d'une contradiction au sein de sa croyance. La croyance est le propre du commun des musulmans, des juifs et des chrétiens qui croient aux vérités de leur religion. Le degré heuristique du fidèle musulman est donc le même que celui du fidèle non musulman. Enfin, le troisième degré est celui de la conjecture : l'esprit adhère à une proposition mais il la considère comme hypothétique et il envisage la possibilité qu'elle soit contredite, ce qui diffère de la croyance. Dans cette présentation, al-Ġazālī expose un système épistémique progressif où l'esprit est amené à passer de la conjecture à la certitude : al-Ġazālī, *Al-Mustaṣfā*, p. 42-44 [références citées par Chelhot, p. 33-34]. Ce schéma reprend celui développé dans le *Kitāb al-ʿilm* de l'*Iḥyāʾ*, mais il y distinguait quatre degrés, le doute étant le degré le plus bas de l'échelle : al-Ġazālī, *Iḥyāʾ*, *op. cit.*, K. 1 (*Kitāb al-ʿilm*), B. 6, 8, 1 p. 88 [V. 1, p. 270].

3. al-Ġazālī, *Iḥyāʾ*, *op. cit.*, K. 1 (*Kitāb al-ʿilm*), B. 6, 8, p. 88 [V. 1, p. 270].

4. *Ibid.*, B. 5, 6, p. 65 [V. 1, p. 193].

5. *Ibid.*, p. 88 [V. 1, p. 268].

6. *Id.*, *Al-Munqiḏ min al-ḍalāl*, *op. cit.*, ar. p. 13, fr. p. 66.

7. *Ibid.*, ar. p. 22, fr. p. 76.

richesse de ses prescriptions et de ses recommandations[1], elle est aussi une lumière pour saisir le sens de la terminologie coranique (*alfāẓ*) et éviter des divagations qui non seulement discréditent la Parole de Dieu mais lui retirent aussi sa profondeur spirituelle[2]. Al-Ġazālī justifie l'usage de la raison en citant le Coran : « Quand ceux qui sont pieux sont touchés par une légion de démons, ils réfléchissent et c'est alors qu'ils sont clairvoyants » (S. 7, 201)[3]. Il y voit le fondement scripturaire du recours aux règles de la logique. Celles-ci ne doivent pas être perçues comme indépendantes de la révélation car c'est la révélation qui les met en lumière[4]. Toutefois, elles acquièrent une relative autonomie par rapport aux arguments d'autorité que pourraient constituer le Coran ou la Sunna[5], si bien que celui qui s'égare en choisissant une doctrine religieuse après réflexion, est certes dans l'erreur, mais il ne commet pas de faute[6]. En ce sens, al-Ġazālī s'oppose aux bāṭinites taʿlīmites qui ont refusé d'admettre le raisonnement comme source de connaissance et n'ont accordé crédit qu'à l'enseignement de leur maître. Au sein même de l'interprétation des termes coraniques, al-Ġazālī estime qu'il « n'est pas interdit de recourir à la déduction (*istinbāṭ*) et à la réflexion (*fikr*) »[7].

La conclusion du *Mīzān al-ʿamal* va même plus loin en soulignant l'importance du questionnement : on ne peut connaître Dieu sans aller au cœur de la lettre. Sans une clairvoyance pénétrante (*nāfiḏa*) de l'intelligence, on ne retient de la religion (*min al-dīn*) que sa partie superficielle (*qušūr*) et on ne peut parvenir à atteindre son essence (*lubāb*) et sa réalité (*ḥaqīqa*)[8]. La répétition servile d'un enseignement sur Dieu ne peut donner qu'un savoir restreint, une connaissance partielle, la connaissance de la lettre mais non de son sens :

> Abstiens-toi donc d'attacher de l'importance aux doctrines et cherche la vérité par la voie du raisonnement (*naẓar*) afin d'avoir une doctrine personnelle. Ne sois pas comme l'aveugle ; ne cherche pas un guide qui t'indique le chemin alors qu'autour de toi mille de ses semblables te crient qu'il t'a perdu et t'a égaré du droit chemin. Car, il n'y a point de salut en dehors de l'indépendance [dans la

1. Al-Ġazālī, *Iḥyāʾ*, *op. cit.*, K. 1 (*Kitāb al-ʿilm*), B. 3, b. 1, 3, p. 43 [V. 1, p. 118]. Voir aussi *id.*, *Al-Qisṭās al-mustaqīm*, *op. cit.*, p. 81.
2. *Id.*, *Iḥyāʾ*, *op. cit.*, K. 1 (*Kitāb al-ʿilm*), B. 3, b. 2, l. 4, p. 49 [V. 1, p. 138].
3. S. 7, 201.
4. Voir *infra*.
5. Al-Ġazālī, *Al-Qisṭās al-mustaqīm*, *op. cit.*, p. 79.
6. *Ibid.*, p. 87. Et al-Ġazālī de citer le *ḥadīṯ* : « celui qui fait un effort (*iǧtihād*) et tombe juste a une double récompense tandis que s'il fait un effort et se trompe, il n'en a qu'une seule ». Dans le raisonnement d'al-Ġazālī, un homme s'interroge sur la religion qu'il doit suivre. Il rencontre un prédicateur qui lui expose les vérités du Coran et les implications pratiques. Puis, devant une difficulté, il s'interroge pour savoir ce qu'il doit faire ou vers qui se tourner. À ce niveau, il peut s'égarer, mais son choix ne lui sera pas considéré comme un péché en tant qu'il a cherché la meilleure solution. Le recours à une doctrine religieuse, fût-elle erronée ne peut être imputé à cet homme.
7. Al-Ġazālī, *Iḥyāʾ*, *op. cit.*, K. 1 (*Kitāb al-ʿilm*), B. 3, b. 2, l. 4, p. 50 [V. 1, p. 140].
8. *Id.*, *Mīzān al-ʿamal*, *op. cit.*, p. 338 [trad. fr. p. 103].

> pensée] (*istiqlāl*). « Admets ce que tu vois et rejette ce que tu n'as fait qu'entendre ; à l'ascendant du soleil que t'importe l'influence de Saturne ! » Ces paroles n'eussent-elles d'autre effet que de te faire douter de tes croyances (*fī iʿtiqādika*) héréditaires en sorte que tu t'adonnes à la recherche, cela suffirait déjà pour que tu en tires profit. Car le doute mène à la vérité. Celui qui ne doute pas, ne raisonne pas (*lam yanẓur*), celui qui ne raisonne pas ne voit pas (*lam yabṣur*), et celui qui ne voit pas persiste dans l'aveuglement (*ʿamā*) et dans l'égarement (*ḍalāl*) [1].

Ces passages s'éclairent mutuellement. Celui qui parmi les musulmans recherche la vérité et pense l'avoir trouvée dans une faction hétérodoxe est certes dans l'erreur, mais il n'est pas moralement condamnable. Quant au doute, il est transitoire ; il peut être en effet une étape vers la certitude. Il semble donc ici que si le dernier chapitre du *Fayṣal al-tafriqa bayna l-islām wa l-zandaqa* a pour titre « l'erreur ne peut exposer à l'accusation d'incroyance (*al-ġalaṭ lā yuʿarriḍ murtakibahu ilā al-takfīr*) » [2], l'application de ce principe reste interne à l'islam. Dans le dialogue avec les non musulmans, l'usage de la raison doit permettre de préparer à la reconnaissance de la vérité de la révélation islamique. Si elle n'y parvient pas, l'individu tombe sous le jugement de la mécréance (*kufr*). En revanche, le musulman qui adhère à une doctrine erronée à la suite d'une réflexion personnelle ne peut relever du *kufr*.

À ce niveau d'analyse, le statut épistémique de l'hétérodoxe diffère donc de celui du non musulman même si tous deux recourent à la raison dans leur quête de la vérité pour une juste compréhension de la religion. La raison pour al-Ġazālī n'est un guide que dans la mesure où elle est elle-même éclairée par la lumière de la révélation. Sans cette lumière, sa valeur heuristique est relativisée. Elle n'est pas inexistante, bien au contraire, mais elle ne saurait être sans faiblesse et sans risque d'égarement. Il reste qu'elle permet à al-Ġazālī de fonder le dialogue entre factions religieuses et de rendre compte du credo sunnite.

1. *Ibid.*, p. 409 [trad. fr. p. 149 légèrement mod.].

2. Al-Ġazālī, *Le critère de distinction entre l'islam et l'incroyance*. Interprétation et divergence en islam, texte éd., trad. et annoté par M. Hogga, Préface de J. Jolivet, « Études musulmanes, XLII », Paris, Vrin, 2010, fr. p. 98, ar. p. 99.

RAISON ET « LOGIQUE » AU FONDEMENT DU DIALOGUE (*MUḤĀDAṬA*) AVEC LES NON MUSULMANS

Dans *Al-Qisṭās al-mustaqīm*, al-Ġazālī distingue cinq principes logiques justifiant l'importance du raisonnement dans le dialogue et la confrontation avec les non musulmans[1]. Si la théologie taʿlīmite rejette en matière de religion et de jurisprudence l'usage de la raison (*ʿaql*), l'effort de raisonnement (*iǧtihād*), la forme analogique ou syllogistique (*qiyās*), pour al-Ġazālī, au contraire, la connaissance de la vérité peut être atteinte dans les domaines théologiques, juridiques, exégétiques et métaphysiques par la raison, au-delà de l'enseignement exclusif d'un guide. La valeur du raisonnement est attestée par le Coran qui expose une méthode pour permettre au croyant de raisonner et de discerner la vérité[2].

Pour al-Ġazālī, le Coran est en effet la « balance juste » qui expose cinq règles de raisonnement (*mawāzīn*) qui permettent de découvrir et de s'assurer de la vérité. Les trois premières règles sont dites d'équivalence (*mīzān al-taʿādul*) tandis que les deux dernières règles sont des règles de concomitance (*mīzān al-talāzum*) et d'opposition (*mīzān al-taʿānud*)[3]. Chacune de ces règles est un syllogisme : elle est une argumentation composée de trois propositions telles que la conséquence résulte de l'une des deux premières et que la seconde met en lumière[4]. Si « les trois règles d'équivalence correspondent aux figures du syllogisme catégorique d'Aristote »[5] tandis que les deux suivantes renvoient au syllogisme conjonctif et disjonctif, tous deux connus de la logique grecque et élaborés par les stoïciens, héritiers fidèles des Mégariques Diodore et Philon[6], al-Ġazālī s'efforce de voiler l'origine de la logique qu'il met à jour afin d'éviter tout *a priori* négatif à sa présentation. Par un jeu de traduction, le système qu'il présente peut être accueilli tant par les musulmans, que les

1. A. Neuwirth Kleinknecht, « *Al-Qisṭas al-mustaqīm. Eine Ableitung der Logik aus dem Koran* », dans S. M. Stern, A. Hourani, V. Brown (eds.), *Islamic Philosophy and The Classical Tradition. Essays presented by his friends and pupils to Richard Walzer on his seventieth birthday*, Oxford, OUP, 1972, p. 159-188. Voir aussi G. Gobillot, « Les formes logiques dans le Coran selon al-Ghazālī. D'un inventaire des formes logiques à une réflexion sur la logique d'ensemble du Coran », *MIDÉO*, 30, 2014, p. 13-26.

2. Al-Ġazālī, *Al-Qisṭās al-mustaqīm*, *op. cit.*, p. 82.

3. *Ibid.*, p. 46.

4. À propos du syllogisme, al-Ġazālī le définit comme preuve (*burhān*) dans le cas où les prémisses sont nécessaires. Dans le cas où elles sont reçues ou admises, il s'agit d'un syllogisme dialectique. Enfin, si elles sont conjecturales, le syllogisme est dit juridique : Al-Ġazālī, *Al-Mustaṣfā*, *op. cit.*, p. 39 [cité par Chelhot, n. 153, p. 124].

5. *Id.*, *Al-Qisṭās al-mustaqīm et la connaissance rationnelle chez Ġazālī*, *op. cit.*, p. 24.

6. *Cf.* Diogène Laërce, *Vies*, VII, 69 dans P.-M. Schuhl (éd.), *Les Stoïciens*, trad. fr. É. Bréhier, « Bibliothèque de la Pléiade », Paris, Gallimard, 1962, p. 38-43. Pour une étude de la logique stoïcienne, *cf.* A. Virieux-Reymond, *La logique et l'épistémologie des Stoïciens*, Chambéry, s.d., 1949 et B. Mates, *Stoic Logic*, Berkeley-Los Angeles, University of California Press, 1953.

logiciens ou encore les dialecticiens[1]. Une fois ces règles admises, il reconnaît avoir été devancé dans l'élaboration de ces principes premiers dans des nations antérieures aux livres reçus par Muḥammad et Jésus. Cependant, précise-t-il, ceux qui les utilisèrent les avaient eux-mêmes empruntés aux livres d'Abraham et de Moïse[2]. Ici, al-Ġazālī met en relief la dépendance de la logique à l'égard de la révélation en tant qu'elle en est sa source épistémique. L'homme a besoin des Écritures. La source de la logique est donc prophétique.

Al-Ġazālī répond ainsi à l'objection de ses coreligionnaires qui auraient pu l'accuser d'avoir « masqué » la logique grecque par l'apparat de versets coraniques. En niant la capacité de l'esprit humain à découvrir par lui-même les règles de la logique, il neutralise la critique. Mais de cette stratégie, il s'ensuit un amoindrissement heuristique de l'autonomie de la raison par rapport à la révélation, même s'il lui revient de découvrir et de mettre en lumière les balances mentionnées par le Coran. Il reste que sur la base de ces règles de logique, il est possible d'argumenter avec des non musulmans sur des questions relatives à la religion et à la foi.

Toutefois, si le dialogue est possible, il n'est pas envisageable pour l'ensemble des coreligionnaires respectifs. Selon son approche élitiste de la connaissance, et au regard des subtilités mentionnées, il ne peut être mené que de la part de ceux qui ont reçu un don particulier par lequel la pensée se meut et s'élabore au gré d'une argumentation logique issue des principes premiers.

Une des conditions à la mise en œuvre d'un dialogue en vérité entre membres de religions ou de doctrines différentes réside dans la qualité humaine et intellectuelle des interlocuteurs. Comme il le dit dans l'*Iḥyā'*, lorsque le fanatisme gagne le cœur des gens ordinaires et lorsqu'il s'enracine dans leurs âmes sous la houlette vitupérante de prétendus savants, la querelle et le mépris de l'autre conduisent à une opposition frontale qui détruit l'âme même des musulmans[3].

C'est à leur encontre qu'al-Ġazālī dit qu'il faut « leur interdire de polémiquer [sur des questions relatives au Coran] par le sabre et le fer de lance (*bi-l-sayf wa l-sinān*) »[4]. Dans l'*Ilǧām*, son dernier ouvrage, il avertit qu'il ne convient pas de discuter avec celui dont on découvre une prédominance pour l'entêtement et la faconde querelleuse (*al-laǧāǧ wa l-ǧadal ġāliban*). En revanche, si l'on perçoit en lui une maturité, une disposition à recevoir ou à entendre au sein d'un échange une argumentation profonde, au-delà d'une dimension purement littérale, il faut toujours entreprendre un débat avec une

1. L'admission des cinq règles au-delà de tout parti pris religieux ou philosophique est bien mise en évidence par al-Ġazālī : *Al-Munqiḏ min al-ḍalāl*, *op. cit.*, fr. p. 90 ; ar. p. 31.

2. Al-Ġazālī, *Al-Qisṭās al-mustaqīm*, *op. cit.*, p. 67. Voir aussi *Ǧawāhir al-Qur'ān*, édition critique Muḥammad Kāmil, al-Qāhira, Dār al-Kutub, 2011, q. 5, p. 86 [trad. it. : *Le perle del Corano*, introd. et notes M. Campanini, Milano, Bur Classici, 2000, p. 123].

3. Al-Ġazālī, *Iḥyā'*, *op. cit.*, K. 1 (*Kitāb al-ʿilm*), B. 3, b. 4, p. 53 [V. 1, p. 150-151].

4. *Ibid.*, p. 90.

telle personne : dans ce cas, il convient de recourir à l'argument de nécessité (*ḥukm al-ḍarūra*) et il importe de discuter de la plus éminente des manières (*bi-l-latī hiya aḥsan*). De cette discussion, de ces échanges doit jaillir la vérité. Mais qu'est-ce que la vérité ? Comment la déceler ? Cette question est d'autant plus cruciale qu'elle est liée au concept de *kufr*, et par suite, d'exclusion (*takfīr*).

LE STATUT DE LA VÉRITÉ

En effet, pour les aš'arites, le plus grand poison qui affecte la communauté musulmane est la propagation d'idées nouvelles qui viennent contaminer la pureté de la connaissance de Dieu. Le contact de musulmans avec d'autres religions n'est pas étranger à ces innovations et bien des mystiques sont ainsi accusés d'introduire dans leur profession de foi des idées chrétiennes ou juives, à l'exemple d'al-Ḥallāğ (m. 309/922)[1]. Pour autant, la mécréance au sein de l'islam (*kufr*) ne saurait être définie sur la base de différences doctrinales. Prétendre que « les différences entre les doctrines aš'arite, mu'tazilite, ḥanbalite ou autres déterminent le *kufr* » est « ignorance et stupidité », « imitation servile (*taqlīd*) et aveuglement en vérité »[2]. Le *takfīr* est d'autant plus problématique que celui qui exclut jette toujours sentence au nom de l'islam, de son islam, et il n'est pas rare qu'il fasse lui-même objet d'un anathème de la part de son adversaire. *Takfīr* non dénué de gravité car il ne constitue pas un simple jugement de raison mais il est une sentence juridique aux conséquences substantielles : comme le définit en effet al-Ġazālī, le *takfīr* « est un jugement légal (*ḥukm šar'ī*) consistant en une confiscation des biens du coupable (*ibāḥat al-māl*), la sentence de mort (*safq al-dam*), et le châtiment de l'enfer pour l'éternité (*al-ḥukm bi-l-ḫulūd fī l-nār*) »[3].

Or, pour al-Ġazālī, on ne peut justifier d'exclure un auteur en raison de l'inflexion de sa pensée par rapport à son maître sur une question doctrinale. Le principe de jugement nécessite prudence, car s'il est parfois défini avec certitude, il peut être indéterminé. En cas d'incertitude, il vaut mieux y renoncer. La démonstration de *kufr* nécessite une appréciation délicate, une maîtrise de l'analyse théorique et une compétence extrême dans bien des champs du savoir : la grammaire et la langue arabe, les sciences du *hadīṯ*, la jurisprudence, les démonstrations en matière d'interprétation allégorique, une certaine intelligence des faits et des propos incriminés. Tous ne sont pas en mesure de saisir ces subtilités[4]. Ce qui ne porte pas de grand préjudice à la

1. L. Massignon, *La Passion de Husayn Ibn Mansûr Hallâj*, martyr mystique de l'islam exécuté à Baġdād le 26 mars 922, « étude d'histoire religieuse », Paris, Gallimard, 4 vol., 1975.

2. Al-Ġazālī, *Fayṣal al-tafriqa bayna l-islām wa l-zandaqa*, *op. cit.*, fr. p. 32, ar. p. 33.

3. *Ibid...*, fr. p. 80, ar. p. 81.

4. *Id.*, *Faḍā'iḥ al-Bāṭiniyya wa faḍā'il al-Mustaẓhiriyya*, éd. 'Abd al-Raḥmān Badawī, al-Qāhira, Dār al-Qawmiyya, 1964, p. 178.

religion ne doit pas être considéré comme *kufr*, fût-il une doctrine dès plus alambiquée : « notre propos est qu'il ne faut pas porter l'accusation d'incroyance à propos de tout délire, même s'il est une erreur évidente »[1]. Il convient donc de mener une enquête rigoureuse sans précipitation (*lam natasarraʿ*), en s'attachant à l'étude des croyances et des doctrines non seulement des individus incriminés (*wāḥid minhum*) mais aussi des groupes (*ʿan ǧamāʾatihim*)[2], de distinguer la dimension subjective et objective de la croyance[3], comme pour souligner la nécessité en la matière de particulariser la réponse. Malheureusement, souligne al-Ġazālī, dans chacun de ces domaines, les experts ne sont pas unanimes, les désaccords persistent. Aussi, le jurisconsulte n'est-il pas en mesure de procéder à un tel jugement car sa science se limite à la jurisprudence.

Pour notre auteur, le critère de vérité et de distinction entre les musulmans et les non musulmans doit être recherché en la personne du Prophète elle-même[4]. L'exemplarité morale, humaine, religieuse de Muḥammad suffit à témoigner de la vérité de sa mission. Plus encore, elle est première dans la reconnaissance de son authenticité et dans l'acquisition de la certitude. Figure morale, sociale et religieuse, Muḥammad est le prophète de Dieu, ayant la capacité à être ouvert sur le monde de Dieu (*malakūt*). Son âme est tournée vers Dieu, et même dans les moments intimes qui requièrent une mobilisation intense des sens, il reste relié à Dieu, tourné vers Dieu, proche de Dieu.

Il s'ensuit donc que la foi en l'unicité divine n'est parfaite (*kamāl al-īmān*) que lorsqu'elle est suivie de l'attestation en faveur de l'Envoyé « et Muḥammad est son Prophète »[5]. Pour al-Ġazālī, le message et la mission de Muḥammad sont universels et transhistoriques[6]. Si le Coran doit être prêché à l'ensemble des peuples, au-delà des frontières religieuses, le nom de Muḥammad doit se répandre aux confins de la terre[7] et le profane, l'homme ordinaire (*ʿāmmī*) doit confesser la véracité de l'Envoyé (*yūǧibu ʿalā l-ʿāmmī an yuṣaddiqa al-rasūl*)[8]. Muḥammad en effet est le prophète qui arrache toutes les créatures aux ténèbres (*muḫarriǧ al-ḫalāʾiq min al-dayǧūr*)[9] ce en quoi il constitue une

1. *Id.*, *Fayṣal al-tafriqa bayna l-islām wa l-zandaqa*, *op. cit.*, fr. p. 88, ar., p. 89.
2. Al-Ġazālī, *Faḍāʾiḥ al-Bāṭiniyya wa faḍāʾil al-Mustaẓhiriyya*, *op. cit.*, p. 173.
3. *Ibid.*, p. 176.
4. Ce critère fera école : ainsi, par exemple, Ibn Taymiyya : « Celui qui suit une autorité en dehors du Prophète et croit qu'il faille exclure tout enseignement contraire à ce qu'affirme l'Imām, un tel homme est un ignorant, il est dans l'erreur, il est un mécréant… Il mérite la peine de mort » (*Maǧmūʿat al-rasāʾil al-kubrā*, vol. II, p. 347).
5. *Ibid.*, p. 110.
6. Conformément à S. 21, 107 : « Nous ne t'avons envoyé que comme miséricorde à tout l'univers ». Voir Al-Ġazālī, *Iḥyāʾ*, *op. cit.*, K. 1 (*Kitāb al-ʿilm*), B. 2, b. 2, p. 37 [V. 1, p. 97] ; *Ilǧām*, *op. cit.*, B. 2, p. 604.
7. Al-Ġazālī, *Fayṣal al-tafriqa bayna l-islām wa l-zandaqa*, *op. cit.*, fr. p. 100, ar. p. 101.
8. *Id.*, *Ilǧām*, *op. cit.*, B. 3, f. 4, p. 618.
9. *Id.*, *Iḥyāʾ*, *op. cit.*, K. 30 (*Kitāb ḏamm al-ġurūr*), p. 1288 [V. 6, p. 607].

miséricorde pour les mondes (*raḥma li-l-ʿālamīn*)[1]. Il est le seul dont la vanité du monde n'a pas pu atteindre la connaissance (*maʿrifa*) de Dieu[2]. Il est le seul qui montre la voie (*Sunna*). Car, si nombreux sont les chemins de l'égarement, la voie est unique. Il est celui qui « avertit toutes les créatures afin qu'en rien elles ne s'approchent de l'enfer et de la colère de Dieu »[3]. Contre toute forme de relativisme, al-Ġazālī rappelle donc l'unicité de la vérité et de ce qui y conduit[4]. Elle peut être exprimée de manières différentes, dans divers langages selon l'auditoire auquel le prédicateur ou le savant s'adresse, mais la voie de la vérité est unique et nombreux sont les chemins de l'égarement et rares sont les hommes qui empruntent celui de la vérité[5].

Fort de cette exemplarité religieuse, Muḥammad est pour al-Ġazālī le critère décisif de distinction entre l'islam et la *zandaqa*. C'est sur la base de ce critère que dans le *Fayṣal al-tafriqā bayna l-islām wa l-zandaqa* il définit le *kufr*, non sans avoir au préalable pris quelques distances nécessaires à l'égard de son lecteur[6]. Al-Ġazālī avertit en effet : « Sache que l'exposé de cette définition est long; celle-ci est aussi difficile à appréhender »[7]. En philosophe et théologien, al-Ġazālī avance un critère qui est au cœur de sa démarche épistémique.

> J'affirme donc : le *kufr*, c'est taxer de mensonge le Messager (*takḏīb al-rasūl*), que Dieu le bénisse, au sujet de quelque chose qu'il a révélée (*fī šayʾ mimmā ǧāʾa bihi*); au contraire, la foi (*īmān*) est l'attestation de véridicité au sujet de tout ce qu'il a révélé (*al-īmān taṣdīquhu fī ǧamīʿ mā ǧāʾa bihi*). Par conséquent, le juif et le chrétien sont incroyants parce qu'ils accusent le messager, que Dieu le bénisse, de mensonge; l'hindou (*al-barhamī*), lui, est a fortiori incroyant, car en récusant notre prophète, il rejette tous les autres Messagers; le matérialiste (*al-dahrī*) est également a fortiori incroyant, car en récusant notre prophète il a rejeté tous les autres Messagers. L'incroyance est définie par un statut légal (*ḥukm šarʿī*) comme l'esclavage et la liberté, par exemple; statut dont la signification est de rendre licite la mise à mort du coupable; elle expose aussi au châtiment du feu éternel. La définition de l'incroyance est donc légale; soit à l'aide d'un texte juridique, soit par raisonnement analogique à partir d'un texte.

1. Al-Ġazālī, *Ilǧām*, *op. cit.*, B. 2, p. 604.
2. *Id.*, *Iḥyāʾ*, *op. cit.*, K. 30 (*Kitāb ḏamm al-ġurūr*), p. 1288 [V. 6, p. 607].
3. *Id.*, *Ilǧām*, *op. cit.*, B. 2, p. 604.
4. *Id.*, *Iḥyāʾ*, *op. cit.*, K. 1 (*Kitāb al-ʿilm*), B. 6., 10, p. 94 [V. 1, p. 289].
5. *Ibid.*
6. À propos de la conception de l'islam chez al-Ġazālī et de l'appartenance des différentes mouvances à la communauté musulmane (*umma*), nous parlerons d'une fidélité à la tradition ou d'islam traditionnel et non d'orthodoxie. Contrairement à l'étude soutenue par Mustapha Hogga, il nous semble que le critère décisif et intégratif d'al-Ġazālī dessine les contours non d'une orthodoxie qui se concevrait comme central en définissant un centre doctrinal et en disqualifiant ou en rejetant les doctrines qui seraient à la marge, mais bien d'une tradition qui reconnaît la vérité dans les paroles du Prophète : M. Hogga, *Orthodoxie, subversion et réforme en Islam : Ġazālī et les Seljūqides*, *op. cit.*
7. Al-Ġazālī, *Fayṣal al-tafriqa bayna l-islām wa l-zandaqa*, *op. cit.*, fr. p. 44, ar. p. 45.

> Or, des textes juridiques concernant les juifs et les chrétiens existent. Ils s'appliquent à plus forte raison aux brahmanes hindous, aux dualistes, aux manichéens et aux matérialistes [1].

Plusieurs commentaires s'imposent. D'une part, le terme de *takḏīb*, antonyme de *taṣdīq* qui signifie tenir pour vrai, donner son assentiment à quelque chose, consiste donc à tenir pour faux. En islam, il existe trois vérités fondamentales auxquelles doit adhérer le croyant : la croyance en Dieu, en son prophète et au dernier Jour. Le rejet d'un de ces trois fondements est passible d'exclusion de la communauté musulmane. Comme chacun de ces trois éléments se trouve fondé par les paroles du Prophète, al-Ġazālī a réduit son critère à la seule personne du prophète. Par ailleurs, s'il donne une formulation concise et lapidaire de son critère, il précise que cette définition nécessite un exposé long et que son appréhension est difficile.

Ce critère, clairement formulé, permet certes d'accuser d'incroyance indistinctement toute religion en dehors de l'islam, mais al-Ġazālī constate que les factions de l'islam s'accusent mutuellement d'imputer au prophète la charge de menteur [2]. Chacune des doctrines est savamment fondée sur une tradition prophétique. Aussi, refuser une thèse revient toujours à accuser le Prophète de menteur. Devant ce constat, il montre que l'authentification de la reconnaissance du véridique est fondée sur les catégories d'existence de ce que Muḥammad a rapporté.

Le concept d'existence est riche et renvoi à des degrés pluriels. Leur connaissance permet de fonder ou de rattacher une conception ou une doctrine à la vérité. Dans le *Kitāb šarḥ ʿağā'ib al-qalb*, al-Ġazālī distinguait quatre degrés d'existence [3]. Dans le *Fayṣal*, il indique que l'existence comporte cinq degrés (*marātib*). Leur méconnaissance conduit à l'accusation réciproque de *kufr* de la part des factions ou écoles doctrinales au sein de l'islam. Chaque degré correspond à une modalité de l'existence, à un mode (*wuğūh*) d'advenir. Al-Ġazālī montre qu'il est possible de reconnaître comme vraie une parole prophétique selon un mode d'existence. Le rapport à la vérité se trouve élargi. Les cinq degrés de l'existence (*wuğūd*) identifiés par al-Ġazālī sont l'essentiel (*ḏātī*), le sensible (*ḥissī*), l'imaginatif (*ḫayālī*), le rationnel (*ʿaqlī*) et l'analogique (*šabahī*) [4].

1. *Ibid.*, fr. p. 38, 40 ; ar. p. 39, 41.

2. Au-delà même de ce critère, dans *Al-Mustaṣfā* al-Ġazālī impute l'accusation de *kufr* à celui qui ajoute au Coran ce qui n'est pas du Coran : Al-Ġazālī, *Al-Mustaṣfā*, *op. cit.*, V. 1, p. 276.

3. Al-Ġazālī, *Iḥyā'*, *op. cit.*, K. 21 (*Kitāb šarḥ ʿağā'ib al-qalb*), b. 9, p. 877. Il s'agit de l'existence de la table gardée laquelle précède l'existence physique (*al-ğismānī*), l'existence réelle (*al-ḥaqīqī*), l'existence conceptuelle ou imaginative (*al-ḫayālī*) et l'existence rationnelle (*al-ʿaqlī*).

4. Ces termes sont traduits par M. Hogga respectivement par essentiel, sensible, imaginatif, rationnel et métaphorique. Nous avons adapté les citations issues de sa traduction selon notre traduction de ces catégories.

Mais qu'en est-il de la connaissance par les non musulmans de cette vérité à la lumière des degrés d'existence ? Pour al-Ġazālī, l'accès à la connaissance (*maʿrifa*) tant de soi-même que de l'Autre apparaît à plusieurs reprises comme un chemin (*ṭarīq*) indépendant de l'appartenance religieuse ou doctrinale[1]. L'homme non musulman peut en effet connaître en partie son cœur et la formulation de son *credo* peut contenir des éléments de vérité. Quant à un musulman, il peut énoncer une vérité de foi tout en ayant une compréhension erronée de cette vérité et se trouver donc dans l'erreur. Plus encore, dans le cadre des écoles doctrinales internes à l'islam, ces vérités peuvent s'opposer et être pourtant reliées à une même et unique vérité. Une illustration symptomatique de ce principe épistémique se trouve énoncé dans la parabole de l'éléphant[2] qu'al-Ġazālī reprend à plusieurs reprises[3] dans ses écrits et dont l'origine est d'inspiration bouddhiste[4]. Elle vise à rendre compte de sa position à propos des différentes positions théologiques relatives à la liberté humaine et dont les thèses s'opposent. La parabole témoigne de cette démarche inclusive d'al-Ġazālī où il est donné aux "théologiens" de connaître une part du mystère divin. Chaque enseignement est une lumière, une parcelle de vérité. Pour autant, la vérité de ce mystère ne saurait se réduire à chacun d'eux et la combinaison de la connaissance des doctrines sur une question peut contribuer à parfaire sa propre connaissance de la question. La parabole fonde la rencontre avec l'autre, elle justifie la mise en commun de points de vue divergents et reconnaît la possibilité d'une concordance entre des avis d'apparence contradictoire en tant que chacune de ces opinions est relative à la perspective et au positionnement de celui qui la tient. Or, remarque notre auteur, c'est pour avoir absolutisé ces parcelles de savoir que les hommes de science se sont divisés.

La question de la vérité est ainsi au cœur du système philosophique d'al-Ġazālī. Comment être sûr de connaître le vrai ? Il distingue deux niveaux de connaissance. Une connaissance intime acquise par dévoilement, expérience spirituelle, mystique qui va au-delà de la raison et des preuves rationnelles ou métaphysiques. Ce degré de connaissance est un don personnel, une expérience subjective qui ne peut être transmise. Cette expérience mystique, religieuse, divine ouvre à une connaissance lumineuse supra-rationnelle. Pour autant, dans la mesure où cette expérience lumineuse n'est pas donnée à tous, la raison apparaît à al-Ġazālī comme le dénominateur commun entre croyants

1. Al-Ġazālī, *Al-Qisṭās al-mustaqīm*, *op. cit.*, p. 79. L'idée de « chemin » (*ṭarīq*) pour rendre compte de ce qui conduit à la vérité s'y retrouve sous la forme interrogative du taʿlīmite qui demande à al-Ġazālī après avoir reconnu l'excellence de son raisonnement : « Où donc est le chemin ? ».

2. *Id.*, *Iḥyā'*, *op. cit.*, K. 31 (*Kitāb al-tawba*), *op. cit.*, R. 1, b. 2, p. 1333 [V. 7, p. 26-27] ; [Gramlich, A. 29, p. 31].

3. *Id.*, *Kīmiyā-yi al-Saʿādat*, *op. cit.*, p. 45.

4. La parabole des aveugles et de l'éléphant appartient à l'univers bouddhiste et shivaïte. Elle se trouve dans le *Dîrgha-âgama Lokaprajnapati sûrâ*.

d'obédiences religieuses différentes permettant d'accéder à la vérité, mais elle n'est pas la lumière divine. Ainsi, la découverte de la vérité peut se réaliser dans la confrontation ou le dialogue avec l'autre. Le dialogue permet donc d'aller au-delà des apparences, non seulement celles des croyances de l'autre, mais aussi de préciser et de réajuster les formulations de ses propres croyances. Dans cette perspective, le dialogue est aussi une ouverture à l'approfondissement et à l'ajustement de la formalisation de la connaissance issue de l'expérience mystique. Pour al-Ġazālī, cet échange ne saurait se réduire au témoignage d'une expérience sensible comme la parabole de l'éléphant pourrait le laisser croire. La vérité est relative à ce que l'on peut en dire, mais toute affirmation n'est pas vérité et l'épistémologie d'al-Ġazālī n'est pas relativiste. Connaître la vérité est un don divin que Dieu n'accorde qu'à ses élus qui en ont manifesté la dignité, même si la connaissance peut toujours s'acquérir partiellement par le raisonnement.

Dans cet esprit, la connaissance des doctrines formulées par les factions rivales ou celles des religions non musulmanes s'inscrit dans un projet missionnaire : elle doit permettre d'orienter le dialogue et de conduire à l'islam à partir des éléments de vérité communs. La connaissance des vérités énoncées ou formulées de manière partielle au sein des factions de l'islam ou des différentes religions relève d'une méthodologie propre. Il convient en effet d'observer avec méthode pour connaître les pratiques, les rites mais aussi la nature subjective, selon les traditions étudiées, de l'essence de Dieu, de ses attributs, de ses noms, de la notion de prophétie et de l'articulation entre des croyances ou des vérités affirmées dans le Coran et formulées par le messager de l'islam. Sur ce point, la méthodologie qu'il définit et met en œuvre est exemplaire. La connaissance qu'il acquiert des non musulmans ne vient pas d'une connaissance théologique issue de la Révélation coranique ou de la tradition prophétique. Sept siècles avant Durkheim, al-Ġazālī établit les principes méthodologiques élémentaires d'une sociologie des religions qu'il intègre à son système épistémologique[1].

1. Nous renvoyons à notre article, « Abū Ḥāmid al-Ġazālī (m. 1111). Un précurseur musulman de la sociologie des religions », *Archives en sciences sociales des religions*, 169, janvier-mars 2015, p. 287-305.

MÉTHODOLOGIE D'UN EXPLORATEUR DES RELIGIONS : LA THÉORIE DU *DIHLĪZ*

Al-Munqiḏ min al-ḍalāl est bien plus qu'un récit autobiographique. Il s'y déploie des considérations méthodologiques en sciences religieuses juxtaposées à un itinéraire personnel qui lui permet de se positionner envers les savants de son temps. Al-Ġazālī y date son intérêt et sa curiosité pour les factions et traditions religieuses de son plus jeune âge. Il fait de son étude l'accomplissement d'une mission dont bien des signes précurseurs pouvaient être distingués. Comme savant, il est l'héritier des prophètes. Il montre qu'il est nécessaire d'étudier en profondeur les doctrines au point de pouvoir rivaliser dans sa connaissance avec les plus grands maîtres des doctrines étudiées. Par là même, il rend compte d'une double légitimité : à l'égard des savants de sa propre communauté religieuse, et envers ceux qu'il étudie. Sur ce point, il met au jour l'insuffisance de la connaissance des *mutakallimīn*. Il dit avoir découvert combien la voie du *kalām* ne peut mener qu'à une connaissance partielle. En cela, elle ne doit être ni condamnée, ni louée de manière absolue[1]. En connaissant de l'intérieur, al-Ġazālī est en mesure de poser un regard plus nuancé et juste sur les doctrines étudiées et sur les erreurs que peuvent commettre certains membres. Il se présente ainsi comme le *muǧtahid* par excellence dont la qualification ne dépend pas uniquement de la connaissance de l'arabe et des sciences islamiques[2]. Ainsi, il est symptomatique qu'à propos de l'entretien (*muḥādaṯa*) qu'il noue avec un taʿlīmite et qu'il restitue dans *Al-Qisṭās al-mustaqīm*, il indique les erreurs de raisonnement sur lesquels certains taʿlīmites (*baʿḍ ahl al-taʿlīm*) fondent leurs connaissances[3]. L'expression « *baʿḍ ahl al-taʿlīm* » apparaît à plusieurs reprises au cours de son exposé[4] et témoigne de la distinction qu'il opère entre ceux qui sont en mesure de tenir un raisonnement fidèle aux principes premiers et ceux qui s'égarent parce qu'ils ne tiennent pas compte de l'ensemble des conditions nécessaires à la véracité du raisonnement.

1. Al-Ġazālī, *Iḥyā'*, *op. cit.*, K. 2 (*Kitāb qawāʿid al-ʿaqā'id*), f. 2, m. 1, p. 116 [V. 1, p. 353]. Dans le *Mustaṣfā*, al-Ġazālī définit le *mutakallim* comme celui qui permet de justifier par la raison l'existence de Dieu, l'envoie de prophètes, leur reconnaissance par les miracles qu'il leur donne d'accomplir. En revanche, l'objet même de la foi relève de la révélation, cf. *id.*, *Al-Mustaṣfā*, *op. cit.*, I, p. 64.

2. *Id.*, *Al-Mustaṣfā*, *op. cit.*, II, 350. Al-Ġazālī reprend la classification établie par Muḥammad al-Baṣrī : Muḥammad b. ʿAlī b. al-Ṭayyib al-Baṣrī (436h), *Al-Muʿtamad fī uṣūl al-fiqh*, éd. Ḥamīdullāh, Damišq, IFPO, 1964, II, p. 929-932, mais il insiste sur l'importance pour le *muǧtahid* d'avoir un beau caractère. Sa méthodologie souligne la dimension scientifique et objective de la démarche dès lors qu'il s'agit de poser un jugement ou une appréciation critique sur l'autre.

3. *Id.*, *Al-Qisṭās al-mustaqīm*, *op. cit.*, p. 63.

4. *Ibid.*, p. 66.

Le propos d'al-Ġazālī n'est pas pour autant dénué d'intention apologétique. Par la connaissance rigoureuse qu'il acquiert d'une tradition religieuse ou d'une secte, il peut mettre en lumière « la preuve apodictique de ses erreurs » [1]. Si dans l'épistémologie d'al-Ġazālī, la vérité est l'islam, il reconnaît dans l'*Iḥyā'* la possibilité d'être éclairé sur cette vérité par le partenaire du dialogue. Cette parcelle de vérité n'est pas réservée au musulman.

Pour ce qui est des sectes de l'islam, sa démarche le conduit jusqu'à épouser l'appartenance doctrinale de celles qu'il étudie. Il n'abandonne pas son école théologique, mais c'est seulement dans un jeu d'appartenance doctrinale qu'il estime pouvoir connaître la doctrine étudiée.

En croisant les méthodes, al-Ġazālī se présente donc comme un chercheur interagissant avec celui qu'il étudie. Il doit sa connaissance à son étude, à son expérience, à ses voyages au cours desquels il a cherché et s'est informé[2]. Musulman dans sa foi, il observe non seulement la foi des autres, mais il va aussi à leur rencontre, afin de les connaître. Cette interaction peut être rendue par le terme de seuil, *dihlīz*, qu'il utilise dans *Al-Munqiḏ min al-ḍalāl*[3]. Pour le chercheur Ebrahim Moosa, il est en effet la clef herméneutique pour interpréter sa position dans un monde marqué par le pluralisme et la subjectivité. « Le *dihlīz*, écrit-il, décrit un espace fructueux de rencontre, de transformation. *Dihlīz* est un mot persan qui a été arabisé et qui désigne le lieu situé entre la porte donnant sur l'extérieur et la maison elle-même. Le choix de ce terme traduit les propres oscillations d'al-Ghazali entre ses identités perse et arabe. Le *dihlīz* se présente comme un espace liminaire, situé à l'intérieur par rapport à la rue, mais à l'extérieur du point de vue de la maison, autrement dit à l'intérieur et à l'extérieur en même temps »[4]. Ce concept rend précisément compte de la posture d'al-Ġazālī à l'égard des autres religions. Il n'établit pas de théorie de double appartenance envers les non musulmans : il reste sur le seuil de la demeure de l'islam. Pour autant, il peut observer ce qui se vit à l'extérieur car il n'est plus à l'intérieur. Il ne se contente pas d'une connaissance livresque

1. *Id.*, *Al-Munqiḏ min al-ḍalāl*, *op. cit.*, fr. p. 87, ar. p. 29.

2. *Id.*, *Al-Qisṭās al-mustaqīm*, *op. cit.*, p. 71.

3. Farid Jabre fait un contre sens en traduisant *dihlīz* par « antichambre », *cf.* al-Ġazālī, *Al-Munqiḏ min al-ḍalāl*, *op. cit.*, fr. p. 100, ar. p. 39.

4. *Cf.* E. Moosa, *Ghazālī and the Poetics of Imagination*, Chapel Hill-London, The University of North Carolina Press, 2005, p. 48. Dans son étude sur l'architecture intérieure des communautés juives et arabes d'Égypte, Goitein dit du *dihlīz* qu'il désigne le couloir ou le corridor qui conduit à l'intérieur de la maison. Il indique l'espace qu'occupe le visiteur après avoir franchi le portail qui sépare l'extérieur de l'intérieur, mais duquel il ne peut encore voir l'intérieur de la maison. Il s'agit d'un vestibule ou d'une cour : Sh. Dov Goitein, *The Jewish Communities of the Arab World as Portrayed in the Documents of the al-Qāhira Geniza*, vol. IV : *Daily Life*, Los Angeles, University of California Press, 2000, p. 62. Cependant, l'interprétation du *dihlīz* comme espace privilégié de rencontre est discutable : le *dihlīz* est en effet par définition un espace de silence. Il est le lieu qui prépare la rencontre ou qui l'achève. Il est un espace d'attente, de réflexion, de silence intérieur. La présence dans le *dihlīz* est le signe d'une rencontre à venir, mais il n'est pas le lieu de cette rencontre.

mais il va à la rencontre, renouvelant et affinant sa connaissance de l'autre. Par ailleurs, Moosa remarque qu'al-Ġazālī est toujours dans l'entre-deux, l'entre deux cultures, la persane et l'arabe, l'entre-deux disciplines, et dans son approche du soufisme, il s'approprie les concepts du groupe étudié. Sa méthodologie s'affine à la lumière de ce qu'il étudie et des concepts qu'il découvre donnant à son approche et à la tradition orthodoxe une dynamique et une originalité. En ce sens, il apparaît pour Moosa comme un « bricoleur et un architecte »[1].

L'anthropologie, l'épistémologie et la méthodologie d'al-Ġazālī se conjuguent pour exposer l'image d'un homme partageant avec son semblable une nature (*fiṭra*) marquée par la dualité, et une aspiration commune à connaître Dieu, à accéder au bonheur. Le mérite d'al-Ġazālī est d'avoir su combiner ce regard ontologique avec la reconnaissance d'une énigme, celle d'un homme différencié selon les cultures, les lieux et les traditions religieuses, sans pour autant sacrifier à sa posture initiale. Le musulman comme le non musulman reste homme, et cette humanité est le point commun qui donne la possibilité de connaître l'autre, l'hétérodoxe comme le non musulman. La rigueur d'une méthodologie fondée sur l'observation empirique et la recherche d'un approfondissement des croyances et des religions lui permettent de fonder normativement un principe de distinction et de tolérance entre les écoles doctrinales. Il ouvre aussi sur la possibilité d'un regard positif envers des non musulmans dont les croyances contiennent des fragments de vérité attestés en islam. Son approche épistémologique permet par ailleurs d'ouvrir la réflexion à l'altérité religieuse.

1. E. Moosa, *Ghazālī and the Poetics of Imagination*, *op. cit.*, p. 35.

DEUXIÈME PARTIE

HÉTÉRODOXES ET NON MUSULMANS À LA CROISÉE DES REGARDS D'AL-ĠAZĀLĪ

Dans *Le critère décisif*, al-Ġazālī distingue l'islam de la *zandaqa*, les musulmans des non musulmans. Il expose une vision des religions qui constitue les prémices d'une théologie des religions : les non musulmans ne constituent pas une catégorie homogène qui engloberait indistinctement juifs, chrétiens, hindous, apostats ou encore matérialistes athées. Certains ont reçu la lumière de la révélation par l'intermédiaire de prophètes, d'autres ont adhéré aux croyances de la période antéislamique en Arabie, d'aucuns ont quitté l'islam pour embrasser une autre religion à l'exemple de ʿUbayd Allāh qui émigra en Abyssinie avec sa femme Umm Ḥabība et, inclinant vers le christianisme, « abandonna l'islam pour se faire chrétien » [1], d'autres encore, se revendiquent musulmans, mais se sont attachés à des doctrines incompatibles avec le critère d'islamité. À chacune de ces situations correspond une dénomination qui identifie le non musulman et le situe théologiquement. Partant du Coran, ces termes ont connu au cours de l'histoire une évolution dans leur connotation et dans l'implication pratique qui s'ensuit. Al-Ġazālī s'inscrit-il dans la continuité de l'héritage de la pensée juridique ou fait-il abstraction des strates discursifs pour revenir aux sources primaires ? Par ailleurs, dans ses combats idéologiques, notamment contre les bāṭinites, les ibāḥites et les philosophes, comment considère-t-il le non musulman ? Comment, comme spécialiste de *fiqh*, élabore-t-il une éthique du comportement envers l'autre, à la fois singulière et originale pour son époque, qui constitue une ressource pour l'islam dans l'élaboration théorique d'une convivence entre les religions ?

1. Al-Masʿūdī, *Murūǧ al-ḏahab wa maʿādin al-ǧawhar*, t. 1, p. 145-146 ; *Les prairies d'or*, trad. fr. Barbier de Meynard et Pavet de Courteille, rev. et corr. Ch. Pellat, Paris, Société asiatique, 1962, t. 1, § 149, p. 61.

Chapitre III

LA DÉSIGNATION DU NON MUSULMAN EN ISLAM

La définition du critère fondamental de distinction entre l'islam et la *zandaqa* relève d'une *disputatio* bien connue qui appartient au domaine des *samʿiyyāt*, où l'argumentation nécessite le recours à des arguments d'autorité, par opposition aux *ʿaqliyyāt* qui ne s'appuient que sur la raison. Les traités de théologie (*kalām*) abordent ce sujet sous le registre des noms et statuts (*al-asmāʾ wa l-aḥkām*) ou de celui de la récompense et du châtiment (*al-waʿd wa l-waʿīd*) : le nom (*muʾmin* pour celui qui a la foi, *kāfir* pour le non croyant) coïncide-t-il avec un statut particulier ici-bas et dans l'au-delà ? Ce statut diffère-t-il selon que le croyant est hypocrite (*munāfiq*), pécheur (*fāsiq*) ou innovateur (*mubtadiʿ*)[1] ? Et que faut-il entendre *stricto sensu* par les significations des mots *muslim* et *muʾmin* ? Dans ses *Koranische Untersuchungen*, Josef Horovitz attirait l'attention sur le double sens coranique du verbe arabe *aslama*, qui renvoie d'une part à la conversion à l'islam et d'autre part à l'acception de la volonté de Dieu[2] : le *muslim* ne définit pas uniquement une appartenance religieuse – appartenance à l'islam – mais aussi une attitude religieuse, celle de celui qui se soumet au commandement divin, à sa volonté. Dans son essai sur *Le concept de foi dans le Coran*, Helmer Ringgren soulignait que le terme *īmān* signifiait en tout premier lieu « tenir pour vrai »[3]. Il en déduisait que dans le Coran, il ne signifiait pas avant tout la foi (*faith*) mais la

1. L. Gardet, « Les noms et les statuts. Le problème de la foi et des œuvres en islam », *Studia islamica*, 5, 1956, p. 61-123.

2. J. Horovitz, *Koranische Untersuchungen*, Berlin-Leipzig, Walter de Gruyer & Co, 1926, p. 54-55.

3. H. Ringren, « The conception of faith in the Koran », *Oriens*, 1/4, 1951, p. 1-20. Voir aussi J. I. Smith, « Faith », dans J. Dammen McAuliffe (ed.), *Encyclopedia of the Qur'ân*, Leiden-Boston, Brill, 2002, p. 162-172 ; R. Caspar, *La foi musulmane selon le Coran, étude de thèmes et perspectives théologiques*, Rome, Pontificia Università Gregoriana, 1965 ; E. Pisani, « La *foi* en *islam*. À propos de la distinction *foi* et croyance. Hommage au Père Jacques Jomier », *MIDÉO, 28*, décembre 2010, p. 73-99 ; W. Cantwell Smith, *Faith and belief*, Princeton, Princeton UP, 1979.

croyance (*belief*) au sens de “tenir pour vrai” (*fürwahrhalten*)[1]. Cette conception de l’*īmān* correspond aux sens de la racine sémite *amān*[2]. Ringgren indiquait aussi le lien entre l’*īmān* et le cœur : celui qui croit est celui dont le cœur s’apaise au souvenir de Dieu, ainsi que le lien avec les bonnes œuvres.

LE DÉBAT *ISLĀM* VS *ĪMĀN*[3]

En islam, l’*īmān* n’est pas l’adhésion à une vérité surnaturelle transcendante introduisant à la vie divine mais un témoignage (*šahāda*) dont il s’agit de mesurer l’expression, le degré d’authenticité, la condition (*šarṭ*) de validité[4].

Dans son acceptation la plus générale, « la foi (*īmān*) consiste en la récitation de la *šahāda* » : elle est l’*iqrār*, la confession verbale, la récitation du premier pilier de l’*islām*. Un des plus illustres représentants de cette vision est Muḥammad Ibn Karrām (m. 255/869)[5] pour qui l’énoncé de la *šahāda* permet d’acquérir définitivement l’*īmān*, à moins d’apostasier[6]. Ibn Ḥazm (m. 456/1064) note que les *fuḍayliyya* – sous-groupe des *ḫāriǧites* – soutiennent que celui qui dit « il n’y a pas d’autre dieu que Dieu et Muḥammad est le Prophète de Dieu » est musulman et vrai croyant au regard de Dieu, même s’il ne croit pas en son cœur ou s’il demeure infidèle, athée, juif ou chrétien[7]. Al-Ašʿarī (m. 324/936) dans les *Maqālāt al-islāmiyyīn* souligne que

1. H. Ringren, « The conception of faith in the Koran », art. cit., p. 11.

2. C. H. Pickar, « Faith », dans *New Catholic Encyclopedia*, vol. V, Washington, The Catholic University of America, 1967, p. 793-796 ; M. Seckler et Ch. Berchtold, « Foi », dans P. Eicher (dir.), *Dictionnaire de théologie*, Paris, Cerf, 1988, p. 261-270.

3. Si nous écrivons « islam » selon l’usage de la langue française, l’exactitude de la translittération s’impose ici.

4. Déjà cité, il convient de faire référence au travail remarquable de T. Izutsu : *The Concept of Belief in Islamic Theology, A semantic Analysis of* îmân *and* islâm, Tokyo, The Keio Institute of Cultural and Linguistic Studies, 1965. *Cf.* aussi W. F. Madelung, « Early Sunnī Doctrine Concerning Faith as Reflected in the *Kitāb al-imân* of Abū ʿUbaid al-Qāsim b. Sallām (d. 224/839) », *Studia Islamica* (Paris), XXXII, 1970, p. 233-254.

5. Al-Ašʿarī, *Maqālāt al-islāmiyyīn wa iḫtilāf al-muṣallīn*, éd. Ritter, Istānbūl, Maṭbaʿat ad-Dawla, 1929, p. 141.

6. Les écrits d’Ibn Karrām ne nous sont pas parvenus et nous ne connaissons sa doctrine qu’à partir de ce que ses adversaires en ont rapporté : C. E. Bosworth, « Karrāmiyya », dans *Encyclopédie de l’islam*, *op. cit.*, t. IV, 1978, p. 694a-696b. La secte semble avoir eu une influence notoire à Nišāpur jusqu’au Xᵉ siècle où ses idées prévalaient sur les ʿulamāʾ ašʿarites-šāfiʿites, les ʿalides ainsi que sur les ṣūfis. Ce n’est qu’en 1096, peu de temps avant la mort d’al-Ġazālī, que le chef karrāmite fut tué et son école rasée : C. E. Bosworth, « The rise of the Karramiyya in Khurasan », *The Muslim World*, I, 1960, p. 1-14 ; M. Malamud, « The Politics of Heresy in Medieval Khurasan : The Karramiyya in Nīšābūr », *Iranian Studies*, 27/1-4, 1994, p. 37-51.

7. Ibn Ḥazm, *Al-Faṣl fī l-milal wa l-ahwāʾ wa l-niḥal*, al-Qāhira, s. n., H. 1317, Livre IV, p. 190. Pour l’étude de cet ouvrage, voir G. Haider AASI, *Muslim Understanding of other Religions.* A Study of Ibn Ḥazm’s *Kitāb al-faṣl fī l-milal wa l-ahwāʾ wa l-niḥal*, New Delhi, Adam Publishers and Distributors, 2010.

pour la majorité des *rawāfiḍ*[1], l'*īmān* c'est l'*iqrār* de Dieu, du Messager et de l'Imām[2]. La prédominance accordée à la confession verbale dans l'acte de foi se rencontre également dans les professions ḥanafites : la *Waṣiyyat Abī Ḥanīfa* définit la foi comme « la confession par la langue (*iqrār*) et le jugement de véracité (*taṣdīq*) »[3].

Générale, cette appréhension de la foi n'est pas pour autant majoritaire. Les muʿtazilites soutiennent que l'*īmān* est inséparable des œuvres (*aʿmāl*). Tout manquement à un commandement divin ou à une prescription prophétique revient à altérer l'absolu du témoignage et donc de la foi. C'est à la lumière de la réalisation des œuvres de la loi que l'on mesure la véracité de la foi. Opposés à cette thèse, les murǧi'ites mettent l'accent sur la connaissance de Dieu (*maʿrifa*) et relèguent les œuvres à un niveau second, voire secondaire[4]. Pour les ǧahmites[5], la foi n'est rien d'autre que l'assentiment du cœur, une conviction intérieure que Dieu existe et que l'on peut lui accorder notre confiance. Dans ce cas, la foi est indépendante non seulement des œuvres, mais aussi de la confession verbale. Pour Ǧahm (m. 128/745), un homme, fût-t-il déclaré mécréant par la communauté musulmane, se tournerait-il dans ses prières vers des idoles, revendiquerait-il d'appartenir au christianisme ou au judaïsme, adorerait-il la croix, confesserait-il sa foi en la Trinité, et mourrait-il en cet état confessionnel, il est, aux yeux de Dieu, un croyant s'il a en son cœur une ferme conviction intérieure. Quant aux ašʿarites, ils mettent l'accent sur l'attestation de véracité. La position d'al-Ašʿarī a cependant évolué. En effet, dans l'*Ibāna* et les *Maqālāt*, il adopte une position entre la ligne muʿtazilite et la ligne ḥanafite : la foi est parole et œuvres (*qawl wa aʿmāl*)[6] mais dans le *Kitāb al-lumaʿ* il affirme que « la foi en Dieu est le *taṣdīq* en Dieu »[7]. Ce qui

1. *Al-rawāfiḍ*, pluriel de *rāfiḍ* (celui qui refuse). Les *rawāfiḍ* désignent les proto-Imāmites et par suite, les duodécimains qui refusèrent d'honorer la mémoire des deux premiers califes Abū Bakr et ʿUmār.

2. Al-Ašʿarī, *Maqālāt al-islāmiyyīn wa iḫtilāf al-muṣallīn, op. cit.*, p. 53

3. *Waṣiyyat Abī Ḥanīfa*, Haydarabad, 1321, p. 75. Voir A. J. Wensinck, *The Muslim Creed, Its Genesis and Historical Development*, Cambridge, CUP, 1932, p. 125.

4. J. Van Ess, *Theologie und Gesellschaft im 2. und 3. Jahrhundert : Eine Geschichte des religiösen Denkens im frühen Islam*, Berlin-New York, W. de Gruyter, Bd. 1, 1991,p. 152-221.

5. *Les ǧahmiyya* (ǧahmites) prétendent que la personne est contrainte en ses actes. Ils soutiennent que le paradis et l'enfer auront une fin et que la foi consiste seulement à connaître Dieu, tandis que la mécréance (*kufr*) se réduit à ignorer son existence : Abū Saʿīd al-Dārmī, *Kitāb al-radd ʿalā l-ǧahmiyya*, nach der in der Köprülübibliothek aufbewahrten Handschrift (cod. 850) zum erstan Male herausgegeben und mit Einleintung und Kommentar versehen von Gösta Vitestam, Lund/Leiden, Gleerup/Brill, 1960.

6. Al-Ašʿarī, *Ibāna ʿan uṣūl al-diyāna*, al-Qāhira, 1348, p. 11 ; *Maqālāt al-islāmiyyīn wa iḫtilāf al-muṣallīn, op. cit.*, t. 1, p. 327 ; [trad. angl. R. J. McCarthy, *The Theology of Ashʿarī*, Beirut, Imprimerie catholique, 1953, p. 244-245.

7. Al-Ašʿarī, *Kitāb al-lumaʿ*, éd. Mc Carthy, p. 75 [trad. angl. *The Theology of al-Ashʿarī, op. cit.*, p. 104]. Voir L. Gardet, « Les noms et les statuts », art. cit., p. 73-74.

prime désormais – et ce sera la ligne de l'école ašʿarite –, c'est le *taṣdīq*; l'*iqrār* et les *aʿmāl* lui sont seconds. C'est dans cette perspective que s'inscrit al-Ġazālī.

De cette réflexion sur la nature de la foi, son degré de validité, son constitutif formel, quel est le lien avec l'*islām?* Certains théologiens ont soutenu que l'*islām* se confondait avec la foi, tandis que d'autres ont souligné l'absence de synonymie : l'enjeu est fondamental puisqu'il conduit à tenir que l'on peut être croyant sans être musulman ou même à être musulman sans être croyant. Pour rendre compte de l'homologie qui associe l'*īmān* à l'*islām*, un célèbre *ḥadīṯ* de Muslim rapporte un échange entre Muḥammad et Ǧibrīl. L'ange interroge le Prophète sur l'*islām*, l'*īmān* et l'*iḥsān*. Qu'est-ce qu'être musulman ? Qu'est-ce que la foi musulmane? Comment devient-on meilleur musulman? Muḥammad répond et donne trois définitions :

> L'islam (*islām*), dit-il, consiste à adorer Dieu sans rien Lui associer, à s'acquitter de la prière prescrite, à verser l'impôt religieux (*zakāt*), à jeûner durant le Ramadan.
> La foi (*īmān*) consiste à croire en Dieu, à ses Anges, à son Livre, à sa rencontre dans l'au-delà, à ses prophètes, à la Résurrection.
> La perfection (*iḥsān*) [devenir un parfait musulman] consiste à servir et à adorer Dieu comme s'il était devant vos yeux, car si vous ne Le voyez pas, Lui vous voit [1].

De ce *ḥadīṯ*, on perçoit une nette distinction entre l'*islām* et l'*īmān*. Ibn Taymiyya (m. 728/1328) y a recours dans l'introduction du *Kitāb al-īmān* [2]. Il expose l'existence d'une « structure d'emboîtement » désignant une forme d'extension, de croissance, d'approfondissement, d'intériorisation, de spiritualisation, de perfectionnement de l'*islām* à l'*iḥsān*. L'*iḥsān* en tant que perfection et contemplation, intègre l'*īmān* et l'*islām*. De même, l'*īmān* est la dimension intérieure et spirituelle de l'*islām* défini à partir des cinq piliers. Dans cette optique, l'*islām* peut exister sans l'*īmān*, mais l'*īmān* ne peut exister sans l'*islām*. Il s'ensuit que des actes en conformité avec la loi religieuse peuvent être posés, sans pour autant que le musulman soit un croyant (*muʾmin*) [3]. Position limpide, mais qui s'inscrit en rupture avec la présentation traditionnelle des *ahl al-sunna*. En effet, en se référant à un autre *ḥadīṯ*, ils rappellent que « l'islam est bâti sur ces cinq principes : la profession de foi; l'accomplissement de la prière; l'acquittement de l'impôt religieux; le jeûne; le pèlerinage du mois de Ramadan » [4]. Or, dans ce schéma, la formulation de la profession de foi, l'*iqrār*, est le point de départ de l'*islām*. L'*īmān* est donc constitutif de l'*islām* en tant

1. Al-Buḫārī, *Ṣaḥīḥ*, K. 2, n°43 ; Muslim, *Ṣaḥīḥ*, K. 1, n°5.

2. Ibn Taymiyya, *Kitāb al-Īmān*, Damišq, s.e., 1961, p. 4.

3. Ibn Baṭṭa définit l'islam comme la communauté de religion (*milla*) et l'*īmān* comme l'adhésion de foi (*taṣdīq*). Sur le fait que l'on peut être musulman sans avoir la foi, il cite S. 49, 14 : H. Laoust, *La profession de foi d'Ibn Baṭṭa*, *op. cit.*, p. 82 [ar. p. 49]. Ibn Baṭṭa ajoute : « Un homme peut cesser d'être croyant (*muʾmin*) tout en restant musulman (*muslim*) » (*ibid.*, p. 82, [ar. p. 50]).

4. Al-Buḫārī, *Ṣaḥīḥ*, K. 2 (*Īmān*), n° 1 ; Muslim, *Ṣaḥīḥ*, K. 1 (*Īmān*), n°19.

qu'il est son premier pilier : on ne saurait être musulman sans être au préalable croyant et le constitutif formel de la foi est la récitation de la *šahāda*.

Pour Ibn Taymiyya, cette conception des *ahl al-sunna* est absurde : comment en effet, celui dont les œuvres sont en contradiction flagrante avec la loi religieuse peut-il être qualifié de croyant sous prétexte qu'il aurait prononcé la *šahāda* ? Pour Ibn Taymiyya, il existe un lien entre l'intérieur et l'extérieur, entre l'assentiment du cœur et les actions accomplies relatives aux piliers de l'islam. Si celles-ci sont en contradiction avec la foi, c'est donc qu'il n'y a pas de foi, les actes représentant la dimension visible de la foi intérieure.

Il ressort de ce débat la pluralité des manières de penser l'articulation entre la confession de foi (*iqrār*), le jugement de véracité (*taṣdīq*) et les œuvres (*aʿmāl*). Bien avant le Šayḫ de l'islām, Abū Ṭālib al-Makkī (m. 386/996), dans son *Qūt al-Qulūb*, y a consacré de nombreuses pages, au demeurant, selon le jugement d'al-Ġazālī, longues et confuses[1]. Al-Ġazālī en restitue les données ; il est le premier à en proposer une synthèse organisée et réfléchie. Il recherche, comme à son habitude, le juste milieu entre les positions extrêmes représentées par les murǧites et les muʿtazilites. Dans le dernier chapitre du *Kitāb qawāʿid al-ʿaqāʾid*, il se demande si le croyant peut ne pas être musulman. Pour répondre, il rend compte de la diversité des significations sémantiques et linguistiques des termes *islām* et *īmān* (*al-lafẓ fī l-luġa*) ; il souligne leur sens au sein de la loi révélée et enfin, il indique le statut légal ici-bas et dans l'autre monde du croyant et du musulman.

À partir de l'étymologie, al-Ġazālī remarque que l'*īmān* est l'expression d'un jugement de véracité (*taṣdīq*)[2] qui correspond à l'adhésion intime du cœur (*bi-l-qalb*) tandis que l'*islām* consiste à « s'en remettre totalement à Dieu (*taslīm*), à se soumettre avec obéissance (*istislām*) et abandon aux commandements de Dieu (*inqiyād*) en rejetant toute forme de révolte, d'entêtement ou d'hostilité »[3]. La perspective est ašʿarite. La racine *ṣ.d.q.* renvoie à la première forme à l'idée de véridicité, d'affirmation de la vérité, tandis qu'à la deuxième forme, *taṣdīq* traduit le fait d'adhérer, de consentir, de juger vrai la parole de l'interlocuteur. Dans le cadre de la foi, le *taṣdīq* consiste à déclarer comme véridique la parole de Dieu transmise par l'intermédiaire de Muḥammad. Pour al-Ġazālī, le siège du jugement (*taṣdīq*) est le cœur. La langue, lorsqu'elle atteste de la foi, n'en est que le locuteur, l'interprète. Le cœur, lorsqu'il émet un jugement de véracité (*taṣdīq*), se soumet à la vérité. Mais la soumission (*taslīm*) est plus générale, plus englobante, plus totalisante : elle réunit en effet à la fois le cœur, la langue et le corps où les membres sont autant d'émanations physiques et extériorisées de l'adhésion intérieure. De l'approche linguistique il en déduit que l'islam est plus général que l'*īmān*. L'*īmān* en est la partie intime,

1. Al-Ġazālī, *Iḥyāʾ*, *op. cit.*, K. 2 (*Kitāb qawāʿid al-ʿaqāʾid*), f. 4, m. 1, p. 136 [V. 1, p. 425].
2. Sur la notion de *taṣdīq*, voir D. B. Macdonald, *Encyclopédie de l'islam*, *op. cit.*, II, p. 600 (sous *iʿtiḳād*).
3. Al-Ġazālī, *Iḥyāʾ*, *op. cit.*, K. 2 (*Kitāb qawāʿid al-ʿaqāʾid*), f. 4, m. 1, p. 136 [V. 1, p. 426].

profonde, noble. Pour autant, toute soumission n'est pas forcément une adhésion intime (*kullu taṣdīq taslīm wa laysa kullu taslīm taṣdīq*)[1].

Du point de vue exégétique (*tafsīrī*), il souligne l'hétérogénéité et l'équivocité de l'usage de ces deux termes dans la Loi. *Islām* et *īmān* peuvent en effet être utilisés comme synonymes, corrélatifs ou distinctifs. On trouve plusieurs références de synonymie (*tarāduf*). À propos des versets S. 51, 35-36, les termes *mu'min* et *muslim* se confondent : « Nous fîmes donc sortir de la ville tous ceux qui avaient la foi (*mu'minīn*) et nous n'y trouvâmes qu'une seule famille de croyants soumis (*muslimīn*) »[2]. De même, dans la *Sunna*, le Prophète Muḥammad, interrogé sur l'*islām* répondit par les cinq piliers. Interrogé sur l'*īmān*, il les mentionna de nouveau[3].

Quant à la distinction de sens (*iḫtilāf*), elle est clairement affirmée dans le verset S. 49, 14 : « Les bédouins disent : "Nous croyons" ; dis-leur : "Vous n'avez pas encore la foi, dites plutôt nous avons embrassé l'*islām*, et la foi n'a pas encore imprégné vos cœurs (*wa lammā yadḫuli l-īmānu fī qulūbikum*)" »[4]. Leur soumission (*istislām*) est purement extérieure tandis que l'*īmān* implique une adhésion intérieure du cœur. « L'*īmān* c'est seulement le jugement de véracité (*taṣdīq*) avec le cœur tandis que l'*islām* c'est la soumission (*istislām*) apparente (*ẓāhir*) exprimée par la langue et les membres du corps, c'est-à-dire par la langue et les actes »[5].

Enfin, l'interférence terminologique (*tadāḫul*) s'illustre à la lumière du *ḥadīṯ* où l'on demanda au Prophète « "Quelle est la meilleure des œuvres ?" Et lui de répondre : "C'est l'*islām*" ; [et à la question] "Quelle est le meilleur *islām* ?" [il répondit] "C'est l'*īmān*" »[6]. Ici *īmān* et *islām* ne s'identifient pas mais ils sont interdépendants. La foi est un acte, une œuvre, la meilleur de toutes. De l'étude exégétique, al-Ġazālī conclut : « il est donc conforme à l'usage de la langue d'appeler *islām* la soumission qui n'est qu'extérieure et apparente, alors même que la soumission intérieure n'est pas présente »[7].

Du point de vue juridique (*šarʿī*), al-Ġazālī part d'un *ḥadīṯ* rapporté par al-Tirmiḏī : « Quiconque a dans le cœur ne serait-ce qu'un atome d'*īmān*, sortira de l'Enfer »[8]. Que faut-il entendre par *īmān* ? Certains affirment qu'il ne s'agit

1. Al-Ġazālī, *Iḥyā'*, *op. cit.*, K. 2 (*Kitāb qawāʿid al-ʿaqā'id*), f. 4, m. 1, p. 136 [V. 1, p. 426].

2. S. 51, 35-36.

3. Al-Ġazālī, *Kitāb qawāʿid al-ʿaqā'id*, K. 2, f. 4, m. 1, p. 137, [V. 1, p. 427]. Ce *ḥadīṯ* est rapporté à plusieurs reprises par al-Buḫārī, Muslim, al-Bayhaqī (voir *supra*).

4. S. 49, 14.

5. Al-Ġazālī, *Iḥyā'*, *op. cit.*, K. 2 (*Kitāb qawāʿid al-ʿaqā'id*), f. 4, m. 1, p. 137, [V. 1, p. 428-429]. On retrouve ici la position d'Ibn Baṭṭa.

6. Al-Ṭabarānī, *Makārim al-aḫlāq*, Bayrūt, s.e., 2007, ḥadīṯs 7-9, p. 10-11.

7. Al-Ġazālī, *Iḥyā'*, *op. cit.*, *Kitāb qawāʿid al-ʿaqā'id*, K. 2, f. 4, m. 1, p. 137 [V. 1, p. 429].

8. Rapporté par al-Tirmiḏī, *Al-Ǧāmiʿ*, K. 27, *ḥadīṯ* n° 2130, cité par Al-Ġazālī, *Iḥyā'*, *op. cit.*, (*Kitāb qawāʿid al-ʿaqā'id*), K. 2, f. 4, m. 1, p. 138 [V. 1, p. 430]. Voir aussi sous une autre forme : K. 21 (*Kitāb šarḥ ʿaǧā'ib al-qalb*), b. 9 p. 878 [V. 5, p. 81], rapporté par al-Buḫārī K. 97 (*Tawḥīd*), n° 65/7439.

que d'une simple résolution (*ʿaqd*)[1], d'autres disent que l'*īmān* est l'adhésion du cœur et son attestation explicite, d'autres encore définissent l'*īmān* comme l'observance des cinq piliers[2]. Si ceux qui rassemblent ces trois dimensions sont assurés des délices du Jardin, qu'en est-il de la définition *a minima* de l'*īmān* ? Pour al-Ġazālī, il est indu d'associer les œuvres à la foi. De même, il ne convient pas de faire de l'attestation verbale de la foi une condition nécessaire à l'*īmān*. Il remarque à cet égard qu'à la demande de Ǧibrīl, le Prophète a défini l'*īmān* à partir de la croyance en Dieu, à ses anges, ses envoyés, son livre et au jugement dernier. Il n'est donc pas question d'œuvres à accomplir ni d'attestation de foi à exprimer verbalement. Fidèle à la ligne ašʿarite, pour al-Ġazālī, « l'*īmān* correspond au jugement de véracité par le cœur »[3], elle ne disparait pas avec l'absence des œuvres et elle préexiste à l'expression verbale qui n'en est que la traduction. Quant à celui qui prononce la *šahāda* sans y adhérer en son for intérieur, il doit être considéré ici-bas comme un musulman alors même qu'il comptera parmi les infidèles dans l'au-delà[4].

Cependant, à la lumière de l'enseignement des Anciens (*salaf*), al-Ġazālī souligne que les œuvres, sans être nécessaires au constitutif formel de l'*īmān*, contribuent à la compléter et à la parachever (*mukammil wa mutammim*). L'image prosaïque de « l'homme tronc » lui permet de rendre compte du spécifique de l'*īmān* et de son articulation avec les œuvres : si la tête et les mains font partie de l'homme, un homme reste homme sans mains mais non sans tête. Pour ce qui est de la foi, « le jugement de véracité par le cœur (*al-taṣdīq bi-l-qalb*) est à l'*īmān* ce que la tête est à l'existence de l'être humain » et « l'œuvre pieuse, ce que les mains sont à la tête »[5].

De cet exposé, il résulte une certaine mobilité des significations. Pour autant, al-Ġazālī ne pense pas l'*īmān* en opposition avec l'*islām*. La distinction ne supprime pas l'étroite interdépendance des deux réalités, l'*islām* parachevant l'*īmān*. Dans le *Mustaṣfā*, notre auteur dit de l'*īmān* qu'elle est une condition de l'*islām* et des actes de dévotion (*šarṭ li-sāʾir al-ʿibādāt*)[6]. Mais ce qui prime pour le salut de l'homme, c'est la foi, ce en quoi al-Ġazālī, dans la lignée des ašʿarites, se différencie résolument des muʿtazilites. La répétition, tel un leitmotiv dans le *Kitāb qawāʿid al-ʿaqāʾid* du *ḥadīṯ* « quiconque a dans le cœur ne serait-ce qu'un atome d'*īmān*, sortira de l'Enfer » lui permet de souligner la dimension nécessaire et suffisante de la foi pour le salut. Dans sa perspective, on peut donc être croyant sans être pleinement musulman, même si les actes d'*islām* revêtent un caractère obligatoire. L'*islām* est l'objectivation

1. « *ʿaqd* : action de nouer, de lier, propos dans le sens de résolution, contrat » (F. Jabre, *Essai sur le lexique de Ghazali*, *op. cit.*, p. 178).
2. Al-Ġazālī, *Iḥyāʾ*, *op. cit.*, K. 2 (*Kitāb qawāʿid al-ʿaqāʾid*), f. 4, m. 1, p. 138, [V. 1, p. 430].
3. *Ibid.*, f. 4, m. 1, p. 139, [V. 1, p. 433].
4. *Ibid.*, f. 4, m. 1, p. 139, [V. 1, p. 434].
5. *Id.*, *Iḥyāʾ*, *op. cit.*, *Kitāb qawāʿid al-ʿaqāʾid*, K. 2, f. 4, m. 1, p. 140 [V. 1, p. 439].
6. *Id.*, *Al-Mustaṣfā*, Riyād, Dār al-Ḥadīṯ al-nabawī, 2013, V. 1, p. 246.

de l'*īmān* dans une pratique et par des paroles, objectivation qui fait suite à la révélation coranique.

« Quiconque a dans le cœur ne serait-ce qu'un atome d'*īmān*, sortira de l'Enfer » a-t-il rappelé. La foi peut-elle donc croître ou diminuer ? Pour al-Ġazālī, la foi recouvre une dimension d'extension : d'abord reconnaissance comme vérité par le cœur, puis expression verbale, manifestation dans les œuvres, elle est enfin illumination intérieure et savoureuse d'une connaissance sans fin. Cette structure atténue l'appréciation positive et inclusiviste de tout acte de bienveillance. En effet, de même qu'il affirme que l'expression verbale sans assentiment du cœur est hypocrisie, de même al-Ġazālī soutient que les œuvres sans l'assentiment sont sans valeur, la foi sans la lumière de la connaissance est sans saveur. Il s'ensuit une relativisation de la perception et du statut des œuvres accomplies par un non musulman. Dans l'*Ilǧām*, il définit la foi (*īmān*) comme l'expression d'un jugement de véracité définitif (*al-taṣdīq al-ǧāzim*), sans hésitation (*lā taradduda fīhi*), sans le sentiment qu'il puisse contenir la moindre erreur »[1].

Les aspects et les degrés de l'*īmān* ayant été précisés, ainsi que son articulation à l'*islām*, il convient de présenter les différents termes utilisés par al-Ġazālī pour désigner les non musulmans, et de préciser les statuts (*aḥkām*) qui leur sont associés. De ces termes découlent des conséquences eschatologiques, même si le jugement dans l'au-delà en tant qu'il est celui de Dieu, ne saurait s'identifier ou refléter le jugement des hommes puisque seul Dieu est omniscient et sonde les cœurs. L'enjeu des "noms" est donc aussi celui des "statuts". Nous verrons qu'en restreignant les accusations de *kufr* au sein de la communauté musulmane, al-Ġazālī restreint l'application de ce statut et ses conséquences ruineuses pour l'unité de la communauté et contradictoires avec son anthropologie. En outre, en généralisant leur application à l'ensemble des musulmans, il en réduit la portée. Mais dans ce cas, quelles sont les incidences juridiques pour les non musulmans à qui ces noms sont attribués ?

TERMINOLOGIE THÉOLOGIQUE DES NON MUSULMANS

Murtadd, mušrik, kāfir, zindīq, kitābī, munāfiq, dahrī, muʿaṭṭil, ḏimmī, ḥarbī, fāsiq, mubtadiʿ, etc. tous ces termes dénomment soit le non musulman soit l'hétérodoxe[2]. La plupart d'entre eux sont issus du Coran, mais leur formalisation varie selon les exégètes (*mutafassirūn*), les théologiens (*mutakallimūn*) ou les mystiques. Les théologiens sont unanimes pour dire du *mušrik* qu'il est un associationniste, et donc un non musulman, mais qui est *mušrik* ? Chaque terme est en réalité sujet à discussion. Le *kāfir* est un infidèle, ce qui l'exclut de

1. Al-Ġazālī, *Ilǧām*, *op. cit.*, B. 3, f. 4, p. 618.

2. Pour l'étude de ces termes chez al-Ġazālī, nous renvoyons à notre thèse. Ici, nous n'avons retenu l'exposé que de deux termes : *kufr* et *širk*.

la communauté (*takfīr*), mais l'est-il de manière absolue ou relative ? Son *kufr* est-il majeur ou mineur ? Autant de distinctions et sous-distinctions qui relèvent de critères dirimants et non consensuels au sein du *kalām* ou du *fiqh* et qui renvoient à des logiques doctrinales différentes. Quels sens cette terminologie revêt-elle dans la pensée d'al-Ġazālī ? Au regard de la complexité et de la subtilité de ses écrits, il convient d'identifier des champs de significations en fonction d'une part de la chronologie de ses œuvres et d'autre part, au grès de la nature des ouvrages et du public à qui il les destine, selon le contexte politique.

Le *kufr* est le terme principal pour rendre compte de l'hétérodoxie, de la non croyance ou de la mécréance d'un individu. Il vient de la racine *k.f.r.* qui signifie cacher, recouvrir, sceller. Le Coran utilise les mots *kufr*, *kāfir* (singulier), *kuffār* (pluriel), ainsi que les différentes formes verbales 470 fois dans 451 versets. Dans son étude sur le concept de croyance dans la théologie islamique, Toshihiko Izutsu notait que les notions de *kufr* et d'*īmān* sont les termes les plus importants du Coran : « ils constituent le véritable centre de la pensée coranique » qui s'articule sur une dichotomie basique entre les croyants (*mu'minūn*) d'une part et les *kuffār* d'autre part[1]. À suivre l'étymologie, le *kāfir* est celui qui recouvre la réalité de Dieu, ses noms, ses attributs et ses signes ; refusant de les voir, il ne croit pas ; il est par conséquent en dehors de la communauté musulmane. À la lumière de la chronologie des versets coraniques, l'étude de Waldman sur les racines associées à la notion de *kufr* selon les périodes de la révélation a mis en évidence non une évolution de sens, mais une extension du champ sémantique par mode d'intégration des significations précédentes[2]. Certes, il ne faut pas sous-estimer la difficulté d'établir cette chronologie, le choix des orientalistes pouvant être consécutif à un prisme optionnel de l'histoire[3], mais l'on peut reconnaître une pluralité de significations dans les versets mecquois lesquels se superposent à ceux de la période médinoise qui leur surajoute une dimension offensive et belliqueuse. Avant de s'appliquer aux ennemis du Prophète, le terme désignait ceux qui refusaient d'entendre son avertissement. Par la suite, le *kāfir* est devenu celui qui refuse de voir les signes de Dieu par ingratitude ou condescendance. Dans la deuxième période mecquoise, le Coran désigne par *kāfir* celui qui associe à Dieu : dans ce cas, le *kufr* est lié à l'associationnisme (*širk*). Dans la troisième période mecquoise, les *kuffār* sont ceux qui suivent leurs passions et ne voient pas les signes car Dieu a choisi d'obscurcir leurs facultés de perception. Dieu a scellé leurs cœurs et leurs oreilles (S. 17, 46). Ici, l'homme a la possibilité, aussi

1. T. Izutsu, *The Concept of Belief in Islamic Theology*, *op. cit.*, p. 7.

2. M. Robinson Waldman, « The Development of the Concept of *Kufr* in the Qur'ān », *Journal of the American Oriental Society*, 88/3, Jul.-Sep., 1968, p. 442-455.

3. J. Hämeen-Anttila, « Christians and Christianity in the Qur'ān » dans D. Thomas et Barbara Roggema (ed.), *Christian-Muslim Relations : A Bibliographical History*, Leiden-Boston, Brill, 2009, p. 25.

infinitésimale soit-elle, de choisir la vérité (S. 18, 29)[1] ; s'il ne la retient pas, c'est en raison de l'endurcissement de son cœur (S. 9, 97)[2]. D'autres versets de la même période suggèrent que l'impiété provient du refus de Dieu du don de la connaissance (S. 7, 107)[3].

Notion centrale dans le Coran, le *kufr* l'est aussi dans l'histoire religieuse et politique de la communauté naissante qui, à la suite de la mort du Prophète, connaît la sédition (*fitna*). Dans ce contexte, le corpus de la tradition prophétique est lié au développement de la jurisprudence islamique (*fiqh*)[4], à la pratique du *takfīr*, où il s'agit de fonder une position théologico-politique. Faire de l'hétérodoxe un *kāfir* revient donc à le considérer comme un pseudo-musulman, un non musulman. La jurisprudence distingue cependant le *kāfir* né de parents *kuffār* du musulman devenant *kāfir* ce qui constitue en soi un acte d'apostasie. Relevant de la même catégorie, tous deux encourent un traitement juridique différent, sachant que l'hétérodoxe *kāfir* est toujours condamné à mort. Pour les ḫāriǧites, le musulman qui se revendique comme tel, d'un point de vue subjectif, peut être qualifié de *kāfir* s'il ne répond pas à des conditions politiques et morales déterminées et rédhibitoires. Dans ce climat de querelles doctrinales, les accusations d'anathémisations réciproques ne sont pas rares : ainsi en a-t-il été des muʿtazilites et des traditionnistes à propos par exemple de la vision de Dieu. Questions doctrinales, questions juridiques et politiques, tout devient prétexte au *takfīr* et on assiste à une surenchère à exclure l'autre dans ce qu'il pense, dans ce qu'il dit, dans ce qu'il vit[5]. Dans ce contexte, l'*umma* est traversée à la fois par la pluralité des écoles et par la normativité exclusive. Abū Ḥayyān al-Tawḥīdī (m. 414/1023) déplore la précipitation des théologiens (*mutakallimūn*) à déclarer incroyants ceux qui s'écartent de la *šarīʿa* sur des questions périphériques. On déclare l'autre coupable de *kufr* avec la même facilité que l'on répudierait son épouse (*sic* !)[6].

Ces accusations de *kufr* ne sont pas sans incidences sur le vivre ensemble. En effet, selon les normes établies par Fuḍayl Ibn ʿIyāḍ (m. 187/803)[7], on ne

1. S. 18, 29.
2. S. 9, 97.
3. S. 7, 107.
4. C. Snouck Hurgronje, « Le droit musulman », *Revue de l'histoire des religions*, XXXVII, 1898, p. 1-174 et I. Goldziher, *Muhammedanische Studien*, t. II., Halle a. S., M. Niemeyer, 1889, p. 3-274 ainsi que *id.*, *Die Zâhiriten, Ihr Lehrsystem und ihre Geschichte : Beitrag zur Geschichte der muhammedanischen Theologie*, Leipzig, 1884.
5. Cette problématique est au cœur de la réflexion entre Abū Bakr al-Rāzī et Abū Ḥātim al-Rāzī ainsi que des Épîtres des *Iḫwān al-Ṣafā* : Abū Ḥātim al-Rāzī, *The Proofs of Prophecy*, Brigham Young University, 2012.
6. Abū Ḥayyān al-Tawḥidī, *Baṣā'ir*, VII, p. 249 *sq.* : J. Van Ess, *Theologie und Gesellschaft*, *op. cit.*, t. 4, p. 675.
7. Fuḍayl Ibn ʿIyāḍ est disciple de Sufyān al-Ṯawrī et contemporain de Rābiʿa, Huǧwirī dit qu'il est l'un des pauvres les plus éminents parmi les soufis et souligne « son mépris du monde et des gens qui lui sont attachés, et de ses fastes trompeurs, et son refus de s'abaisser devant les riches

doit pas partager la table avec un *kāfir*, ce qui est en revanche souvent concédé pour les chrétiens et les juifs. De même, on ne doit pas participer à son enterrement ou prendre sa fille pour épouse et il est même interdit de sourire à un *kāfir*[1]. La position de Mālik Ibn Anas (m. 179/976) à l'égard des Qadarites et des Ibāḍites est identique. Il interdit de les visiter à l'hôpital et de prier pour que leurs malades retrouvent la santé. Durant la *Miḥna*[2], une femme pouvait demander le divorce si son époux refusait d'adhérer à la doctrine de la création du Coran (*ḫalq al-qur'ān*). Les persécutions dont furent victimes les traditionnistes au nom de la raison jetèrent le discrédit sur les théologiens. Comme le souligne Josef van Ess, le recours au *takfīr* créa dans l'imaginaire collectif une image négative : « la pensée dialectique avait maintenant mauvaise réputation ; elle pouvait être comprise comme éristique, et l'anathémisation fut assimilée à de l'arrogance et de la prétention »[3].

La réaction des ḥanbalites à l'oppression muʿtazilite ne fut pas non plus sans excès. L'adversaire est toujours désigné comme le mécréant[4], celui qui critique, doute ou refuse l'opinion de l'autre[5]. Ce contexte met en faillite l'unité de la communauté musulmane. La définition qu'al-Ġazālī donne du *kufr* s'inscrit dans ce contexte politique d'engrenage de l'anathémisation. Al-Ġazālī combat la pratique du *takfīr* à deux niveaux : dans la formulation d'un critère et d'une méthodologie et, comme il le formule dans le *Fayṣal al-tafriqa*, en réduisant l'accès à la qualification de *takfīr* aux seuls experts et croyants ayant atteint les plus hauts degrés de la foi :

> La définition de l'incroyance et de la foi ainsi que le secret de la vérité et de l'égarement ne sont pas accessibles aux cœurs souillés par l'ambition du pouvoir et la poursuite des richesses et par l'amour qu'on leur porte. Au contraire, cette vérité se dévoile uniquement aux cœurs débarrassés des souillures du monde, polis par la pratique parfaite des exercices spirituels, illuminés par la répétition du nom divin, et nourris d'une pensée juste (*al-fikr al-ṣā'ib*), enfin embellis par le respect constant des prescriptions de la loi religieuse (*mulāzama ḥudūd al-šarʿ*), de sorte qu'ils sont inondés d'une lumière provenant de la prophétie et deviennent tel un miroir éclatant[6].

Ce souci d'unité est déjà partagé par al-Ašʿarī qui aurait dit à Baġdād, sur son lit de mort : « J'atteste que je n'ai déclaré mécréant aucun de mes frères parmi les gens de la Qibla (*ahl al-qibla*). Car tous s'adressent [par leurs

pour obtenir des gains terrestres » : Hujwirī, *Somme spirituelle*, Kashf al-Mahjûb li-Arbâb al-Qulûb, trad. du persan, présenté et annoté par D. Mortazavi, Paris, Sindbad, 1988, p. 130.

1. Ibn Abī Yaʿlā, *Ṭabaqāt al-Ḥanābila*, II, 42-47 : J. Van Ess, *Theologie und Gesellschaft*, *op. cit.*, t. 4, p. 676.

2. La *miḥna* désigne la période abbasside allant de 213 à 237 et durant laquelle le calife al-Ma'mūn et ses deux successeurs, tentèrent d'imposer le dogme du Coran créé.

3. J. Van Ess, *Prémices de la théologie musulmane*, Paris, Albin Michel, 2002, p. 36.

4. *Id.*, *Theologie und Gesellschaft*, *op. cit.*, t. 4, p. 677.

5. *Ibid.* : *Muʿtamad*, p. 272-278.

6. Al-Ġazālī, *Fayṣal al-tafriqa bayna l-islām wa l-zandaqa*, *op. cit.*, fr. p. 28, ar. p. 29.

expressions de foi] au même Dieu, il n'y a de différences que verbales »[1]. Qu'elle soit authentique ou non, la citation rapportée par ses disciples révèle la critique de la pratique du *takfīr* et la recherche d'un critère juridique intégratif relatif aux différentes écoles. Cette préoccupation, très nettement partagée par al-Ġazālī, a donné lieu à l'élaboration du critère décisif du *Fayṣal al-tafriqa*[2]. Ce critère est-il commun aux principales œuvres d'al-Ġazālī ? Comment définit-il le *kāfir* ?

Pour suivre les définitions d'al-Ġazālī, il convient de comparer l'utilisation du terme *kufr* et la définition du *kāfir* dans plusieurs de ses ouvrages à caractère différent.

Ainsi, dans le *Miškāt al-anwār*, la racine *k.f.r.* n'apparaît que dans l'exorde laudative à Muḥammad, lui qui confond les *kuffār* (*qāmiʿ al-kuffār*), et dans la référence à un sage gnostique (*ʿārif*) qui avertit que « la divulgation du mystère de la condition seigneuriale est du *kufr* (*ifšāʾ sirr al-rubūbiyya kufr*) »[3]. En ce sens, révéler la signification profonde et ésotérique (*bāṭin*) d'un verset à un interlocuteur qui n'est pas susceptible de le comprendre relève du *kufr*. Remarque préalable qui n'est pas sans paradoxe puisqu'al-Ġazālī s'attache justement dans le *Miškāt* à divulguer le sens des versets de la lumière. Certes, comme le remarque Roger Deladrière, il entoure le *Miškāt* de précaution[4], puisqu'il estime qu'à ce frère qui l'interroge sur le sens spirituel de certains versets coraniques ou de la tradition islamique, Dieu a suffisamment ouvert le cœur pour qu'il comprenne les vérités profondes et subtiles, et qu'il peut donc l'enseigner. Cependant, l'épître est stylistique et notre auteur sait que sa lettre sera lue et diffusée. En mentionnant l'application du *kufr* au seul divulgateur des secrets divins, c'est-à-dire en l'occurrence dans le *Miškāt* à lui-même, il en neutralise la portée. Dans son esprit, le *kufr* vient de l'impossibilité de sa réception. Il revient à soumettre au commun des hommes une connaissance qui les conduit à recourir au *takfīr*. Cette transmutation sémantique du terme *kāfir* pour désigner le savant illuminé par la lumière divine et qui est seul à pouvoir dévoiler la connaissance annonce le retournement sémantique d'Ibn ʿArabī où le *kāfir* n'est pas celui qui recouvre d'un voile la vérité mais celui qui au contraire la connaît[5]. Ce renversement de sens permet à al-Ġazālī de répondre à ses détracteurs et accusateurs en intégrant leur critique comme une

1. Ibn ʿAsākir, *Tabyīn kaḏib al-muftarī* 141, cité par I. Goldziher, *Vorlesungen über den Islam*, repris par J. Van Ess, *Theologie und Gesellschaft*, *op. cit.*, t. 4, p. 677.

2. Voir *supra*.

3. Al-Ġazālī, *Miškāt al-anwār*, *op. cit.* p. 1-2 [fr. p. 36-37, trad. mod.]. L'expression se retrouve dans l'*Iḥyāʾ* : *id.*, *Iḥyāʾ*, *op. cit.*, K. 35 (*Kitāb al-tawḥīd wa l-tawakkul*), Š. 1, p. 1599 [V. 8, p. 206].

4. *Id.*, *Le Tabernacle des Lumières*, *op. cit.*, p. 27, citation d'al-Makkī, *Qūt al-qulūb*, *op. cit.*, 2, p. 90.

5. Dans une sorte de renversement sémantique, Ibn ʿArabī commentant les versets 5,7 et 170-171 de la sourate al-Baqara dit des *kuffār* « qu'ils sont ceux qui cachent ce qui leur est apparu dans la contemplation des secrets de l'union ». *Cf.* M. Chodkiewicz, *Un océan sans rivage. Ibn Arabî, le livre et la loi*, Paris, Seuil, 1992, p. 73.

preuve de la vérité qu'il possède. Son enseignement devient alors irréfutable : l'accusation d'hétérodoxie dont il pourrait faire l'objet devient paradoxalement la preuve de son orthodoxie, de la finesse et de la profondeur de sa connaissance[1]. Cette stratégie épistémique sous couvert d'échange épistolaire se retrouve à un niveau comparable dans le premier chapitre du *Fayṣal al-tafriqa*. Al-Ġazālī en invoquant l'histoire contrariée de Muḥammad, « le parfait, le sage, le seigneur des messagers » rappelle que sa prédication fut rejetée à ses débuts et qu'il fut traité par les siens de divagateur et d'insensé[2]. Aussi, dit-il, il convient de n'accorder aucune valeur « à celui qui n'a jamais été accusé de *kufr* ou d'égarement (*ḍalāl*) »[3]. Par la suite, dans l'ensemble du *Miškāt*, il ne sera plus question de *kufr*, alors même qu'al-Ġazālī dresse le tableau de différents groupes au sein de la communauté des hommes et aborde à maintes reprises des questions religieuses et doctrinales. Dans cet ouvrage de mystique, le *kāfir* c'est lui et personne d'autre. Neutralisée, la notion est sans conséquence.

Le deuxième livre de l'*Iḥyā'*, le *Kitāb qawā'id al-'aqā'id*, est à la fois doctrinal et spirituel. Le terme *kufr* s'y retrouve dix sept fois et dix fois celui de *kuffār* ou *kāfir*. La notion est présentée en opposition à la foi (*īmān*). La négation de l'un conduit à l'affirmation de l'autre, et réciproquement. Ainsi, Dieu est celui qui veut les êtres qu'il crée et connaît les évènements, « le petit ou le grand, le bien ou le mal, l'*īmān* ou le *kufr*, la connaissance ou l'ignorance, la réussite ou l'échec, l'abondance ou le manque, l'obéissance ou la désobéissance »[4]. Il est aussi question d'une autre série d'opposition entre « le bien et le mal, l'avantage et le préjudice, l'*islām* et le *kufr*, la reconnaissance et le refus, la réussite et l'échec, l'égarement et la droiture, l'obéissance et la désobéissance, le polythéisme (*širk*) et l'*īmān* »[5], mais dans ce cas, l'opposition au *kufr* n'est plus la foi mais l'*islām*, c'est-à-dire la soumission religieuse. Une autre dichotomie est posée entre les croyants (*mu'minūn*) et les non croyants (*kāfirūn*) dans un contexte eschatologique : les pas des croyants (*aqdām al-mu'minīn*) seront affermis tandis que ceux des non croyants (*aqdām al-kāfirīn*) glisseront du Pont (*ṣirāṭ*) suspendu au-dessus de l'enfer[6]. L'opposition sémantique entre la *foi* et le *kufr* est conceptuelle mais la réalité spirituelle de chaque croyant oscille toujours entre la *foi* en sa perfection et le *kufr*, selon les adhésions doctrinales

1. Cette « immunisation » contre la critique donne à l'enseignement d'al-Ġazālī une dimension résolument métaphysique. Il ne livre pas une interprétation ou une théorie mais l'interprétation ultime et irréfutable d'un verset : son enseignement récuse la possibilité de « falsifiabilité (*falsifiability*), de réfutabilité ou testabilité » et la critique ou la réfutation devient preuve de la vérité de ce qui est enseigné : K. Popper, *Conjectures and Refutations : the growth of scientific knowledge*, London, Routledge, 1963, p. 37.

2. Selon S. 68, 51 : « Il est sûrement un possédé ».

3. Al-Ġazālī, *Fayṣal al-tafriqa bayna l-islām wa l-zandaqa*, *op. cit.*, fr. p. 26, ar. p. 27.

4. *Id.*, *Iḥyā'*, *op. cit.*, K. 2 (*Kitāb qawā'id al-'aqā'id*), f. 1, p. 108 [V. 1, p. 335] ; f. 3, r. 3, a. 8, p. 132 [V. 1, p. 413].

5. *Ibid.*, K. 2, f. 3, r. 3, aṣl. 3, p. 131 [V. 1, p. 406].

6. *Ibid.*, K. 2, f. 1, m', p. 110 [V. 1, p. 339].

et les attitudes religieuses[1]. On retrouve donc le même souci intégratif que dans le *Fayṣal al-tafriqa*. À quelques rares exceptions, il se prononce contre certaines opinions doctrinales qu'il accuse de relever du *kufr* : ainsi en est-il de ceux qui affirment l'existence d'une opposition entre la loi (*šarīʿa*) et la vérité profonde (*ḥaqīqa*) de la réalité de la révélation[2]. Quant à ceux qui s'attachent à l'existence de sens contraires entre le *ẓāhir* et le *bāṭin*, ils ne relèvent pas explicitement du *kufr*, même si une telle affirmation doctrinale y conduit.

Dans le *Kitāb qawāʿid al-ʿaqāʾid*, le *kufr* reste une réalité négative : il est mis sur le même plan que le péché ou la désobéissance et il appartient au registre des malheurs (*al-šurūr kulluhā*) qui peuvent atteindre l'homme[3]. Pour autant, la dimension ambivalente du *Miškāt*, où le *kufr* relève d'une connaissance plus approfondie et plus lumineuse, n'y est pas absente.

L'avertissement du sage, extrait d'un passage du *Qūt al-qulūb*, est reprise dans la partie doctrinale de l'*Iḥyāʾ*[4]. Plus explicite encore que dans le *Miškat*, al-Ġazālī compare sa posture épistémologique et méthodologique à celle des compagnons du Prophète et notamment à l'un des plus brillants d'entre eux, ʿAbd Allāh Ibn ʿAbbās, qui souligne le risque encouru pour celui qui révèle l'explication d'un verset à celui qui n'est pas à même de l'entendre. Ainsi, à propos du verset 53, 12 sur la création des cieux et de la terre et la descente graduelle de ses ordres, il rapporte cet avertissement : « si je vous disais son explication (*tafsīr*), vous me lapideriez et vous diriez que je suis un mécréant (*kāfir*) »[5]. Dans ce cas, il ne s'agit pas de dévoiler une vérité cachée (*taʾwīl*), mais de simplement l'expliquer (*tafsīr*)[6]. On retrouve cette perspective dans le *Livre du repentir* où il est évident que les adeptes de la connaissance (*ahl al-maʿrifa*) comptent, aux yeux des ignorants (*ahl al-ǧahl*), parmi les mécréants (*min al-kāfirīn*)[7]. À la suite de Sahl Ṭūstarī (m. 283/896), al-Ġazālī se garde d'opposer l'aspect ésotérique et exotérique[8] : le parfait (*kāmil*) est celui dont la lumière de la connaissance divine ne s'oppose pas à celle de l'application

1. Al-Ġazālī, *Iḥyāʾ*, *op. cit.*, K. 2, f. 2, m. 3, p. 119 [V. 1, p. 367].

2. *Ibid.*

3. *Ibid.*, f. 2, m. 3, q. 2, p. 120 [V. 1, p. 370].

4. *Ibid.*, f. 2, m. 3, q. 2, p. 119 [V. 1, p. 365].

5. *Ibid.*, f. 2, m. 2, p. 119 [V. 1, p. 365]. Voir aussi : K. 32 (*Kitāb al-ṣabr wa l-šukr*), Š. 2, R. 1, b. 4, p. 1432 [V. 7, p. 326].

6. Ainsi, à propos d'Abū Hurayra, compagnon du Prophète, il rapporte le propos suivant : « Les enseignements que j'ai retenus du Prophète peuvent se répartir dans deux sacs : le contenu du premier, je vous l'ai partagé, le contenu du second, si je vous le transmettais, vous me trancheriez la gorge » (*ibid.*).

7. Al-Ġazālī, *Iḥyāʾ*, *op. cit.*, K. 31 (*Kitāb al-tawba*), R. 2, b. 2, r. 2, p. 1357 [V. 7, p. 99] [Gramlich, A. 152, p. 75].

8. Dans sa *Somme spirituelle*, Huǧwirī écrit à propos de Sahl al-Ṭūstarī : « Les théologiens exotéristes disent qu'il réunissait la *šariʿa* et la vérité (*ḥaqīqa*). Cette affirmation est erronée, parce que les deux notions n'ont jamais été séparées. La loi est la Vérité et la Vérité est la loi. Le rejet de la loi est de l'hérésie ; et le rejet de la Vérité correspond à l'indifélité et à l'impiété » (Huǧwirī, *Somme spirituelle*, *op. cit.*, p. 171).

scrupuleuse de la loi (*wara'uhu*). Si la connaissance ésotérique aveuglerait l'homme ordinaire, tel le soleil éblouit la chauve-souris[1], elle ne saurait éteindre les lumières de la loi et de la pratique religieuse. La référence au *ḥadīṯ* « celui qui dit "je suis croyant" est un *kāfir*, celui qui dit "je suis au paradis" est un ignorant »[2] permet à al-Ġazālī de conclure en remettant l'appréciation de la foi à une dimension intérieure, invisible donc, et dont la connaissance n'appartient qu'à Dieu seul.

Plusieurs racines sont associées à la désignation du *kufr* comme *n.f.q.* et *š.k.k.* La première renvoie à l'hypocrisie (*nifāq*)[3] au sein de la croyance; elle conduit à sortir de la religion (*yuḫriğu min al-dīn*) et incorpore (*yulḥiqu*) aux *kuffār*[4], elle désigne l'hypocrisie de celui qui prononce la *šahāda* sans y adhérer[5]. La seconde souligne le lien entre la foi et le doute en tant qu'il porte sur le degré de perfection de la foi[6]. Il ne s'agit pas d'un doute critique, philosophique, cartésien, mais d'une incertitude sur le degré de la foi qui peut augmenter ou diminuer selon la nature des dons reçus ou des œuvres accomplies. Ce doute ne relève pas du *kufr*[7].

Dans le *Munqiḏ min al-ḍalāl*, la racine *k.f.r* se retrouve sous ses différentes formes dix-sept fois. Contrairement aux deux ouvrages précédents, elle n'est utilisée presque exclusivement que pour désigner les philosophes. Al-Ġazālī y fustige les philosophes grecs, Aristote et Platon, ainsi que leurs disciples musulmans. Il accuse les métaphysiciens (*ilāhiyyūn*) de *kufr*[8], alors même qu'ils croient en Dieu et qu'ils ont réfuté les thèses philosophiques des matérialistes (*dahriyyūn*) et des naturalistes (*ṭabī'iyyūn*). Il précise la nature de leur infidélité, récuse leurs conceptions philosophiques, les erreurs et les confusions de leurs messages. Leurs successeurs au sein de la communauté musulmane doivent aussi être tenus pour infidèles, et al-Ġazālī de citer nommément deux philosophes, Ibn Sīnā et al-Fārābī[9], qu'il accuse d'avoir contribué à répandre les conceptions d'Aristote, dont la pensée, bien qu'elle se soit séparée de Platon, a gardé les traces des hérésies de ses devanciers. Il évoque trois raisons principales à leur condamnation (*takfīr*) et à leur exclusion de l'*umma* :

1. Image fréquente chez al-Ġazālī : *Iḥyā'*, *op. cit.*, K. 32 (*Kitāb al-ṣabr wa l-šukr*), Š. 2, R. 1, b. 4, p. 1429-1430 [V. 7, p. 319].

2. Al-Makkī, *Qūt al-qulūb*, *op. cit.*, 2, p. 138 : cité d'après al-Ṭabarānī (m. 970), n° 6 842.

3. Al-Ġazālī, *Iḥyā'*, *op. cit.*, K. 2 (*Kitāb qawā'id al-'aqā'id*), f. 2, m. 3, q. 3, p. 122 [V. 1, p. 373] ; f. 4, m. 3, p. 145 [V. 1, p. 457].

4. *Ibid.*

5. *Ibid.*, K. 2, f. 4, m. 1, d. 6, p. 139 [V. 1, p. 434].

6. *Ibid.*, K. 2, f. 4, m. 3, p. 142 [V. 1, p. 445].

7. *Ibid.*, K. 2, f. 4, m. 3, wa. 3, p. 142 [V. 1, p. 449]. Chez al-Ġazālī, conformément à la pensée coranique et islamique, le doute ne saurait faire partie de la foi. Par opposition à certaines traditions religieuses où il faut « aller errant dans le labyrinthe du doute, en suivre toutes les ramifications, afin de pouvoir accompagner celui qui doute dans les égarements », l'islam est la religion de la certitude.

8. *Id.*, *Al-Munqiḏ min al-ḍalāl*, *op. cit.*, fr. p. 73, ar. p. 20.

9. *Ibid.*

a) – Ils prétendent qu'au Jugement Dernier les corps humains ne sont pas rassemblés, mais que seules les âmes seront récompensées ou punies. Ils disent aussi que les récompenses et les peines seront spirituelles, et non corporelles. Ils ont raison d'insister sur le spirituel, mais tort de nier le corporel, ce qui est une hérésie ;
b) – Ils assurent que « Dieu connaît l'universel, à l'exclusion du particulier », ce qui est aussi une évidente hérésie (*kufr ṣarīḥ*), puisque, « sur la terre comme au ciel, il ne Lui échappe pas le poids d'un atome » ;
c) – Ils affirment encore la préexistence de l'Univers et son éternité, ce qu'aucun musulman n'a jamais soutenu [1].

Selon sa conception de la vérité, il reconnaît que certaines branches de la philosophie sont vraies, à l'exemple des mathématiques ou de la logique, mais il avertit quant à l'importance d'étudier la métaphysique (*ilāhiyyāt*) des philosophes pour mesurer combien grandes sont leurs erreurs et en quoi ils relèvent du *kufr* [2]. Destiné à un large public, l'ouvrage conclut sa présentation des différentes voies en soulignant la nécessité d'interdire la lecture de la philosophie aux hommes (*ḫalq*) [3] – terme cependant suffisamment général pour accorder l'accès à la philosophie à ceux dont la formation permet de nager dans son océan [4] –. Ainsi al-Ġazālī n'utilise-t-il jamais directement dans le *Munqiḏ* la racine *k.f.r.* à propos des *mutakallimīn*, des soufis ou même des bāṭinites. La seule fois où le terme peut leur être attaché, c'est à propos de ceux qui se soustraient à la loi divine en refusant de croire à l'autre monde et en adoptant une posture matérialiste [5]. Dans ce cas précis, le *kufr* ne renvoie pas à l'absence de foi, mais à la « faiblesse de leur foi » (*ḍuʿf īmānihim*). Al-Ġazālī y désigne la tiédeur des croyances (*futūr al-iʿtiqādāt*) des hommes (*ḫalq*) en la prophétie, tant en son principe, qu'en sa réalité profonde et en son action. Le *kāfir* est celui qui a une foi faible, incomplète, mutilée, et le *kufr* désigne cette carence, mais il n'est pas l'antonyme *stricto sensu* de l'*īmān*. Homme de peu de foi, le *kāfir* doit néanmoins se mettre en quête de la foi (*fī ṭalab al-īmān*) [6] ce qui constitue une autre manière de neutraliser la notion.

1. Al-Ġazālī, *Al-Munqiḏ min al-ḍalāl*, *op. cit.*, fr. p. 78-79, ar. p. 23-24.
2. *Ibid.*, fr. p. 77, ar. p. 23.
3. *Ibid.*, fr. p. 84, ar. p. 27.
4. L'image de l'océan, qu'il utilise généralement pour le Coran, est ici implicite : al-Ġazālī mentionne qu'il « ne faut pas approcher des rivages glissant celui qui ne maîtrise pas bien la natation » (*id.*, *Al-Munqiḏ min al-ḍalāl*, *op. cit.*, fr. p. 84, ar. p. 27 (trad. mod.)). L'image se retrouve au commencement de la deuxième méditation métaphysique de Descartes : *Œuvres de Descartes*, texte établi par V. Cousin, Paris, Levrault, 1824, t. I, p. 246.
5. Al-Ġazālī, *Al-Munqiḏ min al-ḍalāl*, *op. cit.*, fr. p. 110, ar. p. 46.
6. *Ibid.*, fr. p. 110, ar. p. 47.

De cette analyse de la racine *k.f.r.* dans trois de ses œuvres, il apparaît qu'al-Ġazālī recourt avec parcimonie à ce terme. En outre, son sens ne saurait être cantonné à la simple opposition à l'*īmān*, même si celle-ci s'avère prépondérante dès lors qu'il aborde des questions doctrinales. L'étude des mentions et définitions qu'il donne du *kufr* dans d'autres ouvrages révèle l'étendue des sens du *kufr*, et renvoie à la perspective polysémique et à l'équivocité sémantique indiquée dans le Coran.

Ainsi, dans l'*Iḥyā'*, il recourt à la racine *k.f.r.* essentiellement sur des questions relatives à la communauté musulmane : le *kufr* n'est pas une réalité extérieure à l'islam, mais elle lui est inhérente. Le problème consiste donc à savoir comment la foi d'un musulman peut tendre vers le *kufr*. Au *Livre du repentir*, par exemple, il étudie les fondements du *kufr* à partir d'un *ḥadīṯ* de ʿAlī qui distingue quatre causes :

> Le *kufr* repose sur quatre fondements : la tyrannie (*ǧafā'*), la cécité (*ʿamā*), la négligence (*ġafla*) [1] et le doute (*šakk*). Celui qui se comporte comme un tyran méprise la vérité, profère le mensonge et abhorre les savants. Celui qui est aveugle oublie l'invocation de Dieu (*ḏikr*) et celui qui est insouciant dévie de la droiture (*rušd*). Celui qui doute est abusé par les espoirs et enclin à la tristesse et aux remords. De Dieu lui apparaîtra ce à quoi il ne s'attendait pas [2].

Ces piliers renvoient à des réalités spirituelles et psychologiques. Les motifs sont à rechercher dans la bassesse de l'homme, conséquence de sa faiblesse originelle [3]. Le *kufr* se définit ainsi par l'égarement, l'oubli de Dieu, le rejet de l'enseignement et des avis autorisés des savants. Sa réalité ne désigne plus exclusivement le non musulman, mais le musulman gagné par le poison qui éloigne de l'islam (négligence, tyrannie) et de la foi (cécité, doute). Le *kufr* revêt aussi chez al-Ġazālī une dimension éthique. Il souligne la correspondance entre mécréance et mauvais caractère : Dieu a créé le *kufr* par l'avarice et le mauvais caractère [4] tandis qu'un autre *ḥadīṯ* indique que le meilleur de la foi est

1. Dans *Al-Durra al-fāḫira*, les *ġāfilūn* sont expédiés en enfer : al-Ġazālī, *La perle précieuse* (*Ad-dourra al-fâkhira*), *op. cit.*, p. 91 (ar.).

2. Al-Ġazālī, *Iḥyā'*, *op. cit.*, K. 31 (*Kitāb al-tawba*), R. 4, q. 5, p. 1391 [V. 7, p. 202] ; D'après al-Makkī, *Qūt al-qulūb*, 1, p. 188,6-10 ; 2, p. 78.

3. Ce lien entre le *kufr* et la nature humaine est souligné par les mystiques dans les grands tableaux mythologiques. Al-Tirmiḏī rapporte le lien entre la création de l'homme et son *kufr* puisqu'il fut créé d'une poussière qu'avait foulée de ses pas Iblīs : « La terre reçut la calamité de son incroyance du fait qu'il l'avait piétinée en ce temps-là. Sa surface fut avilie par le polythéisme (*širk*) qui était en Iblīs, ainsi que par l'incroyance (*kufr*) et l'orgueil (*takabbur*) (…) et lorsque [Dieu] créa Adam avec de la poussière (*turāb*), Il la rassembla à partir de toute la surface de la terre. Il y avait de la terre noire, de la terre rouge, de la mauvaise et de la bonne, de la plaine et de la montagne. Il mélangea la poussière, l'empreinte (*mawṭa'*) et la trace (*ḫuṭā*) avec les autres choses et lorsqu'il entreprit la création, Adam fut créé avec l'empreinte et la trace » (G. Gobillot, *Le livre de la profondeur des choses*, *op. cit.*, p. 206).

4. Al-Ġazālī, *Iḥyā'*, *op. cit.*, K. 22 (*Kitāb riyāḍat al-nafs*), b. 1, p. 910 [V. 5, p. 178].

le beau caractère[1]. Ces définitions ne sont pas sans conséquence sur le statut juridique du *kāfir* : ainsi, dans le cas d'un conflit ou d'une guerre, al-Ġazālī mentionne dans le *Livre sur la commanderie du bien et l'interdiction du mal* qu'il est permis de tuer le *kāfir*. Or, si les circonstances sont celles de la guerre seule, l'action est donc limitée à ce seul contexte[2]. Pour autant, dans le *Livre de la patience et de la gratitude*, il souligne la légitimité de tenir le *kāfir* dans une position subalterne (*mutasallaṭan*) en raison de son ignorance en matière religieuse (*ǧahl bi-l-dīn*) et de la prédominance en lui des passions malignes. Cette position fonde une stratification sociale de la société : elle implique des inégalités de pouvoir et de prestige social[3].

Par des substantifs ou des adjectifs al-Ġazālī spécifie le sens du *kufr* du *kāfir*. Dans le *Mustaẓhirī*, il parle de la mécréance bāṭinite (*kufr al-bāṭiniyya*)[4] qui porte sur le déni de la prédestination : Dieu peut introduire la discordance parmi les gens de la vérité en raison de sa toute-puissance, thèse que récusent les bāṭinites. Il relève dans l'*Iḥyā᾽* l'existence d'un *kufr* pur (*maḥḍ al-kufr* ou *al-kufr al-maḥḍ*) chez celui qui veut se conformer aux philosophes dans un souci de briller et de manifester sa supériorité intellectuelle par rapport à la masse[5]. Le *maḥḍ al-kufr* n'est pas le *kufr* des philosophes ; il est celui de l'orgueilleux et du suffisant qui cherche à se faire prévaloir de l'aura de la philosophie alors que philosophe, il n'est pas. Il se retrouve chez celui qui établit une correspondance entre l'inconstance des états du cœur de l'homme et les attributs de Dieu : il transpose le sens poétique des états du cœur à Dieu et ce faisant, il fait acte de pure mécréance[6]. À propos des bāṭinites, al-Ġazālī mentionne la notion de *kufr* explicite (*kufr ṣarīḥ*) : cette catégorie porte sur les vérités fondamentales du credo musulman où la foi bāṭinite par son dualisme contredit l'unicité divine ou interprète les données eschatologiques. Dans ce cas précis, l'évidence du *kufr* est sans appel et ne saurait faire l'objet de la moindre hésitation (*lā yutawaqqafu fīhi*)[7]. Certes, d'aucuns soulignent qu'il peut exister des controverses portant sur des détails (*al-nizāʿ fī l-tafṣīl*) relatifs à la Béatitude ou au Châtiment et que dans ce cas, il n'est pas nécessaire de porter l'accusation de mécréance (*lā yūǧibu takfīran*). Pour al-Ġazālī cependant, les fondamentaux de la foi n'admettent aucune restriction car celui qui récuse ces croyances, ne serait-ce que dans le détail (*tafṣīl*) revient à accuser l'Auteur de la loi (*ṣāḥib al-šarʿ*) et toutes les paroles du Coran (*ǧamīʿ kalimāt al-qur᾽ān*) de mensonge

1. Al-Ġazālī, *Iḥyā᾽*, *op. cit.*, K. 22 (*Kitāb riyāḍat al-nafs*), b. 1, p. 910 [V. 5, p. 179] ; Al-Ṭabarānī, *Al-Muʿǧam al-awsaṭ wa l-muʿǧam al-ṣaġir*, éd. Maḥmūd al-Ṭaḥḥān, Riyāḍ, al-Mamlaka al-ʿarabiyya al-saʿūdiyya al-saʿūdiyya, Maktabat al-Maʿārif, 1985, n° 1172.

2. Al-Ġazālī, *Iḥyā᾽*, *op. cit.*, K. 19 (*Kitāb al-amr bi-l-maʿrūf wa l-nahy ʿan al-munkar*), B. 2, R. 4, d. 8, p. 788 [V. 4, p. 625] ; trad. fr. Bercher, p. 55.

3. *Ibid.*, K. 32 (*Kitāb al-ṣabr wa l-šukr*), Š. 1, b. 5, 3, p. 1399 [V. 7, p. 233].

4. *Id.*, *Faḍā᾽iḥ al-Bāṭiniyya wa faḍā᾽il al-Mustaẓhiriyya*, *op. cit.*, p. 22.

5. *Ibid.*, p. 179.

6. *Id.*, *Iḥyā᾽*, *op. cit.*, K. 18 (*Kitāb ādāb al-samāʿ wa l-waǧd*), B. 2, maq. 1, p. 739 [V. 4, p. 478].

7. *Id.*, *Faḍā᾽iḥ al-Bāṭiniyya wa faḍā᾽il al-Mustaẓhiriyya*, *op. cit.*, p. 179.

(*takḏīb*)[1]. Les descriptions relatives au paradis ou au Feu de l'enfer sont suffisamment claires pour ne pas devoir relever de l'interprétation (*ta'wīl*). On retrouve comme dans le *Fayṣal al-tafriqa* la correspondance entre *takfīr* et *takḏīb*, mais l'objet du *takḏīb* dans ce passage du *Mustaẓhirī* porte avant tout sur Dieu Lui-même. On retrouve par ailleurs une vision très littéraliste de la lecture des fins dernières, tant du Coran que de la Sunna. Al-Ġazālī recourt aussi à l'expression *al-kāfir al-aṣlī*, le mécréant originel, à moins qu'il ne faille traduire, le mécréant pur et dur[2].

Réalité profondément ancrée dans le cœur des musulmans, le *kufr* en son substantif désigne aussi celui dont la religion n'est pas l'islam. Le *kāfir* désigne le juif, le chrétien, l'hindou ou encore le manichéen[3]. Parmi les non musulmans, il existe plusieurs degrés et expressions de *kufr*. Le *kāfir* est celui qui ne reconnaît pas la mission du Prophète Muḥammad, mais qui peut adhérer à certaines de ses affirmations. Il convient donc de distinguer les croyances vraies au sein d'une religion, dût-elle être considérée comme *kufr*, de celles qui sont explicitement contraires à la foi musulmane. Al-Ġazālī avertit contre les désignations abusives qui conduisent à rejeter toute parole d'un *kāfir* alors même qu'elle contient une vérité. Si la vérité est pure chez les gens de la tradition (*sunna*), les autres traditions ne sont pas sans éléments vrais. Toute parole d'un *kāfir* ne saurait donc être considérée comme mensongère sous prétexte qu'il est dans l'erreur. Il indique l'existence au sein du christianisme d'éléments de foi auxquels adhère un musulman. Il rappelle l'attitude caractéristique des esprits faibles qui « critiquent les chrétiens lorsqu'ils disent : « il n'y a de divinité que Dieu, et Jésus est l'Envoyé de Dieu ». Ils disent : « c'est bien là propos de chrétien », sans réaliser que l'hérésie chrétienne ne s'exprime que dans le rejet de la mission de Muḥammad. Un musulman ne peut être en désaccord avec un chrétien sur la première partie de son *credo*, puisque celle-ci est véridique, même si le chrétien se trompe sur le reste »[4]. Ce passage est fondamental : al-Ġazālī y expose la nécessité de distinguer entre la vérité qu'est l'islam et les éléments de vérité que l'on trouve dans les autres religions. De même, dans *Al-Qisṭās al-mustaqīm*, il souligne la part de vérité que professent les chrétiens : « le chrétien n'est honni (*mamqūt*) que pour deux paroles : la première, que Dieu est le troisième de trois ; la seconde que Muḥammad n'est pas l'apôtre de Dieu. Mais tout ce qu'il dit par ailleurs est vrai (*wa sā'ir aqwālihi warā' ḏālik ḥaqq*) »[5]. Si la racine *m.q.t.* exprime le dégoût, la répugnance, l'exécration, al-Ġazālī circonscrit cette connotation à « seulement » (*faqaṭ*) deux affirmations de la foi chrétienne qui s'opposent à la

1. *Ibid.*, p. 179.
2. *Ibid.*, p. 185.
3. Al-Ġazālī, *Fayṣal al-tafriqa bayna l-islām wa l-zandaqa*, *op. cit.*, fr. p. 38, 40 ; ar. p. 39, 41.
4. *Id.*, *Al-Munqiḏ min al-ḍalāl*, *op. cit.*, fr. p. 81, ar. p. 25.
5. *Id.*, *Al-Qisṭās al-mustaqīm*, *op. cit.*, p. 68 [trad. fr. Chelhot, p. 161]. La racine *m.q.t.* renvoie au champ lexical de la détestation, de l'abomination, de la répugnance.

foi musulmane. La locution adverbiale restrictive élargit la perception des chrétiens et contrebalance une première appréciation négative. Nonobstant les deux divergences fondamentales, les paroles d'un chrétien doivent donc être écoutées avec considération, et pour tout autre propos, il ne saurait être regardé comme *mamqūt*. Ce refus de réduire le non musulman à une croyance ou à une position doctrinale se retrouve avec la même force dans une lettre qu'il adresse à un de ses opposants qui l'accuse d'hérésie parce qu'il adopte une thèse soutenue par les chrétiens et les philosophes, à savoir que l'âme de l'homme est étrangère à ce monde et n'aspire qu'au monde divin. En réponse, il écrit :

> Sache qu'« il n'est de divinité autre que Dieu et Jésus est l'esprit de Dieu » est une parole véridique et est aussi une parole chrétienne, mais cela ne lui enlève pas pour autant de sa véracité ; une parole juste ne perd pas de son authenticité parce qu'elle est aussi partagée par une doctrine apocryphe ; c'est le comble de l'ignorance de considérer que celui qui parle faux, tout ce qu'il dira sera toujours faux ; comme si l'on traitait d'hérésie tous les points sur lesquels les infidèles et les hérétiques s'accordent avec nous, pour la seule et unique raison que d'autres points de leur croyance les ont classés parmi les infidèles et les hérétiques ; un tel argument manque de bon sens : l'homme qui a embrassé la raison agit comme l'a dit ʿAlī Ibn Abū Ṭālib : « n'apprends pas la vérité selon les gens, mais apprends la vérité ; ainsi tu connaîtras les gens de la vérité » [1].

Dans *Orthodoxie, subversion et réforme en islam*, Mustapha Hogga soulignait « le discours classificateur et répressif qui se déploie dans le *Fayṣal al-tafriqa* et singulièrement dans le *Munqiḏ* ; une stricte codification de l'interprétation assortie d'une hérésiographie aussi sévère que celle du *Mustaẓhirī* et de l'*Iqtiṣād* » [2]. Sans distinguer le statut de l'un et de l'autre, il relit le *Fayṣal* à partir du *Munqiḏ*, si bien qu'il soutient qu'al-Ġazālī défend le contraire de la thèse du *Fayṣal* : « al-Ġazālī accuse d'incroyance ou d'hétérodoxie toute personne déchiffrant le Coran différemment de l'ašʿarisme. Toute divergence est assimilée à une accusation de mensonge envers le Prophète ; les philosophes et les muʿtazilites sont à nouveau taxés d'incroyance, les šīʿites proclamés hérétiques pour leur conception de l'imāmat » [3]. Cette lecture n'est pas sans difficulté. D'une part, elle fait de son « hagiographie » rédigée par lui-même, l'unique clef d'interprétation de son ouvrage de *fiqh*. D'autre part, notre analyse du terme *kufr* dans le *Munqiḏ* ne nous permet pas de souscrire sans nuance à l'assertion de Hogga. Nous voyons en effet qu'al-Ġazālī dans sa désignation du non musulman s'efforce à neutraliser son *kufr* afin d'en réduire sa dimension statutaire. Antonyme de l'islam dans le *Fayṣal*, réduit pratiquement

1. Al-Ġazālī, *Faḍā'il al-anām min rasā'il ḥuǧǧat al-islām*, éd. ʿAlī Nūr al-dīn, Tūnis, al-Dār al-Tūnisiyya li-l-Našr, 1972, p. 53 [*De la perfection, tiré des Lettres en persan de Ghazzâli*, trad. fr. M. Ghorbanian, 2 e éd. rev. et augm., Paris, L'Harmattan, 2009, p. 67].

2. M. Hogga, *Orthodoxie, subversion et réforme en islam*, *op. cit.*, p. 176.

3. *Ibid.*, p. 177.

à la seule philosophie dans le *Munqiḏ*, inexistant dans le *Miškāt*, compénétrant la foi dans l'*Iḥyā'*, le *kufr* est une réalité si subtile et l'*īmān* une réalité d'une lumière si puissante et aveuglante pour celui dont le cœur est voilé, que l'on a fini par désigner par *kāfir* celui qui a atteint les plus hauts sommets de l'*īmān*. Afin que le statut légal reste accordé au nom et que l'on se garde d'appeler *kāfir* celui dont la foi est illuminée par la connaissance (*maʿrifa*), al-Ġazālī avertit que l'accusation de *kufr* doit être réservée au seul savant auquel les secrets de la connaissance divine ont été dévoilés. Il revient au calife seul d'ordonner la peine relative au statut. Enfin, si le *kāfir* désigne le non musulman, al-Ġazālī ne l'exclut pas des rayons de la vérité. Le *kāfir* n'est pas un obscurantiste, un menteur, un hypocrite ou un sot en toutes ses paroles et au sein même de ses croyances. Il partage l'affirmation de vérités avec les musulmans.

Un deuxième terme mérite notre attention : il s'agit du *širk*. Comment al-Ġazālī le qualifie ? Qui est *mušrik* ?

Au XIX e siècle, Johannes-Heinrich Mordtmann et David-Heinrich Müller avaient identifié une première utilisation de la racine arabe *š.r.k.* dans le monde monothéiste préislamique du sud de l'Arabie. Elle consiste à attribuer à Dieu un associé[1]. Le Coran en reprend la désignation[2] : le *širk* consiste à s'opposer à l'unicité divine en associant quelque chose ou quelqu'un à Dieu, en adorant ou en appellant à des idoles. Le *širk* contrevient donc à la *šahāda* dont l'énoncé originel « *lā ilāha illā Llāh* » en est la négation absolue. Aux yeux de l'orthodoxie sunnite et šīʿite, il est la plus grande injustice causée à Dieu, le péché majeur, celui qui théoriquement ne peut être pardonné (S. 4, 48)[3]. Muḥammad Ibrahim Surty souligne la présence relative du mot *širk* (quatre occurrences) dans le Coran par rapport à ses nombreuses formes verbales[4]. L'occurrence *al-mušrikūn* s'y trouve quant à elle à 42 reprises. En dépit d'une certaine évidence de sens – le *širk* est l'opposé du *tawhīd* – la définition du *mušrik* dans le Coran n'est pas sans difficulté et sans questionnement par rapport à la tradition musulmane. Le Coran prend soin de distinguer entre les gens du Livre (*ahl al-kitāb*) et les associationnistes, notamment aux versets S. 2, 105 ; 3, 186 ; 5, 82 ;

1. Le *British Museum* possède une inscription sabéenne qui a été publiée par Mordtmann et Müller en 1896 : J.-H. Mordtmann et D.-H. Müller, « Eine monotheistische sabäische Inschrift », *VOJ*, 10, 1896, p. 265-292. L'analyse de l'inscription a récemment été exposée par G. R. Hawting : *The Idea of Idolatry and the Emergence of Islam, From Polemic to History*, Cambridge, CUP, 1999, p. 69-70. L'accusation de *širk* à l'égard des idolâtres semble avoir déjà court au sein des religions monothéistes dans le sud de l'Arabie antéislamique.

2. A. Jeffery, *The Foreign Vocabulary of the Qur'ān*, Baroda, The Oriental Institute, 1938, p. 186.

3. S. 4, 48.

4. M. Ibrahim Surty, *The Qur'ān and al-Shirk (polytheism)*, London, Taha Publisher, ²1990. Voir aussi D. Gimaret, « Shirk », dans *Encyclopédie de l'islam*, Leiden, Brill, 1998, p. 503b-504 ; M. Mir, « Polytheism and Atheism » dans J. Dammen McAuliffe (ed.), *Encyclopaedia of the Qur'ân*, Leiden-Boston, Brill, 2004, p. 158b-162b ; J. Waardenburg, « Un débat coranique contre les polythéistes », dans *Ex orbe religionum*, Studia Geo Widengren oblata, Leiden, Brill, 1972, p. 143-154.

22, 17[1]. Dans le Coran, les gens du Livre sont dénommés *kuffār*, mais jamais *mušrikūn* et l'antonyme du *mušrik* est le *ḥanīf*, le croyant monothéiste (S. 6, 79, 162; 16, 121, 124; 22, 32)[2]. Le terme *mušrik* renvoie donc à une catégorie de païens qui adorent des idoles (*ʿibadat al-awṯān*) ou qui attribuent une qualité divine à un autre que Dieu. Le *mušrik* affirme que Dieu a pris des enfants (S. 19, 88), il cherche refuge dans les *ğinns* (S. 72, 6), il soutient que les anges sont des êtres divins (S. 53, 27-28). Le terme collectif *mušrikūn* désigne ceux qui refusent de reconnaître la prédication du prophète; ils sont ses adversaires sur le plan religieux, politique et moral en tant qu'ils commettent des péchés. Le Coran démasque les racines "psychologiques" du *širk* dans le *ẓann*, opinion emplie d'incertitude et de doute, contraire à la science (*ʿilm*)[3], mais aussi dans les passions (*ahwāʾ*). Par suite, le *širk* est une manifestation du *kufr* : il en est son degré paroxystique. Le *mušrik* est donc un égaré (S. 4, 117), il est le jouet de Satan et son associationnisme annule toute rétribution positive de ses œuvres aussi bonnes soient-elles (S. 39, 65)[4]. Le verset S. 9, 5 affirme que l'associationniste doit être combattu jusqu'à ce que mort s'ensuive, à moins qu'il ne se convertisse à l'islam – exigence qui n'est pas requise pour les gens du Livre. Il est aussi dit qu'il n'est qu'impureté (S. 9, 28)[5]. On perçoit donc une évolution des significations du terme au cours de la chronologie des versets coraniques, si bien que s'impose une dimension belliqueuse à leur encontre, à l'exemple des versets ci-dessus cités de la dernière sourate considérée comme révélée.

La perspective de la tradition musulmane (*Sunna*), des commentaires coraniques (*tafsīrs*) et des développements juridiques et théologiques des premiers siècles devant les réalités sociales et politiques auxquelles les conquêtes arabes ont mené, aboutit à une extension du sens du *širk*, à l'élaboration aussi de distinctions, mais surtout à son instrumentalisation politique. La relation entre le *širk* et le *kufr* a été théorisée par les nağites qui appellent *kāfir-mušrik* celui qui commet un péché majeur et persiste dans la voie peccamineuse[6]. Les *Ḥafṣiyya* – secte d'obédience ibāḍite –, précisent quant à eux la distinction entre le *kufr* et le *širk* sur la base de la connaissance de Dieu : est appelé *kāfir* tout croyant qui connaît Dieu mais rejette un des éléments fondamentaux du credo islamique, qu'il s'agisse de la prophétie ou de l'eschatologie, ou qui accomplit des actes définis comme illicites (*ḥarām*) par la loi; en revanche, est appelé *mušrik* celui qui ne connaît pas Dieu et le rejette[7].

1. Ainsi, par exemple, S. 2, 105.
2. J. Horovitz, *Koranische Untersuchungen*, *op. cit.*, p. 60.
3. S. 10, 66.
4. S. 6, 88.
5. S. 9, 28
6. Ibn Ḥazm, Al-*Al-Fiṣal*, *op. cit.*, IV, p. 190.
7. Al-Baġdādī, *Al-Farq*, *op. cit.*, p. 83 ; Ibn Ḥazm, *Al-Fiṣal*, *op. cit.*, IV, p. 191.

En tant que péché majeur, le *širk* est une arme politique : le *mušrik* désigne un ennemi de Dieu, un ennemi de l'islam. Toute pensée réformiste dans l'histoire musulmane est une dénonciation du *širk* et une apologie du *tawḥīd*[1]. Qualifier l'adversaire de *mušrik* revient à le discréditer et à appeler au combat contre lui, qu'il s'agisse de l'étranger idolâtre ou de l'opposant doctrinal. Un des premiers exemples politiques de l'instrumentalisation du *širk* est celui des ḫāriǧites envers ʿAlī après son acceptation de l'arbitrage proposé par Muʿāwiya lors de la bataille de Ṣiffīn en 657[2]. L'accusation de *širk* est aussi le nœud de bien des controverses doctrinales : dans le débat sur le Coran incréé, les muʿtazilites ont accusé de *širk* les ḥanbalites et tous ceux qui refusaient de croire que le Coran est créé. Ils ont comparé ces position à celles des chrétiens qui soutiennent que Jésus est le Verbe incréé de Dieu et ils affirmèrent « qu'il n'y a pas de *tawḥīd* chez ceux qui n'acceptent pas que le Coran est créé », « leurs doctrines sont du pur *kufr* et un *širk* évident aux yeux du Commandeur de la foi »[3]. Ce débat théologique sur le Coran a trouvé son prolongement dans la question des attributs divins comme la Vérité, le Bien pur, la Sagesse. Pour les muʿtazilites, les attributs doivent être rattachés à l'essence divine, sinon cela revient à introduire de la pluralité en Dieu et contrevient par conséquent à l'unicité divine. De même, les philosophes voient dans les chapitres du *kalām* sur cette question, l'introduction d'accidents en Dieu[4]. Dans le cas du soufisme, l'attachement au *tawḥīd* a conduit certains mystiques à des positions radicales[5] : ainsi, dès le deuxième siècle de l'Hégire, la mystique Rābiʿa (m. 185/801) chante son amour absolu pour Dieu qui ne laisse en son cœur aucune place pour Muḥammad[6], al-Ḥallāǧ (m. 309/922) incrimine la récitation continuelle de la *šahāda*[7] et al-Šiblī (m. 334/945), le disciple d'al-Ǧunayd, renchérit plus tard en confessant à propos de l'appel à la prière : « Si Tu ne

1. Ch. Saint-Prot, *La tradition islamique de la réforme*, Paris, CNRS, 2010, p. 96-108.

2. Al-Ṭabarī, *Tārīḫ*, I, 3363.

3. *Ibid.*, III, 1112-1132. Voir J. Van Ess, *Theologie und Gesellschaft*, *op. cit.*, t. 3, p. 452-456.

4. Cette thématique renvoie à la question fondamentale du statut du créé dans l'optique de l'affirmation tranchée de l'unicité divine où il est est exclu qu'il y ait autre chose que Dieu. « Dans ce contexte, le fondamentalisme est l'interférence illégitime de l'hétéronomie dans un domaine autonome » (E. Platti, *Islam... étrange ?*, *op. cit.*, p. 289).

5. Il faut remarquer que la *šahāda* entraîne, chez nombre de musulmans, un paradoxe quant au statut de la Révélation : l'idée, fortement ancrée, même de manière inconsciente, que son contenu, même s'il provient de Dieu, est en quelque sorte conditionné par le contenu de la conscience prophétique.

6. A. Schimmel, « *The Sufis and the Shahāda* », dans R. G. Hovannisian et S. Vryonis, *Islam's understanding of itself, Eighth Giorgio Levi della Vida Biennial Conference, May 1-3, 1981*, Malibu, Undena Publications, 1983, p. 103-125.

7. L. Massignon, *La Passion de Husayn Ibn Mansûr Hallâj*, *op. cit.*, t. 3, p. 247 : « [Al-Ḥallāǧ] condamne l'illusion criminelle de certains qui s'imaginent, en récitant la *šahāda*, témoigner réellement que Dieu est unique ; c'est oser "s'associer à Dieu". Car s'imaginer que l'on "unifie" Dieu, c'est affirmer son propre moi ».

l'avais pas ordonné je n'aurais invoqué le nom de nul autre que Toi »[1]. En se vouant à l'amour pur et absolu de Dieu, ils s'attachent à déloger et démasquer toute trace de *širk* dans la dévotion et les pratiques mauvaises pour accéder à Dieu.

À ces débats, il convient d'évoquer les remarques sur la subtilité du *širk*, sa dimension protéiforme, son pouvoir de s'immiscer subrepticement dans la foi et la pratique des musulmans. Ibn Saʿd rapporte dans les *Ṭabaqāt al-kubrā* la position d'al-Ḥasan al-Baṣrī : « Alors qu'il avait achevé de parler et s'apprêtait à se lever, al-Ḥasan dit : "Ô mon Dieu, tu vois nos cœurs emplis de *širk*, d'orgueil (*kibr*), d'hypocrisie (*nifāq*), du désir double d'être vu et entendu, d'hésitation et de doute envers ta religion. Ô toi qui retourne les cœurs, affermis nos cœurs en ta religion et assure que notre religion soit l'islam véritable" »[2]. Un célèbre *ḥadīṯ* rapporte que le *širk* est aussi imperceptible que le rampement d'une fourmi noire sur une roche noire[3]. Cette extension sémantique neutralise le statut du *mušrik* qui lui est afférent : l'évaluation du *širk* doit être abordée avec précaution, à l'exemple de Muḥārib Ibn Diṯār (m. 126/734), juge murǧite de Kūfa, qui enseigne que l'on ne peut se prononcer sur la foi d'un homme d'une époque précédente. Dans la polémique entre les murǧites et les premiers califes, il va même jusqu'à suggérer que ʿUṯmān comme ʿAlī étaient tous deux croyants : « je n'appellerai personne polythéiste (*lam ašhad ʿalā qawmin bi-širkin*) »[4].

De cette subtilité, on en est venu à distinguer le *širk al-akbar* qui consiste à donner des associés à Dieu, à sacrifier pour les *ǧinns* ou à adorer un prophète, du *širk al-aṣġar* qui ne touche pas le *tawḥīd* à sa base mais l'altère. Les soufis, dans une formule paradoxale, disent que « l'essence du *širk* est de penser que l'on est sans *širk* »[5]. Ibn Taymiyya, quant à lui, distingue entre l'associationnisme relatif à la divinité (*širk al-ulūhiyya*) et l'associationnisme relatif à la seigneurialité (*širk al-rubūbiyya*)[6]. Le premier consiste à donner à Dieu un semblable en son adoration, en son amour, en son espérance, en sa peur, en son repentir. Le croyant se tourne vers des « pareils » qu'il sait inférieurs à Dieu, mais à qui il octroie cependant la place qui revient à Dieu. Dans l'évocation et l'adoption de ces semblables, le croyant affirme que s'il associe à Dieu, c'est pour mieux s'en rapprocher. Cet associationnisme peut être pardonné si

1. Al-Qušayrī, *Al-Risāla al-qušayriyya*, *op. cit.*, p. 17.

2. Ibn Saʿd, *Al-Ṭabaqāt al-kubrā*, Bayrūt, Dār Ṣādir, 1968, t. 26, p. 17.

3. Ibn Ḥanbal, *Al-Musnad*, vol. IV, *op. cit.*, p. 403 : « Ô gens, méfiez-vous de cet associationnisme, car il est plus caché que le rampement des fourmis ».

4. Sālim Ibn Dhakwan, *The Epistle of Salim ibn Dhakwan*, éd. et trad. angl. P. Crone et F. Zimmermann, New York, OUP, 2001, p. 220-222.

5. Al-Huǧwirī, *The Kashf al-mahjúb : the oldest Persian Treatise on Ṣúfiism*, translated by Reynold A. Nicholson, Leyden/Londres, Brill/Luzac and Co, 1911, p. 282.

6. Ibn Taymiyya, *Maǧmūʿ al-fatāwā*, éd. Ibn Qāsim, t. 1, Rabat, Maktabat al-Maʿārif, 1401/1981, p. 88-89, trad. fr. Y. Michot, « Entre la divinité et la seigneurialité, le polymorphisme de l'associationnisme (*shirk*) », *Le Musulman* (Paris), 16, sept.- déc. 1991, p. 8-13.

l'on se repent et si l'on abandonne ces pratiques. Quant à l'associationnisme relatif à la seigneurialité, il consiste à accréditer la cause d'un effet à un autre que Dieu. Or Dieu, comme l'enseignent ses plus beaux noms, est celui qui gouverne, avilit ou rend puissant, redresse ou abaisse, donne ou empêche : il est cause de tout.

Désignant l'idolâtre arabe de la *ǧāhiliyya*, puis l'ennemi du Prophète, le *mušrik* est à la fois le polythéiste anti-unitarien et tout non musulman au point de finir par inclure les gens du Livre. On trouve un exemple d'assimilation des chrétiens aux *mušrikīn* dans un *ḥadīṯ* canonique[1]. Il en est de même de nombreux *ḥadīṯs* répertoriés dans le « *Kitāb ahl al-kitāb* » du *Muṣannaf* de ʿAbd al-Razzāq[2]. De même, l'histoire primitive de l'art islamique traduit une relecture antichrétienne précoce des versets du Coran initialement orientés contre le *širk* des bédouins. Les inscriptions de la porte nord du Dôme du Rocher, attribué à ʿAbd al-Malik, recourent aux termes de *šarīk* et *mušrik* et indiquent en leur contexte une application à l'encontre des chrétiens[3]. Cette assimilation n'est pas sans grave conséquence dans le jugement et les peines juridiques qui s'ensuivent mais aussi dans la perception psychologique et affective de l'autre.

Comment al-Ġazālī aborde-t-il le *širk* ? Le distingue-t-il du *kufr* et souligne-t-il l'existence de ce *širk* subtil des soufis ?

La racine *š.r.k* est absente du *Munqiḏ min al-ḍalāl.* Dans le *Miškāt*, al-Ġazālī l'utilise pour réaffirmer l'unicité divine – Dieu est l'unique, la vraie lumière, auquel il n'y a point d'associés (*lā šarīka lahu*)[4] – mais non pour désigner l'adorateur d'idoles. Dans le *Fayṣal*, la racine est utilisée une seule fois : les *mušrikūn* désignent les juifs, les chrétiens, les hindous, les dualistes, les manichéens et les matérialistes : « tous sont des associationnistes (*kulluhum mušrikūn*) »[5] et al-Ġazālī de poursuivre l'énoncé : « *fa-innahum mukaḏḏibūna li-l-rasūl* »[6]. En grammaire classique, la particule *fa-inna* relie deux énoncés par un lien causal ou justificatif. En tant qu'elle constitue une coordination

1. Al-Buḫārī, K. 68, *ḥadīṯ*, *op. cit.*, n°34 / 5285 : « Une fois, Ibn ʿUmar avait demandé s'il était possible d'épouser une femme chrétienne ou une juive et le prophète avait répondu : Dieu a rendu illégal (*ḥarrama*) pour les croyants le fait d'épouser des polythéistes, et je ne connais rien de plus élevé parmi les formes de polythéismes que cette femme qui dit que son seigneur est Jésus alors qu'il n'est qu'un des serviteurs de Dieu ».

2. ʿAbd al-Razzāq, *Muṣannaf*, éd. Ḥabīb al-Raḥmān al-Aʿẓamī, Bayrūt, al-Maktab al-Islāmī, 1983-1987, vol. X.

3. O. Grabar, *La formation de l'art islamique*, trad. de l'anglais Y. Thoraval, Paris, Flammarion, 1987, p. 89-91 ; C. Kessler, « Abd Al-Malik's inscription in the Dome of the Rock, a Reconsideration », *Journal of the Royal Asiatic Society*, 1970, p. 2-14. Voir aussi G. R. Hawting, *The Idea of Idolatry and the Emergence of Islam*, *op. cit.*, p. 82-83, qui a attiré notre attention sur cet aspect du *širk*.

4. Al-Ġazālī, *Miškāt al-anwār*, *op. cit.*, p. 3, 15, 20 [fr. p. 37, 51, 56].

5. *Id.*, *Fayṣal al-tafriqa bayna l-islām wa l-zandaqa*, *op. cit.*, fr. p. 40, ar. p. 41.

6. *Ibid.*

sémantique[1], al-Ġazālī semble établir une synonymie entre *kufr* et *širk*, ce que rend la traduction de Mustapha Hogga : « tous sont incroyants puisqu'ils ont accusé de mensonge le prophète. Tout incroyant considère le Messager comme un menteur et tout détracteur du Messager est un incroyant »[2]. Cependant, le *širk* renvoie à la cause de l'accusation : c'est parcequ'ils refusent l'unicité de Dieu prêchée par Muḥammad qu'ils le traitent de menteur et qu'ils relèvent donc du *kufr*. En ce sens, le *mušrik* est un type spécifique de *kāfir* : il est le non musulman anti-unitarien. C'est la raison pour laquelle dans le *Fayṣal*, contrairement au Coran, al-Ġazālī intègre au *širk* les juifs et les chrétiens. *Al-Mustaṣfā*, écrit après le *Fayṣal*, réévalue la croyance du juif : pour al-Ġazālī, elle présente la même détermination catégorique (*taṣmīm ǧāzim*) que le *mušrik* ; elle est sans hésitation (*lā taradduda fīhi*)[3]. Par cette remarque, al-Ġazālī n'assimile donc pas l'un à l'autre. Le juif n'est pas un *mušrik*, mais il partage avec les musulmans des caractéristiques communes.

Dans le *Kitāb al-ʿilm*, al-Ġazālī cite le soufi Yaḥyā Ibn Muʿāḏ al-Rāzī (m. 258/871)[4] qui distingue entre le *tawḥīd* et le *širk*. Le *tawḥīd* est une lumière (*nūr*) tandis que le *širk* est un feu (*nār*). La lumière du monothéisme détruit et brûle les actions mauvaises de ses adeptes, tandis que le feu du *širk* brûle les œuvres bonnes accomplies. Autrement dit, le *širk* est le péché majeur qu'aucune bonne action ne peut racheter[5]. La citation d'al-Rāzī est dissymétrique : l'effet de la lumière du *tawḥīd* sur les mauvaises œuvres surpasse l'effet du feu du *širk* sur les bonnes actions. Dans le *Kitāb al-tawḥīd*, al-Ġazālī aborde la question des causes secondes : il affirme qu'y recourir est un acte d'associationnisme (*širk al-tawḥīd*)[6], mais renoncer à ces dernières constitue un préjudice envers la Sunna (*ṭaʿn fī l-sunna*) et une atteinte à la loi (*qadḥ fī l-šarʿ*)[7]. Au nom de l'unicité divine, il affirme que Dieu est l'unique cause de toutes choses, position occasionaliste qu'il défend dans la question dix-septième du *Tahāfut*

1. P. Larcher, « Le "segmentateur" fa-('inna) en arabe classique et moderne », *Kervan, Rivista Internazionale di studii afroasiatici*, 3, 2006, p. 51-63.

2. *Ibid.*, p. 40. Jackson traduit : « all of these parties are associationists inasmuch as all of them deem one or more of the prophets to be a liar » (p. 92-93) et Griffel : « Sie alle sind Polytheisten und halten die Propheten für Lügner. Denn jeder ist ungläubig, der dem Propheten unterstellt, er sage nicht die Wahrheit » (p. 60). Griffel ne rend pas l'énonciation justificative du *fa-inna*.

3. Al-Ġazālī, *Al-Mustaṣfā*, *op. cit.*, 2013, p. 105.

4. Yaḥyā Ibn Mu'āḏ al-Rāzī, soufi originaire de Rayy, mort en 871 à Nīšābūr.

5. Al-Ġazālī, *Iḥyā'*, *op. cit.*, K. 1 (*Kitāb al-ʿilm*), B. 6, 8., p. 88, [V. 1, p. 269-270].

6. *Ibid.*, K. 35 (*Kitāb al-tawḥīd wa l-tawakkul*), b. 2, p. 1600, [V. 8, p. 209].

7. *Ibid.*, p. 1595, [V. 8, p. 194]. Sur la question de la causalité : L. E. Goodman, « Did al-Ghazālī Deny Causality ? », *Studia Islamica*, 47, 1978, p. 83-120 ; M. Marmura, « Ghazali and Demonstrative Science », *Journal of the History of Philosophy*, 3, 1965, p. 183-204 ; B. Abrahamov, « Al-Ghazālī's Theory of Causality », *Studia Islamica*, 67, 1988, p. 75-98 ; I. Alon, « Al-Ghazālī on Causality », *American Oriental Society Journal*, 100, 1980, p. 397-405 ; S. Riker, « Al-Ghazālī on Necessary Causality », *The Monist*, 79, 1996, p. 315-324 ; S. de Beaurecueil, « Ghazzali et saint Thomas d'Aquin », *Bulletin de l'Institut français d'archéologie orientale du Caire*, 46, 1947, p. 199-238.

contre les philosophes où il affirme que les substances créées ne peuvent être causes efficientes. Cependant, il reconnaît l'existence de causes naturelles en tant que la nature d'une essence est de causer un certain effet : la nature du feu est de brûler ce que l'on approche de lui mais la nature du feu provient de Dieu et il revient à Dieu de décider si l'effet produit sera conforme ou non à la nature du feu. La cause naturelle est donc toujours contingente et dépend de la volonté de l'Agent[1]. En la rattachant à une théorie de la connaissance, al-Ġazālī soutient à la fois que Dieu est la cause de la connaissance de l'homme, qu'elle est créée en lui (connaissance infuse)[2], et que la révélation transmet une connaissance par l'intermédiaire du Prophète, laquelle est aussi voulue par Dieu[3].

Cependant, dans l'*Iḥyā'*, le *širk* renvoie aussi à une réalité propre au cœur de tout homme. Le *mušrik* ne désigne donc plus le non musulman par excellence. La première définition donnée dans l'*Iḥyā'* se trouve dans le *Kitāb al-ʿilm* où, en référence au verset 9, 28 précédemment cité, al-Ġazālī dit du *mušrik* qu'il a le cœur souillé, impur et vicié[4]. Il oppose le *širk* à la science (*ʿilm*), celle-ci étant l'adoration du cœur. Par conséquent, le *širk* ne relève pas d'abord d'une attitude extérieure, de la revendication ou de la manifestation d'une croyance polythéiste, mais de la nature du cœur de laquelle découle un comportement contraire à l'essence du *tawḥīd*. Le *širk* est donc la rupture de la pureté intérieure qui atteste de l'unicité divine. Comme dans le *Kitāb qawāʿid al-ʿaqā'id*, al-Ġazālī oppose l'*īmān* au *širk*[5]. Mais en montrant que le *širk* est comparable à une ombre noire qui voile la pureté lumineuse de l'*īmān*, il exprime l'existence d'un associationnisme imperceptible ou caché (*al-širk al-ḫafī*) qui agit subrepticement comme un poison invisible dans le cœur de tout croyant[6] : c'est le *širk* mineur. Ses manifestations diffèrent selon les individus.

1. La perspective est celle d'al-Kindī pour qui seul Dieu est l'Agent vrai par opposition à l'agent déficient qui est agent par extention : al-Kindī, *Fī l- fāʿil al-ḥaqq al-awwal al-tāmm wa l- fāʿil al-nāqiṣ allaḏī huwa bi-l-maǧāz*, dans *Rasā'il al-Kindī al-Falsafiyya*, éd. Abū Rīda, al-Qāhira, Dār al-Fikr al-ʿArabī, 1950, vol. 1, p. 182-184 [trad. fr. A. Cortabarria Beita, « Un Traité philosophique d'al-Kindī », *MIDÉO*, 12, 1974, p. 5-12].

2. *Tahāfut al-tahāfut li-Ibn Rushd*, éd. Muḥammad al-Arīn, Bayrūt, Dār al-Fikr al-Lubnānī, 1993, p. 300, 258 [trad. angl. S. Van Den Burgh, *Averroes'* Tahāfut Al-Tahāfut, Cambridge, EJW Gibb Memorial Trust, 1954, p. 330, 278].

3. Al-Ġazālī, *Iḥyā'*, *op. cit.*, K. 35 (*Kitāb al-tawḥīd wa l-tawakkul*), b. 2, p. 1601 [V. 8, p. 211]. Ce passage tend à nuancer l'analyse de Mustapha Hogga sur la causalité chez al-Ġazālī puisqu'il écrit que « Al-Ġazālī rejette les causes secondes et refuse à l'univers une cohérence intrinsèque, même si elle n'exclut pas l'action divine. Il pense que l'affirmation d'une causalité même seconde mène vers l'associationnisme si elle n'en est pas constitutive » (M. Hogga, *Orthodoxie, subversion et réforme en islam*, *op. cit.*, p. 184).

4. Al-Ġazālī, *Iḥyā'*, *op. cit.*, K. 1 (*Kitāb al-ʿilm*), B. 5, p. 62 [V. 1, p. 181].

5. *Ibid.*, K. 2 (*Kitāb qawāʿid al-ʿaqā'id*), f. 3, r. 3, aṣl. 3, p. 131 [V. 1, p. 406].

6. On retrouve la référence au *ḥadīṯ* relatif au déplacement d'une fourmi noire sur une pierre noire dans une nuit noire : Al-Ġazālī, *Iḥyā'*, *op. cit.*, K. 2 (*Kitāb qawāʿid al-ʿaqā'id*), f. 4, m. 3, 3, [V. 1, p. 452] ; voir aussi : K. 21 (*Kitāb šarḥ ʿaǧā'ib al-qalb*), b. 15, p. 906 ; K. 28 (*Kitāb ḏamm al-ǧāh wa l-riyā'*), p. 1176, [V. 6, p. 257].

La subtilité de l'associationnisme traverse de nombreuses pages de l'*Iḥyā'*. Le *ḥadīṯ* selon lequel « la moindre ostentation est une forme d'associationnisme » traduit l'impossibilité d'en être lavé[1]. Le fait de mêler au culte une intention autre que ce qu'il vise, à savoir se rapprocher de Dieu, est une forme d'ostentation, et l'ostentateur (*murā'ī*) est « un traître (*muḫādiʿ*), un associationniste (*mušrik*), un mécréant (*kāfir*) »[2]. Dans *Bidāyat al-hidāya* il indique que l'associationnisme mineur (*al-širk al-aṣġar*) est le propre des gens de la duplicité (*al-riyā'*) et des orgueilleux qui recherchent « un statut social dans les cœurs des gens (*fī qulūb al-ḫalq*) afin d'obtenir des honneurs (*ǧāh*) et des égards et révérences (*ḥišma*) »[3]. Manifestant sa superbe et son pouvoir, l'orgueilleux (*mutakabbir*) « est celui qui se considère supérieur à une créature de Dieu (*ḫayran min aḥad min ḫalq Allāh*) »[4], qui regarde l'autre (*ġayr*) – terme qui englobe le musulman comme le non musulman – « les yeux plein de mépris »[5]. La foi en l'omniscience divine doit constituer le remède spirituel au *širk* : savoir que Dieu regarde, qu'il sait, et s'en suffire[6]. Al-Ġazālī consacre plusieurs pages à l'expression psychologique et sociale de ce *širk* au *Livre sur la condamnation de la vanité et de la duplicité*[7]. En exergue, il cite de nombreux *ḥadīṯ*, dont celui sur le *širk al-aṣġar* : « Ce que je crains le plus pour ma communauté c'est l'associationnisme mineur. Ô Prophète, qu'est-il ? La duplicité (*riyā'*) »[8]. Il en décrit tous les déploiements psychologiques, physiques et spirituels. Selon qu'il cherche à attirer l'adhésion des gens de religion, l'homme double expose de soi-même la maigreur et les privations mais veut-il attirer le cœur des hommes du monde, le voici qu'il se prévaut alors d'un teint clair et d'un physique corpulent à l'aspect tonitruant[9]. De même en est-il de la duplicité de celui qui se pare des vêtements semblables à ceux des soufis pour se faire bien voir des gens de religion, mais recherche-t-il le regard des hommes du monde, alors il s'orne de ses plus somptueux atours[10]. Le langage est aussi instrument de duplicité par la récitation de narrations édifiantes ou de bataillons d'imprécations usant d'une phraséologie vitupérante pour proscrire le défendu et prescrire le permis, tandis que d'autres apprennent par cœur vers et proverbes pour briller sur les scènes de la vie

1. Al-Ġazālī, *Iḥyā'*, *op. cit.*, (*Kitāb ḏamm al-ġurūr*), K. 30, b. 2, ṣf. 1, p. 1301 [V. 6, p. 642] ; K. 37 (*Al-Niyya wa l-iḫlāṣ wa l-ṣidq*), B. 2, b. 1, p. 1744 [V. 9, p. 66].
2. *Ibid.*, K. 37 (*Al-Niyya wa l-iḫlāṣ wa l-ṣidq*), B. 2, b. 1, p. 1744 [V. 9, p. 66].
3. *Id.*, *Bidāyat al-hidāya*, *op. cit.*, p. 132.
4. *Ibid.*, p. 135.
5. *Ibid.*, p. 133.
6. *Id.*, *Iḥyā'*, *op. cit.*, K. 28 (*Kitāb ḏamm al-ǧāh wa l-riyā'*), Š. 2, b. 6, maq. 2, p. 1218 [V. 6, p. 386].
7. *Ibid.*, Š. 2, b. 1, p. 1198 [V. 6, p. 324].
8. Ibn Ḥaǧar, *Bulūġ al-marām*, K. 16, n° 1484.
9. Voir aussi Al-Ġazālī, *Iḥyā'*, *op. cit.*, K. 28 (*Kitāb ḏamm al-ǧāh wa l-riyā'*), Š. 2, b. 2, 1-2, p. 1202 [V. 6, p. 337-338].
10. *Ibid.*, p. 1202, [V. 6, p. 338-340].

quotidienne[1]. Duplicité encore dans l'exagération des actes religieux où l'on allonge ici la prière, là, la prosternation ; ou encore, alors qu'il part en pèlerinage et s'acquitte de la *zakāt*, le dévot ne s'adonne en réalité à sa dévotion que par ambition et vanité[2] ; si l'étudiant étudie, ce n'est pas pour la science, mais pour devenir *qāḍī* et exercer un pouvoir sur les gens, et s'il se montre savant, c'est pour impressionner son confrère et obtenir la main de sa fille[3]. Le *širk* mineur est l'absence d'unité intérieure, il est la marque de la division en l'homme, de l'absence d'ajustement entre ce qu'il donne à voir et ce qu'il est, ce qu'il veut. Le *širk* mineur, c'est l'imposture ; il est la tache sur le cœur de celui qui convoite le monde[4].

La gravité du *širk* dépend de la matière de la duplicité. Le degré le plus élevé concerne les fondements de la foi, à l'image de celui qui dissimule la croyance alors qu'il ne croit pas. Il affiche extérieurement l'islam mais il n'est pas un musulman. De tels individus seront précipités en enfer[5]. Dans ce cas de degré paroxystique, la duplicité (*riyā'*) est hypocrisie (*nifāq*)[6]. Dans le *Šarḥ ʿaǧā'ib al-qalb*, al-Ġazālī remarque que ceux qui adorent leur passions, se prosternent, honorent et adorent ces instincts animaux que sont l'envie et la colère, dénigrent non sans véhémence les idolâtres qui adorent les pierres (*yunkiru ʿalā ʿabadat al-aṣnām ʿibādatahum li-l-ḥiǧārāt*)[7]. Or, tel est le comportement de la plupart des gens (*hāḏā ḥāl akṯar al-nās*) qui accusent et ne voient pas qu'ils sont eux-mêmes païens. Cette adoration est le « summum de l'injustice (*ġāyat al-ẓulm*) car elle fait du roi un gouverné, du seigneur un sujet, du maître un esclave, du vainqueur un vaincu »[8].

Subreptice et imperceptible, le *širk* dépasse le constitutif formel de la foi. Dans le *Kitāb asrār al-ṣalāt fī l-islām*, al-Ġazālī précise qu'il convient toujours de purifier Dieu de toute association d'idées profanes au moment de l'adoration[9]. Il s'agit de ne rien associer à Dieu[10] et de ne plus exister que dans sa présence en dépassant son "moi" (*mafqūd li-nafsihi mawǧūd li-sayyidihi*)[11]. Le combat contre le *širk* implique un combat de l'intention, de la volonté[12]. *A contrario*, si la pratique des actes d'islam peut être détournée, assujettie à des désirs polymorphes, contraires au sens originel qu'ils signifient, la pratique de

1. *Ibid.*, p. 1203 [V. 6, p. 340-341].
2. *Ibid.*, p. 1203 [V. 6, p. 342-343].
3. *Ibid.*, Š. 2, b. 3, r. 3, p. 1209, [V. 6, p. 358-361].
4. Al-Ġazālī, *Iḥyā'*, *op. cit.*, K. 32, (*Kitāb al-ṣabr wa l-šukr*), Š. 2, R. 3, b. 1, 5, p. 1468 [V. 7, p. 429-430].
5. *Ibid.*, Š. 2, b. 3, r. 2, 1, p. 1207 [V. 6, p. 352].
6. *Ibid.*, p. 1207 [V. 6, p. 352-353].
7. *Ibid.*, K. 21 (*Kitāb šarḥ ʿaǧā'ib al-qalb*), b. 5, p. 866 [V. 5, p. 41]
8. *Ibid.*, p. 867 [V. 5, p. 42].
9. *Ibid.*, K. 4 (*Kitāb asrār al-ṣalāt fī l-islām*), B. 3, b. 4, p. 193 [V. 1, p. 618].
10. S. 18, 110.
11. *Ibid.*, B. 3, b. 4, p. 193 [V. 1, p. 619].
12. *Ibid.*, K. 23 (*Kitāb kasr al-šahwatayn*), b. 5, p. 963 [V. 5, p. 354].

ces mêmes actes tels la *zakāt* et la crainte révérencielle introduit dans la voie de la félicité[1]. Dans un tel cœur « la lumière de la lampe irradie depuis le tabernacle seigneurial de sorte que ne peut s'y glisser *al-širk al-ḫafī*, qui est plus difficile à déceler que le mouvement d'une fourmi noire par une nuit ténébreuse »[2].

Dans le *Kitāb al-maḥabba wa l-šawq wa l-uns wa l-riḍā'* al-Ġazālī propose une interprétation intéressante de la *šahāda*. Dans la mesure où aucun homme ne partage les qualités de Dieu comme Dieu, l'amour pour Dieu doit donc être sans associé, exclusif, absolu. L'homme doit aimer Dieu au degré le plus élevé ; cet amour ne peut être partagé car il serait alors imparfait, déficient. « Lui seul est digne d'être aimé d'un amour parfait, d'un amour qui soit absolument sans partage »[3]. *Lā ilāha illā Llāh* signifie donc « qu'il n'y a pas en dehors de Dieu d'être aimé ou adoré. Car tout être aimé est, par le fait même, adoré. Celui qui adore est enchaîné. Celui qui est adoré est enchaîné, et tout être qui aime est enchaîné par celui qu'il aime »[4]. Faut-il en conclure que l'amour du Tout-Autre conduit à annihiler l'amour de l'autre ? Pour al-Ġazālī, il n'en est rien, si l'amour que l'on voue à Dieu est absolu. Celui qui aime totalement Dieu aimera en retour ses créatures. L'amour pour les créatures ne concurrence pas l'amour pour Dieu, mais il doit être la conséquence d'un amour débordant pour Lui[5].

Al-Ġazālī présente donc le *širk* avant tout dans sa dimension psychologique et spirituelle. Comme avec le *kufr*, il en neutralise la portée et le statut. Il tient à la fois que le *mušrik* ne peut pas être pardonné[6] et que le *širk* se glisse dans le cœur de tout homme. Il met en garde contre celui qui accuse son voisin de *širk* et ne voit pas le *širk* qui est dans son cœur[7].

La définition du musulman ne relève pas seulement de la formulation ou de l'adhésion à une doctrine mais aussi de la morale. Du musulman, il est exigé une attitude conforme à la loi. Celui qui par son comportement dérogerait à la loi doit-il être marginalisé ou exclu de la communauté ? Dans leurs réponses, les penseurs musulmans ont évalué et distingué la gravité des péchés. S'ils sont un acte de désobéissance (*maʿṣiya*) à la loi, la tradition musulmane leur reconnaît des degrés de gravité : le Coran mentionne dans le verset 42, 37 l'existence de péchés graves (*kabā'ir al-iṯm*) et de turpitudes (*fawāḥiš*). *A contrario*, il y aurait

1. Allusion à S. 92, 5-7, citée par al-Ġazālī : *Iḥyā'*, *op. cit.*, K. 21 (*Kitāb šarḥ ʿaǧā'ib al-qalb*), b. 15, p. 906 [V. 5, p. 163].

2. *Ibid.*, p. 906 [V. 5, p. 163]. Voir Al-Tirmiḏī, *Nawādir al-uṣūl fī maʿrifat aḥādīṯ al-Rasūl*, al-Qāhira, Maktabat Imām Buḫārī, 2008, 4/147.

3. Al-Ġazālī, *Iḥyā'*, *op. cit.*, K. 36 (*Kitāb al-maḥabba wa l-šawq wa l-uns wa l-riḍā'*), b. 3, p. 1665 [V. 8 p. 407-408].

4. *Ibid.*, K. 36, b. 6, p. 1675 [V. 8, p. 434].

5. *Ibid.*, K. 36, Q. 1, p. 1692 [V. 8, p. 486] [trad. Moussali, *Revivification des Sciences de La Religion* (Le Livre de l'Amour), *op. cit.*, p. 141].

6. *Ibid.*, K. 31 (*Kitāb al-tawba*), R. 2, b. 1, p. 1343 [V. 7, p. 20] [Gramich, A. 91, p. 51].

7. *Ibid.*, K. 35, Š. 2, b. 3, p. 1628 [V. 8, p. 296].

aussi des petites fautes (*ṣaġāʾir*)[1]. Cette distinction n'est pas formalisée explicitement dans le Coran, mais le terme *al-lamama* du verset 53, 32 a pu ainsi être compris[2]. Cette déduction, a été remise en cause par certains commentateurs du Coran comme Ibn ʿAbbās (m. 68/687) : « tout ce que Dieu a interdit est péché grave », « tout ce qui est une désobéissance à Dieu est un péché grave »[3]. Le refus de cette distinction est aussi enseignée par l'éminent professeur de *fiqh* d'al-Ġazālī, al-Ǧuwaynī (m. 478/1185) : « Tout péché est grave puisqu'on ne peut mesurer l'importance des péchés qu'en considérant celui à qui on désobéit. Telle chose peut être considérée comme une faute légère, d'égal à égal qui, à l'égard d'un roi serait une faute grave entraînant la peine capitale. Or, Dieu est le plus haut souverain à qui on puisse désobéir, de même qu'il est celui qui a le plus de droits à être obéi. Tout péché envisagé comme manquement à l'égard de Dieu, est donc grave. Cependant, bien que tous les péchés soient graves pour cette raison, ils diffèrent néanmoins les uns des autres suivant leur importance; et certains péchés sont plus graves que d'autres »[4]. La solution d'al-Ǧuwaynī est caractéristique de l'ašʿarisme-šāfiʿisme : à la fois traditionnelle, elle pose toutefois un rapport de proportionnalité au sein même de la gravité des péchés.

Le *ḥadīṯ* établit des listes canoniques des *kabāʾir al-iṯm*[5]. Ces énumérations sont nombreuses et contradictoires[6]. Un premier *ḥadīṯ* répertorie quatre péchés majeurs : l'associationnisme, la désobéissance aux parents, l'homicide et le faux serment[7]. Les compagnons de Muḥammad indiquent des listes aux nombres différents[8]. Le *širk* y demeure toujours au sommet.

L'auteur de ces péchés majeurs est désigné par le substantif *fāsiq*. De la racine *f.s.q.*, le *fāsiq* est un prévaricateur, un pécheur. D'après le Coran, les œuvres pieuses accomplies par les *fāsiqīn* ne sont pas agréées par Dieu[9]. Le *fāsiq* est un déviant. Le nom renvoie ainsi à plusieurs sous-groupes comme l'hypocrite qui ordonne le blâmable mais condamne le convenable[10], ou celui qui porte un faux témoignage[11] ou encore celui qui oublie Dieu[12].

1. S. 42, 37.
2. S. 53, 32.
3. Al-Ṭabarī, *Tafsīr*, 8, p. 244-245, n° 9202 et 8, p. 246, n°9210.
4. Al-Ǧuwaynī, *Al-Iršād ilā qawāṭiʿ al-adilla fī uṣūl al-iʿtiqād*, éd. M. Mūsā, al-Qāhira, Maktabat al-Ḫāniǧī, 1950, p. 391 [trad. fr. p. 331].
5. A. J. Wensinck, *Concordance et indices de la tradition musulmane*, *op. cit.*, 5, 2b.
6. Ibn Qutayba, *Kitāb taʾwīl muḫtalif al-ḥadīṯ*, al-Qāhira, Maṭbaʿat Kurdistān al-ʿIlmiyya, 1908, p. 212-213 [*Le traité des divergences du Ḥadīṯ d'Ibn Qutayba* (*276h*), trad. fr. annotée G. Lecomte, Damas, Institut Français de Damas, 1962, p. 188-189].
7. Al-Buḫārī, K. 87, *ḥadīṯ* 10.
8. Al-Ṭabarī, *Tafsīr*, *op. cit.*, 8, 242-244, n° 9190-9200 [au nombre de 4]; 8, 235-237, 9179-9184 [au nombre de 7]; 8, 239-241, n° 9187-9188 [au nombre de 9]; 8, 245-246, n°9203-9209 [au nombre de 70].
9. S. 9, 53.
10. S. 9, 67.
11. S. 24, 4.
12. S. 59, 19.

En 657, à l'occasion de la bataille de Ṣiffīn qui opposa Muʿāwiya et ʿAlī, la théologie islamique a soulevé la question du statut du *fāsiq* du point de vue politique – le pécheur est-il membre de la communauté musulmane et peut-il la gouverner ? – et du point de vue eschatologique – le pécheur est-il sauvé ? –. Sans surprise, les ḫāriǧites le condamnent à l'enfer éternel : par la gravité de ses actes, le gouvernant prévaricateur perd le droit de diriger la communauté. Il est un apostat. La peine de mort doit lui être appliquée. Le *fisq* relève donc du *kufr* : le *fāsiq* est un non croyant et un non musulman[1].

La position murǧiʾite est diamétralement opposée. Partisans de la doctrine de l'ajournement du jugement (*irǧāʿ*), les murǧiʾites refusent de qualifier le pécheur de *kufr* et de le condamner au feu de l'enfer. Ils soulignent la nécessité de le soumettre aux peines légales (*ḥudūd*) mais non à l'exclure de l'islam. Accusés d'opportunisme par leurs opposants[2], les murǧiʾites soutiennent que le péché ne porte pas préjudice à celui qui a la foi. Pour eux, la foi n'est pas une part de l'islam ni l'islam une part de la foi, mais l'*islām* c'est l'*īmān* et l'*īmān* c'est l'*islām*. La foi en tant qu'elle est connaissance de Dieu et de ses envoyés est indépendante de l'accomplissement des prescriptions de la loi. Pour eux, les actes d'obéissance ne sont d'aucun secours au salut de celui qui est infidèle (*kāfir*). Les ḥanafites et māturīdites restent proches de la position doctrinale des murǧiʾites.

Les traditionnistes s'inscrivent aussi dans la ligne murǧiʾite : le *fāsiq* est un croyant imparfait. De la dimension tripartite de la foi – *taṣdīq*, *iqrār* et *ʿamal* – le *fāsiq* contrevient à l'accomplissement des œuvres mais non aux autres dimensions de la foi[3]. La même argumentation se retrouve dans la théologie māturīdite, mais avec un certain déplacement, puisque le lieu de la foi (*īmān*) est le cœur, tandis que le lieu des actes de désobéissance est le corps. Les péchés posés par le *fāsiq* ne relèvent donc pas de l'infidélité : sa foi reste intacte.

La tradition soufie admet la possibilité du pardon pour les grandes fautes qui renvoient au *širk* et au *kufr*, selon le bon vouloir de Dieu (*mašīʾa*) et l'intercession (*šafāʿa*) du Prophète, mais ils précisent que le pardon de toute faute résulte de la volonté divine et ne saurait donc être un dû : « le pardon est du ressort inconditionnel du Libre Vouloir divin, qu'il s'agisse d'une grande ou

1. La position ḫāriǧite n'est pas aussi unilatérale et al-Baġdādī rapporte par exemple que pour les naǧdites, le *fāsiq* est un *kāfir* au sens où son péché est une ingratitude par laquelle il tourne le dos à Dieu : al-Baġdādī, *Uṣūl al-dīn*, Istānbūl, Madrasat al-Idāhīyat, 1928, p. 249-250. Pour les azraqites, autre sous-groupe ḫāriǧite, le *fāsiq* est à la fois un *kāfir* et un *mušrik*, tandis que pour les naǧdites, le *fāsiq* est davantage un *kāfir* qu'un *mušrik*. Quant aux *ṣufriyya*, si celui qui commet un péché majeur est comparable à l'adorateur d'idole, celui qui commet un péché mineur ne doit pas être appelé *kāfir* : Ibn Ḥazm, *Al-Faṣl*, IV, *op. cit.*, p. 229.

2. Nawbaḫtī rapporte notamment cette accusation : Nawbaḫtī, *Firaq al-Šīʿa*, ed. H. Ritter. Istanbūl, 1931, p. 6. Nous devons la référence à T. Izutsu, *The Concept of Belief in Islamic Theology*, *op. cit.*, p. 44-45.

3. Ibn Ḥazm, *Al-Faṣl fī l-milal wa l-ahwāʾ wa l-niḥal*, *op. cit.*, IV, p. 229.

d'une petite faute »[1]. L'enseignement soufi atténue donc la distinction entre péché majeur et péché mineur. Les musulmans qui commettent des péchés majeurs, « restent statutairement des musulmans, à la fois croyants en vertu de la foi qu'ils possèdent et grands pécheurs (*fāsiqūn*) en raison de leur prévarication (*fisq*) »[2]. Al-Ḥasan al-Baṣrī indique la possibilité d'un état intermédiaire entre les positions ḫāriǧite et murǧi'ite[3]. Pour lui, le *fāsiq* n'est pas un *kāfir* mais un *munāfiq*. C'est un mondain qui se dit musulman, mais n'est pas sérieux en sa pratique de l'islam. Cette formulation a trouvé son développement doctrinal sous la plume des muʿtazilites, et notamment de Wāṣil Ibn ʿAṭā' (m. 131/748), un de ses anciens disciples. À la lumière du verset 32, 18[4], il propose la définition d'un « statut intermédiaire » : le croyant doit témoigner par ses actes des œuvres prescrites par la loi. Ainsi, comme la foi ne se réduit pas aux œuvres, le pécheur qui a confessé verbalement sa foi n'est ni pleinement un croyant (*mu'min*) ni absolument un infidèle (*kāfir*) mais il est dans une position médiane (*fī manzila bayna l-manzilatayn*). Le *fāsiq* reste donc membre de la communauté à part entière et relève de sa juridiction. Il lui est reconnu la licéité de ses relations matrimoniales. En revanche, en l'absence de repentir, il sera condamné au feu de l'enfer. Ce principe qui est formulé par Abū al-Huḏayl (m. 235/849) sous la dénomination de « la promesse et la menace » (*al-waʿd wa l-waʿīd*) constitue le troisième énoncé fondamental de la doctrine muʿtazilite, tandis que le principe du statut intermédiaire du *fāsiq* en est le quatrième. Certes, le salut découle de la foi qui est en leur cœur, fût-ce celui du poids d'un atome[5], mais il doit s'y adjoindre l'énoncé de la *šahāda* et le témoignage par les œuvres prescrites par la loi. Cette notion de « statut intermédiaire » n'est pas reconnue par la ligne doctrinale ašʿarite.

Conformément à sa définition de l'*īmān* et à sa ligne ašʿarite le *fāsiq* demeure pour al-Ġazālī un croyant, car on ne saurait réduire la foi à la seule obéissance à la loi. Dans le *Kitāb al-tawba*, il ne suit pas l'interprétation d'Ibn ʿAbbās sur l'absence de distinction entre péché majeur et péché mineur[6]. Il établit une graduation des fautes à partir des conséquences de la faute. Il s'appuie sur la liste d'Abū Ṭālib al-Makkī qui recense dix-sept péchés majeurs[7] et il les relie à chaque membre du corps. Quatre sont issus du cœur :

1. Al-Kalābāḏī, *Kitāb al-taʿarruf li-maḏhab ahl al-taṣawwuf*, *op. cit.*, B. 17, p. 34*-35* [trad. fr. p. 50-51].

2. *Ibid.*, B. 18, p. 38* [trad. fr. p. 54].

3. H. Ritter, « Studien zur Geschichte der islamischen Frömmigkeit », *Der Islam. Zeitschrift für Geschichte und Kultur des islamischen Orients*, 21, 1933, p. 42-43.

4. S. 32, 18 : « Le croyant serait-il semblable au pervers ? Ils ne sont pas égaux ».

5. al-Buḫārī, *Ṣaḥīḥ*, K. 2, n° 37 [angl. vol. 1, L. 2, n°43] : « Ceux dont le cœur ne contient qu'un atome de foi sortiront de l'enfer ».

6. Même jugement d'Ibn al-Ǧawzī, *Zād al-masīr*, *op. cit.*, 2, p. 66.

7. Al-Makkī, *Qūt al-qulūb*, *op. cit.*, f. 77, 4, 17-18 [al-Qāhira, 1932] ; 4, [éd. 2007] ; Al-Ġazālī, *Iḥyā'*, *op. cit.*, K. 31 (*Kitāb al-tawba*), R. 2, b. 1, q. 3, p. 1344-1345 [V. 7, p. 63-65] ; [Gramlich A. 93, p. 52-53].

associer à Dieu, persister dans la colère contre Dieu, désespérer de sa miséricorde, se sentir préservé de sa ruse ; quatre résultent de la langue : porter un faux témoignage, accuser à tort d'adultère (*qaḏf*), prêter un faux serment, pratiquer la sorcellerie ; trois sont le fait du ventre : consommer du vin et s'enivrer, s'approprier les biens de l'orphelin, pratiquer volontairement l'usure ; deux résultent du bas-ventre : la fornication et la sodomie ; deux sont causées par les mains : le meurtre et le vol ; un relève du pied : la fuite lors du combat ; et un autre du corps en son ensemble : la désobéissance aux parents. Al-Ġazālī reprend cette liste, mais il remarque que certaines actions graves ne sont pas mentionnées : « il ne fait aucun doute que rudoyer l'orphelin, le supplicier ou lui couper les membres est d'une gravité supérieure au fait de s'approprier ses biens ! »[1]. Et il ajoute : « Il est plus grave de s'approprier injustement le bien d'un pauvre, d'un homme de bien ou d'un orphelin que s'approprier celui d'un homme fort, riche ou pécheur »[2]. Il précise qu'est péché majeur non seulement toute désobéissance à la loi, mais aussi toute intention de désobéissance (*ʿamd*)[3]. Il est par conséquent impossible de connaître le nombre de ces péchés majeurs, ce qui est une clémence « afin que les gens ne soient pas saisis d'effroi »[4]. Du point de vue théologique, le péché majeur renvoie à tout ce qui entrave la connaissance de Dieu. Dans ce cadre, tout ce qui porte atteinte à la vie des hommes relève de cette catégorie car ce qui nuit à l'homme d'un point de vue psychologique ou physique obstrue son accès à la connaissance[5]. « Ces objectifs sont le propre, dit-il, de toutes religions [révélées] (*milal*) »[6].

Dans le *Kitāb al-tawba* al-Ġazālī définit le *fāsiq* comme le musulman qui adhère à la foi en son cœur, la professe par la langue, accomplit certaines œuvres prescrites, mais commet des fautes graves c'est-à-dire des fautes qui éloignent de la connaissance de Dieu. Le *fāsiq* peut donc fort bien accomplir des œuvres de la loi, mais fondamentalement, c'est l'absence des œuvres qui rapprochent de la connaissance de Dieu qui fait de lui un *fāsiq* ; la prière canonique ne suffit pas à expier la gravité de ses fautes[7]. Ces péchés remettent en cause la possibilité de salut pour le musulman dans l'au-delà[8]. Dans le *Mustaṣfā*, al-Ġazālī relie les réalités du *kufr* et du *fisq* en faisant du *kufr* la plus

1. Al-Ġazālī, *Iḥyāʾ*, *op. cit.*, K. 31 (*Kitāb al-tawba*), R. 2, b. 1, q. 3, p. 1345 [V. 7, p. 65] ; [Gramlich A. 96, p. 54].

2. *Ibid.*, K. 14 (*Kitāb al-ḥalāl wa l-ḥarām*) B. 1, f. 3 [V. 3, p. 368].

3. *Ibid.* Si al-Ġazālī accorde une place notoire à la dimension intérieure du péché – celui qui pêche en son cœur est pécheur – il n'établit pas pour autant d'équivalence entre l'acte accompli dans la réalité et l'acte prémédité en son cœur : « La lutte contre son âme par l'évitement de l'acte a un effet illuminatif sur le cœur supérieur à l'effet d'obscurcissement que cause l'impudence du regard sur une femme » (*ibid.*, K. 31, R. 2, b. 1, q. 3, p. 1349 [V. 7, p. 76] ; [Gramlich A. 115, p. 61]).

4. *Ibid.*, K. 31, R. 2, b. 1, q. 3, p. 1346 [V. 7, p. 67] ; [Gramlich A. 100, p. 56].

5. *Ibid.*, p. 1347 [V. 7, p. 68-69] ; [Gramlich A. 101, p. 56-57].

6. *Ibid.*, p. 1347 [V. 7, p. 69] ; [Gramlich A. 101, p. 57].

7. *Ibid.*, R. 2, b. 1, p. 1349 [V. 7, p. 75] ;

8. De même : *id.*, *La perle précieuse* (*Ad-dourra al-fâkhira*), *op. cit.*, p. 91 (ar.).

grande expression du *fisq*[1]. Du point de vue du *fiqh*, il indique que le témoignage d'un *fāsiq*, dans la reconnaissance de l'authenticité d'un *ḥadīṯ*, ne doit pas être pas accepté[2] ; de même, son témoignage dans toute autre affaire, est sans valeur[3].

À plusieurs reprises dans l'*Iḥyā'*, al-Ġazālī cite le *ḥadīṯ* « *lā yaznī al-zānī ḥīna yaznī wa huwa mu'min* »[4], « l'adultère lorsqu'il fornique n'est pas adultère dans la mesure où il est croyant ». Autrement dit, l'acte d'adultère n'abolit pas la foi. La foi prime sur les actes, sur la pratique et sur l'exercice d'actes blâmables. Le fornicateur, en dépit de ses agissements, garde la foi. Il reste un croyant. Plus encore, le fornicateur, s'il est croyant, ne peut être considéré pleinement comme fornicateur car on ne peut réduire le croyant à son péché. Cependant, parce que l'*īmān* dépasse le cœur, l'intériorité ou l'attestation de foi, les œuvres influent sur la foi. De même qu'une œuvre pieuse parachève l'*īmān*, le péché l'altère, car il éloigne de Dieu. S'il ne détruit pas la foi, il l'amoindrit[5]. Si le *fāsiq* n'est ni un mécréant (*kāfir*) ni un innovateur (*mubtadi'*), sa situation est grave car, par son comportement, il menace l'harmonie de la communauté. Pour al-Ġazālī, l'adultère relève du deuxième degré des péchés majeurs, puisqu'il porte préjudice aux personnes en altérant les liens de parenté, en abolissant le régime successoral et en détruisant les fondements de l'assistance mutuelle[6]. Dans le commentaire d'un *ḥadīṯ* rapporté par Abū Hūrayra, il mentionne le viol du pacte (*nakṯ al-ṣafqa*)[7] qui revient à sortir le sabre pour combattre un homme après avoir établi avec lui un contrat[8]. Or, le pacte cité renvoie aux relations entretenues entre les musulmans et les gens du Livre (*ḏimmīs*). En faisant de son non-respect un péché majeur, al-Ġazālī confère au pacte un caractère sacré, une valeur primordiale, fondatrice d'un lien social comparable en partie au lien religieux qui existe entre les musulmans.

En conclusion de cette analyse terminologique, il appert que les concepts utilisés par les différents courants de l'islam pour désigner l'hétérodoxe sont aussi au cœur de la procédure du *takfīr* par laquelle l'hétérodoxe est accusé d'être un non musulman et se voit menacé de tomber sous le feu de la peine capitale. Qu'il s'agisse de ses ouvrages de *fiqh*, de *kalām* ou de théologie

1. Al-Ġazālī, *Al-Mustaṣfā*, *op. cit.*, V. 1, 2013, p. 401.

2. *Ibid.*, p. 399-400.

3. *Ibid.*, p. 401.

4. *Id.*, *Iḥyā'*, *op. cit.*, K. 2 (*Kitāb qawā'id al-'aqā'id*), f. 4, m. 1, p. 140 et m. 2, p. 142 [V. 1, p. 444] ; K. 31 (*Kitāb al-tawba*), R. 1, b. 3, p. 1333 [V. 7, p. 28] ; [trad. all. Gramlich A. 31, p. 32]. Pour le *ḥadīṯ*, voir : al-Buḫārī, *Ṣaḥīḥ* 2, 45 ; Muslim, *Ṣaḥīḥ* 1, 76-77.

5. Al-Ġazālī, *Iḥyā'*, *op. cit.*, K. 31 (*Kitāb al-tawba*), R. 1, b. 3, p. 1334 [V. 7, p. 28-29].

6. *Ibid.*, K. 31, R. 2, b. 1, ma. 2, p. 1347 [V. 7, p. 71]. Pour ces raisons, « l'adultère relève d'un degré de gravité supérieur à la sodomie (*ašaddu min al-liwāṭ*) ».

7. D'après Abū Hurayra rapporté dans Ibn Ḥanbal, *Al-Musnad*, éd. Ḥalabī, 2, 229, n° 7129 : Al-Ġazālī, K. 31 (*Kitāb al-tawba*), R. 2, b. 1, p. 1349 [V. 7, p. 76] [Gramlich A. 116, p. 61].

8. *Ibid.*

spirituelle, al-Ġazālī cherche systématiquement à circonscrire la définition de l'hétérodoxe ce qui le conduit à neutraliser l'accusation de *kufr* (*takfīr*). Dans ses ouvrages de mystique, il va même jusqu'à subvertir la notion de *kufr*, en l'associant à la connaissance paroxystique de Dieu (*maʿrifa*). Dans le contexte politique de Baġdād à la fin du XIe siècle, son propos s'inscrit dans la ligne ašʿarite de ses prédécesseurs. Sa force réside dans la synthèse juridico-spirituelle qu'il réalise en puisant dans les ressources de la jurisprudence šāfiʿite et l'enseignement des maîtres soufis. Mais l'originalité de sa réponse ne consiste pas seulement à souligner la complexité et la subtilité de la réalité désignée. Il ne se satisfait pas de renvoyer le juge à l'introspection de son propre "cœur" et de l'inviter à ne pas devenir son propre bourreau. Pour al-Ġazālī, toute sentence de *takfīr* doit répondre à un protocole, à une méthodologie soignée et rigoureuse, qui doit garantir l'objectivité et la véracité de toute accusation. Devant la rigueur et la complexité méthodologique, dont il a développé les règles élémentaires dans le *Munqiḏ min al-ḍalāl*, rares sont les juges qui sont à même de prononcer une telle sentence.

Quant aux incidences sur les non musulmans, en relevant le caractère subtil, diffus et commun aux hommes du *kufr*, du *širk* et du *fisq*, al-Ġazālī en atténue aussi la dimension ségrégative. Le non musulman devient une figure explicite d'une réalité implicite qui est dans le cœur du musulman. Parrallèlement, la réalité de la foi en sa diversité peut habiter le cœur d'un non musulman. Al-Ġazālī atténue les divergences et suggère la reconnaissance d'une convergence des réalités spirituelles entre les hommes, au-delà des frontières délimitées par la religion. Pour autant, cet inclusivisme ne se heurte-t-il pas à ses œuvres de combat contre l'hérétique ou le non musulman, où al-Ġazālī se fait apologète aux accents d'une pensée exclusiviste ?

CHAPITRE IV

ÉCRITS POLÉMIQUES ET RÉFUTATIONS DES NON MUSULMANS

Les mecquois ont été les premiers négateurs de la prédication muḥammadienne. Avec son expansion, elle a dû répondre à d'autres pourfendeurs issus de milieux juifs, chrétiens et persans. L'exercice ne fut pas aisé pour les premières générations mais, par l'intermédiaire des premiers convertis, les musulmans se sont dotés d'une pensée réflexive et logique et à l'écriture de traités d'apologétique et à de réfutations des religions préexistantes à l'islam[1].

La réfutation (*radd*) ne s'est pas limitée aux seules religions concurrentes ou opposées à l'islam : elle est rapidement devenue un exercice interne pour le monopole de la définition de l'orthodoxie[2]. Dans ces conflits, la réfutation permet de vilipender et d'exclure ceux qui ne s'y conformeraient pas. Comme l'indique Ibn al-Nadīm (m. 385/995) dans le *Fihrist*, rares sont les penseurs qui y échappent[3]. En professant son *credo* au sein d'une école, le maître doit toujours, de manière directe ou indirecte, réfuter les opinions religieuses des autres. L'enjeu relève parfois de la nuance, mais souvent du combat politique et religieux dans lequel il convient de dénoncer la mécréance (*takfīr*) de l'autre et sa non-islamité. Henri Laoust a montré dans son maître ouvrage *Les schismes en islam* le lien étroit entre ces écoles et leur soutien ou leur opposition à la légitimité califienne[4]. Les plus éminents penseurs de l'ašʿarisme ont ainsi constitué un vecteur de légitimité. Al-Baġdādī (m. 429/1037) à la suite du mālikite et non moins légitimiste al-Bāqillānī (m. 403/1013), s'attache dans le *Kitāb Uṣūl al-dīn* et le *Farq bayna l-firaq* à répertorier et réfuter les principales sectes qui s'opposent au pouvoir du calife. Al-Baġdādī distingue entre les *aṣḥāb al-*

1. R. Caspar, *Traité de théologie musulmane*, Rome, PISAI, 1987.

2. Y. Ben Achour, *Aux fondements de l'orthodoxie sunnite*, Paris, P.U.F., 2008.

3. Abū l-Farağ Muḥammad Ibn Isḥāq, *The Fihrist of al-Nadīm, composed at 377 AH., A critical Edition by Ayman Fu'ād Sayyid*, London, Al-Furqān Islamic Heritage Foundation, 4 vol., 1430-2009. Voir *The Fihrist of al-Nadīm. A Tenth-Century Survey of Muslim Culture*, éd. et trad. angl. B. Dodge, 2 vol., New York-London, Colombia University Press, 1970.

4. H. Laoust, *Les schismes dans l'Islam. Introduction à une étude de la religion musulmane*, Paris, Payot, 1965.

kufr et les *aṣḥāb al-ahwā'*, les infidèles et les schismatiques, les incroyants et les hétérodoxes. Enfin, al-Mawārdī (m. 450/1058) dans son livre *Les statuts gouvernementaux* (*Kitāb al-aḥkām al-sulṭāniyya*) définit une méthodologie qui lui permet d'adapter la théorie au contexte et circonstances historiques.

Si la philosophie a joui d'une aura particulière avec l'impulsion du calife al-Ma'mūm (m. 833), une place de choix conférée à la raison n'écarte-t-elle pas d'autant les lumières de la révélation ? Ne véhicule-t-elle pas des idées pernicieuses risquant d'égarer les croyants sur un chemin qui n'est plus celui de la foi musulmane ? Bref, si le philosophe ne tombe pas nécessairement sous l'accusation de négation de la foi (*kufr*), sa doctrine ne peut-elle pas l'y conduire ?

La critique de la philosophie ne date pas du siècle d'al-Ġazālī. Frank Griffel a mis en lumière les critiques adressées aux philosophes aux siècles antérieurs et l'élaboration d'un critère de jugement[1]. Abū al-Ḥasan al-Aš'arī (m. 324/935) en a donné une formulation dans ses *Traités d'apologétique*[2]. Celui-ci, d'abord élève du mu'tazilite Abū 'Alī al-Ǧubbā'ī, s'est converti aux thèses des gens de la tradition et de la communauté[3], mais il a gardé la méthodologie du *kalām* mu'tazilite et recourt à l'argumentation. Son *Kitāb al-luma'* destiné à réfuter les innovateurs, est à cet égard exemplaire[4]. Son disciple al-Bāqillānī (m. 403/1013) a synthétisé dans le *Kitāb al-tamhīd* la doctrine du maître tout en exposant les raisonnements contre les sectes de l'islam et les autres religions notamment le judaïsme et le christianisme[5]. Dans *Al-Munqiḏ min al-ḍalāl*, al-Ġazālī cite un autre auteur aš'arīte qui semble avoir été l'une de ses sources : al-Ḥāriṯ al-Muḥāsibī (m. 243/857)[6].

Pour autant, la réfutation n'est pas au cœur de ses ouvrages, et il ne cesse au contraire de mettre en garde contre l'esprit de polémique. À maintes reprises, il exprime son aversion pour la controverse qui engendre le mensonge, l'hypocrisie, la jalousie, la haine et de laquelle jaillissent les turpitudes alors

1. F. Griffel, *Apostasie und Toleranz im Islam*, *op. cit.*

2. J. Jolivet, « Le déploiement de la pensée philosophique dans ses rapports avec l'islam jusqu'à Avicenne », dans *L'islam, la philosophie et les sciences*, quatre conférences publiques organisées à l'UNESCO à l'occasion de la célébration du début du XVe siècle de l'Hégire, Paris, UNESCO, 1981, p. 35-66.

3. M. Younès, *Révélation(s) et Parole(s)*, *op. cit.*, p. 71. Al-Ġazālī expose la thèse mu'tazilite dans *Al-Qisṭās al-mustaqīm* ouvrage dans lequel il disqualifie l'opinion (*ra'y*) selon laquelle Dieu est tenu d'accomplir ce qui est meilleur pour son serviteur (*yūǧibu 'alā Allāh ri'āyata al-aṣlaḥ li-'ibādihi*). Il précise la nature du péché posé par l'adulte en indiquant qu'il s'agit d'infidélité (*kufr*) : Al-Ġazālī, *Al-Qisṭās al-mustaqīm*, *op. cit.*, p. 94-95. L'histoire est rapportée dans l'*Iḥyā'*, K. 2, r. 3, 7, [V. 1, p. 411-412]. Voir III. 3. 1.

4. R. J. McCarthy, *The Theology of al-Ash'arī*, The Arabic texts of al-Ash'arī's *Kitāb al-luma'* and *Risālat istiḥsān al-khawḍ fī 'ilm al-kalām*, with briefly annotated Translations and Appendices, Bayrūt, Imprimerie catholique, 1953.

5. Al-Bāqillānī, *Kitāb al-tamhīd*, éd. R. J. McCarthy, Bayrūt, Librairie orientale, 1957.

6. Al-Ġazālī, *Al-Munqiḏ min al-ḍalāl* (Erreur et délivrance), *op. cit.*, fr. p. 95, ar. p. 35.

cachées comme l'orgueil, la vanité et la convoitise[1]. De manière récurrente, il avertit contre l'esprit de querelle et l'apologétique d'écoles[2], l'acharnement mis dans la défense d'une lecture coranique, la volonté à imposer son point de vue, à réduire l'adversaire au silence, à rejeter la vérité uniquement pour le dominer[3]. Pour al-Ġazālī, les polémistes sont « des prédateurs du genre humain (*sibāʿ al-ins*) dont la nature est de porter préjudice (*īḏā'*) à autrui et dont l'obsession est l'outrecuidance »[4]. La vérité de la tradition n'est pas dans la querelle mais elle invite au contraire à la délaisser[5] et à fuir les fanatismes (*taʿaṣṣubāt*) et l'esprit de sécession (*fitna*)[6]. Pour notre auteur, l'excellence de la première génération de musulmans est dans cet esprit qui refuse la polémique.

Pour autant, selon les circonstances, al-Ġazālī n'a pas échappé à ce genre littéraire[7]. L'essor des missions bāṭinites, condamnés en 402/1012 par le calife al-Qādir, a constitué un défi face auquel il ne pouvait rester silencieux[8]. Ultimes soubresauts peut-être en cette seconde moitié du XIe siècle du déclin de la dynastie fāṭimide, ces missions sont orchestrées par le vizir Abū Muḥammad al-Yazūrī (m. 450/1058), ce qui contraint les autorités califales à condamner de nouveau les fāṭimides et leur généalogie en 444/1052[9]. À partir de 483/1090 l'ismaélisme devient un péril politique avec l'essor d'une branche extrémiste, les niẓārites, conduite sous la houlette de Ḥasan al-Ṣabbāḥ (m. 518/1124)[10]. À Baġdād, les heurts entre sunnites et šīʿites sont récurrents. Altercations et échauffourées dégénèrent, faisant morts et blessés en 478/1085 et 481/1088[11]; le paroxysme de la violence est atteint en 482/1089. Afin d'apaiser les tensions, le calife propose une politique conciliante envers les šīʿites; elle entraîne en retour manifestations et débordements sunnites qui déplorent la mort de la vraie religion et le triomphe de l'innovation rāfiḍite. En 483/1090, l'agitation šīʿite retrouve une certaine vigueur avec l'annonce de

1. Al-Ġazālī, *Iḥyā'*, *op. cit.*, K. 1 (*Kitāb al-ʿilm*), B. 4, b. 2, p. 58-59 [V. 1, p. 174-175] et K. 30 (*Kitāb ḏamm al-ġurūr*), b. 2, ṣf. 1, p. 1305 [V. 6, p. 655].

2. *Id.*, *Lettre au disciple* (*ayyuhā l-walad*), *op. cit.*, fr. p. 38 et p. 52, ar. p. 39 et p. 53.

3. *Id.*, *Iḥyā'*, *op. cit.*, K. 30 (*Kitāb ḏamm al-ġurūr*), b. 2, ṣf. 1, p. 1305 [V. 6, p. 655].

4. *Ibid.*, K. 30, b. 2, ṣf. 1, p. 1305 [V. 6, p. 655].

5. *Ibid.*, K. 30, b. 2, ṣf. 1, p. 1307 [V. 6, p. 659-660].

6. *Ibid.*, K. 16 (*Kitāb ādāb al-ʿuzla*), B. 2, fa. 3, p. 677 [V. 4, p. 285].

7. M. Bouyges, *Essai de chronologie des œuvres de al-Ghazālī* (*Algazel*), éd. et mis à jour par M. Allard, Beyrouth, Imprimerie catholique, 1959; G. F. Hourani, « The Chronology of Ghazālī's Writings », *Journal of the American Oriental* Society, 79, 1959, p. 225-233; « A Revisited Chronology of Ghazālī's Writings », *Journal of the American Oriental* Society, 104, 1984, p. 289-302 et F. Griffel, *Al-Ghazālī's Philosophical Theology*, *op. cit.*, notamment le chap. premier. La datation du *Mustaẓhirī* est située durant la période de Baġdād entre février 1094, date de l'arrivée d'al-Mustaẓhir et son départ en novembre 1095.

8. M. Bouyges, *Essai de chronologie*, *op. cit.*, p. 157.

9. H. Laoust, *La politique d'al-Ġazālī*, *op. cit.*, p. 35.

10. Al-Šahrastānī (1086-1153) mentionne dans le *Kitāb al-milal wa l-niḥal al-bāṭiniyya al-taʿlīmiyya* : al-Šahrastānī, *Al-Milal wa l-niḥal* (Le livre des religions et des sectes), *op. cit.*, t. 1, p. 492.

11. Ibn Kaṯīr, *Al-Bidāya wa l-nihāya*, XII, p. 127 et 134 [Laoust, *op. cit.*, p. 53].

l'avènement du Mahdī à Baṣra. Cette apparition eut ses partisans et ses détracteurs. À l'occasion de la querelle, on se livra à des pugilats, on incendia des habitations et des lieux de culte, on saccagea la superbe bibliothèque fondée par ʿAḍud al-Dawla[1]. C'est dans ce contexte houleux et délétère qu'al-Ġazālī fit son entrée en 484/1091 à Baġdād où il resta un peu moins de cinq ans. Durant son séjour, Niẓām al-Mulk, Malikšāh et le calife al-Muqtadī moururent soit assassinés, soit de mort suspecte. Du côté de la dynastie fāṭimide, la mort du calife al-Mustanṣir (m. 487/1094) entraîna une grave crise de succession qui fit émerger le mouvement niẓārite. C'est donc dans ce contexte, comme l'ont montré les travaux de Makdisi, de Henri Laoust et plus récemment de Farouk Mitha et de Frank Griffel, qu'al-Ġazālī rédige plusieurs ouvrages politiques contre les bāṭinites et notamment *Al-Mustaẓhirī*[2]. Nous en exposerons l'argumentaire avant de traiter des réfutations des philosophes, des ibāḥites et des soufis extrémistes, plan qui ne suit pas la chronologie de ses œuvres, mais qui correspond à l'importance du combat qu'il revêt pour lui. Nous verrons quel enseignement recueillir par rapport à sa pensée sur les non musulmans.

LES *BĀṬINITES*, MUSULMANS OU NON MUSULMANS ?

Selon al-Ġazālī, les bāṭinites reconnaissent l'*Imām* infaillible, source unique de la connaissance. Ils soutiennent une théologie d'inspiration philosophique où le prophète est l'homme élu ayant reçu la capacité de s'unir à l'intellect universel et de recevoir à l'état de veille, comme une émanation (*fayḍ*), les connaissances transmises et dont l'archange est la figure symbolique. Dans ce schéma, on reconnaît la conception fārābienne de la prophétie définie dans *La cité vertueuse*[3], mais aussi celle d'Ibn Sīnā et de son allégorie sur l'ascension du messager[4]. Le Coran est l'expression formelle des connaissances transmises

1. Ibn Kaṯīr, *Al-Bidāya wa l-nihāya*, XI, p. 136 [Laoust, *op. cit.*, p. 54].

2. B. Carra de Vaux, « Baṭinīya », dans *Handwörterbuch des Islam*, *op. cit.*, p. 78 et G. Makdisi, « Muslim Institutions of Learning in Eleventh Century Baghdad », *Bulletin of the School of Oriental and African Studies*, 22, 1961, p. 1-56 ; « The Sunnī Revival », dans D. S Richards (ed.), *Islamic Civilisation*, *op. cit.*, p. 155-168 ; « Autority in the Islamic Community », dans G. Makdisi (éd.), *La notion d'autorité au Moyen-Âge : Islam, Byzance, Occident*, Paris, P.U.F., 1982 ; *The Rise of Humanism in Classical islam and the Christian West : with Special Reference to Scholasticism*, Edinburgh, Edinburgh University Press, 1990 ; H. Laoust, *La politique de Ġazālī*, Paris, Geuthner, 1970. Voir aussi les travaux plus récents de F. Mitha, *Al-Ghazālī and the Ismailis. A Debate on Reason and Authority in Medieval Islam*, London-New York, IB. Tauris, The Institute of Ismaili Studies, 2001 et F. Griffel, *Al-Ghazālī's Philosophical Theology*, *op. cit.* Enfin, il existe une traduction partielle en anglais du *Mustaẓhirī* par R. J. McCarthy : *Freedom and Fulfillment : An Annotated Translation of al-Ghazali's al-Munqidh min al-Dalal and Other Relevant Works of al-Ghazali*, Boston (MA), Twayne, 1980, « Appendix II », p. 175-286.

3. Al-Fārābī, *Traité des opinions des habitants de la cité idéale*, introd., trad. et notes par T. Sabri, Paris, Vrin, 1990, chap. XXV.

4. P. Heath, *Allegory and Philosophy in Avicenna (Ibn Sînâ)*, *op. cit.*

au prophète : « *bāṭin* sans *ẓāhir* » dans la transmission de l'effluve angélique, il est un « *ẓāhir* sans *bāṭin* » dans son expression verbale, un ensemble de lettres sans significations propres. À la mort du prophète, la faculté prophétique qui reçoit l'intellect universel est transmise à un *imām* qui ouvre un nouveau cycle de lois : il abroge la loi du prophète et lui substitue un nouveau cadre légal d'interdictions et d'obligations. À l'imām revient l'impeccabilité et l'infaillibilité. Il est l'unique interprète autorisé du Coran, le seul en droit de trancher en cas de litiges. En termes de *fiqh*, il ne s'agit donc plus de suivre les *maḏhabs* mais l'imām. La loi islamique (*šarīʿa*) est celle dictée par l'imām, représentant (*ḫalīfa*) du Prophète, personne historique, concrète et accessible en l'*imām* fatimide du Caire.

Le combat d'al-Ġazālī contre les bāṭinites s'insère dans une longue histoire de réfutations et d'oppositions à leur égard. Dans son *Traité de gouvernement*, Niẓām al-Mulk montrait que le danger de division de la communauté islamique venait de ce courant šīʿite : il constitue le véritable ennemi contre lequel sultanat et califat doivent s'unir et que l'idéologie d'État, enseignée dans les *niẓāmiyyāt*, doit combattre :

> Il y a eu, à toutes les époques et dans tous les pays de l'univers, des dissidents qui se sont mis en état de rébellion contre les rois et les prophètes. Mais, aucune secte n'est plus funeste, plus impie et plus pernicieuse que celle des bāṭinites. Que le prince sache que, cachés derrière les murailles, ils méditent la ruine de cet empire et cherchent à porter le trouble dans la religion. Ils ont l'oreille tendue pour percevoir le moindre bruit, et l'œil aux aguets pour épier la moindre occasion. (...) Ils se disent musulmans, mais, en réalité, ils se conduisent comme des infidèles. Leurs pensées intimes (que Dieu les maudisse !) sont en contradiction avec leur apparence extérieure et leurs paroles sont en opposition avec leurs actes. Il n'y a point, pour la religion de Muḥammad, d'ennemis plus néfastes et plus odieux[1].

Tel est le discours enseigné à al-Ġazālī lorsqu'il avait pour maître à Ǧurǧān Abū al-Qāsim al-Ismāʿīlī (m. 477/1084). Son premier ouvrage, *Al-Taʿliqa fī furūʿ al-maḏhab*, regroupait ses notes de cours à leur encontre[2].

Au cœur de la controverse théologique et politique, la doctrine constituait une menace politique. Le calife sunnite de Baġdād demanda à al-Ġazālī de rédiger une réfutation en bonne et due forme. Il s'exécuta. La composa-t-il en tant que sujet du calife, obéissant avec empressement et dévouement, ou bien la rédigea-t-il non sans une certaine réticence, lui qui, à maintes reprises, a exprimé son aversion pour les polémiques[3] ? Un premier indice est perceptible dans l'exorde (*ḫutba*) au *Mustaẓhirī* où il évoque son intention de composer un tel ouvrage contre les inepties de la secte avant même que le calife ne lui en ait

1. Niẓām al-Mulk, *Siyāsat nāmah*, Bayrūt, Dār al-Rā'id al-ʿArabī, 1976 [trad. fr. Ch. Schefer, *Traité de gouvernement*, Paris, Sindbad, 1984, chap. 44, p. 283].

2. H. Laoust, *La politique de Ġazālī*, *op. cit.*, p. 26.

3. Voir *supra*.

exprimé la demande formelle[1]. Cependant, il mentionne aussi sa dette à l'égard du calife pour sa bienveillance et combien est profond son désir de respecter ses obligations à le servir. L'analyse du texte suggère une certaine hésitation à l'égard de l'écriture d'un tel essai au style vindicatif. Ne dit-il pas aussi avoir été saisi par la perplexité (*taḥayyur*) ? Il fallut donc un ordre extérieur, politico-religieux, celui du calife lui-même, pour qu'il s'adonne à sa rédaction. Dans une lecture parfois psychologisante, Mustapha Hogga se demande s'il ne faut pas voir dans cette attente à rédiger un tel ouvrage « le désir de se voir officiellement pressenti pour une tâche aussi importante et d'être désigné devant tous comme une autorité doctrinale »[2]. Peut-être, mais une lecture serrée du texte ouvre aussi à d'autres interprétations.

Dans le *Munqiḏ min al-ḍalāl*, il revient sur le contexte rédactionnel du *Mustaẓhirī* d'une manière sensiblement identique à la *ḫutba* du *Mustaẓhirī*. Il y souligne la concordance entre son intention initiale et la sollicitation du calife : « à mon impulsion personnelle s'ajoutait ainsi un moteur externe »[3]. Henri Laoust voit dans ce passage la manifestation « d'une convergence quasi providentielle »[4]. Convergence, mais commandement assurément, puisqu'il s'agit là encore de répondre à un ordre (*amr*) du calife.

Pour autant, si la réfutation contre les bāṭinites répond à une demande impérative du calife et à une nécessité impérieuse, *al-Mustaẓhirī* n'est pas le seul ouvrage dans lequel il traite de leurs agissements et de leurs doctrines. L'ouvrage s'insère dans un corpus de plusieurs essais consacrés à la secte. Dans le *Munqiḏ*, al-Ġazālī répertorie les travaux dans lesquels il passe au crible les égarements et le fourvoiement du mouvement : le *Kitāb ḥuǧǧat al-ʿaql*[5], le *Mufaṣṣil al-ḫilāf*[6], le *Kitāb al-daraǧ al-marqūm*[7] et surtout *Al-Qisṭās al-mustaqīm*[8]. Ces écrits ne sont pas de même facture et il convient de distinguer ceux où al-Ġazālī dénonce les inconduites et les turpitudes des bāṭinites et ceux, à l'exemple du *Qisṭās al-mustaqīm*, où il montre, dans une analyse rationnelle, sous un mode dialogal, la faiblesse de leur théorie et l'incurie de leur

1. Al-Ġazālī, *Faḍāʾiḥ al-Bāṭiniyya wa faḍāʾil al-Mustaẓhiriyya*, *op. cit.*, p. 22-23.
2. M. Hogga, *Orthodoxie, subversion et réforme en Islam*, *op. cit.*, p. 51.
3. Al-Ġazālī, *Al-Munqiḏ min al-ḍalāl*, *op. cit.*, fr. p. 85-86, ar. p. 28.
4. H. Laoust, *La politique de Ġazālī*, *op. cit.*, p. 76.
5. Ouvrage perdu.
6. Voir ʿAbdurraḥmān Badawī, *Muʾallafāt al-Ġazālī*, al-Kuwait, Wakālat al-Maṭbūʿāt, 1977, p. 130 et C. Brockelmann, *Geschichten der arabischen Literatur*, 5 vol., Leiden, Brill, 1937-..., p. 749 (nbp).
7. Voir ʿAbdurraḥmān Badawī, *Muʾallafāt Al-Ġazālī*, *op. cit.*, p. 159 et C. Brockelmann, *Geschichten der arabischen Literatur*, *op. cit.*, p. 749 (nbp). Cet ouvrage est perdu.
8. Al-Ġazālī, *Al-Munqiḏ min al-ḍalāl*, *op. cit.*, fr. p. 93 ; ar. p. 33. Voir F. Jabre, « La biographie et l'œuvre de *Ghazali* reconsidérées à la lumière des Tabaqat de Sobki », *MIDÉO*, 1, 1954, p. 99 et G. F. Hourani, « The Chronology of Ghazālī's Writings », art. cit., p. 74.

argumentation[1]. Par ailleurs, l'*Iḥyā'* n'est pas moins dénuée d'observations, d'annotations ou d'allusions contre la secte, alors qu'au cours de la rédaction de sa somme théologico-spirituelle, les agissements politiques des bāṭinites ne diminuèrent guère. En 500/1106, le vizir Faḫr al-Mulk, le fils aîné de Niẓām, est assassiné à Nīšābūr par un bāṭinite. De même, les *Chroniques* rapportent que les qādīs d'Iṣfahān et de Nīšābūr sont assassinés en représailles contre leurs actions menées à l'encontre des bāṭinites[2].

Dès les premières pages du *Mustaẓhirī*, al-Ġazālī précise ce qu'il convient d'attendre d'une telle réfutation. Elle devra contenir, écrit-il, l'exposé de leurs innovations, de leurs erreurs, ainsi que celui de leurs procédés et de la stratégie à laquelle ils recourent pour duper le commun des croyants (*funūn makrihim wa iḥtiyālihim*)[3]. Il s'agit

> d'expliciter (*īḍāḥ*) les dangers (*ġawā'il*) de leur feinte (*talbīs*) et de leur ruse (*ḫidā'*), leur éloignement du cœur de l'islam (*ribqat al-islām*), leur abandon (*insilāḫ*)[4] et leur reniement (*inḫilā'*) [de l'islam], et mettre en évidence (*ibrāz*) leurs infamies (*faḍā'iḥ*) et leurs ignominies (*qabā'iḥ*), ce qui nécessite de déchirer leurs voiles et de divulguer leurs secrets[5].

Pour éviter les deux écueils de la prolixité et de la concision, il veut rédiger un ouvrage de voie médiane (*al-maslak al-muqtaṣid*) qui servira à la fois l'élite et la masse des gens.

Au ton de l'exorde, le *Mustaẓhirī* se présente comme une œuvre de combat. Le champ lexical est celui de l'hostilité virulente à l'encontre de ceux que le calife considère comme « ennemis d'État ». Écrit dans une langue riche, précise, technique et offensive, l'ouvrage entend donc défendre la vérité en son évidence (*al-ḥaqq al-mubīn*), lutter (*niḍāl*) pour la preuve de la religion et éradiquer la racine doctrinale des gens sans Dieu (*mulḥidūn*)[6]. Par la véhémence du propos, il se différencie sensiblement du ton du *Qisṭās al-mustaqīm* où la tonalité est globalement cordiale et amène. Par un effet stylistique adéquat, les mots utilisés dans le *Mustaẓhirī* donnent à son texte une expression à la fois solennelle et grave : les bāṭinites sombrent dans le fourvoiement (*ḍullāl*) et, dès l'exorde, al-Ġazālī rend grâce à Dieu de ne pas être du nombre de ceux qui s'égarent, car s'ils confessent oralement leur foi (*bi-l-lisān iqrāran*) leurs cœurs abritent maintes erreurs en leur for intérieur (*yuḍmirūna fī l-ǧanān*), qu'ils

1. 'Abdurraḥmān Badawī, « L'actualité d'al-Ghazâlî », dans *Ghazâlî, la raison et le miracle*, table ronde UNESCO, 9-10 décembre 1985, « Islam d'hier et d'aujourd'hui », Paris, Maisonneuve et Larose, 1987, p. 72.
2. Ibn Kaṯīr, *Al-Bidāya wa l-nihāya*, *op cit.*, XII, p. 171.
3. Al-Ġazālī, *Faḍā'iḥ al-Bāṭiniyya wa faḍā'il al-Mustaẓhiriyya*, *op. cit.*, p. 23.
4. *Insilāḫ*, maṣdar de septième forme, implique l'idée d'une transformation. En s'éloignant du nœud de l'islam, les croyances des bāṭinites ont mué au point de ne plus épouser le cœur de la foi musulmane.
5. Al-Ġazālī, *Faḍā'iḥ al-Bāṭiniyya wa faḍā'il al-Mustaẓhiriyya*, *op. cit.*, p. 23.
6. *Ibid.*

entretiennent avec persistance et obstination (*tamādiyyan wa iṣrāran*)[1]. Il dénonce l'exubérance et le pullulement de leurs propos, il critique le caractère excessif de leur prédication – le témoignage religieux devant pouvoir être aussi intérieur et silencieux –, il réprime les professions publiques et ostensibles de piété et de componction emplies de gravité (*yuʿlinūna fī l-ẓāhir taqwā wa waqār*) ; plus substantiellement, il vitupère contre leurs égarements et leurs péchés (*ḏunūb*) et fustige leurs iniquités (*maẓālim*)[2].

Pour ce qui relève de la structure, le *Mustaẓhirī* se compose de dix chapitres. Après avoir précisé la nature de sa méthode, il présente un exposé et une analyse détaillée de la doctrine. Il explicite les causes du succès de leur prédication et relève les arguments rationnels et religieux afin de neutraliser leurs discours et d'inverser leur dynamique de recrutement[3]. Dans cette présentation à la fois historique et doctrinale du courant bāṭinite, al-Ġazālī semble cependant peu sourcilleux quant aux références et à l'analyse des sources. S'il a insisté dans le *Munqiḏ* sur la nécessité d'une méthode multidimensionnelle pour fonder l'objectivité de la connaissance de l'autre, force est de constater, à la lumière de ce traité, qu'il ne s'embarrasse pas de telles considérations. Des manuscrits sur lesquels il a étudié, il se limite à rendre compte d'un accord des copistes sur ce qu'il rapporte[4]. Concernant la prédication des missionnaires bāṭinites, il cite dans un style indirect leur raisonnement et leur stratégie sans donner la moindre information sur ses sources : s'agit-il de la transposition d'un entretien, de la citation d'un de leurs penseurs ou théoriciens ? S'il est d'usage dans la pensée orientale de citer sans toujours préciser l'origine de la citation, il est aussi de coutume dans les traités d'apologétique de mentionner les auteurs ou le nom des ouvrages que l'on

1. Al-Ġazālī, *Faḍā'iḥ al-Bāṭiniyya wa faḍā'il al-Mustaẓhiriyya*, *op. cit.*, p. 22.

2. *Ibid.*

3. *Ibid.*, p. 25 : « 1er : de l'explicitation de la méthode (*manhaǧ*) que j'ai choisie de suivre au cours de ce livre ; 2e : de l'explication de leurs dénominations (*alqāb*) et du dévoilement des causes du mobile (*bāʿiṯ*) de l'institution de cette propagande trompeuse (*al-daʿwa al-muḍilla*) ; 3e : de l'explication des degrés de leurs stratagèmes (*ḥiyal*) en matière de duperie (*talbīs*) et dévoilement de la cause de l'illusion (*iġtirār*) de leur ruse en dépit de son évidente contrevérité (*fasāduhum*) ; 4e : de la considération de leur doctrine en général et en particulier ; 5e : de leur interprétation (*taʾwīl*) du sens littéral du Coran et leur déduction (*istidlāl*) sur des questions relatives aux nombres ; 6e : de la présentation de leurs preuves rationnelles relatives au succès (*nuṣra*) de leurs doctrines et dévoilement de leurs duperies qui l'enjolivent par leur allégation dans l'exposé d'arguments (*burhān*) contre l'invalidité (*ibṭāl*) du raisonnement rationnel ; 7e : de l'invalidité de leur argument concernant la désignation textuelle relative à l'investiture (*naṣb*) de leur *imām* infaillible ; 8e : de la nécessité d'une *fatwā* sur leur réalité en conformité avec le fait de les considérer comme mécréant (*takfīr*) et de répandre le sang (*safk al-dimā'*) ; 9e : de l'érection de la preuve jurisprudentielle et légale que le véritable *imām* à notre époque est le calife al-Mustaẓhirī (que Dieu préserve sa souveraineté) ; 10e : Du maintien des fonctions religieuses [qui rendent compte] que l'imāma est continuellement mérité ».

4. *Ibid.*, p. 37.

réfute[1]. De l'historique du mouvement, il restitue succinctement des données sans la moindre référence aux sources primaires ni même aux sources secondaires qu'il aurait consultées. Il se satisfait simplement de dire qu'il y a eu recours[2]. Ainsi, par exemple, il n'est jamais fait mention des travaux d'al-Baġdādī, alors que le *Mustaẓhirī* s'inscrit dans la continuité des traités sunnites d'hérésiologie du maître de Baġdād[3]. Dans le *Munqiḏ*, il revient sur cette question méthodologique comme pour répondre à ceux qui ne manquèrent pas, dès la parution de l'ouvrage, à en décrier la faiblesse.

Par le plan adopté, al-Ġazālī manifeste d'emblée sa préoccupation devant le succès rencontré par la secte et le phénomène de conversion qui en découle. Le *Mustaẓhirī* n'est pas l'œuvre d'un sociologue, mais il est avant tout le livre d'un « intellectuel musulman engagé », mobilisant l'ensemble de ses connaissances et des disciplines pour répondre aux défis du bāṭinisme et comprendre les motivations qui conduisent tant de musulmans à rejoindre les bancs de la secte. L'urgence et l'importance de la question n'est pas exclusivement politique ou doctrinale – une secte opposée au pouvoir du calife – mais fondamentalement religieuse : pourquoi des musulmans appartenant à différents courants sunnites et de différentes obédiences doctrinales deviennent-ils adeptes de la secte ? Pourquoi un enfant de musulmans, intrinsèquement musulman de par sa *fiṭra*, éduqué dans l'islam, devient-il cependant bāṭinite à l'âge adulte ?

Le *Mustaẓhirī* s'attache à répondre à ces questions. Par l'analyse qu'il propose, al-Ġazālī présente une théorie de la conversion et expose une étude sémantique et discursive qui permet de comprendre les raisons qui motivent un musulman à apostasier. D'un point de vue juridique et pénal, le *Mustaẓhirī* s'inscrit aussi dans le cadre d'une réfutation sans concession à l'égard de ceux qu'al-Ġazālī situe dès leur origine comme étant non musulmans et qui menacent non seulement la communauté islamique mais aussi les religions traditionnelles et scripturaires de l'humanité. Pour lui, le bāṭinisme est un projet idéologique opposé à la révélation divine qui appelle donc à une union non seulement des musulmans mais aussi des religions statutairement reconnues par l'islam.

Avec le souci d'éviter l'essentialisme, il expose dans le deuxième chapitre du *Mustaẓhirī*, l'historique de ces groupes, la complexité du terme *bāṭiniyya*, la diversité du mouvement et de l'absence d'un *continuum* historique au profit d'une particularité de leurs doctrines ou de leurs rites. Il identifie ainsi dix manifestations (*alqāb*) : ceux pour qui « le sens littéral des textes (*ẓawāhir*) du Coran et de la tradition (*aḫbār*) a un sens intérieur (*bawāṭin*) qui s'accorde

1. Cependant, l'absence d'informations scripturaires n'est peut-être pas le signe de l'indigence de l'application de sa méthode, mais la conséquence de son déploiement : il ne peut citer ce qui n'existe pas. Son information est donc le fruit de son enquête dans toutes ses dimensions.

2. Al-Ġazālī, *Faḍā'iḥ al-Bāṭiniyya wa faḍā'il al-Mustaẓhiriyya*, *op. cit.*, p. 28.

3. F. Mitha, *Al-Ghazālī and the Ismailis*, *op. cit.*, p. 35-36.

(*taǧrī*) au sens extérieur »[1], ceux qui « détournent les termes de la loi (*ṣarafa alfāẓ al-šarʿ*) de leur sens obvie pour les appliquer à des domaines occultes (*umūr bāṭiniyya*) qui ne sauraient rendre compte de leur compréhension, ceux que l'on reconnait sous le nom de qarāmiṭites (*al-qarāmiṭa*) et de qirmiṭites (*al-qirmiṭiyya*)[2] tous deux issus du nom de l'activiste ismaélien irakien, Ḥamdān Qarmaṭ (m. 321/933)[3]; ceux qui sont appelés *al-ḫurramiyya* ou *al-ḫurramdīniyya*[4] car ils encouragent le libertinage, exaltent la volupté, sollicitent les passions, attisent la satisfaction des plaisirs licites et interdits (*muḥarramāt*); ceux qui appartiennent à la *bābakiyya*[5] et qui fomentent la rébellion contre le régime califal et dont le chef se considère comme supérieur (*afḍal*) au prophète de l'islam. L'indication des succès militaires orchestrés par les bāṭinites donne à la présentation d'al-Ġazālī une intensité dramatique : les ennemis de l'islam ont acquis une puissance de feu qui menace le cœur politique de la cité musulmane, la menace n'est pas à l'extérieur des frontières de l'islam (*dār al-ḥarb*) mais au sein même du *dār al-islām*; ceux que l'on identifie aux ismaéliens; ceux qui appartiennent à la *sabʿiyya* et dont les théories s'inspirent très largement de celles des astronomes athées (*min mulḥidat al-munaǧǧimīn*) qui ont déjà été utilisées par les dualistes (*ṯanawiyya*) arguant du mélange de la lumière et des ténèbres au sein des sept planètes[6]; ceux que l'on dénomme les *Muḥammira*, les rouges; enfin, les partisans de l'enseignement (*taʿlīmiyya*).

L'exposé de ces dix nominations appelle plusieurs commentaires. D'une part, la désignation de bāṭinite n'est pas revendiquée comme telle par les membres ou les chefs de file des différentes communautés ou groupes identifiés par al-Ġazālī. Elle est une qualification extérieure, celle de l'historien, du sociologue, de l'hérésiographe. Le terme est donc un *artefact*. Sa classification

1. Al-Ġazālī, *Faḍā'iḥ al-Bāṭiniyya wa faḍā'il al-Mustaẓhiriyya*, *op. cit.*, p. 33.

2. *Ibid.*, p. 34-35.

3. Sur l'activité missionnaire de Ḥamdān Qarmaṭ en Irak et les qarāmiṭites voir : al-Baġdādī, *Al-Farq bayna l-firaq*, éd. M. Badr, al-Qāhira, Miṣr al-Qāhira, 1910, p. 267 et Al-Ṭabarī, III, *op. cit.*, p. 2124-2130. Voir aussi les pages que lui consacre Nuwayrī (m. 1332) dans son encyclopédie : al-Nuwayrī, *Nihāyat al-ʿarab fī funūn al-adab*, XXV, éd. M. Ǧ. al-Ḥini, al-Qāhira, Dār Ṯhābit, 1984, p. 187-231.

4. Al-Ġazālī, *Faḍā'iḥ al-Bāṭiniyya wa faḍā'il al-Mustaẓhiriyya*, *op. cit.*, p. 35.

5. Al-Baġdādī, *Al-Farq bayna l-firaq*, éd. M. M. ʿAbd-al-Ḥamīd, Bayrūt, Dār al-Ma'rifat, n. d., p. 266-269. Al-Ṭabarī dans ses *Chroniques* présente un portrait peu complaisant de Bābak : « Bâbek est le fondateur de la doctrine Khorrémite, espèce d'hérésie dont le seul enseignement positif consistait à rejeter l'islamisme, à déclarer licite tout ce qui est défendu par la religion, le vin, la fornication, l'usage des aliments prohibés, et à affranchir les hommes de toute loi. Cette doctrine, prêchée par Bâbek, plaisait au peuple; un grand nombre de personnes l'embrassèrent et se mirent à tuer les musulmans. Établi dans un lieu fortifié au milieu de défilés inaccessibles aux troupes, Bâbek défiait toute attaque des armées du gouvernement. Celles-ci, au contraire, étaient exposées de sa part à des surprises nocturnes, après lesquelles il se retirait sans qu'il fût possible de le poursuivre » (*ibid.*, trad. Zotenberg, p. 525).

6. Al-Ġazālī, *Faḍā'iḥ al-Bāṭiniyya wa faḍā'il al-Mustaẓhiriyya*, *op. cit.*, p. 36.

terminologique lui permet de décrire le bāṭinisme comme une nébuleuse traversée d'influences philosophiques ou mystiques plurielles, marquée de personnalités exaltées et étranges. L'univers des montagnes où d'aucuns trouvaient refuge confère au mouvement une dimension symbolique faisant de lui un monde à part, abritant de potentiels barbares avides de sang et de conquêtes où l'histoire s'entremêle à l'univers des légendes. Par ces exemples historiques, al-Ġazālī construit donc son objet d'étude, qu'il nimbe en grande partie d'une auréole noire.

La notion de *faḍā'iḥ* (infamies) qui est accolée aux *bāṭinites* dans le titre même de son ouvrage, vient aussi attester de la monstruosité du mouvement. Mais une fois le tableau symbolique dessiné et l'émoi suscité par un jeu de mots et d'expressions, il convient de revenir à l'argumentation rationnelle et mesurer la valeur morale et doctrinale de leurs théories. À la genèse de leur argumentaire, al-Ġazālī rapporte le raisonnement suivant :

> La vérité (*ḥaqq*) ne peut être connue que par l'opinion personnelle (*ra'y*) ou l'enseignement (*ta'līm*), mais il n'est pas approprié (*baṭala*) de se fier à l'opinion individuelle (*al-ta'wīl 'alā l-ra'y*) en raison de la contradiction (*ta'āruḍ*) inhérente aux opinions, de la confrontation (*taqābul*) des passions et des différences de résultats des raisonnements spéculatifs (*ṯamarāt naẓar al-'uqalā'*) : aussi, le recours (*ruǧū'*) à l'enseignement et aux instructions [de l'*imām*] est-il prescrit (*ta'ayyana*) [1].

Le rôle de l'*Imām* est d'appeler tous les hommes à la vérité. Certes, il peut rencontrer des hommes qui refusent de reconnaître son infaillibilité, mais il est symptomatique, soulignent-ils, qu'aucun d'entre eux ne s'est alors érigé comme rival : ils ne sont que des négateurs (*munkirūn*) qui ne peuvent parvenir à distinguer le vrai du faux de leurs propres forces. L'*imām* est la seule personne connue dans le monde à se dire infaillible. Ici, le raisonnement des bāṭinites s'appuie sur un syllogisme basique : l'*imām* existe, une seule personne se dit être l'*imām*, cette personne est donc l'*imām*.

Pour al-Ġazālī, la généalogie du mouvement atteste de sa non appartenance à l'islam : à la genèse du bāṭinisme se trouvait un groupe de non musulmans opposés au pouvoir califal. Leurs membres ont élaboré une doctrine pour porter atteinte au cœur du *credo* islamique et incriminer la personne du prophète Muḥammad afin de ruiner les bases de l'islam et d'endoctriner les musulmans. Les bāṭinites ne sont donc pas des musulmans hétérodoxes. D'emblée, ils sont dans un rapport d'opposition et de compétition à l'islam. Plus encore, ce mouvement est extérieur à toute communauté religieuse (*milla*) traditionnelle et toute profession de foi appuyée par une tradition prophétique. Il s'agit

> d'un groupe issu des zoroastriens (*maǧūs*), des mazdakites (*mazdakiyya*), d'une bande (*širḏima*) de dualistes athées (*al-ṯanawiyya al-mulḥidīn*) et d'une grande

1. *Ibid.*, p. 37.

part d'athées philosophes (*mulḥidat al-falāsifa*)[1] qui se concertèrent et s'entendirent (*tašāwara*). Ils prirent une part active dans la formalisation (*istinbāṭ*) d'une organisation qui les exonèreraient de toute emprise des gens de religion (*istīlā' ahl al-dīn*) et leur assureraient une respiration devant la détresse dans laquelle ils se trouvent face à la gravité (*istifḥāl*) du commandement musulman[2].

Pour al-Ġazālī, le bāṭinisme a une dimension areligieuse[3]. Il est un mouvement révolutionnaire porteur d'une idéologie à la fois politique et philosophique opposée aux principes de foi des religions du Livre : la création, la prophétie, la résurrection et le retour à Dieu. Par cette description, l'enjeu ne se réduit pas à l'islam mais concerne toutes les religions. Al-Ġazālī condamne leur athéisme dans la mesure où il est une idéologie relayée par une propagande virulente contre l'islam et les religions dans leur ensemble. En accusant les messagers de mensonge (*takḏīb al-rusul*), les bāṭinites ne récusent pas seulement Muḥammad, mais tous les prophètes. Pour eux, Moïse ou Jésus ne sont que des escrocs et des tricheurs qui rendent esclaves les hommes (*ḫalq*) par leurs discours et leur charlatanisme (*ša'waḏa*)[4].

Mais alors, comment expliquer que tant de musulmans rejoignent les rangs de la secte, abandonnant non seulement l'islam, mais aussi prenant les armes contre la religion de leurs pères dans laquelle ils furent éduqués ? Pour al-Ġazālī, la conversion d'hommes et de femmes au bātinisme ne peut s'expliquer uniquement par la subtilité des méthodes de leurs missionnaires et de leur *credo*. En convoquant une analyse psychologique et politique, il dresse la typologie des nouveaux convertis au bāṭinisme pour conforter les musulmans sincères dans leur foi et discréditer le mouvement par la qualité et les intentions peu religieuses de ses nouveaux adeptes. Les motivations sont politiques, sociales, philosophiques ou morales, mais non religieuses. Il montre que le nouvel adepte ne change pas de vie. Au contraire. Loin d'être spirituelle et de constituer un retournement, un changement du cœur (*tawba*) ou une rupture radicale de l'être profond avec ses anciennes attaches, la conversion bāṭinite

1. Pour al-Ġazālī, le dualisme est au cœur de la théologie bāṭinite : selon eux, il existe deux dieux prééternels dont l'existence n'a pas de commencement, même si le premier (*al-sābiq*, le prédécesseur) est la cause du second (*al-tālī*, le successeur). Le premier peut être appelé raison (*'aql*) et le second (*nafs*). Le monde est imparfait car *al-sābiq* le créa par l'intermédiaire d'*al-tālī* et non par lui-même. Voir F. Mitha, *Al-Ghazālī and the Ismailis*, *op. cit.*, p. 43. Sur la causalité chez les ismaéliens : W. Madelung, « Aspects of Ismā'īlī Theology : The Prophetic Chain and the God Beyond Being », dans S. Hossein Nasr (ed.), *Ismā'īlī Contributions to Islamic Culture*, Tehran, Imperial Iranian Academy of Philosophy, 1977, p. 51-65.

2. Al-Ġazālī, *Faḍā'iḥ al-Bāṭiniyya wa faḍā'il al-Mustaẓhiriyya*, *op. cit.*, p. 37-38.

3. Selon al-Baġdādī, la propagande bāṭinite a commencé à se répandre à l'époque du calife al-Ma'mūn par le biais de Ḥamdān Qarmaṭ et 'Abdallāh Ibn Maymūn al-Qadāḥ. Pour al-Baġdādī, les bāṭinites ne relèvent pas de l'islam mais d'une secte des Zoroastriens : « ils sont apparus à l'époque de Muḥammad Ibn Ṭāhir Ibn 'Abdallāh Ibn Ṭāhir au Ḫurāsān par opposition aux corporalistes, les Karrāmīyya » (al-Baġdādī, *Al-Farq bayna l-firaq*, *op. cit.*, p. 21-22 [§ 31-34].

4. Al-Ġazālī, *Faḍā'iḥ al-Bāṭiniyya wa faḍā'il al-Mustaẓhiriyya*, *op. cit.*, p. 38.

revient à suivre une doctrine qui satisfait l'*ego*. Elle ne réorganise pas structurellement les croyances, mais prend appui *ab initio* sur sa posture intellectuelle ou sociale antérieure. Le terme de *ittibāʿ* est à cet égard révélateur : *maṣdar* de troisième forme de la racine *tbʿ*, il indique la mise en route à la suite d'une école, d'un évènement, d'un courant d'idées et non la conversion du cœur[1].

Ainsi, la présentation de la tactique bāṭinite contribue à la disqualifier aux yeux de tous les musulmans en relevant leur manigance, leur étroitesse ou leur sottise. A-religieux et anti-religieux, les bāṭinites sont des idéologues qui satisfont les appétits de l'âme charnelle. Ennemis d'État, les bāṭinites ambitionnent d'accéder au pouvoir et envisagent de ruiner l'islam. Ennemis communs, ils doivent donc être combattus par tous les musulmans. Dans cette stratégie du « tous contre un », al-Ġazālī associe aussi les religions du Livre car, même si leurs membres sont plus susceptibles d'adhérer au mouvement que les musulmans, il s'agit de prendre conscience du danger qu'ils constituent à leur égard. L'union entre factions devient ainsi union entre religions.

Après avoir exposé l'étymologie et la genèse historique du mouvement bāṭinite, puis analysé les raisons du succès de la prédication des missionnaires, al-Ġazālī donne une présentation substantielle de leurs doctrines (chapitre IV du *Mustaẓhirī*) et en expose une réfutation détaillée.

En fondant l'accès à la connaissance par l'unique voie de l'*imām*, les bāṭinites disqualifient l'usage de la raison et rejettent tout raisonnement métaphysique. Dans sa réponse, al-Ġazālī rappelle l'évidence de la valeur de la raison d'un point de vue métaphysique (*al-ʿaqlī al-ilāhī*) et apodictique à partir du principe de répétition de l'observation[2]. En philosophe, il montre « la nécessité de l'être, subsistant en lui-même et indépendant de toute autre essence et duquel dérive tout existant (*nadullu ʿalā wāǧib al-wuǧūd al-qāʾim bi-nafsihi al-mustaġnī ʿan ġayrihi al-laḏī minhu yastafīdu kullu mawǧūd*) »[3]. Dans ce passage du *Mustaẓhirī*, il reprend l'argument structurel ontothéologique de la métaphysique d'Avicenne selon lequel l'essence est pensée de manière radicalement différente de l'existence, dans l'ordre des étants causés, où seul un être a son essence nécessaire, les autres essences relevant du possible[4]. Aux arguments rationnels et philosophiques, al-Ġazālī oppose aussi l'argumentation traditionnelle juridique qui s'appuie sur l'épisode célèbre où le Prophète envoya Muʿāḏ au Yémen et qui est rapporté dans quasiment tous les

1. Ibn Manẓūr, *Lisān al-ʿarab*, vol. 8, p. 27.

2. Al-Ġazālī, *Faḍāʾiḥ al-Bāṭiniyya wa faḍāʾil al-Mustaẓhiriyya*, *op. cit.*, p. 102-103.

3. *Ibid.*, p. 104.

4. Avicenne, *Le Livre de la science. Dânesh-Nâmeh* (1021-1037), trad. du persan M. Achena et H. Massé, t. I : *Logique, métaphysique*, Paris, Les Belles Lettres, 1955, p. 169-173. L'argument philosophique adopté par al-Ġazālī le conduit ici à privilégier la notion de nécessité sur celle de volonté. Dieu doit nécessairement obéir aux lois de la logique. Or, cela constitue un point d'achoppement entre al-Ġazālī et les philosophes comme il l'expose dans le *Tahāfut al-falāsifa* : Al-Ġazālī, *Tahāfut al-falāsifa*, éd. Marmura, *op. cit.*, p. 13.

ouvrages d'*usūl al-fiqh* des premiers siècles de l'Hégire[1]. Al-Ġazālī en conclut à la nécessité de recourir à l'effort de jugement personnel (*iǧtihād*)[2] : chaque individu doit être en mesure de faire usage de sa raison[3].

En outre, al-Ġazālī réfute chacun des arguments qui justifient la théorie de l'enseignement par opposition à la raison. Ainsi, il part de la formulation selon laquelle « le vrai est un, mais sa connaissance n'est pas toujours nécessaire ». Deux questions sont cependant jugées primordiales : celle de l'existence de l'Agent (*wuǧūd al-ṣāniʿ*) et celle de la véracité du messager (*ṣidq al-rasūl*)[4]. Or, la connaissance de l'un comme de l'autre ne nécessite pas l'enseignement d'un *imām*. Il suffit en effet de jeter un regard sur le créé (*al-naẓar fī l-ḫalq*) pour y trouver la preuve de l'Agent, ou de voir le miracle pour authentifier la vérité du prophète. Telle est la foi des bédouins auxquels s'adressait Muḥammad : des gens incultes, aux mœurs brutes, incapables de saisir la moindre preuve rationnelle, et qui pourtant, n'en sont pas moins de vrais musulmans (*muslimūn ḥaqqan*), attestant de la vérité de Muḥammad sur son simple serment et se passant de l'enseignement d'un *imām* infaillible[5].

À ce niveau de l'analyse, il convient de se demander si la conception de la raison qu'il restitue est fidèle à la pensée taʿlīmite. Cette question n'est pas sans difficulté, puisque bien des traités ismaéliens sont perdus. Elle a cependant récemment été traitée par Farouk Mitha qui a montré à la lumière d'une comparaison entre le *Kitāb al-Mustaẓhirī* et le *Kitāb al-milal wa l-niḥal* de Šahrastānī[6], que l'on ne trouvait pas chez Ḥasan al-Ṣabbāḥ de critique de l'usage de la raison[7]. Au contraire, du moins tel que le rapporte al-Šahrastānī, la raison permet pour al-Ṣabbāḥ d'atteindre la connaissance de l'*imām*, lequel permet une connaissance plus profonde, plus éclairée, au-delà de la seule lumière de la raison. Il ne s'agirait donc pas pour la doctrine bāṭinite d'invalider la raison, mais de souligner la limite de sa portée dans la connaissance, ce qui rejoint le statut épistémologique que lui confère al-Ġazālī. Par ailleurs, dans *Du destructeur de l'erreur et de l'anéantissement de celui qui la défendait*

1. Voir notamment Muḥammad b. ʿAlī b. al-Ṭayyib al-Baṣrī (436h), *Al-Muʿtamad fī uṣūl al-fiqh*, éd. Ḥamīdullāh, Damišq, IFPO, 1964 ou al-Šafiʿī, *Uṣul al-fiqh*, al-Qāhira, s.e., H. 1315; al-Šafiʿī, *Risāla*, al-Qāhira, Šakir, 1940, p. 476 ; al-Šīrāzī, *Šarḥ al-Lumaʿ*, éd. ʿAbd al-Maǧīd Turkī, 2 vol., Bayrūt, Dār al-Ġarb al-Islāmī, 1988, II, p. 845-846.

2. Al-Ġazālī, *Al-Munqiḏ min al-ḍalāl*, *op. cit.*, fr. p. 88, ar. p. 30.

3. Dans ce passage fondamental, al-Ġazālī en vient à justifier le recours à l'*iǧtihād* pour l'ensemble des croyants dès lors qu'il ne concerne pas les fondements de la foi. Par là même, il va plus loin que la position qu'il tient dans le *Mustaṣfā* et qui restreint la pratique de l'*iǧtihād* aux seuls savants : « Deux prérequis sont exigés pour le *muǧtahid* : le premier est la maîtrise de tous les outils et de toutes les sources pour appréhender la loi islamique (*madārik al-šarʿ*) afin de poser une opinion quasi certaine (*istiṯārat al-ẓann*) » (al-Ġazālī, *Al-Mustaṣfā min ʿilm ʿulūm al-fiqh*, *op. cit.*, vol. 2, p. 1044).

4. Al-Ġazālī, *Faḍā'iḥ al-Bāṭiniyyawa faḍā'il al-Mustaẓhiriyya*, *op. cit.*, p. 114.

5. *Ibid.*, p. 114-115.

6. Al-Šahrastānī, *Al-Milal wa l-niḥal*, *op. cit.*, t. 1, p. 554-565.

7. F. Mitha, *Al-Ghazālī and the Ismailis*, *op. cit.*, p. 53-55.

(*Dāmiġ al-bāṭil wa ḥatf al-munāḍil*), l'auteur de cet ouvrage de près de 1250 pages, découpe le *Mustaẓhirī* en multiples sections auxquelles il répond point par point[1]. La cause de cette distorsion résulte-t-elle d'une méconnaissance due à une indigence méthodologique ou bien al-Ġazālī sacrifie-t-il la vérité au profit de son projet politique d'unité entre écoles sunnites ? L'influence de la doctrine bāṭinite sur sa propre pensée, tant par les concepts que les thèses soutenues, incline à croire que l'absence de références scripturaires des livres ou manuels bāṭinites ne découle pas de leur méconnaissance, mais s'inscrit dans le cadre d'une nécessité politique où la fin – détruire les bāṭinites – justifie les moyens – caricaturer leur doctine et leurs adeptes –. Par suite, le *Mustaẓhirī* donne le sentiment de l'injustice d'une présentation qui, contre l'idéologie de l'ennemi d'État, se mue elle-même en idéologie de combat.

Du point de vue logique, sa réfutation n'est pas non plus sans un certain paradoxe, puisque, si l'*imām* n'est pas indispensable, on retrouve dans le tableau qu'il dessine de Muḥammad les qualités du maître, enseignant les vérités primordiales. Paradoxe qui témoigne sans nul doute de sa capacité à intégrer des éléments de doctrine à sa propre synthèse : ainsi, il souligne d'un côté la non nécessité de l'infaillibilité, mais recourt de l'autre à l'expression de « prophète infaillible » (*al-nabiyy al-maʿṣūm*) lorsqu'il mentionne l'enseignement du Prophète[2].

Dans les dernières pages d'*Al-Qisṭās al-mustaqīm*, al-Ġazālī renvoie le taʿlīmite avec lequel il s'est entretenu. Départ paradoxal : si ce dernier a salué à maintes reprises la qualité de son enseignement et la clairvoyance avec laquelle il l'a menée, al-Ġazālī après avoir expliqué les règles des balances et avoir démontré l'inexactitude et l'incohérence dans laquelle se trouvent les membres de la secte, refuse de poursuivre la discussion. Le renvoi tient aux prémisses de son interlocuteur et pour lesquels il n'a pas renoncé : « crois-tu que j'ai oublié que tu as fait tien le conseil de tes amis, de ta mère et de ceux qui relèvent du *taqlīd* ? Tu n'es pas fait pour être mon compagnon, ni moi le tien »[3]. En jouant sur l'inaptitude de son interlocuteur et en laissant supposer une connaissance qu'il ne peut lui révéler, al-Ġazālī n'adopte-t-il pas finalement la stratégie missionnaire des bāṭinites ? À trop en connaître la théorie, il en a intégré à maintes reprises l'enseignement.

Dans l'*Iḥyā'*, al-Ġazālī rappelle la dimension foncièrement innovatrice du bāṭinisme et le préjudice pour l'islam d'une interprétation qui n'est que pure subjectivité, mais il souligne aussi la nécessité d'interpréter la parole coranique et les dits du Prophète[4]. L'existence d'interprétations différentes, voire contradictoires, n'est pas en soi signe d'erreur ou de fausseté : « les significations

1. H. Corbin, « The Ismāʿīlī Response to the Polemic of Ghazālī' », dans S. Hossein Nasr (ed.), *Ismāʿīlī Contributions to Islamic Culture*, *op. cit.*, p. 67-98.

2. *Ibid.*, p. 154.

3. *Ibid.*, p. 100.

4. Al-Ġazālī, *Iḥyā'*, *op. cit.*, K. 1 (*Kitāb al-ʿilm*), B. 3, b. 1, l. 4, p. 49 [V. 1, p. 138].

peuvent être antinomiques et s'exclure mutuellement, elles n'en demeurent pas moins la conséquence d'une compréhension juste (*bi-ḥusn al-fahm*) et d'une réflexion approfondie (*ṭūl al-fikr*) »[1].

Si al-Ġazālī réfute le bāṭinisme, certains éléments de sa méthodologie ou de sa doctrine se retrouvent dans sa pensée. La recherche de Farid Jabre sur la certitude chez al-Ġazālī montre en effet qu'il emprunte la plupart de ses distinctions, de ses interprétations allégoriques, de son exégèse du texte coranique aux bāṭinites. Jabre met en lumière que contrairement à l'affirmation du *Munqiḏ*, al-Ġazālī n'a jamais éprouvé de doute à l'égard de sa profession de foi et qu'il faut lire dans ce témoignage un procédé littéraire, rhétorique, apologétique caractéristique de la prédication des bāṭinites, afin d'attirer ceux qui recourent au doute (*taškīk*) : il s'agit de montrer à celui qui est ébranlé dans la détermination de sa foi que le doute n'en conduit pas moins à réaffirmer avec force et certitude le substrat de la foi dans laquelle la raison s'incline. La thèse opère une généralisation qui minimise cependant la part conséquente de l'enseignement soufi auquel puise al-Ġazālī.

Par ailleurs, eu égard à la stratégie missionnaire, al-Ġazālī dit accorder à l'écriture sacrée des non musulmans une attention particulière en tant qu'elles peuvent constituer un point d'appui pour révéler la vérité de l'islam. Il s'agit de montrer qu'il existe une lecture ou une herméneutique dont la tradition religieuse n'a pas connaissance. Cette tactique est typique de celle déployée par les bāṭinites qui puisent dans le Coran le référent idéologique à la mission : ils partent de la foi musulmane, alors que pour al-Ġazālī, ils ne sont pas musulmans.

L'idée centrale des bāṭinites relative à la nécessité d'un *imām* pour guider la communauté n'est pas non plus absente du système de pensée de notre auteur. Al-Ġazālī en revendique non le titre mais la fonction.

Ainsi, au-delà de sa présentation caricaturale, la philosophie bāṭinite affirme non l'opposition entre le *ẓāhir* et le *bāṭin*, mais une homologie de distinction avec le monde sensible, corporel, matériel et le monde supérieur du royaume céleste et des réalités spirituelles et immatérielles. Cette remontée de l'exotérique à l'ésotérique, de l'extérieur à l'intérieur nécessite toujours l'extérieur. Or, cette complémentarité est affirmée par al-Ġazālī. Chez lui, l'enseignement personnel de l'*imām* est remplacé par la pratique personnelle de l'extase et la méditation du Coran qui est la source du *ta'wīl* et qui conduit du *ẓāhir* au *bāṭin* dans un mouvement de reliance entre l'homme et Dieu.

1. Al-Ġazālī, *Iḥyā'*, *op. cit.*, K. 1 (*Kitāb al-'ilm*), B. 3, b. 1, l. 4, p. 50 [V. 1, p. 138].

La critique d'al-Ġazālī des philosophes

Depuis la fin du VIIIe siècle, plusieurs œuvres de la science grecque ont été traduites en arabe à l'exemple de l'*Almageste* de Ptolémée ou de la *Logique* d'Aristote. Al-Manṣūr (m. 158/775), le second calife abbasside et réel fondateur de cet empire, est le véritable initiateur de cette politique de traduction, comme le rapporte l'historien al-Masʿūdī (m. 345/956). Mais c'est sous l'impulsion décisive d'al-Maʾmūm (m. 218/833) que de nombreux savants se sont attelés à traduire les œuvres de la philosophie grecque dans le cadre de la maison de la sagesse, *Bayt al-ḥikma*, créée en 217/832. Dominique Gutas a montré que cette entreprise de traduction s'insère au sein d'un environnement politique, social et idéologique propre à l'empire abbasside en quête de légitimité[1]. Les descriptions d'une maison de rencontres où se côtoient des juifs, des chrétiens et des musulmans ressemblent davantage à la projection d'un idéal moderne qu'à une réalité historique[2]. Ce qui prédomine, ce sont les interactions scientifiques entre philosophes et non les échanges théologiques. Il reste que la philosophie grecque rencontre l'univers de l'islam. La *philosophia* devient *falsafa.* Il s'affirme l'idée d'une sagesse éternelle (*philosophia perennis*) traversant les âges et les communautés humaines, qu'elles fussent ou non gratifiées d'une révélation[3]. Cette sagesse est transmise grâce à des hommes comme le « divin Platon »[4], sagesse que le croyant ne peut méconnaître, mais qu'il doit au contraire s'approprier. Dans ce foisonnement de traductions et de rencontres, l'élite intellectuelle débat de questions nouvelles. Les controverses foisonnent entre musulmans, chrétiens et juifs, entre sunnites et šīʿites, entre muʿtazilites et ašʿarites mais derrière un style non dénué d'expressions caustiques, l'atmosphère est celle d'une ouverture à l'autre comme en témoigne Abū Ḥayyān al-Tawḥīdī[5]. Munis des outils et des questions de la philosophie grecque, des penseurs arabes élaborent leurs propres systèmes philosophiques. Trois auteurs occupent une place singulière dans cette histoire : al-Kindī (185/801-252/866), al-Fārābī (259/870-339/950) et Ibn Sīnā (370/980-428/1037). Pour al-Kindī, « la philosophie est la connaissance des vérités des choses aussi loin que

1. D. Gutas, *Pensée grecque, culture arabe : Le mouvement de traduction gréco-arabe à Baġdād et la société abbasside primitive* (*IIe-IVe/VIIIe-Xe siècles*), trad. de l'anglais A. Cheddadi, Paris, Aubier, 2005.

2. À l'exemple de Souleymane Bachir Diagne, *Comment philosopher en islam ?*, Paris, Panorama, 2008, p. 36. Au-delà de représentations idéologiques, il est certain que les premiers traducteurs étaient des chrétiens issus de milieux jacobites ou nestoriens qui avaient préservé dans les bibliothèques de leurs monastères l'essentiel de l'héritage aristotélicien.

3. *Ibid.*, chap. premier.

4. Al-Ġazālī reprend l'expression du « divin Platon (*Platon al-ilāhī* » mais non sans ironie (*Tahāfut al-falāsifa*, *op. cit.*, p. 8 [Marmura, p. 4]).

5. M. Bergé, *Pour un humanisme vécu : Abū Ḥayyān al-Tawḥīdī*, Damišq, Institut français de Damišq, 1979.

l'homme peut les atteindre »[1]. S'il est le premier philosophe à arabiser le terme grec de *philosophia* en *falsafa*, il assigne à la philosophie la mission de chercher la vérité au sein même des matériaux transmis par les Anciens. La philosophie est reconnaissance de la vérité acquise par les antiques prédécesseurs[2] et quête ardente[3]. Al-Kindī s'affronte aux questions posées par les muʿtazilites sur l'unicité de Dieu, les attributs divins, la création, la finitude du monde, la liberté humaine[4]. Avec al-Fārābī, la philosophie est amour de la sagesse et connaissance des êtres. Elle est la connaissance de l'existence vraie, but de la philosophie. « L'existence vraie est Dieu, Unique et Immobile, *causa agens* de toutes choses qui ordonne le monde par sa Bonté, sa Sagesse et sa Justice »[5]. Pour al-Fārābī, les connaissances prophétiques et philosophiques renvoient à deux modes distincts d'appréhension d'un même objet. Sous l'influence du néoplatonisme et du milieu šīʿite, il construit une cosmologie caractérisée par la procession des intellects au sein d'un monisme émanatiste. La séparation entre philosophie et orthodoxie musulmane atteint son paroxysme avec les écrits d'Ibn Sīnā. La création n'y est plus comprise comme un acte de volonté libre, comme l'affirme le Coran, mais relève d'une nécessité propre à l'être divin. Ibn Sīnā déconstruit les dogmes musulmans par une lecture symbolique qui privilégie le sens ésotérique (*bāṭin*) et relaie au second plan le sens exotérique (*ẓāhir*) des versets coraniques. La résurrection des corps est de l'ordre de la métaphore et non de la réalité[6].

Les systèmes philosophiques développées par les philosophes arabes ne manquent ni d'audace ni d'originalité pour la pensée musulmane de l'époque, mais peuvent-ils s'accorder avec l'islam ? Relèvent-ils de questions périphériques ou contredisent-ils l'enseignement de la révélation coranique ? Relèvent-ils d'une sagesse universelle ou d'une logique singulière qui ne saurait s'accorder avec la logique propre à l'arabe, autrement dit, peut-on projeter sur les versets du Coran une lecture philosophique grecque qui s'opposerait à la logique de la langue arabe[7] ?

1. Al-Kindī, « Lettre d'al-Kindī au calife al-Muʿtaṣim bi-llāh sur la *philosophia priora* [philosophie première] », cité par Maḥmūd Zakzuk, *Einführung in die Philosophie*, al-Qāhira, s.e., 1979, p. 51.

2. Al-Kindī, *Rasā'il al-Kindī al-falsafiyya*, éd. Abū Rīda, 2 vol., al-Qāhira, Dār al-Fikr al-ʿArabī, 1950 et 1953.

3. Pour al-Kindī, le philosophe parvient par sa quête rationnelle à retrouver la connaissance du prophète acquise par inspiration immédiate : Al-Kindī, *Risāla fī kammiyyat kutub Arisṭūṭālis*, *op. cit.*, p. 373.

4. P. Adamson, « Al-Kindī and the Muʿtazila : divine Attributes, Creation and Freedom », *Arabic sciences and philosophy* 13/1, 2003, p. 45-78.

5. Maḥmūd Zakzuk, *Einführung in die Philosophie*, *op. cit.*, p. 52.

6. Ibn Sīnā, *Al-Risāla al-aḍḥawiyya fī amr al-maʿād*, éd. Dunyā Sulaymān, al-Qāhira, Dār al-Fikr al-ʿarabī, 1368 [1949].

7. Pensons à la célèbre controverse entre le nestorien Mattā b. Yūnus (m. 328/940) au musulman al-Sīrāfī. Voir l'éd. d'Abdelali Elamrani-Jamal, *Logique aristotélicienne et grammaire arabe*, Paris, Vrin, 1983.

L'école d'al-Ašʿarī a cherché à concilier la raison et la foi au sein de l'islam sunnite. Contrairement à l'opinion proférée par les *aṣḥāb al-Maʿārif* pour qui la connaissance de Dieu est directement créée en l'homme, al-Ašʿarī considère que Dieu ne crée en lui que la faculté de Le connaître. Le devoir de raisonner est donc une obligation pour tout individu doué de raison[1]. Al-Ġazālī s'inscrit dans cette perspective, mais il lui associe une connaissance de Dieu qui découle d'une illumination intérieure et ne peut se satisfaire du seul exercice de la raison. Cette critique de la raison est au cœur de sa critique des philosophes, mais elle ne saurait s'y réduire.

Dans le *Tahāfut al-falāsifa*, al-Ġazālī expose une critique rigoureuse et systématique des thèses philosophiques qui ont cours à son époque et qui sont en contradiction avec la doctrine ašʿarite.

Les prolégomènes et l'épilogue soulignent le lien entre la mécréance (*kufr*) et l'adhésion à certaines doctrines philosophiques. Al-Ġazālī dénonce l'impiété (*kufr*) d'un groupe de musulmans (*ṭāʾifa*) qui par leur sentiment de supériorité se sont éloignés des hommes pieux, et ont fini par « mépriser les cérémonies de la religion, les divisions de la prière, la crainte du péché, [à] se railler des prescriptions de la loi et de ses limitations »[2]. Ils sont de ceux qui « détournent de la voie de Dieu, qui cherchent à la rendre tortueuse et qui au dernier jour feront partie des incroyants (*kāfirīna*) (S. 11, 19) »[3]. La source de leur incroyance (*maṣdar kufrihim*) est à la fois religieuse et morale : ils ont délaissé la certitude de la religion de leurs pères par insouciance en prêtant l'oreille à la nouveauté des opinions, en suivant « les gens de l'innovation et les esclaves des passions (*ahl al-bidaʿ wa l-ahwāʾ*) »[4]. Pour donner une caution intellectuelle à leur posture immorale et orgueilleuse, leurs meneurs recourent aux noms honorables des philosophes grecs tels Socrate, Hippocrate, Platon ou Aristote et ils sont persuadés de pouvoir scruter la profondeur des choses cachées (*al-umūr al-ḫafiyya*). Puisque ces philosophes niaient la loi et les religions, il conviendrait de les imiter.

De ces prolégomènes, al-Ġazālī ne rejette pas les principes de la philosophie antique, mais il voit dans le recours à ces philosophes une nouvelle forme d'imitation (*taqlīd*) qui vient se substituer à la transmission traditionnelle de la foi. Cet abandon de la connaissance de Dieu sous couvert d'intelligence et d'habileté est pour lui pure transgression et démence (*ḫarq wa ḫabāl*)[5] alors même que ces pseudo-philosophes taxent de sottise et d'illusion la répugnance de la masse à abandonner ses croyances.

1. La posture d'al-Ašʿarī est proche de ses maîtres muʿtazilites. Cependant, il n'est pas nécessaire au croyant de connaître les raisonnements dans le détail : D. Gimaret, *La Doctrine d'al-Ashʿari*, « Collection Patrimoine Islam », Paris, Cerf, 1990, p. 211-218.

2. Al-Ġazālī, *Tahāfut al-falāsifa*, *op. cit.*, p. 4 [Marmura, p. 1]. Nous reprenons ici la traduction du Bon Carra deVaux, *op. cit.*, p. 146.

3. *Ibid.*, p. 4 [Marmura, p. 2].

4. *Ibid.*

5. *Ibid.*, p. 5 [Marmura, p. 2].

Devant ce constat de dénigrement condescendant et de contagion, al-Ġazālī veut réfuter (*radd*) les philosophes pour montrer « l'incohérence de leurs croyances et la contradiction de leur discours (*tanāquḍ kalimatihim*) en ce qui concerne la métaphysique (*al-ilāhiyyāt*) »[1]. Son intention première n'est donc pas de combattre la philosophie, mais plutôt ceux qui se réclament des philosophes pour s'écarter de l'islam, tout en voulant justifier et fonder rationnellement leur conduite. Al-Ġazālī n'expose pas le système d'un philosophe en particulier, mais plutôt des thèses qui ont cours en philosophie. À l'exception d'Ibn Sīnā, cité quinze fois, d'al-Fārābī, cité deux fois et de quelques philosophes grecs, al-Ġazālī ne se réfère pas explicitement à ceux qu'il critique. Il n'accuse pas les philosophes *in generis* d'impiété. Au contraire, il affirme qu'ils croient en Dieu et en ses messagers. Cependant, « ils s'égarent sur des détails qui suivent les principes (*fa innahum iḫtabaṭū fī tafāṣīl baʿda hāḏihi al-uṣūl*) entraînant une certaine confusion »[2] pouvant conduire les esprits hors du droit chemin qu'est l'islam. La distinction entre les philosophes et leurs pâles imitateurs est fondamentale. Al-Ġazālī vitupère contre les esprits faibles qui instrumentalisent la philosophie pour justifier leur rejet de la loi. Or, l'assiduité à la loi étant garante de l'unité de la communauté, on comprend l'urgence de souligner leur incohérence et déconstruire le verni de leur argumentation.

> Je réfute ce qu'ils ont cru définitivement établir par divers arguments décisifs ; une fois je leur oppose ceux des muʿtazilites et une autre fois ceux des karrāmiyya, une autre encore ceux des wāqifites. Je ne me lève point pour défendre une doctrine déterminée. Je considère toutes les sectes liguées contre eux ; en effet, si une secte diffère de la nôtre par un détail, ceux-là en revanche s'opposent aux principes mêmes de la religion. Il nous faut donc nous unir contre eux : dans les moments difficiles, les rancœurs doivent s'effacer[3].

Dans *Al-Iqtiṣād fī l-iʿtiqād*, al-Ġazālī introduit en théologie le syllogisme aristotélicien. Il définit trois démonstrations possibles : le raisonnement du tiers-exclu, le raisonnement déductif et le raisonnement par l'absurde. C'est à cette dernière méthode qu'il recourt dans le *Tahāfut al-falāsifa*. Le titre de son ouvrage en donne l'indication avec netteté : *Tahāfut*, c'est-à-dire *destructio*, effondrement mais surtout incohérence[4]. Il s'agit en effet pour al-Ġazālī de montrer à partir de raisonnements philosophiques l'incohérence même des arguments avancés par les philosophes, autrement dit, d'exposer les contradictions internes aux thèses qu'ils soutiennent.

> La réfutation est la preuve de la fausseté d'un discours ; le sens dans lequel on doit résoudre les doutes est donné par la réfutation même et la fin que l'on y

1. Al-Ġazālī, *Tahāfut al-falāsifa*, *op. cit.*, p. 6 [Marmura, p. 3].
2. *Ibid.*, p. 7 [Marmura, p. 3].
3. *Ibid.*, p. 28-29 [Marmura, p. 7-8], cité par M. Hogga, *Orthodoxie, subversion et réforme*, *op. cit*, p. 110.
4. M. Asín Palacios, « Sens du mot *tahāfut* dans les œuvres d'al-Ghazālī et d'Averroès », *Revue africaine*, Alger, 261-262, 1906, p. 185-203.

> cherche. Nous ne nous sommes engagés dans ce livre qu'à montrer la fausseté de leur doctrine et à confondre les voies de leurs preuves, de façon à faire voir comment celles-ci se détruisent. Nous ne nous sommes pas proposés d'y répondre d'après une doctrine déterminée (...). Pour ce qui est de l'établissement de la vraie doctrine, nous y consacrerons un livre après avoir achevé celui-ci, si Dieu nous y aide, et nous l'intitulerons : les fondements de la croyance. Nous nous y occuperons de fonder comme nous nous occupons, dans celui-ci, de détruire[1].

Par une étude philologique, il met en exergue l'usage spécieux du vocabulaire philosophique qui, bien qu'utilisé en islam, se voit retravaillé et affublé d'un sens nouveau qui n'est pas compatible avec la foi musulmane. Ainsi, par exemple, à propos du sens des termes acte (*fiʿl*) ou œuvre (*ṣanʿ*), al-Ġazālī affirme que « le sens de ces mots implique seulement en réalité ce qui résulte de la volonté »[2]. Or, constate-t-il, les philosophes rejettent le sens véritable du mot "acte" tout en l'employant alors qu'il « appartient à la langue de l'islam ». Il dénonce cette équivocité qui porte atteinte à la religion elle-même. Il appelle les philosophes à sortir de l'ambivalence terminologique et à déclarer « franchement qu'il n'y a pas d'acte en Dieu, en sorte qu'il soit manifeste que [leur] croyance est incompatible avec la religion des musulmans (*inna muʿtaqadakum muḫālif li-dīn al-muslimīn*) ; car les fidèles croient sans équivoque que Dieu est l'auteur du monde et que le monde est son œuvre. Mais, au lieu de rejeter cette manière de parler, vous en niez la réalité »[3].

Sur les vingt propositions étudiées par al-Ġazālī, seize relèvent de métaphysique ou de théodicée, quatre ont trait à des questions de physique. Si pour lui ces thèses philosophiques sont erronées, si elles peuvent être récupérées par des esprits pervers, constituent-elles toujours des erreurs périphériques au noyau de la foi musulmane ou peuvent-elles relever explicitement de la mécréance (*kufr*) ? La question est posée sans ambages dans l'épilogue (*ḫāṭima*) du *Tahāfut al-falāsifa* :

> Si quelqu'un demande : « puisque vous avez rendu-compte des doctrines des philosophes, concluez-vous qu'ils sont infidèles et qu'il faut tuer celui qui adhère à leurs croyances (*wuǧūb al-qatl li-man yaʿtaqid iʿtiqādahum*) ? »[4].

Question caractéristique de l'énoncé d'une *fatwā* à laquelle répond al-Ġazālī. Il distingue entre les propositions qui, bien que fausses, ne contredisent pas les principes de la foi en Dieu et dans les prophètes, et celles qui portent directement atteinte à la foi musulmane : les soutenir, y écrit-il, relève dans ce cas de l'impiété. Les trois thèses qui doivent être rattachées explicitement à l'infidélité (*kufr*) sont la croyance à l'éternité des mondes (1re question), la

1. Al-Ġazālī, *Tahāfut al-falāsifa*, *op. cit.*, p. 78 [Marmura, p. 46]. Nous reprenons ici la traduction du Bon Carra de Vaux, *op. cit.*, p. 308.
2. *Ibid.*, p. 102 [Marmura, p. 59].
3. *Ibid.*, p. 102-103 [Marmura, p. 59-60].
4. *Ibid.*, p. 376 [Marmura, p. 226].

négation de la connaissance de Dieu des particuliers (13e question) et la négation de la résurrection des corps (20e question) :

> Aucune de ces trois doctrines ne s'accorde avec l'islam. Celui qui y adhère vient à croire au mensonge des prophètes (*kaḏib al-anbiyā'*) (…) Il s'agit donc d'une infidélité explicite (*al-kufr al-ṣariḥ*) à laquelle n'a cru aucune secte musulmane[1].

Pour al-Ġazālī, soutenir ces thèses revient à accuser les prophètes de mensonge, mais il ne montre pas en quoi ces doctrines philosophiques sont contraires à l'enseignement prophétique. Sa méthode est autre, même si l'on peut en expliciter à la lumière de son traité sur les fondations de la foi, la distorsion[2].

La réfutation des soufis libertins (*ahl al-ibāḥa*)

> La conduite (des soufis) est parfaite ; leur voie est droite, leur caractère vertueux. Que l'on additionne donc la raison des raisonnables, la sagesse des sages, la science des docteurs de la loi ! Peut-on compter ainsi améliorer leur conduite, ou leur caractère ? Sûrement pas ! Car tout ce qui, en eux, bouge ou repose, leur apparence et leur for intérieur, tout s'allume à la flamme de la Prophétie dans sa niche. Et il n'est pas d'autre Lumière sur la face de la terre… [3].

À suivre les aveux d'al-Ġazālī, c'est dans le soufisme qu'il finit par trouver la voie qui conduit à la vérité : il est la voie de la lumière, celle de la purification des cœurs, celle qui ouvre à Dieu, qui s'achève en Lui, qui le révèle, qui le dévoile. Il n'est pas une simple connaissance (*maʿrifa*), mais il est une connaissance savoureuse, vécue, expérimentée qui permet de revivifier à la fois le cœur du croyant et la communauté musulmane dans son ensemble. Ašʿarite et šāfiʿite, c'est dans la lecture d'al-Makkī, al-Muḥāsibī, al-Ǧunayd, al-Bisṭāmī et al-Šiblī qu'il découvre la voie qui conduit au salut, aux dévoilements (*mukāšafāt*) des secrets divins, à la certitude (*yaqīn*). Mais la position d'al-Ġazālī à l'égard du soufisme n'en est pas moins dénuée d'ambiguïté. Ndiouga Kebe a souligné le paradoxe ġazālien qui réunit l'eulogie du soufisme d'une part et la critique acérée et virulente à l'égard de soufis hétérodoxes d'autre part[4]. Le cœur de l'ambivalence porte sur l'articulation du soufisme à la loi. Pour al-Ġazālī, la loi doit être aimée plus que tout autre chose, car elle est ce

1. Al-Ġazālī, *Tahāfut al-falāsifa*, *op. cit.*, p. 376 [Marmura, p. 227]. Voir aussi F. Griffel, « Taqlīd of the Philosophers. Al- Ġazālī's initial accusation in the *Tahāfut* », *in* S. Günther, *Insights into Arabic Literature and Islam. Ideas, Concepts, Modes of Portrayal*, Leiden, Brill, 2005, p. 286.

2. Pour la présentation, nous renvoyons à notre thèse de doctorat.

3. Al-Ġazālī, *al-munqiḏ min al-ḍalāl*, *op. cit.* [fr.p. 100 ; ar. p. 39].

4. N. Kebe, « Le souci d'orthodoxie dans le soufisme d'Al-Ġazālī. Réflexion sur la critique ġazālienne de la thèse de l'union mystique et du phénomène d'anomisme dans le milieu soufi », *MIDÉO*, 30, 2014, p. 117-127.

que Dieu préfère[1] ; or, certains soufis prônent le détachement de la loi au profit de la seule religion intérieure, celle du cœur. Les excès soufis concernent aussi certaines de leurs doctrines incarnationnistes ou panthéistes, qui prônent la possibilité de l'union mystique à Dieu et qui sont jugées contraires à la prédiction fondamentale du *tawḥīd*. Face à ces positions, Kebe avance l'hypothèse d'une voie soufie singulière, propre à al-Ġazālī, aux confluents de la gustation divine et de l'ašʿarisme. La perspective d'al-Ġazālī n'est cependant pas si originale. Cettre troisième voie ġazālienne rappelle celle de nombreux ašʿarites qui l'ont précédé tels Abū Nuʿaym al-Iṣfahānī (m. 430/1038) dans *Ḥilyat al-awliyā'*[2]. À Baġdād, l'institution monacale (*ribāṭ*) d'al-Zawzanī (m. 451/1059) était aussi réputée pour être fréquentée par des ašʿarites[3] et notamment, parmi les plus en vue, Abū al-Qāsim al-Qušayrī (m. 465/1073), son fils Abū Naṣr al-Qušayrī (m. 514/1120), Abū Bakr al-Ṭurayṯīṯī (m. 497/1103) ou Abū al-Futūḥ al-Isfarā'inī (m. 538/1143). Le frère d'al-Ġazālī était aussi un éminent soufi. C'est donc dans cette tradition doctrinale et familiale que s'inscrit la « voie soufie » d'al-Ġazālī. Elle présente l'intérêt de condamner le marginal, mais non le mouvement ; de dénoncer l'indécence dans la négation de la loi, mais non la vérité de la voie. Cependant, al-Ġazālī ne se contente pas de reconnaître la primauté du soufisme, il réhabilite aussi ces soufis mal aimés, ces soufis condamnés : en incriminant certaines attitudes excessives par un discours intransigeant et sans appel, il peut se prévaloir de sa fidélité sans faille à l'orthodoxie pour réintégrer, d'une certaine manière, le marginal désavoué, et fustiger à rebours ceux qui se réclament indûment de leurs enseignements.

Dès le premier siècle de l'islam ont existé des mouvements antinomiens et libertins. Dans sa recherche sur les courants opposés à la loi de l'islam médiéval, Heinz Halm a distingué trois attitudes[4]. Pour les uns, la loi est un accès à Dieu, mais à celui qui est imprégné de Dieu, nul besoin de moyen. Pour d'autres, la connaissance de l'imām libère des obligations cultuelles : le vrai serviteur est l'initié dont les chaînes de la loi sont brisées : telle est la thèse d'Ibn Ḥarb al-Madāʿinī (m. 197/813), tandis qu'Abū Manṣūr de Kūfa déclarait licite tout ce que Dieu avait défendu. Enfin, la troisième posture est celle des

1. Al-Ġazālī, *Iḥyā'*, *op. cit.*, K. 37.

2. Abū Nuʿaym al-Iṣfahānī, *Ḥilyat al-awliyā' wa-ṭabaqāt al-aṣfiyā'*, 10 vol., al-Qāhira, Maṭbaʿat al-Saʿāda & Maktabat al-Ḫāniğī, 1352-7/1932-8.

3. Sur ces institutions monacales soufies à Baġdād, voir Muṣṭafā Ǧawād, « Al-Rubūṭ al-baġdādiyya », Été 10, 1954/2, p. 218-249. Voir aussi D. Gril, « Ésotérisme contre hérésie : ʿAbd al-Raḥmān al-Bisṭāmī, un représentant de la science des lettres à Bursa dans la première moitié du XVe siècle », dans G. Veinstein (dir.), *Syncrétisme et hérésies dans l'Orient seldjoukide et ottoman, Actes du Colloque du Collège de France, octobre 2001*, Leuven, Peeters, 2005, p. 183-195.

4. H. Halm, « Courant et mouvements antinomistes dans l'islam médiéval », dans G. Makdisi, D. Sourdel et J. Sourdel-Thomine, *La notion de liberté au Moyen Âge*, Islam, Byzance, Occident, Penn, Paris, Dumbarton Oaks Colloquia IV, session des 12-15 octobre 1982, Paris, Les Belles Lettres, 1985, p. 135-141.

ismaéliens qui théorisent l'idée de la disparition de la loi avec l'arrivée du Mahdī : il abolit l'islam et la loi, et il rétablit la religion originelle d'Adam (*dīn Ādam al-awwal*)[1]. Dans leur optique, la loi fut donnée qu'en tant que remède thérapeutique : elle est une médication amère, un mal nécessaire, mais un mal temporaire.

Dans son opuscule *Ḥimaqat-i ahl-i ibāḥat*, al-Ġazālī expose et critique essentiellement la première posture, celle des libertins (ibāḥites)[2]. À son époque, le phénomène du libertinage connaît une recrudescence. S'apparentant à une réfutation, le titre exprime une diathribe contre la bêtise des ibāḥites dont les thèses sont trop déraisonnables pour mériter d'être réfutées en bonne et due forme. Il s'agit de pure sottise et du signe de la suprématie des passions dans la vie de ces hommes qui se réclament du soufisme. Pour al-Ġazālī, une forme d'inertie grossière s'est imposée à eux, si bien qu'ils sont incapables de prier ou de jeûner et s'adonnent aux forfaitures de la boisson et de la fornication. Ils ont perdu tout sens de la dignité et de l'honneur. Ils en viennent même à louer leurs femmes sans éprouver la moindre parcelle de jalousie. Ils sont les injustes (*muẓlimūn*) qu'évoque le Coran[3]. Une fois l'effet rhétorique posé et l'argument *ad hominem* affirmé, al-Ġazālī présente leurs argumentations et se demande comment les sortir de leurs méfaits. L'approche est psychologique : puisque de telles inepties qui sont mécréance (*kufr*) et innovation (*bidʿa*) ont pu trouver un accueil si favorable dans l'âme de certains hommes, il doit être possible de les en déloger[4]. L'enjeu est double : souligner la fausseté de leur raisonnement et les ramener dans le juste cheminement.

À la fois sévère et intransigeant, son exposé est traversé par une forme de compassion pour ces âmes égarées. Proies de Satan, ils sont le signe que son règne ne cesse de s'étendre, conformément à la vision de l'histoire marquée par la constante décadence, l'avilissement et la déliquescence inexorable des mœurs et de la religion. Jamais Satan n'a eu un pouvoir aussi grand. L'enjeu de l'*Ḥimaqat-i ahl-i ibāḥat* est donc aussi d'apporter le chemin du salut à celui à qui il resterait encore quelque capacité de discernement.

C'est la même logique qui incite al-Ġazālī à quitter la solitude, toute relative cependant, de sa retraite : c'est le devoir du savant quand le monde est en proie à l'agitation et à l'inversion des valeurs de la loi[5]. Il incombe aux savants de dénoncer la perversion des ibāḥites et leur prédication. Mais si la science est une discipline qui dévoile la connaissance et inonde de lumière divine les lieux

1. Voir notamment G. Gobillot, « Le *Mahdî*, le *Khatm al-awliyâ'* et le *qutb*. Évolution des notions entre sunnisme et chiisme », *Mélanges de Science Religieuse* (Université catholique de Lille), 59, juillet-septembre 2002, p. 5-30.

2. O. Pretzl, *Die Streitschrift des Ġazālī gegen die Ibāḥīja* [désormais *Ḥimaqat-i ahl-i ibāḥat*], München, Bayerischen Akademie der Wissenschaften, 1933. La pagination renvoie au texte persan (*) et à la traduction allemande. N. Kebe n'intègre pas cet ouvrage dans sa recherche.

3. S. 18, 57.

4. Al-Ġazālī, *Ḥimaqat-i ahl-i ibāḥat*, p. 20-2*.

5. *Id.*, *Al-Munqiḏ min al-ḍalāl*, *op. cit.*, fr. p. 112, ar. p. 48.

où règnent ombre et nuit, al-Ġazālī reconnaît qu'elle est désormais discréditée aux yeux de ceux à qui elle s'adresse en raison du comportement erroné des médecins des âmes. Al-Ġazālī reconnaît la pertinence des critiques ibāḥites en dénonçant l'étiolement de la crédibilité des savants et leur déchéance, « si bien que leur nom en est venu à signifier dans le langage commun, la vilénie et l'exclusion ». Par cette critique commune, il s'érige en maître, puisqu'il affiche avec fermeté qu'il n'est pas de leur monde. Par là même, il désamorce le feu de l'objection et confère à son enseignement une lumière alors qu'« [en privant les ibāḥites] de tout chemin de connaissance, Satan avait fermé pour eux la voie du salut »[1]. L'auréole du savant lavée, il peut légitimement argumenter pour les arracher à leurs mauvais penchants.

Mais l'entreprise est hasardeuse et al-Ġazālī indique que l'on peut se voir opposer une fin de non-recevoir, car Satan a dévalué toutes les formes argumentatives qu'il accuse d'être fallacieuses et de relever du sophisme : sous couvert de rigueur, elles ne sont que tromperies. Ainsi, en réponse à chaque argument, les ibāḥites répondent par le refrain « c'est de la dialectique » pour dévaluer celui qui, avec sa raison, apporte la preuve de leur aberration.

À défaut de savants et d'arguments, al-Ġazālī compte sur la loi psychologique et spirituelle selon laquelle le musulman qui commet un acte répréhensible éprouve un manquement en lui-même, duquel naissent la contrition et la crainte. La contrition du cœur est le moyen « censé les sauver de la corruption et de la bassesse »[2]. Mais face à la possibilité de cet éveil, Satan renverse l'ordre de la liberté et la loi est présentée comme de l'affabulation et du mensonge.

Il reste alors à blâmer ces soufis libertins car le jugement des autres influe sur le comportement. Celui qui est blâmé pour le vêtement poussiéreux et misérable qu'il porte finit par en changer. Celui qui sera blâmé pour les turpitudes qu'il commet finira par y renoncer. Cependant, la stratégie se heurte une fois encore à Satan qui les invite à épouser les apparences : ils prient avec leur tapis, ils usent d'une eau pure, ils se revêtent des habits des saints, s'adonnent au *samāʿ* et hochent de la tête selon le mouvement voulu, mais ces pratiques n'évoquent rien pour l'ibāḥite.

Pour autant, s'il est difficile de débattre avec les ibāḥites, tous n'ont pas atteint le même degré de certitude. Ainsi, al-Ġazālī distingue deux catégories. La première regroupe ceux qui imitent le genre de vie ibāḥite pour la facilité qu'il permet. La seconde regroupe ceux dont le rapport à la loi est théorisé : l'homme qui n'est pas en mesure de s'extraire de la loi est celui qui n'a atteint ni le chemin de la liberté, ni celui de la pureté. Renversement sophistique magistral dans une réciproque paradoxale : la preuve de la pureté est le non-respect de la loi. En réponse, al-Ġazālī rappelle que la lecture soufie des étapes spirituelles présuppose l'absence de régression. Elle est fondée sur une

1. Al-Ġazālī, *Ḥimaqat-i ahl-i ibāḥat*, p. 22-4*.
2. *Ibid.*, p. 23-4*.

ascension constante : l'enseignement ibāḥite n'a donc rien du soufisme ; il en emprunte l'apparat, mais non la réalité ; l'illusion, mais non la profondeur. De la définition de ces deux catégories, il appert que le retour sur le chemin de la loi dépend du degré de certitude de la conviction. À celui qui envisage la possibilité de la véracité de la loi, il faut éveiller sa conscience à la gravité de l'enjeu : la vie ou la damnation éternelle.

Dans un texte extrait de l'*Iḥyā'*, al-Ġazālī justifie le bienfondé de la religion et des doctrines relatives à l'au-delà dans une parabole qui n'est pas sans rappeler le pari de Pascal[1] :

> « Si une personne inconnue t'informe qu'au moment où tu laissas ton repas à la maison, qu'un serpent le toucha de son venin, et si tu acceptes de croire qu'elle dise la vérité, le mangeras-tu ou le délaisseras-tu quand bien même il fût le plus succulent des mets ? ». Il dira : « Sans hésitation, je le laisserais parce que je me dirais : s'il ment, je perdrai seulement ce repas et s'en passer, même si cela est pénible, est plus facile. S'il dit vrai, c'est la vie que je perdrai. La mort au regard du mal causé par le renoncement à ce repas est bien plus grave ». Il lui sera alors dit : « Comment oses-tu subordonner la croyance (*taṣdīq*) en tous les prophètes, après tout ce qui leur est apparu de miracles, ainsi que la croyance (*ṣidq*) en l'ensemble des saints, des savants et des sages et bien plus encore, de toutes les personnes sensées (*ʿuqalā'*) – par-là, je n'entends point les ignorants parmi le commun du peuple, mais ceux qui sont doués d'intelligence – à la croyance en un seul homme inconnu et, qui plus est, qui a peut-être un intérêt dans ce qu'il dit ? Il n'y a parmi les hommes sensés que ceux qui ont cru au Jour du Jugement dernier et qui ont établi fermement l'existence d'une rétribution et d'un châtiment même s'ils ont divergé dans leur déroulement. S'ils ont dit vrai, tu seras sur le point d'être soumis à un supplice qui durera pour toujours. S'ils ont menti, tu ne perdras que quelques-uns des plaisirs de ce monde périssable et impur »[2].

Après avoir exposé les « ruses du diable » et la difficulté de parvenir à faire revenir l'ibāḥite à la loi, al-Ġazālī rapporte le raisonnement satanique. Dans ce passage apologétique, il s'agit de déconstruire la valeur de sa prédication, de rappeler le statut pénal qu'il encourt, mais aussi de distinguer différents niveaux et degrés de libertinage.

Le tableau qu'il dresse des soufis ibāḥites est révélateur de l'appréciation théologique globale qu'il porte sur le soufisme, laquelle n'est pas sans nuances. Si le soufisme est la voie, comme il l'écrit dans le *Munqiḏ*, il n'est pas non plus sans danger. Le soufi, enivré par ce chemin vers Dieu, peut aussi se perdre, s'égarer, s'illusionner. « Unique est le chemin, mais nombreux sont les sentiers

1. Asín Palacios a pu rapprocher ce texte du pari de Pascal. Il faut cependant remarquer qu'il n'est point utile à al-Ġazālī de recourir à un raisonnement par probabilité : M. Asín Palacios, « Del de musulmanes de precedentes de Los *Pari* De Pascal », *Boletin de la Biblioteca Menéndez y Palayo* (Santander), II, 1920, p. 171-232.

2. Al-Ġazālī, *Iḥyā'*, *op. cit.*, K. 31(*Kitāb al-tawba*), r. 4, q. 5, p. 1389-1390 [V. 7, p. 198-199].

de l'égarement »[1]. Or, ce chemin, comme il le formule dans *Les dix règles du soufisme*, est « la conformation des actes à la vérité révélée en l'acceptant et en les adoptant (*muwāfaqat al-ḥaqq bi-l-ittifāq wa l-wifāq*) »[2]. Fidèle à la loi, al-Ġazālī dénonce donc dans *La crétinerie des ibāḥites* leurs exubérances et leurs théories antinomiennes.

Toutefois, l'enjeu de l'orthodoxisation du soufisme ġazālien est au-delà du rapport à la loi : il s'agit aussi de légitimer ou de réfuter certaines approches mystiques dont la doctrine est jugée hétérodoxe ou incompatible avec l'islam et sa prédication de l'unicité divine (*tawḥīd*). Dans *Les dix règles du soufisme*, al-Ġazālī s'oppose catégoriquement à toute confusion entre la créature (*ḫalq*), relevant de l'accidentel et du transitoire, et le créateur, relevant du Réel éternel (*ḥaqq*)[3]. S'il reconnaît la valeur et la suprématie de la voie pour la foi, il récuse les doctrines incarnationnistes de certains courans soufis. Al-Bāqillānī a recensé dix groupes d'obédience musulmane qu'il désigne sous le terme générique de *ḥulūliyya* et pour lesquels il considère la doctrine comme hétérodoxe et incompatible avec l'islam[4]. Sa critique doctrinale se focalise essentiellement sur deux auteurs : il s'agit d'al-Bisṭāmī[5] et d'al-Ḥallāǧ[6]. Les deux principaux concepts qu'il identifie comme problématiques et inadmissibles pour la foi sont ceux de *ḥulūl* et d'*ittiḥād*[7].

Pour al-Ġazālī, l'erreur de ces deux mystiques est d'avoir soutenu et prétendu la possibilité d'une union dont ils rendent compte par leur formulation extatique comme "Je suis le Réel (*anā l-ḥaqq*)", "dans ce vêtement, il n'y a que Dieu !", "Gloire soit à moi (*subḥānī*)" ou "Que je suis plus grand [que Dieu] (*mā aʿẓam šaʾnī*)"[8]. La littérature soufie et hagiographique, à l'exemple d'al-Sarrāǧ (m. 378/988) dans son *Livre des jaillissements lumineux*[9] ou de *Šaʿrānī* en ses *lawāqiḥ* datant de 1546, a indiqué que ces expressions cherchaient à traduire une expérience spirituelle intense sous un mode imagé, prononcé dans l'instant d'une étincelle et que par conséquent elles ne devaient

1. Al-Ġazālī, *Iḥyāʾ*, *op. cit.*, K. 21 (*Kitāb šarḥ ʿaǧāʾib al-qalb*), b. 11, p. 888-889 [V. 5, p. 112].

2. *Id.*, « *Al-Qawāʾid al-ʿašara* », dans *Rasāʾil al-Imām al-Ġazālī*, *op. cit.*, p. 657.

3. *Ibid.*

4. Al-Bāqillānī, *Kitāb al-tamhīd*, *op. cit.*, p. 87, 5-6 : il s'agit des *sabāʾiyya*, *bayyāniyya*, *ġanāḥiyya*, *ḫaṭṭābiyya*, *namīriyya-nuṣayriyya*, *muqannaʿiyya*, *rizāmiyya*, *barkūkiyya*, *ḥulmāniyya* et *ḥallāǧiyya*.

5. Sur Abū Yazīd al-Bisṭāmī et ses « locutions théopathiques (*šataḥāt*) », voir L. Massignon, *Essai sur les origines du lexique technique de la mystique musulmane*, Paris, Cerf. 1999 (rééd.), p. 273-287.

6. L. Massignon, *La Passion de Husayn Ibn Mansûr Hallaj*, « Étude d'histoire religieuse », Paris, Gallimard, 1975 (4 vol.).

7. Il est aussi parfois question d'*ittiṣāl*, c'est-à-dire d'infusion sans identité.

8. Al-Ġazālī, *Iḥyāʾ ʿulūm al-dīn*, *op. cit.*, K. 1 (*Kitāb al-ʿilm*), B. 3, b. 2, l. 4, p. 48 [V. 1, p. 134]

9. Al-Sarrāǧ al-Ṭūsī, *Kitāb al-lumaʿ fī l-taṣawwuf*, ed. for the first time, with critical notes, abstract of contents, glossary, and indices by R. Alleyne Nicholson, Leyden, Brill, 1914. Voir aussi la présentation de R. Gramlich, *Schlaglichter über das Sufitum*, Stuttgart, Steiner-Verlag, 1990, p. 121-137.

pas être lues dans la rigueur de leur littéralité[1]. Cette position est aussi défendue d'une certaine manière dans l'*Iḥyā'* où al-Ġazālī admet la possibilité de la confusion (*maḥall iltibās*), la difficulté de l'expression face à une réalité qui est par définition inexprimable. Toutefois, soucieux de présenter la mystique comme la voie du sunnisme orthodoxe, al-Ġazālī rejette aussi dans l'*Iḥyā'* toute ambivalence sémantique, tout « paradoxe mystique (*šaṭḥ*) »[2], et avec lui, leurs auteurs. Le *šaṭḥ* correspond soit à de simples locutions prônées par des soufis qui caressent la prétention d'être habités par un amour passionné pour Dieu, de l'avoir vu ou d'avoir conversé avec lui, soit à des paroles amphigouriques et obscures, aux apparences certes séduisantes, mais dont l'intérêt est inexistant, tant pour celui qui les écoute que pour celui qui les énonce[3].

Après avoir mis en lumière le caractère ambigu de ces expressions, al-Ġazālī distingue le sens donné par les maîtres de l'herméneutique conduite par leurs disciples et imitateurs. Il distingue le sens qu'il faut donner à ces locutions placées notamment dans la bouche d'al-Bisṭāmī, ce qui permet de rattacher ce mystique à une lecture parfaitement orthodoxe : al-Bisṭāmī n'a pas prononcé pour lui-même les paroles qu'on lui prête; ces paroles, si elles furent dites, reviennent à l'avoir entendu prononcer le verset coranique « En vérité, je suis Dieu; il n'y a pas d'autre dieu que moi. Adore-moi » (S. 20, 14)[4]. Al-Ġazālī critique les faux disciples ou piètres herméneutes, et il « orthodoxise » par là même le maître : le *šaṭḥ* n'est que la récitation d'un verset coranique. Sa relecture est assortie d'une condamnation, puisque ces soufis sont causes d'un « préjudice (*ḍarar*) important auprès des gens du commun »[5]. Ils donnent l'illusion de l'union sans effort, sans purification intérieure, sans cheminement spirituel. Parce qu'ils égarent les gens en suscitant le trouble, la mort des auteurs de tels propos est « selon la religion de Dieu, préférable à la vie de dix personnes »[6], exemple caractéristique dans l'*Iḥyā'* de l'imbrication entre la réflexion spirituelle et la sentence juridique. Pour autant, sa réhabilitation de certaines grandes figures du soufisme a suscité la perplexité et al-Ġazālī se voit assigné à expliciter sa doctrine : dans la lettre qu'il rédige en réponse à ses détracteurs[7], il s'oppose explicitement à la doctrine du *ḥulūl*. Il est comme « un accident qui consiste en la présence d'une substance ou d'une matière à

1. Al-Šaʿrānī, *Lawāqiḥ al-anwār fī tabaqāt al-aḫyār*, Bayrūt, Dār al-Ǧīl, 1988.

2. P. Lory, « Les paradoxes mystiques : l'exemple de Shibli », *L'Orient des dieux*, 1/1, 2001, p. 61-82, qui rappelle la "sévérité" de la position d'al-Ġazālī.

3. Al-Ġazālī, *Iḥyā'*, *op. cit.*, K. 1 (*Kitāb al-ʿilm*), B. 3, b. 2, l. 4, p. 48 [V. 1, p. 134-135].

4. C'est la même stratégie herméneutique qui est à l'œuvre dans le *Radd al-ǧamīl.*

5. Al-Ġazālī, *Iḥyā'*, *op. cit.*, K. 1 (*Kitāb al-ʿilm*), B. 3, b. 2, l. 4, p. 48 [V. 1, p. 135].

6. *Ibid.*

7. En suivant le *taḏkira* de Dawla Šāh-e Samarqandī, il s'agirait d'Asʿad-e Mahana'i, un des représentants religieux importants de l'époque : Al-Ġazālī, *De la perfection, tiré des Lettres en persan de Ghazzâli*, trad. fr. M. Ghorbanian, 2 e éd. rev. et augm., Paris, L'Harmattan, 2009, p. 80 [éd. 1999, p. 64].

l'intérieur d'un corps vide »[1]. Or, dans le cas de Dieu, dit-il, et en conformité avec la doctrine ašʿarite[2], aucune de ces deux formes ne convient. L'idée d'une union entre deux "choses" implique qu'elles soient toutes deux du domaine du créé, car une chose créée ne peut s'unir à une chose increée. Or, la foi islamique affirme qu'il n'y a pas d'autre être que Dieu dans le sens où il est la véritable existence, l'Éternel, « à côté de qui tout périt, à l'exception de sa face »[3].

Cette double posture avec sa part d'ambivalence est caractéristique de la pensée de notre auteur. Elle ne relève pas de la dialectique, al-Ġazālī ne se soumet pas au principe de contradiction, ni de la coexistence des contradictoires, mais d'une stratégie d'orthodoxisation de l'hétérodoxe.

Dans *Al-Maqṣad al-asnā* et dans *Aṣnāf al-maġrūrīn*, traité consacré à la question de l'illusion (*al-ġurūr*), il s'attache à démontrer la confusion des doctrines soufies à l'égard de l'*ittiḥād* (union), du *ḥulūl* (inhabitation) ou de la migration (*intiqāl*) non seulement d'un point de vue rationnel, mais aussi à partir de l'expérience ascensionnelle du mystique. Comme dans l'*Iḥyāʾ*, il en réfute la possibilité et la pertinence à moins de les considèrer d'un point de vue métaphorique. Sa critique du *ḥulūl* et de l'*ittiḥād* trouve sa formalisation la plus aboutie dans un passage du *Al-Maqṣad al-asnā* où il s'interroge sur la possibilité pour le croyant d'assimiler les noms et attributs divins ou de s'identifier à eux[4]. Il distingue cinq approches et il reconnaît pour l'une d'entre elles la possibilité suivante : il s'agit d'une compréhension métaphorique du *ḥulūl* par rapport à l'assimilation des qualités divines par l'homme. Ainsi, l'homme s'imprègne d'une certaine manière des attributs et noms divins par la récitation et la méditation, mais cette imprégnation et ses conséquences spirituelles ou psychologiques ne sauraient pour autant poser l'identité entre les attributs divins et les qualités acquises. Quant aux quatre autres acceptions, elles ne sont pas recevables : on ne peut admettre de véritable ressemblance (*imṯāl ʿalā l-taḥqīq*) entre les attributs divins et la créature, elle est un non-sens[5]; la migration des attributs divins conduirait à leur inhabitation en l'homme, mais une telle conception n'est pas envisageable, puisque les qualités divines ne subsistent que par les substances qu'elles qualifient; l'identification de deux êtres est impossible car deux essences indépendantes ne peuvent s'unir tout en restant indépendantes[6]; l'inhabitation de Dieu dans l'homme (*ḥulūl*) ou de l'homme en Dieu impliquerait un déplacement de lieu, ce qui est impossible du

1. *Ibid.*, p. 89.

2. Dans les *Maqālāt*, al-Ašʿarī mentionne et condamne la doctrine de quelques pieux ascètes (*nussāk*) qui soutiennent la possibilité de l'inhabitation de l'Esprit (*ḥulūl*) dans les corps d'une beauté supérieure : al-Ašʿarī, *Maqālāt al-islāmiyyīn*, *op. cit.*, éd. 1929, p. 288-289.

3. Al-Ġazālī, *De la perfection*, *op. cit.*, p. 64-65 (éd. 1999).

4. *Id.*, *Al-Maqṣad al-asnā*, *op. cit.*, p. 162 [trad. angl. p. 149-155].

5. *Ibid.*, p. 164 [trad. angl. p. 151].

6. *Ibid.* [trad. angl. p. 151-152].

point de vue de Dieu qui est subsistant en lui-même et immatériel, ce qui exclut aussi toute idée d'incarnation[1].

La disqualification de la théorie du *ḥulūl* ne souffre d'aucun paradoxe ni de tolérance métaphorique dès lors qu'il s'agit explicitement d'en réfuter les propagandistes les plus éloquents. Ainsi, dans le *Mustaẓhirī*, al-Ġazālī dresse la généalogie de la doctrine et souligne qu'elle n'est qu'une erreur récurrente au cours de l'histoire, adaptée à maintes reprises par différentes sectes :

> Il y a de nombreux groupes (*ṭawāʾif*) qui croient dans la doctrine du *ḥulūl*. Mais le caractère erroné de cette doctrine (*buṭlān maḏhab al-ḥulūliyya*) ne relève pas de la nécessité (*ḍarūrī*). Comment pourrait-il l'être puisqu'il y a un débat connu à propos de cette question qui peut difficilement être caché ? D'ailleurs, un groupe conséquent parmi ceux qui confirment la vérité du soufisme (*ṭāʾifa kabīra min muḥaqqiqī al-ṣūfiyya*) ainsi qu'une catégorie de philosophes ont infléchi vers elle. C'est le cas de Manṣūr al-Ḥallāǧ, crucifié à Baġdād, qui y faisait allusion dans son propos : « je suis Dieu, je suis Dieu » et qui au cours de sa crucifixion cria : « ils ne l'ont pas tué, ni crucifié, mais cela leur est seulement ainsi apparu » (S. 4, 157). Quant à Abū Yazīd al-Bisṭāmī, il se référait à la même doctrine quand il disait : « Gloire soit à moi ! Que je suis grand » (…). Or, on ne peut nier que les chrétiens ont soutenu la même perspective à propos de l'union de la divinité avec l'humanité de Jésus (*ittiḥād al-lāhūt bi-nāsūt ʿĪsā*) si bien que certains parmi eux l'ont appelé Dieu, d'autres fils de Dieu, tandis que d'autres encore soutenaient qu'il était un demi-dieu (*niṣf Allāh*). Ils sont toujours d'accord pour affirmer qu'à sa mort, seule son humanité fut tuée, mais non sa divinité. Et dire que certains šīʿites [rāfiḍites] imaginent la même chose pour ʿAlī et prétendent qu'il était Dieu[2] !

Ce propos s'inscrit dans le cadre de la réfutation des bāṭinites où il s'agit d'établir un parallèle entre ces doctrines dont l'hétérodoxie est évidente et la doctrine imāmite : al-Ġazālī en souligne le manque d'originalité et il en établit aussi la généalogie. Les bāṭinites l'empruntent aux chrétiens et aux soufis extrémistes pour l'appliquer à la personne de l'*imām*. Ces références, loin de donner crédit à la thèse de l'union entre l'humanité et la divinité, visent au contraire à la disqualifier en raison de sa récurrence dans l'histoire et de sa revendication par des personnalités hétérodoxes au caractère marginal et subversif. Pour al-Ġazālī, cette croyance relève finalement d'une forme de pathologie psycho-spirituelle. Elle peut être réfutée par le raisonnement, elle est le signe de l'erreur (*buṭlān*) et de la stupidité[3].

Le parallèle entre les doctrines soufies et la christologie chrétienne permet ainsi à al-Ġazālī de rejeter leur formulation doctrinale. Cette critique se

1. Al-Ġazālī, *Al-Maqṣad al-asnā*, *op. cit.*, p. 168 [trad. angl. p. 155]. M. Allard, *Le problème des attributs divins dans la doctrine d'al-Ašʿarī et de ses premiers grands disciples*, Paris, Université de Paris, 1965.

2. Al-Ġazālī, *Faḍāʾiḥ al-Bāṭiniyya wa faḍāʾil al-Mustaẓhiriyya*, *op. cit.*, B. 6, p. 132-133 [éd. Badawī, p. 109-110].

3. *Ibid.*, B. 6, p. 133 [éd. Badawī, p. 110].

retrouve aussi dans l'*Iḥyā'*. Dans le *Livre de l'amour*, à propos de la correspondance (*munāsaba*) entre Dieu et l'homme, il montre une compréhension erronée qui conduit à deux erreurs : celle de l'anthropomorphisme (*tašbīh ẓāhir*) et celle d'une voie excessive (*muġālin musrif*) qui dépasse la limite de la correspondance pour établir la possibilité de l'union, à l'exemple de certains chrétiens. Al-Ġazālī rappelle que Jésus n'a jamais dit de lui-même qu'il était Dieu, mais ce sont les chrétiens qui lui ont prêté cette identité. Par là même, ils se sont égarés, soit en affirmant à l'exemple des monophysites la dissolution de la nature humaine dans la nature divine (*tadraʿa al-nāsūt bil-lāhūt*), soit en parlant de l'union mystique (*ittiḥād*) entre les deux natures telle que mentionnée au concile d'Ephèse de 431[1].

Pour al-Ġazālī, l'assimilation du créé à Dieu (*tašbīh*), l'allégorie (*tamṯīl*), l'union mystique (*ittiḥād*), l'inhabitation (*ḥulūl*) sont théologiquement impossibles et seule une minorité de chrétiens ne s'est pas fourvoyée tout en restant ouverte au mystère (*sirr*) de Dieu[2]. Si al-Ġazālī et bien des théologiens musulmans comprennent la *ḥulūliyya* chrétienne comme désignant la théologie de l'incarnation[3], cet usage rend cependant imparfaitement compte de la christologie chrétienne qui utilise en arabe les termes de *taǧassud* (littéralement, prendre chair, s'incorporer) ou *ta'annus* (devenir homme)[4] et qui éclairent autrement la théologie chrétienne de l'incarnation : le Verbe se fait chair mais il ne vient pas s'unir à un corps.

La question des doctrines du *ḥulūl* est aussi abordée dans un autre passage du *Mīzān al-ʿamal* où al-Ġazālī traite des différents degrés d'intelligibilité, de l'acquisition, du dévoilement et de l'actualisation des connaissances qui conduit au bonheur :

> Cette félicité (*saʿāda*) qui se produit chez l'homme le rapproche de Dieu, non du point de vue de l'espace et de la distance, mais moralement et véritablement. La bienséance exige de mettre un frein aux excès de langage à ce sujet. Car une secte (*ṭā'ifa*) fut amenée à affirmer une « union » derrière le « rapprochement » (*ittiḥād warā' al-qurb*). Un certain mystique a dit : « Gloire soit à moi ! Que je suis grand ». Un troisième prononça le mot « imprégnation » (*ḥulūl*). Les chrétiens parlèrent de l'union de la divinité avec l'humanité (*ittiḥād al-lāhūt wa l-nāsūt*) au point qu'ils dirent de Jésus qu'il est un demi-Dieu (*niṣf Allāh*). Combien Dieu est au-dessus du blasphème de ceux qui lui font du tort[5] !

1. Al-Ġazālī, *Iḥyā'*, *op. cit.*, K. 36 (*Kitāb al-maḥabba wa l-šawq wa l-uns wa l-riḍā'*), b. 3, p. 1665 [V. 8, p. 406-407].

2. *Ibid.*, b. 3, p. 1665.

3. L. Massignon, « *ḥulūl* », dans *Encyclopédie de l'islam*, II, t. 3, *op. cit.*, p. 590b-591a.

4. A. Straface, « Ḥulūl and Taǧassud : Islamic Accounts of the Concept of Incarnation », dans U. Vermeulen, J. M. F. Van Reeth (eds.), *Law, Christianity and Modernism in Islamic society : Proceedings of the eighteenth Congress of the Union européenne des arabisants et islamisants held at the Katholieke Universiteit Leuven (September 3-September 9, 1996)*, Leuven, Peeters, 1998, p. 125-132.

5. Al-Ġazālī, *Mīzān al-ʿamal*, *op. cit.*, b. 4, p. 207, l. 5-14 [trad. fr. mod., p. 20-21].

Dans ce passage, al-Ġazālī ne nie pas l'existence d'une réalité spirituelle intense, mais il y voit l'expression d'un degré paroxystique de rapprochement de Dieu et non d'une union à Dieu. De cette expérience, il propose une interprétation noétique à travers sa théorie du miroir. Comme l'a montré Alexander Treiger, en expliquant ce que l'on doit comprendre du *ḥulūl* des mystiques, al-Ġazālī dessine ainsi une christologie propre[1]. Le parallèle entre le *ḥulūl* christique et les mystiques qui est établi dans le *Mustaẓhirī* l'est aussi dans l'*Iḥyā'* et dans *Al-Maqṣad al-asnā* : al-Ġazālī leur donne une interprétation en correspondance avec sa doctrine de la purification du cœur, à la fois morale et spirituelle. Le culte et les exercices spirituels ont pour fonction de polir le cœur et de l'orienter vers les réalités célestielles afin qu'il en devienne le reflet[2].

L'expérience décrite par les mystiques correspond au « degré des stations des sciences du dévoilement (*muġāḍa min muġaḍāt ʿulūm al-mukāšafa*) »[3]. Leur interprétation qui voit dans cette inhabitation de la connaissance la présence de Dieu lui-même, est erronée, mais elle correspond à un degré authentique de connaissance (*maʿrifa*) dont l'explicitation se cherche. La doctrine du miroir permet de relire l'expérience mystique et d'en proposer une interprétation conforme avec l'orthodoxie. Elle est connue dans la littérature soufie et elle est aussi un thème néo-platonicien relu par Ibn Sīnā[4]; elle s'appuie sur la symbolique de ces miroirs anciens dont la surface métallique, de cuivre ou de bronze, devait être sans cesse polie pour être lavée de l'oxydation. Le miroir constitue une image du cœur en tant qu'il est continuellement sujet à la corruption du monde et qu'il importe de lui prodiguer un soin constant. Plus il est soigné, plus sa face est claire et reflète l'image. En termes spirituels et conformément à sa doctrine de l'action, il s'agit de combattre pour éliminer les imperfections de l'âme et d'acquérir ce qui convient à la perfection et à la réception de l'image[5]. En ce sens, pour al-Ġazālī, le miroir est une image du

1. Al. Treiger, « Al-Ġazālī's "Mirror Christology" and Its Possible East-Syriac Sources », *The Muslim World*, 101/4, oct. 2011, p. 698-713.

2. Al-Ġazālī, *Iḥyā' ʿulūm al-dīn*, *op. cit.*, K. 18 (*Kitāb ādāb al-samāʿ wa l-waǧd*), B. 2, maq. 1, p. 742 [V. 4, p. 486]. Voir aussi K. 2, f. 4, m. 2, p. 141-142 [V. 1, p. 443] ; *Al-Maqṣad al-asnā*, *op. cit.*, p. 167 [trad. angl. p. 154].

3. Al-Ġazālī, *Iḥyā' ʿulūm al-dīn*, *op. cit.*, K. 18 (*Kitāb ādāb al-samāʿ wa l-waǧd*), B. 2, maq. 1, p. 742 [V. 4, p. 486].

4. Avicenne, *Kitāb al-insāf*, II, *Commentaire de la théologie d'Aristote*, trad. fr. G. Vajda, « Les notes d'Avicenne sur la "Théologie d'Aristote" », *Revue thomiste*, 51, 1951, p. 355-356. Voir aussi A.-S. Jouanneau, « Le polissage du miroir de l'âme chez Avicenne, Al-Ġazālī et Ibn ʿArabī », *Philosophie*, Paris, Éditions de minuit, 77, 2003, p. 70-84. Pour Avicenne, l'âme raisonnable doit se purifier et se débarrasser de ses états matériels indûment considérés comme faisant partie intégrante de son être afin de pouvoir appréhender la réalité. Il s'agit pour elle de s'extraire du sensible qu'il compare à un écran de rouille.

5. Al-Ġazālī, *Mīzān al-ʿamal*, *op. cit.*, b. 6, p. 218 [trad. fr. p. 27] : « Soit un miroir [métallique] oxydé dont la rouille couvre la surface, offusque la clarté et empêche nos images de s'y imprimer. Normalement, un miroir est susceptible de recevoir les images et de les réfléchir telles qu'elles. Celui donc qui voudra le remettre en état devra s'acquitter de deux besognes : 1° frotter et polir,

mystique, de son ascension spirituelle, de « la réception de l'empreinte du vrai au point d'en venir à une identification dans un sens, bien qu'elle s'en différencie dans un autre »[1]. Le mystique par la purgation constante de tout ce qui n'est pas Dieu, de tout ce qui rend opaque en lui l'éclat de la lumière divine, ainsi que par la contemplation des réalités divines, s'approche de sa condition célestielle. Abandonne-t-il ce chemin de purification, la rouille gagne sur son cœur qui devient noir, et il se rapproche de la condition de la bête. Mais dans le cas contraire, il reflète le vrai, la perfection ; il devient comme absorbé par l'amour de Dieu. Comme dans l'image du verre et du vin, l'identification entre la réalité extérieure au miroir et le miroir lui-même est biaisée : le miroir, en reflétant l'extérieur, imprime la forme de la réalité reflétée. Dès lors, dire du cœur qu'il est comme un miroir signifie qu'il reçoit la forme de la réalité (*ḥaqīqa*). Al-Ġazālī distingue donc le cœur comme réceptacle de la réalité, la réalité elle-même, et ce qui est donné à voir dans le miroir que constitue le cœur.

Ces écrits apologétiques d'al-Ġazālī ont pour dénominateur commun de réfuter des pseudo-musulmans : tous se revendiquent de l'islam alors qu'ils font fi de la loi en tant que guidance divine et remettent en cause les fondements du credo islamique. Ces doctrines reviennent à accuser le prophète de l'islam de menteur, ce en quoi ils tombent sous la procédure d'exclusion explicite de la communauté (*takfīr*). Cette approche le conduit à distinguer entre le *kufr* et le *takfīr*. En effet, le *kāfir* n'est pas en soi un ennemi de l'islam, mais celui qui est dénoncé comme *kāfir* à l'issue d'une procédure juridique (*takfīr*) est un ennemi de la religion : il doit donc être combattu par l'écriture de réfutation voire, si nécessaire, par le sabre. Bien qu'il exprime le souci d'intégrer au maximum les membres du parti adverse à la communauté, l'approche juridique nous permettra de montrer que ce combat le conduit dans ses retranchements à une posture exclusiviste. Quant aux *kuffār* qui le sont de naissance, et non à l'issue d'une exclusion de la communauté, leur traitement connaît une inflexion qui définit les bases possibles d'une convivence interreligieuse en établissant un ensemble de droits et de devoirs des musulmans à l'égard des non musulmans.

c'est-à-dire éliminer la rouille qui ne devrait pas exister ; 2° disposer le miroir face à l'objet que l'on veut reproduire ». Dans l'*Iḥyā'*, voir aussi K. 31 (*Kitāb al-tawba*), R. 1, b. 4, p. 1336 [V. 7, p. 35-36] ; [trad. Gramlich A47, p. 38].

1. Al-Ġazālī, *Mīzān al-ʿamal*, *op. cit.*, b. 6, p. 218 [trad. fr. p. 28].

Chapitre V

DÉFINIR LES DROITS ET LES DEVOIRS DES MUSULMANS ENVERS LES NON MUSULMANS

À suivre les historiens Ibn Ḫallikān (m. 681/1282) et Tāǧ al-Dīn al-Subkī (m. 771/1370), al-Ġazālī eut pour premier maître de *fiqh* un dénommé Aḥmad b. Muḥammad al-Rāḏakānī[1]. À Ǧurǧān, il approfondit le *fiqh* šāfiʿite et les différences entre les écoles sous la direction d'Abū al-Qāsim al-Ismāʿīlī (m. 477/1084). C'est à cette période qu'il rédige *Al-Taʿliqa fī furūʿ al-maḏhab*. À Nīšāpūr, alors qu'il suit l'enseignement d'al-Ǧuwaynī, il rédige le *Kitāb al-manḫūl min taʿlīqāt al-uṣūl*, ouvrage opposé au hanafisme. Il compose également le *Kitāb Tahḏīb al-uṣūl* et à la fin de sa vie, *Al-Mustaṣfā min ʿilm al-uṣūl*. Dans le premier livre de l'*Iḥyāʾ*, *Le Livre de la science*, il accuse le *fiqh* d'être devenu une casuistique verbeuse et sans racines. Aux premiers temps de l'islam, il désignait « la science de la voie qui mène à la vie de l'au-delà, la connaissance minutieuse des maladies de l'âme, de ce qui corrompt les actions, de la puissance servile du monde, de la force que constitue l'aspiration aux délices du paradis, de l'emprise de la peur sur le cœur » ; et de poursuivre : « C'est le *fiqh* entendu en ce sens qui éveille et avertit et non les définitions de la répudiation (*ṭalāq*), de l'affranchissement (*ʿitāq*), du serment d'anathème (*liʿān*), de la vente à terme (*salam*), du salaire de location (*iǧāra*)... Tout cela n'est en rien avertissement et ne saurait susciter la crainte révérencielle, bien au contraire, s'y affairer avec acharnement durcit le cœur et en arrache la crainte révérencielle de Dieu comme il est loisible de le voir en ces jours parmi ceux qui en sont devenus maîtres »[2].

Pour al-Ġazālī, le *fiqh* doit donc être la science de la voie. Il est un guide et sa finalité n'est pas de répondre à des angoisses scrupuleuses, et encore moins de les susciter, mais d'enraciner la crainte révérencielle et le goût de l'au-delà.

1. Al-Subkī, *Ṭabaqāt al-šāfiʿiyya*, *op. cit.*, IV, p. 103.
2. Al-Ġazālī, *Iḥyāʾ*, *op. cit.*, K. 1 (*Kitāb al-ʿilm*), B. 3, b. 3, l. 1 p. 43 [V. 1, p. 120].

En ce sens, la revivification de l'islam consiste à redonner à l'agir prescrit par le *fiqh* sa dimension spirituelle. Aussi, lorsque les traités de *fiqh* définissent le statut juridique des non musulmans, leurs droits et leurs devoirs ainsi que ceux qui incombent aux musulmans à leur égard, ces définitions statutaires sont loin d'être purement formelles. En octroyant un statut aux non musulmans, en réglant et en précisant les comportements à adopter, il garantit au musulman qu'il est sur la voie de Dieu, il lui certifie que la cité où il vit est une cité musulmane, il lui garantit le comportement juste et profond à adopter, et qu'il n'est pas conduit par le feu de ses passions. C'est dans ce cadre qu'il convient donc de rendre compte du statut qu'al-Ġazālī octroie aux gens du Livre (*ḏimmīs*), et comment il définit celui des *kuffār* et des peines à leur infliger. Deux positions antagoniques peuvent être distinguées selon les catégories de non musulmans : l'inclussivisme légaliste propre aux *ahl al-kitāb* et l'exclusivisme légaliste qu'il applique aux bāṭinites. Toutefois, le *fiqh* ne définit pas seulement les statuts et devoirs des non musulmans. Il précise également un ensemble d'attitudes positives que doivent adopter les musulmans à leur égard. Al-Ġazālī propose par ces considérations jurisprudentielles une perspective audacieuse et originale garante d'un *convivium* social, au-delà des appartenances religieuses.

L'INCLUSIVISME LÉGALISTE : L'EXEMPLE DES AHL AL-KITĀB, LES GENS DU LIVRE, ET DES ḎIMMĪS [1]

L'expression « *ahl al-kitāb* » désigne dans le Coran ceux à qui fut révélé un livre à l'exemple des feuillets (*ṣuḥuf*) transmis à Abraham, puis des Tables (*alwāḥ*) et de la *Tawrāt* révélées à Moïse. À deux reprises, le Coran note que David reçut un livre (*zābūr*)[2]. Quant à Jésus, il lui fut révélé l'Évangile. L'expression inclut les musulmans et le Coran dit se trouver déjà dans « les livres des anciens (*zubur al-awwalīn*) » (S. 26, 196). Par ailleurs, si le Coran mentionne avec les juifs et les chrétiens, les sabéens (*ṣābiʾa*) et les mages (*maǧūs*)[3], il n'est pas dit explicitement de ces derniers qu'il leur fut donné un livre et qu'ils relèvent de cette catégorie. Il s'en est suivi un débat au sein de la tradition musulmane et des commentateurs du Coran[4]. Le regard que porte le

1. Cette partie a fait l'objet de deux publications dans E. Pisani, « Regards d'al-Ġazālī sur les Juifs », *Tsefon*, décembre 2011, p. 1-32 et « Le statut du *ḏimmī* chez al-Ġazālī. Un inclusivisme éthique et légaliste ? », *MIDÉO*, 33, 2018, p. 63-93.

2. S. 4, 163 et S. 17,55.

3. S. 22, 17.

4. Pour Ibn Kaṯīr, ils font effectivement partie des gens du livre : Ibn Kaṯīr, Tafsīr, *Commentaire S. 2, 62.* Pour Abū Yūssuf (m. 182/798) et Muḥammad Ibn al-Ḥasan al-Šaybānī (m. 189/805) ils étaient astrolâtres et ne relèvent pas de cette catégorie : al-Maġinānī, *Al-ʿInāya šarḥ al-hidāya, al-Hidāya, šarḥ bidāyat al-mubtadiʾ*, éd. Muḥammad Muḥammad Qāmir et Ḥāfiẓ ʿĀšūr Ḥāfiẓ, al-Qāhira, Dār al-Salām, 2000, t. 1 p. 290.

Coran sur les gens du Livre est partagé. Le texte reconnaît parmi eux l'existence d'une « communauté droite » qui prie et se prosterne[1].

Du point devue juridique, les gens du Livre relèvent du statut de *ḏimmī*. Celui-ci varie selon les contextes historiques et géographiques et les écoles de jurisprudence (*fiqh*). Les dictionnaires arabes définissent le mot *ḏimma* à partir des notions de foi, contrat, garantie, protection. Le mot ne se retrouve que dans un passage du Coran (S. 9, 10) et concerne une dénonciation envers des *mušrikīn* qui refusent de respecter les liens familiaux et les engagements contractés (*ḏimma*)[2]. Par la suite, dans la littérature jurisprudentielle, *ḏimma* est venu à désigner l'obligation due au lien entre débiteur et créancier, puis à signifier l'obligation qui incombe aux musulmans de « protéger » les *ahl al-ḏimma*, en retour du versement d'un tribut. Régis Blachère y voit une modalité juridique nouvelle pour neutraliser le sentiment de supérioroté des Arabes sur les populations conquises au passé culturel faste et prestigeux[3].

Selon le *fiqh* ḥanafite et mālikite, le contrat n'est pas exclusif des gens du Livre et il peut être signé avec des idôlatres[4]. Al-Šāfiʿī aurait rédigé un contrat-type[5]. Son authenticité a été mise en doute en raison de gloses largement empruntées à al-Māwardī (m. 450/1058) et al-Ġazālī[6], mais elle permet de disposer d'une idée des devoirs du *ḏimmī* attendus selon l'école šāfiʿite[7]. À la fin du VIIIe siècle, le *qāḍī* ḥanafite Yaʿqūb Abū Yūsuf (m. 182/798) rédigea à la demande du calife Ḥārūn al-Rašīd un traité de jurisprudence où sont fixées les principales règles concernant les *ḏimmīs*[8]. La capitation est obligatoire, mais les indigents, les aveugles, les paralytiques ou les vieillards qui ne vivent que d'aumônes sont dispensés de son règlement[9]. Le recouvrement du tribut est encadré et l'on doit « user de douceur ». Concrètement, s'il refuse de payer le

1. S. 3, 113-114.

2. S. 9, 10.

3. R. Blachère, « Regards sur l'"Acculturation" des arabo-musulmans jusque vers 40/661 », *Arabica*, 1956, p. 247-265.

4. A. J. Wensinck, « Ǧizya » et « Maǧūs », dans *A Handbook of early Muhammadan Tradition alphabetically arranged*. Leiden. Brill. 1927. Al-Kāsānī, *Badāʾiʿ al-ṣanāʾiʿ fī tartīb al-šarāʾiʿ*, vol. VII, al-Qāhira, Maṭbaʿat Šarikat al-Mabūʿāt al-ʿIlmīya, 1910, p. 110.

5. Al-Šāfiʿī, *Kitāb al-umm*, édition Maḥmūd Maṭraǧī, Bayrūt, Dār al-Kutub al-ʿilmiyya, IV, 1993, p. 118 *sq*.

6. A. Fattal, *Le statut légal des non-musulmans en pays d'Islam*, *op. cit.*, n. 21, p. 77.

7. Notamment « si l'un des *ahl al-ḏimma* parle en termes impropres de Muḥammad, du Livre d'Allāh ou de sa religion, il sera privé de la *ḏimma* d'Allāh, du Commandeur des croyants et de tous les Musulmans (...) dans les villes, vous ne devrez pas exhiber la croix, professer votre polythéisme, bâtir des églises ou des lieux d'assemblée pour vos prières, battre les simandres, proclamer devant un musulman vos croyances polythéistes au sujet de ʿĪsā Ibn. Maryam ou de tout autre ; vous ceindrez le *zunnār* au-dessus de vos vêtements, de votre manteau (*ridāʾ*) et de tout le reste de sorte qu'il soit bien visible. Vous n'occuperez pas le milieu du chemin ou les meilleures places dans les assemblées en présence des musulmans » (*Kitāb al-umm*, *op. cit.*, IV, p. 118 *sq*.).

8. A. Yoûsof Yaʿkoub, *Le Livre de l'impôt foncier* (*Kitâb el-Kharâdj*), trad. et ann. E. Fagnan, Paris, Librairie orientaliste Paul Geuthner, 1921.

9. *Ibid.*, p. 188-189.

tribut, le *ḏimmī* est conduit en prison jusqu'à son acquittement intégral, mais il ne saurait subir de peines physiques[1]. Le Traité renvoie aussi à la nécessité pour les *ḏimmīs* de revêtir un vêtement particulier afin de le distinguer dans la vie quotidienne des musulmans. Libres d'exercer leurs cultes, ils ne peuvent édifier de nouveaux édifices religieux[2]. La jurisprudence est aussi marquée par l'énoncé de mesures vexatoires voire de refoulement. Des injonctions juridiques sont formulées sur l'interdiction d'exercer un métier dès lors qu'il induirait l'exercice d'une domination sur un musulman. Ils ne doivent construire de maisons plus élevées que celles des musulmans, ni monter à cheval en raison de la noblesse de l'animal[3]. Quant au prix du sang d'un *ḏimmī*, pour certaines traditions prophétiques un musulman ne peut être condamné à mort pour avoir tué un *ḏimmī*[4], mais d'autres attestent du commandement de Muḥammad d'exécuter un musulman après le meurtre d'un *ḏimmī*[5]. Sur la base de ces traditions, Ibrāhīm al-Naḫaʿī ou ʿĀmir al-Šaʿbī, soutiennent que tout *ḏimmī* doit jouir des mêmes droits fondamentaux qu'un musulman. Pour al-Šāfiʿī, la loi islamique pose l'immunité du croyant en matière d'assassinat d'un non musulman, fût-il un *ḏimmī*. La peine encourue par le musulman est celle du *taʿzīr*, l'emprisonnement ne pouvant dépasser une année. En revanche, si un non musulman tue un musulman, il devra être à son tour tué, qu'il soit *ḏimmī*, *ḥarbī* ou *mustaʾmin*[6]. Enfin, l'expression de marques de sympathie à l'égard d'un *ḏimmī* n'est pas contraire à la loi et l'on veillera à le

1. A. Yoûsof Yaʿkoub, *Le Livre de l'impôt foncier*, *op. cit.*, p. 189. Voir aussi ce conseil formulé : « Tu dois, Prince des croyants, prescrire d'user de douceur à l'égard de ceux qui bénéficient de la sauvegarde accordée par ton Prophète et cousin Mohammed et prendre soin d'eux, pour qu'ils ne soient pas opprimés, ni maltraités, ni surtaxés, ni dépossédés d'aucune partie de leurs biens qu'à raison d'un droit auquel ils sont soumis » (*ibid.*, p. 191).

2. *Ibid.*, p. 195-196 : « Tu as aussi à prescrire qu'aucun d'entre eux ne soit laissé libre de ressembler à un musulman par le costume, la monture et l'extérieur, qu'ils portent tous à la taille la ceinture *zunnār* semblable à un fil grossier que chacun se noue au milieu du corps (...) qu'ils ne fassent pas face aux musulmans, que leurs femmes n'usent pas de selles rembourrées, qu'ils n'édifient pas en ville de nouvelles synagogues ou églises et se bornent à employer comme temples ceux qu'ils avaient lors du traité qui les a transformés en tributaires et qui leur ont été laissés sans être démolis ; et de même pour les pyrées. Il leur est toléré d'habiter dans les villes principales et les marchés des musulmans et d'y vendre et acheter, mais sans vendre ni vin ni porcs, et sans exhiber de croix dans les villes principales ». Sur les églises, les synagogues et les croix, voir aussi p. 213-230.

3. Al-Ḫallāl, *Ahl al-milal wa l-ridda wa l-zanādiqa wa tārik al-ṣalāt wa l-farāʾiḍ min Kitāb al-ǧāmiʿ*, éd. Ibrāhīm Ibn Ḥamad Ibn Sultān, al-Riyād, Maktabat al-Maʿārif li-l-Našr wa l-Tawzīʿ, 1996, p. 195, n° 331, référencié par Y. Friedman, *Tolerance and coercition in islam*, *op. cit.*, p. 37.

4. Al-Buḫārī, *Ṣaḥīḥ*, K. 87 (*al-diyyāt*), *ḥadīṯ* n°52 / 6914 ; Ibn Ḥanbal, *Musnad*, vol. 1, *op. cit.*, p. 119, 122 [Friedman, p. 40].

5. Al-Ṣanʿānī, *Al-Muṣannaf*, éd. Ḥabīb al-Raḥmān al-Aʿẓamī, Bayrūt, Dār al-Qalam, 1970-1972, n° 18514, vol. 10, p. 101 ; Al-Ḫallāl, *Ahl al-milal wa l-ridda*, *op. cit.*, n° 908, p. 399-400. Pour d'autres références, voir Y. Friedman, *Tolerance and coercition in islam*, *op. cit.*, p. 40.

6. Al-Šāfiʿī, *Kitāb al-umm*, *op. cit.*, IV, p. 419, ll. 15-16.

visiter s'il est malade[1], même si, selon certaines écoles, il n'est pas permis de saluer un *ḏimmī* à partir de la formule traditionnelle « *al-salām ʿalaykum* ».

Si ces traités précisent le statut de *ḏimmī*, il convient de recourir à d'autres matériaux pour saisir la réalité de leurs relations avec les musulmans. Les textes de la littérature (*adab*), les documents d'archive, les chroniques ou les monographies sur les conquêtes permettent de préciser ce qui relève de l'énoncé du *fiqh* et de la réalité socio-politique[2]. Il reste que les *ḏimmīs*, bien avant les mesures prises par le calife fatimide al-Ḥākim (m. 411/1021), ont pu être soumis par la loi à des règles de stricte séparation, à des mesures discriminatoires et vexatoires et que l'on réglemente les comportements à leur égard. En conclusion à son étude sur le statut légal du *ḏimmī*, Antoine Fattal montre que le *ḏimmī* devient « un citoyen de seconde ordre »[3] qui doit sentir sa condition d'infériorité[4]. Qu'en est-il de sa situation et de son statut à l'époque d'al-Ġazālī ?

Les travaux d'Adam Mez et de George Makdisi ont souligné l'évolution de la condition de *ḏimmī*[5]. Dans la première moitié du XIe siècle, les chroniques relatent la volonté des *ʿulamāʾ* d'appliquer des mesures restrictives. La récurrence de ces demandes tend cependant à indiquer la difficuté de leur application ou leur disparition dans un contexte politique où juifs et chrétiens sont nécessaires à l'État[6]. À la fin du XIe siècle, le vizir et juriste šāfiʿite Abū Šuğāʿ (m. 488/1095), opte pour un statut plus restrictif[7]. En 478/1085, sous son impulsion, le calife al-Muqtadī (467-497/1075-1094) restreint la liberté religieuse et la visibilité sociale des juifs : la Torah ne peut être récitée qu'à l'intérieur des maisons et à voix basse. Les juifs doivent porter un ruban distinctif. Cette vague s'amplifie quatre ans plus tard, lorsque le calife ordonne en 484/1091 « pour les hommes, le turban de la teinte prescrite, la ceinture, la pièce de plomb cachetée avec le terme *ḏimmī* ; pour les femmes, cette même pièce portée au cou dans les bains publics, une paire de souliers, l'un noir,

1. Al-Ḫallāl, *Ahl al-milal*, *op. cit.*, p. 291-293.

2. A. Fattal, *Le statut légal des non-musulmans en pays d'Islam*, *op. cit.*, p. XII.

3. *Ibid.*, p. 367.

4. Pour al-Šāfiʿī, le *ḏimmī* indigent ne peut bénéficier du produit de la *zakāt* : Al-Šāfiʿī, *Kitāb al-umm*, *op. cit.*, IV, p. 102. Perspective partagée par les autres écoles de *fiqh*, à l'exception de quelques rares ḥanafites : al-Saraḫsī, *Kitāb al-mabsūṭ*, al-Qāhira, Maṭbaʿat al-Saʿāda, H. 1324-1331, II, p. 202 et III, p. 19.

5. A. Mez, *Die Renaissance des Islâms*, Heidelberg, Carl Winter's Universitätsbuchhandlung, 1922.

6. Il s'en suivit des émeutes populaires, chauffées par quelques prédicateurs ou *ʿulamāʾ* zélés. Les chroniques font ainsi état d'églises ou de synagogues brûlées, d'habitations pillées ou d'attaques au cours de processions funéraires : Ibn Kaṯīr, *Al-Bidāya wa l-nihāya*, al-Qāhira, al-Fikr al-ʿArabi, 1932-1939, XI, p. 348 ; cité aussi par A. Stanley Tritton, *The Caliphs and their non-Muslim Subjects. A Critical Study of the Covenant of ʿUmar*, Oxford, OUP, 1930, p. 109.

7. G. Makdisi, *Ibn ʿAqīl*, *op. cit.*, p. 153-163 ; voir H. Laoust, *La politique de Ġazālī*, *op. cit.* p. 42.

l'autre rouge, et une clochette au pied »[1]. Mais Niẓām al-Mulk comme le sultan Malik Šāh vont exiger auprès du calife la destitution du vizir : les autorités selǧūqides veillent à ne pas exaspérer ceux qui occupaient des postes clefs au sein de leur administration. Al-Ġazālī était depuis quelques mois à Baġdād lorsqu'il vit Abū Šuǧāʿ quitter le palais. En 498/1104, toutes les restrictions imposées en 484/1091 aux *ḏimmīs* sont formellement abolies[2]. La seule exigence envers les *ḏimmīs* concerne l'augmentation de impôt du fait qu'ils disposaient de moyens financiers considérables.

Dans ce contexte historique, al-Ġazālī est amené à éclairer le débat sur le statut du *ḏimmī*, ses droits et ses devoirs[3]. Les questions relatives au statut du *ḏimmī* relèvent de la science des relations (*ʿilm al-muʿāmalāt*). Caractéristiques du *fiqh*, elles sont traitées au livre dix-neuvième de l'*Iḥyāʾ* sur le commandement du bien et l'interdiction du mal[4]. Al-Ġazālī y aborde la question des attitudes que le musulman doit adopter à l'égard des *ahl al-kitāb* : Doit-il le saluer en premier, répondre à leur salutation et, si oui, sous quelle formulation ? Un *ḏimmī* a-t-il le droit d'adresser à un musulman une remontrance courtoise s'il le voit se livrer à un péché ?

Dans le *Kitāb ādāb al-ulfa wa l-uḫuwwa wa l-ṣuḥba*, al-Ġazālī affirme l'illécéité de porter préjudice à un *ḏimmī* autrement qu'en se détournant de lui ou en le regardant de haut[5]. Si le *ḏimmī* demeure dans un statut d'infériorité par rapport à son protecteur musulman, ce qui est conforme aux Traités de *fiqh*, al-Ġazālī attache une attention au regard qui doit signifier symboliquement cette dyssimétrie sociale. Concernant la salutation, il doit être salué en retour – la salutation faisant partie des conventions sociales – sans que soit invoqué sur lui la paix mentionnée dans la salutation musulmane : « *al-salām ʿalaykum* ». Quand un *ḏimmī* l'invoque dans sa salutation, on doit omettre dans sa réponse l'évocation du salut et se contenter de l'expression *wa ʿalaykum*[6].

De même, dans le *Livre sur l'obligation d'ordonner le bien et d'interdire le mal*, il précise qu'il ne convient pas au *ḏimmī* de faire la morale à un musulman pris en flagrant délit d'une action illicite. Si le libertin (*fāsiq*) peut être un censeur (*muḥtasib*), au-delà donc de l'immoralité de sa vie, le *ḏimmī*, en revanche, n'y est pas autorisé, son statut d'« infériorité » prévalant sur toute autre action.

1. G. Makdisi, *Ibn ʿAqīl*, *op. cit.*, p. 159.

2. *Ibid.*, p. 161 ; Ibn Kaṯīr, *Al-Bidāya wa l-nihāya*, *op. cit.*, XII, p. 164.

3. Nous avons publié plusieurs articles à partir de cette recherche dont nous reproduisons ici le résumé.

4. Al-Ġazālī, *Iḥyāʾ*, *op. cit.*, K. 19 (*Kitāb al-amr bi-l-maʿrūf wa l-nahy ʿan al-munkar*) [trad. fr. L. Bercher, *L'obligation d'ordonner le bien et d'interdire le mal*, Tunis, Ibla, 1961]. Voir aussi M. Cook, *Commanding Right and Forbidding Wrong in Islamic Thought*, Cambridge, CUP, 2000.

5. Al-Ġazālī, *Iḥyāʾ*, *op. cit.*, K. 15 (*Kitāb ādāb al-ulfa wa l-uḫuwwa wa l-ṣuḥba*), B. 3, h. 2, p. 642 [V. 4, p. 187].

6. *Ibid.*, B. 1, b. 3, p. 602 [V. 4, p. 52].

> Si un *kāfir* [*ḏimmī*][1] entrave par son action (*bi-fiʿlihi*) un musulman [de commettre un péché] cela est un acte d'autorité sur ce musulman qui est interdit en tant que tel, puisque Dieu n'a donné aucun pouvoir aux *kāfirīn* sur les croyants (*muʾminīn*). Et si le *kāfir* se limite à dire qu'il ne faut pas forniquer, cela aussi lui est interdit dans la mesure où ces paroles marquent une volonté d'exercer une autorité sur le musulman, ce qui constitue une humiliation (*iḏlāl*) pour ce dernier. Or, si le débauché (*fāsiq*) mérite l'humiliation, le *kāfir* la mérite à plus forte raison. Voilà pourquoi nous interdisons au *kāfir* la censure[2].

L'enjeu est foncièrement politique puisqu'il s'agit de s'assurer de l'absence d'exercice d'autorité d'un *ḏimmī* sur un musulman. La dissymétrie sociale entre le musulman et le *ḏimmī* ne lui permet pas d'exercer la fonction de *muḥtasib*. Cependant, al-Ġazālī précise que le *ḏimmī* doit réprouver en son cœur et à la lumière de sa religion, le péché comme le pécheur[3]. En effet, la visibilité du péché contamine les faibles et il convient donc en son for intérieur de le rejeter. De cet avertissement, al-Ġazālī témoigne de son souci pour que le *ḏimmī* garde la voie droite de sa religion. Il reconnaît ainsi aux religions du Livre, antérieures à l'islam, une valeur dans la distinction du bien et du péché. Musulmans et *ḏimmīs* doivent s'efforcer de pratiquer la vertu.

Concernant les règles de la fréquentation, al-Ġazālī souligne l'importance « de ne point fréquenter [le *ḏimmī*], ni d'avoir des égards envers lui, ni de lui confier quelque pouvoir. Quant à se détendre ou se décontracter avec un *ḏimmī* comme on le fait avec des amis, cela est hautement réprouvé et il s'en faut de peu que ce soit rigoureusement interdit »[4]. Si le choix de ses amis parmi les hommes vertueux est recommandé, il est préférable cependant de ne point les choisir parmi les juifs ou les chrétiens, car selon le *ḥadīṯ* qu'il convoque, « l'être humain suit la religion de son ami intime. Regarde avec attention chacun d'eux avant de le prendre pour ami »[5]. Pour al-Ġazālī, les règles de la sociabilité quotidienne, les conventions sociales, les codes de la bienséance doivent perpétuer les différences religieuses et garantir la fidélité du musulman à l'islam.

Par ailleurs, si les musulmans ont pu subir des affres de la part de *ḏimmīs*, al-Ġazālī convoque plusieurs versets coraniques pour dépasser toute forme de talion[6]. À propos du verset 3, 186 « vous entendrez beaucoup d'injures de la

1. Dans l'objection qu'il rapporte, al-Ġazālī mentionne pour censeur le « *al-kāfir al-ḏimmī* », l'infidèle statutaire, mais dans sa réponse, il n'utilise plus que le terme *kāfir*.

2. Al-Ġazālī, *Iḥyāʾ*, *op. cit.*, K. 19 (*Kitāb al-amr bi-l-maʿrūf wa l-nahy ʿan al-munkar*), B. 2, R. 1, 3, p. 765-766 [V. 4, p. 564] ; [trad. Bercher p. 19 mod.].

3. *Ibid.*, K. 19, B. 1, p. 765 [V. 4, p. 554].

4. *Ibid.*, K. 15 (*Kitāb ādāb al-ulfa wa l-uḫuwwa wa l-ṣuḥba*), B. 1, b. 3, 1, p. 602 [V. 4, p. 52].

5. Abū Dawūd, *Sunan*, *op. cit.*, K. 43, n°61 ; Al-Ġazālī, *Iḥyāʾ*, *op. cit.*, K. 15, B. 1, b. 4, p. 604 [V. 4, p. 58].

6. Al-Ġazālī cite notamment les versets suivants : « Ne prête pas attention aux vilénies [des hypocrites et des *kāfirīn*], confie-toi à Dieu, car Dieu suffit comme protecteur » (S. 33, 48) ;

part de ceux auxquels le Livre a été donné avant vous et de la part des polythéistes. Soyez constants et craignez Dieu, telle est une attitude pour entreprendre quelque chose »[1] ; al-Ġazālī commente : « il signifie que vous devez vous abstenir de chercher à vous venger. C'est la raison pour laquelle Dieu ne tarit pas d'éloge (*madaḥa*) pour ceux qui pardonnent et renoncent à leurs droits, ainsi qu'à la loi du talion (*qiṣāṣ*) ou autres types de vengeance »[2]. Al-Ġazālī suit la ligne du Coran qui reconnaît la possibilité du talion, mais vante les mérites du pardon comme une expression de la patience (*ṣabr*). Pour appuyer son propos, il rapporte les paroles de Jésus : « Il vous a été dit dent pour dent, nez pour nez, mais moi je vous le dis, ne rendez pas le mal par le mal. Au contraire, si quelqu'un te frappe la joue droite, tends lui la joue gauche et si quelqu'un te prend ta tunique, donne-lui ton manteau ; et si quelqu'un te prie de l'accompagner sur mille lieues, joins-toi à lui sur deux mille »[3].

Sur le mariage, il rappelle la position des docteurs de la loi selon laquelle il est possible d'épouser une femme juive ou chrétienne, possibilité non accordée si la femme est apostate et ses paroles relèvent du *kufr*, si sa religion est celle des zoroastriens, des dualistes ou de la *zandaqa*, si elle ne se réclame ni d'un prophète, ni d'un Livre ou encore si elle appartient à la secte des libertins antinomiens, les ibāḥītes. Deux conditions sont posées quant à la permission d'épouser une femme parmi les gens du Livre : d'une part, elle doit montrer sa filiation avec les enfants d'Israël et d'autre part, elle doit appartenir à la dite religion du livre avant d'avoir eu connaissance de la mission du prophète de l'islam[4].

Sur la visibilité des signes religieux et leur restriction, al-Ġazālī suit la ligne šāfiʿite : interdiction est faite d'exposer en public les crucifix. Il est du devoir du *muḥtasib* responsable de la commanderie du bien et de l'interdiction du mal, de s'en emparer : « Il ne les brûlera pas, mais il les rendra incapables de nuire en les brisant, pour les réduire en un état tel que leur réparation demanderait autant de travail que la fabrication d'un neuf »[5].

Dans certains contextes le *ḏimmī* est intégré à la communauté musulmane, notamment dans certaines situations graves. Ainsi, pendant les périodes de sécheresse, la présence des *ḏimmīs* à la prière des musulmans au cours de l'invocation de la pluie, est autorisée : « Si les *ḏimmīs* souhaitent s'associer à la

« Supporte patiemment leurs discours, écarte-toi d'eux poliment » (S. 73, 10). Le contexte de ce verset ne mentionne pas les *ḏimmīs*.

1. S. 3, 186.

2. Al-Ġazālī, *Iḥyāʾ ʿulūm al-dīn*, *op. cit.*, K. 32 (*Kitāb al-ṣabr wa l-šukr*), Š. 1, b. 6, p. 1403 [V. 7, p. 245].

3. Il s'agit d'une allusion aux versets 5, 38-42 de l'Évangile de Matthieu. L'expression nez pour nez est coranique et rapportée comme renvoyant à une prescription de la Thora (S. 5, 45).

4. Al-Ġazālī, *Iḥyāʾ*, *op. cit.*, K. 12 (*Kitāb Ādāb al-nikāḥ*), B. 2, p. 455 [V. 4, p. 153-154].

5. *Ibid.*, K. 19 (*Kitāb al-amr bi-l-maʿrūf wa l-nahy ʿan al-munkar*), B. 2, R. 4, d. 5, 2, p. 786 [V. 4, p. 619] ; [trad. Bercher mod. p. 52]. Il est aussi question de la censure des instruments de musique.

prière, cela ne devrait pas leur être interdit. Lorsque tous sont rassemblés dans la plaine, l'appel au début de la prière est donné et l'*imām* peut commencer les deux *rak'a* »[1]. La prière a lieu dans une plaine comme au Jour de la Résurrection. Juifs et chrétiens y sont associés, ainsi que les femmes, les enfants, et même les animaux, créatures de Dieu. Les formules de *takbīr* sont remplacées par des demandes de pardon. Cette position théologique, marquée par un esprit interreligieux se distingue d'al-Šāfiʿī qui n'autorise pas un tel rassemblement. S'il établit une hiérarchie entre les créatures, il ne réduit pas le *ḏimmī* au rang de l'animal, contrairement à l'interprétation d'Hava Lazarus-Yafeh[2]. En revanche, la présence des animaux dans ce rassemblement atteste de la place de l'animal dans la création et de sa participation à la résurrection[3].

De ces considérations sur les *ḏimmīs*, il ressort chez al-Ġazālī l'application d'un double principe de séparation et d'intégration : le *ḏimmī* appartient à la cité et il dispose de droits ; il est enfermé par son statut à une situation d'infé-rieur. Parallèlement à cet inclusivime légaliste, al-Ġazālī définit un cadre exclusiviste pour le non musulman bāṭinite.

Inclusivisme et exclusivisme légaliste, l'exemple des bāṭinites

Dans le chapitre huitième du *Mustaẓhirī*, al-Ġazālī énonce la fatwa attendue envers les bāṭinites et répond à la question de la peine du sang que d'aucuns veulent leur voir appliquer[4].

Dès les premières pages du *Mustaẓhirī*, le bāṭinite est décrit comme inconstant et opportuniste :

> si le glaive des gens de la vérité surplombe leur tête (*iḏa aṭalla ʿalayhim sayf ahl al-ḥaqq*), ils optent avec empressement pour la vérité (*āṯarū al-ḥaqq īṯāran*), mais que son ombre vienne à se dissiper, les voilà s'obstinant dans leur arrogance[5].

L'expression est complexe et délicate d'autant que notre auteur poursuit cette exorde en appelant Dieu à éradiquer de la face de la terre chacune de leurs demeures[6]. Mustapha Hogga souligne à propos que « la référence à la miséricorde divine qui accompagne la pluralité des doctrines contraste avec les violentes attaques menées contre les muʿtazilites et les bāṭinites ». Il souligne le

1. Al-Ġazālī, *Iḥyā'*, *op. cit.*, K. 4 (*Kitāb asrār al-ṣalāt wa muhimmātihā*), B. 7, q. 4, p. 236 [V. 1, p. 757].
2. Voir I. 1
3. Al-Ġazālī, *Iḥyā'*, *op. cit.*, K. 32 (*Kitāb al-ṣabr wa l-šukr*), Š. 1, b. 2, p. 1394 [V. 7, p. 214-215], et K. 40 (*Kitāb ḏikr al-mawt wa mā baʿdahu*), Š. 2, ṣ. 1, p. 1895 [V. 9, p. 531].
4. *Id.*, *Faḍā'iḥ al-Bāṭiniyya wa faḍā'il al-Mustaẓhiriyya*, *op. cit.*, p. 173-182.
5. *Ibid.*, p. 22.
6. *Ibid.*

paradoxe de ce « désir inquiétant de rassemblement par la suppression totale de l'ennemi et [ce] souhait que le parti califien s'agrandisse à l'infini »[1]. Ici, le sabre des gens de la vérité surplombe la tête des bāṭinites. Il les menace, certes, mais leur sang n'est pas versé. Quant aux habitations des bāṭinites, al-Ġazālī supplie Dieu de les éliminer : l'acteur est Dieu lui-même et non les hommes, supplique où l'homme confie l'acte de vengeance ou de violence à Dieu, se libérant ainsi de le mener à bien de ses propres mains.

Dans ces premières lignes, au-delà de la dimension imprécatoire du propos, al-Ġazālī élabore une approche particulariste : l'accusation ne porte pas systématiquement sur l'ensemble des bāṭinites mais peut ne concerner qu'un individu (*ʿan wāḥid minhum* aw *ʿan ǧamāʿatihim*)[2]. Si le bāṭinisme est une doctrine non musulmane pouvant constituer une menace pour l'islam, il importe donc de mesurer le degré d'adhésion à cette doctrine, son degré de compréhension et d'appartenance. On ne juge pas le bāṭinisme en son essence, mais un homme qui appartient à sa mouvance. Cette considération méthodologique est typique de l'esprit ġazālīen : la gravité de l'accusation et de ses implications en droit musulman n'autorise pas à céder à une réponse sans nuances qui omettrait la prise en compte des caractères particuliers. Puisque l'anthropologie d'al-Ġazālī a souligné la primauté du cœur par rapport à la valeur d'une parole qui affirme l'attachement à un mouvement ou à une religion, le jugement envers un bāṭinite nécessite donc pour être juste la connaissance de son cœur. Cette connaissance est subtile et ne peut s'effectuer dans la précipitation. Elle implique de la part du juge une approche psychologique et spirituelle permettant de découvrir l'esprit au-delà de la lettre, de sonder et de scruter le cœur au-delà de la parole.

Dans cette perspective, la notion de *takfīr* doit elle-même être objet de distinction : il convient de se demander s'il l'on doit considérer un bāṭinite comme un mécréant (*takfīr*), ou plutôt comme un égaré (*taḍlīl*) ou dans l'erreur (*taḫṭīʾa*)[3]. Ce qui vaut pour le bāṭinite vaut aussi pour la doctrine elle-même : al-Ġazālī en distingue deux degrés (*martabatān*) : le premier nécessite de dénoncer l'erreur, l'égarement ou l'innovation (*al-taḫṭīʾa wa l-taḍlīl wa l-tabdīʿ*) tandis que le second relève de l'accusation de mécréance et implique le reniement (*al-takfīr wa l-tabarrī*)[4].

> Le premier degré pour lequel il faut dénoncer l'erreur, l'égarement et l'innovation est celui que l'on rencontre (*tuṣādif*) chez un homme de la masse (*ʿāmmī*) qui croit que le principe de l'*imāma* (*istiḥqāq al-imāma*) est au fondement de la Maison [de Muḥammad] et que donc le bénéficiaire (*mustaḥiqq*) à ce jour est celui qui en assume la charge (*mutaṣaddī*) alors que ce rôle était dévolu aux tous premiers temps à ʿAlī. Aussi, ils prétendent que

1. M. Hogga, *Orthodoxie, subversion et réforme en islam*, *op. cit.*, p. 90.
2. *Ibid.*, p. 173.
3. *Ibid.*
4. *Ibid.*

> l'*imām* est impeccable et infaillible (*maʿṣūm*) et qu'il n'y a aucun doute à son infaillibilité. Malgré cela, ils ne déclarent pas licite (*lā yastaḥillūna*) le fait de répandre notre sang et ils ne croient pas non plus à notre mécréance. Cependant, ils croient à notre propos que nous sommes des hommes de l'injustice (*ahl al-baġy*) et que notre esprit n'est plus en mesure de saisir la vérité à cause de l'obstination ou de la malédiction (*ʿinādan wa nakadan*). Il n'est pas licite de répandre le sang (*lā yustibāḥu safku damihi*) d'une telle personne (*šaḫṣ*), ni de la juger comme mécréante en raison de tels propos (*aqāwīl*). Elle doit au contraire être regardée comme étant dans l'erreur et l'innovation et il importe donc de sanctionner (*yuzğaru*) son erreur et son innovation et cela en raison du fait qu'elle se cantonne à ce niveau. Elle ne croit aucunement à ce que nous avons relevé de leurs doctrines sur Dieu et sur les fins dernières (*fī umūr al-ḥašr wa l-našr*) [1], mais elle adhère à ce que nous croyons [2].

Cette appréciation nuancée n'est pas sans difficulté au regard d'une communauté musulmane qui perçoit ce mouvement comme un danger pour l'islam. Al-Ġazālī poursuit son exposé en présentant un ensemble d'objections caractéristiques. Certes, remarque-t-il, les bāṭinites soutiennent qu'ʿAlī est l'*imām* et non Abū Bakr, ʿUmar et ʿUṯmān, ce qui contredit le consensus de la communauté (*iğmāʿ ahl al-dīn*), mais l'opposition à un consensus constitue-t-elle un motif de *takfīr* ? Pour al-Ġazālī, cette position relève de l'erreur, de la déviation, de l'innovation ou du péché (*tafsīq*), non du *takfīr* [3]. De même, l'affirmation de l'infaillibilité de l'*imām*, qualité propre à la mission prophétique, nécessite-t-elle de porter à leur encontre l'accusation de *takfīr* ? Pour al-Ġazālī, la position bāṭinite est ici cause d'erreur, mais ne saurait constituer en soi une cause de *takfīr*.

Al-Ġazālī traite aussi du statut pénal de celui qui déclare explicitement la mécréance d'Abū Bakr et de ʿUmar. Peut-il être comparé à celui qui accuse de mécréance n'importe quel musulman, juge ou *imām* ? La remise en cause de la foi d'un des trois premiers califes ne nécessite-t-elle pas un jugement pénal particulier ? Pour al-Ġazālī, si l'on sait qu'un musulman croit en un seul Dieu (*tawḥīd*), qu'il tient pour véridique le Prophète (*taṣdīq al-rasūl*) et qu'il adhère à d'autres croyances vraies (*ilā sāʾir al-muʿtaqadāt al-ṣaḥīha*) et si, malgré cela, on le considère comme mécréant, alors celui qui porte un tel jugement doit être considéré comme mécréant (*huwa kāfir*) car il a vu la religion vraie (*al-dīn al-ḥaqq*) comme étant mécréante et erronée (*kufran wa bāṭilan*). Mais s'il pense que ce musulman accuse le prophète de menteur, dénie l'Auteur du monde (*al-ṣāniʿ*) ou s'en détourne (*taṯniatahu*) ou encore qu'il croit à d'autres choses qui relèvent du *takfīr*, et qu'il l'accuse de mécréance, alors même que ce musulman ne croit pas ce qu'il pense qu'il croit, il n'est pas mécréant bien qu'il soit dans l'erreur et dans l'ignorance quant à sa connaissance et son jugement

1. Respectivement le Jour du rassemblement et le Jour du jugement.
2. Al-Ġazālī, *Faḍāʾiḥ al-Bāṭiniyya wa faḍāʾil al-Mustaẓhiriyya*, *op. cit.*, p. 173-174.
3. *Ibid.*, p. 174.

sur les croyances de la personne qu'il accuse. Al-Ġazālī conclut ainsi l'énoncé de son principe : « penser la mécréance d'un musulman n'est pas de la mécréance »[1]. De tels jugements peuvent certes être vrais ou faux mais « il n'est pas donné à tous de connaître l'islam de chaque musulman ou la mécréance de tous les mécréants »[2]. Par voie de conséquence, l'accusation de mécréance d'un des premiers califes ne constitue pas en soi un motif d'exclusion de la communauté. « La foi en eux n'est pas un pilier de l'islam (*laysa al-īmān bi-himā min arkān al-dīn*) »[3]. Dans sa réponse, al-Ġazālī met en avant la dimension subjective de la connaissance que l'on peut avoir de la croyance d'un individu. Cette prise en compte a pour conséquence d'élaborer et de soutenir son principe intégratif qui permet non seulement de ne pas exclure celui qui n'exclut pas, mais aussi de ne pas exclure (*takfīr*) celui qui exclut, dès lors qu'il ne se sépare pas de la vérité objective de la religion (*šarṭ dīn*).

Le second degré des croyances bāṭinites nécessite en revanche de prononcer l'accusation de mécréance à leur encontre.

> Ce degré concerne celui qui croit à ce que nous avons rapporté et qui renchérit en affirmant notre mécréance et en déclarant licite l'acquisition de nos richesses et l'effusion de notre sang. Cela nécessite indubitablement l'accusation de mécréance (*yūğibu al-takfīr*) d'autant plus qu'ils savent que nous croyons que l'Auteur du monde est Un, Puissant (*qādir*), Savant (*ʿālim*), Voulant (*murīd*), Parlant (*mutakallim*), Audient (*samīʿ*), Clairvoyant (*baṣīr*), Vivant (*ḥayy*), que rien ne lui est comparable et que son Prophète Muḥammad dit vrai en tout ce qui vient de lui concernant le Jour du rassemblement, le Jour du jugement, le Jour de la Résurrection, le paradis et l'enfer. Ces croyances sont le cœur véridique de la religion (*ṣiḥḥat al-dīn*) et celui qui les voit comme de la mécréance est indubitablement mécréant. En outre, il faut ajouter à cela leurs croyances dualistes et la contestation [des vérités] (*inkār*) relative aux fins dernières, chacune de ces doctrines nécessitant (*mūğib*) d'être taxée de mécréance[4].

Dans ce cas précis, la connaissance exacte des croyances porte sur Dieu, son Prophète et les fins dernières. Elle touche donc aux articles fondamentaux de la foi musulmane, articles récusés, niés et condamnés par le bāṭinite. Ce jugement revient à accuser le prophète de l'islam de menteur (*takḏīb*) et relève donc du *takfīr*. De plus, en traitant les musulmans de *kuffār*, les bāṭinites justifient l'usage de la force, la conquête de la terre et l'appropriation des biens des musulmans : le *kufr* dont les bāṭinites accusent les musulmans légitime l'usage de l'épée et la condamnation à la peine capitale. L'accusation provient d'abord des bāṭinites. Ils sont les agresseurs et le *takfīr* des musulmans à leur encontre répond à leur agression.

1. Al-Ġazālī, *Faḍāʾiḥ al-Bāṭiniyya wa faḍāʾil al-Mustaẓhiriyya*, *op. cit.*, p. 176.
2. *Ibid.*
3. *Ibid.*
4. *Ibid.*, p. 177.

Le second élément indiqué par al-Ġazālī concerne les croyances propres aux bāṭinites. Ils ne croient pas en ce que croient les musulmans, qui eux-mêmes ne croient pas dans les croyances bāṭinites. Non seulement il n'y a pas de noyau commun, mais plus encore, leurs *credos* s'excluent mutuellement. Ainsi, les bāṭinites récusent les attributs du Dieu de l'islam, car ils y rattachent d'autres attributs (unicité opposée à dualisme), ils refusent la vision eschatologique de l'islam, car ils en soutiennent une autre. Par suite, al-Ġazālī expose le statut légal qui correspond à cette situation :

> Pour être concis, [un tel bāṭinite] adopte le comportement des apostats (*murtaddīn*) et doit être ainsi traité eu égard à la question du sang (*dam*), des biens de propriété (*māl*), du mariage (*nikāḥ*), du sacrifice (*ḏabīḥa*), l'exécution des jugements (*nufūḏ al-aqḍiya*) et l'accomplissement des actes de culte (*qaḍā' al-ʿibādāt*). Quant à [leurs] âmes (*arwāḥ*), elles n'ont pas à être traitées comme celles du mécréant au sens originel du terme (*al-kāfir al-aṣlī*) où l'*imām* choisit en ce qui le concerne entre quatre options : la munificence (*mann*), la rançon (*fidā'*), l'esclavage (*istirqāq*) et la peine capitale (*qatl*) mais au contraire il n'y a pas de choix à opérer avec le véritable apostat (*fī ḥaqq al-murtadd*). Il n'est pas acceptable (*lā ilā qubūl*) de recourir à une compensation (*ǧizya*) ou de témoigner de libéralité ou encore d'accepter une rançon. La seule option qui s'impose (*wāǧib*) est de les tuer (*qatluhum*) et de les éradiquer de la face de la terre (*taṭhīr waǧh al-arḍ*). Telle est la sentence légale (*ḥukm*) qui convient à la mécréance des bāṭinites. Quant à la permission de les tuer (*ǧawāz qatlihim*), elle ne nécessite pas de compétence particulière (*laysa yaḫtaṣṣu*) et ne requiert pas d'eux l'état de combattant (*ḥālat qitālihim*). Au contraire, nous les exécutons (*naġtāluhum*) [sur le champ] et nous répandons leur sang (*nasfiku dimā'ahum*). En effet, s'il va de soi que lorsqu'ils s'engagent dans le combat, nous devons les combattre puisque, même s'ils sont le premier groupe qui n'est pas jugé comme relevant de la mécréance, ils s'associent (*yaltaḥiqūn*) par le combat aux hommes de l'injustice (*ahl al-baġy*) et l'injuste doit être combattu dès lors qu'il se livre au combat, même si c'est un musulman. Toutefois, on se gardera [en ce qui concerne ce dernier] de le poursuivre s'il fuit (*iḏā adbara*) et on ne sera pas sans réserve dans le cas de leurs blessés. En revanche, si l'on a jugé de leur mécréance, il n'y aura aucune hésitation à avoir (*lā yutawaqqaf*) pour les combattre en restant indifférent à toute forme de simulacre de leur part au cours du combat (*ilā taẓāhurihim bi-l-qitāl wa taẓāhurihim ʿalā l-niḍāl*) [1].

La réponse d'al-Ġazālī n'est pas sans complexité. En effet, le bāṭinite se voit appliqué la peine propre au musulman apostat (*murtadd*) alors même qu'il s'est efforcé dans la première partie du *Mustaẓhirī* de dissocier clairement le bāṭinisme de l'islam. Dans la perspective musulmane, le *murtadd* a nécessairement adhéré à l'islam. Il a connu la vraie religion, il s'y est attaché, il l'a embrassé (*taṭawwaqahu*) [2] avant de la délaisser, de se dévêtir (*nazaʿa*) de cette

1. *Ibid.*, p. 182-183.

2. Le verbe utilisé par al-Ġazālī connote l'idée d'une parure, d'un collier que l'on revêt autour du cou : Ibn Manẓūr, *Lisān al-ʿarab*, *op. cit.*, vol. 10, p. 231-234.

perle qu'il portait, et de la rejeter (*nakara*)[1]. L'apostasie consiste à renier, à désavouer la religion à laquelle on croyait[2]. Faut-il juger le bāṭinite apostat parce qu'il a quitté l'islam de ses pères – ce qui constitue de fait une situation d'apostasie – ou bien la peine doit-elle aussi être appliquée au bāṭinite d'origine juive, chrétienne ou encore zoroastrienne ? Ne conviendrait-il pas de distinguer le statut du bāṭinite à la lumière de son origine religieuse, de sa croyance initiale ? Al-Ġazālī répond en demandant s'il ne faut pas plutôt considérer le bāṭinite comme un *kāfir* pur et dur (*al-kāfir al-aṣlī*)[3]. Certes, celui qui décide d'embrasser une religion qui renie les croyances qu'il a jadis professées n'est pas dans la même situation que celui qui a grandi dans une religion (*naša'ū ʿalā hāḏā l-muʿtaqad*) en écoutant l'enseignement de ses pères. Ceux-ci sont les enfants des apostats (*awlād al-murtaddīn*)[4] : ils n'ont pas renoncé au vêtement de leur religion, ils ne se sont pas éloignés de leurs croyances (*taḥwwalū ilayha muʿtaqadīn*) mais, bien qu'elle soit erronée, ils suivent la religion dans laquelle ils sont nés. Ceux-là en revanche ont renoncé à la vérité, et par ces croyances auxquelles ils adhèrent, ils ne reconnaissent pas l'existence d'un prophète ou d'une écriture descendue du ciel. Il s'agit, précise al-Ġazālī, « d'une innovation récente introduite par les sectes que constituent les matérialistes athées et les zindīqs (*ṭawā'if min al-mulḥida wa l-zanādiqa*). Or, le statut légal du *zindīq* est le même que celui de l'apostat »[5]. La réponse d'al-Ġazālī met en lumière la dimension nouvelle de la doctrine bāṭinite. Implicitement, il la distingue des religions traditionnelles scripturaires et prophétiques. Les juifs et les chrétiens ne sont cités qu'à titre d'illustration. Faut-il y lire la possibilité d'accorder à l'hindouisme par exemple un statut théologique comparable à celui du judaïsme et du christianisme, puisque l'hindou croit aussi en l'existence de prophètes et en des écritures révélées ? La question est traitée dans le *Fayṣal al-tafriqa* : al-Ġazālī y précise la nécessité de croire aux prophètes de l'islam[6]. Quant à la question de l'apostasie, le fait que certains bāṭinites soient considérés comme apostats ne dépend pas de leur origine religieuse. Il ne suffit donc pas d'avoir été musulman avant de professer les doctrines bāṭinites pour être considéré comme tel. Ils sont considérés comme apostats en raison de la nature de leur doctrine et de leur accointance avec les *zindīqs*. Le syllogisme ne présente aucune difficulté : le *zindīq*, bien qu'il ne soit pas apostat, a le statut légal de l'apostat. Par suite, le bāṭinite a le même statut. Position radicale qui ne rejoint pas les subtilités et les distinctions qu'al-Ġazālī élabore à propos des *zindīqs* dans d'autres ouvrages.

1. Al-Ġazālī, *Faḍā'iḥ al-Bāṭiniyya wa faḍā'il al-Mustaẓhiriyya*, *op. cit.*, p. 185.
2. *Ibid.*
3. *Ibid.*
4. *Ibid.*
5. *Ibid.*, p. 186.
6. Al-Ġazālī, *Fayṣal al-tafriqa bayna l-islām wa l-zandaqa*, *op. cit.*, fr. p. 38-40, ar. p. 39-41.

Reste posée la question des enfants des bāṭinites et du statut légal et pénal qu'il convient de leur octroyer. Pour al-Ġazālī, sa résolution renvoie au statut juridique de l'enfant d'un apostat. Il peut être traité de trois manières différentes : d'une part, on considérera qu'ayant hérité à ses dépens de la religion de son père, il convient de lui appliquer le statut réservé aux enfants des *kuffār* en temps de guerre et celui de *ḏimmīs* en temps de paix ; d'autre part, au regard de ses croyances, il sera assimilé aux mécréants originels (*innahum ka-l-kuffār al-aṣliyya*). Par suite, il sera frappé de servitude (*ḍarabu al-riqq ʿalayhi*) ; enfin, il s'agira de regarder l'enfant comme musulman jusqu'à ce qu'il atteigne l'âge adulte et qu'il soit en mesure de se prononcer clairement pour l'islam ou la religion non musulmane de ses parents[1]. En toute logique, une quatrième option aurait pu être envisagée, mais elle n'est pas prise en compte par al-Ġazālī : traiter l'enfant d'un bāṭinite comme un bāṭinite, à part entière, et lui appliquer par voie de conséquence le statut qu'il revient à son père, autrement dit, la peine capitale. En suivant le raisonnement d'al-Ġazālī, cette option aurait pu être envisageable en temps de guerre, mais elle ne saurait être applicable en temps de paix. Pour lui, l'enfant d'un apostat ne saurait subir juridiquement le traitement réservé à son père. Plus encore, l'enfant d'un apostat, et donc l'enfant d'un bāṭinite, peut jouir d'un statut de protection (*ḏimma*) réservé traditionnellement aux juifs et aux chrétiens. Il devra payer un tribut (*ǧizya*), mais il sera libre (*lā al-riqq*). On voit ici une extension du concept de *ḏimmītude* à tout enfant non musulman. Mais la réponse d'al-Ġazālī est plus ouverte encore, puisque fort du logion sur la *fiṭra*, il opte pour considérer l'islam comme *cause formelle* de tout homme à sa naissance : il est par essence musulman et il doit donc être traité légalement comme musulman jusqu'à ce qu'il atteigne l'âge de la majorité (*bulūġ*). C'est alors que lui est révélée la vérité de l'islam et que sont dénoncées devant lui les erreurs de la doctrine bāṭinite (*kušifa lahum ʿan waǧhi al-ḥaqq wa nuhū ʿan faḍāʾiḥ maḏhab al-bāṭiniyya*)[2]. S'il choisit celle-ci, il reviendra au juge de faire appliquer la sentence réservée à l'apostat. Des trois positions relevées par al-Ġazālī, la dernière est celle qui accorde le plus de droits à l'enfant bāṭinite, puisqu'il est considéré comme membre à part entière de la communauté musulmane. Il ne jouit pas seulement du statut de protection accordé aux *ḏimmīs*, mais plus encore, il est musulman. Cette posture résulte de son anthropologie et de sa conception de la *fiṭra*. Ce n'est pas seulement à l'état de nouveau-né que tout homme est musulman, mais durant tout son état pubère. Ce n'est que parvenu à l'âge adulte qu'il peut rejeter en conscience ce don originel et choisir la voie des égarés[3]. En attendant, al-Ġazālī souligne la nécessité d'enseigner à l'enfant

1. Al-Ġazālī, *Faḍāʾiḥ al-Bāṭiniyya wa faḍāʾil al-Mustaẓhiriyya*, *op. cit.*, p. 186.

2. *Ibid.*

3. Mais il n'en demeure pas moins qu'il garde en lui cet état premier : Al-Ǧīlī dans *al-Insān al-kāmil* parle d'une « porte de la *fiṭra* ». C'est elle qui permet aux damnés de sortir de l'Enfer, à

les vérités de l'islam, comme pour rééquilibrer les influences qu'il aura reçues au cours de son éducation de son milieu familial. À l'âge de la responsabilité et du choix, sa connaissance explicite de la foi est nécessaire, sinon son statut juridique ne peut pas relever de l'apostasie.

On voit, à travers la réponse donnée au statut pénal du bāṭinite, que l'épée du musulman n'est jamais levée sur lui sans que celui-ci ne l'ait levée au préalable contre le musulman. L'usage des armes est présenté comme une réponse à leur offensive belliqueuse. En contrepartie, un bāṭinite qui ne menace pas un musulman témoigne de sa reconnaissance de la foi du musulman. En refusant de le considérer comme mécréant, il induit par son attitude qu'il revendique toujours son appartenance à la communauté musulmane. Par voie de conséquence, seul le cas de légitime défense autorise à verser le sang du bāṭinite.

Dans l'*Ilǧām* on trouve un autre passage où al-Ġazālī justifie le recours à la menace du sabre à propos de l'intégration à l'islam des esclaves (*ʿabīd*) qui deviennent la propriété de musulmans. Il observe que si la dissuasion par le fouet (*ʿudūl ilā l-dirra wa l-sawṭ*) ou le sabre (*sayf*) ne conduit pas à une adhésion sincère de celui qui, sous la menace a été amené à embrasser l'islam, elle n'en demeure pas moins une étape pour la majorité des gens dont l'adhésion de façade (*mirāʾ*) finit par se mouvoir en une pleine adhésion. À la résignation initiale succède l'acte volontaire, celui de la croyance ferme (*iʿtiqād ǧāzim*). Cette évolution de la croyance s'inscrit dans une approche psychologique de l'acte de croire. Pour la plupart des hommes, le témoignage des gens de religion et l'attitude affable qu'ils affichent, l'écoute de la parole de Dieu et « la vision d'hommes droits manifestant le bien » suffit à la croyance[1]. Al-Ġazālī envisage la captivité d'esclaves qui appartenaient aux associateurs et qui ne connaissaient pas l'islam. Lorsqu'ils sont capturés par les musulmans (*fī asr al-muslimīn*) ils sont amenés à vivre en leur compagnie. Ils finissent par imiter leurs comportements et inclinations religieuses et à adopter les croyances des musulmans. Ici, l'adhésion à l'islam suit un mouvement personnel de conversion. Pour al-Ġazālī, l'esclave est plus à même de retrouver sa nature originelle (*fiṭra*) dans la fréquentation des musulmans que les membres des autres religions élevés dans l'opposition à l'islam. Il est, dans sa nature, proche de l'enfant, prédisposé à imiter ceux qui l'entourent.

Dans le chapitre consacré aux *fatwās* relatives aux bāṭinites, al-Ġazālī s'interroge sur la valeur à accorder à leur repentance : faut-il accepter ou refuser leur repentir[2] ?

l'exemple de Platon, d'Aristote ou des chrétiens : al-Ǧīlī, *al-Insān al-kāmil*, al-Qāhira, Dār al-Kutub al-ʿIlmiya, éd. ʿAbd al-Karim Ibn Ibrāhim al-Ǧayalī, p. 232.

1. *Id.*, *Ilǧām*, *op. cit.*

2. *Ilǧām*, *op. cit.*, p. 187-190.

Selon le principe juridique qui considère le bāṭinite comme un apostat (*murtadd*), il convient de l'accepter. Cependant, comme chez le *zindīq*, on trouve chez lui le principe de la dissimulation (*taqiyya*). Dans les fondements du droit (*uṣūl al-fiqh*) du *Šifāʾ al-ġalīl*, al-Ġazālī a exposé les différents arguments avancés par les *ʿulamāʾ* envers l'apostat repentant et les divergences de point de vue (*ḫilāf bayna l-ʿulamāʾ*) en la matière : d'aucuns ont souligné que le repentir doit toujours être accepté selon le principe énoncé par le prophète Muḥammad : « J'ordonne de combattre les hommes (*uqātil al-nās*) jusqu'à ce qu'ils disent : "il n'y a pas d'autre dieu que Dieu". Dès qu'ils le prononcent, je préserve leur vie et leur propriété (*ʿaṣamū minnī dimāʾahum wa amwālahum*) à l'exception de ce qui est dû (*illā bi-ḥaqqihā*) »[1]. Un tel jugement repose sur l'aspect extérieur (*ẓāhir*) de l'adhésion. Le cœur, dans sa dimension intérieure et spirituelle, ne peut être connu des hommes. Seul Dieu peut sonder et connaître la vérité intérieure de l'attestation de foi. L'homme doit par conséquent se contenter de l'énoncé de la *šahāda*. D'autres, cependant, « se refusent à accepter son repentir »[2] car on ne peut en connaître la réalité dès lors que le repentir peut être un principe de dissimulation (*taqiyya*)[3] où la repentance peut être un artifice pour échapper à la peine capitale. Elle doit servir les intérêts des missionnaires et permettre la diffusion subreptice de la nouvelle "religion". Puisqu'il n'est pas contraire à leur religion d'attester une vérité opposée à leur doctrine si cette attestation circonstanciée sert leur religion, certains *ʿulamāʾ* se prononcent en faveur de l'application de la peine capitale en dépit de leur repentance.

Fort de ces deux positions, al-Ġazālī expose une *via media*. Il note que la singularité de l'engagement bāṭinite consiste à être un combattant de l'islam. Si l'apostat est en droit musulman un ennemi de l'islam, sa croyance n'est pas en soi orientée contre l'islam. En revanche, la croyance du bāṭinite l'est en son essence. Il s'ensuit qu'en acceptant son repentir, le juge prend le risque de laisser en vie un ennemi de l'islam. Pour autant, la nécessité d'éradiquer la menace bāṭinite doit-elle conduire à prendre le risque de combattre un repenti sincère ? Al-Ġazālī distingue trois situations : la première est celle du bāṭinite qui se repent de lui-même, alors qu'il ne subit aucune contrainte, aucune pression de quelque nature. « Il se hâte de manifester son repentir de lui-même sans qu'il n'y ait combat, ni harcèlement ou obligation, mais par préférence et par choix (*yatasāraʿ ilā iẓhār al-tawba wāḥid minhum min ġayr qitāl, irhāq wa iḍṭirār wa lākin ʿalā sabīl al-īṯār wa l-iḫtiyār*) »[4]. Dans ce cas, le repentir doit être accueilli positivement.

1. Al-Buḫārī, K. 24 (*zakāt*), *ḥadīṯ* n°5 / 1400 ; Muslim, K. 1 (*īmān*), n° 20.

2. Al-Ġazālī, *Faḍāʾiḥ al-bāṭiniyya*, *op. cit.*, p. 188.

3. *Id.*, *Šifāʾ al-ġalīl fī bayān al-šubah wa l-muḫīl wa masālik al-taʿlīl*, éd. Ḥamid ʿUbayd al-Kubaysī, Baġdād, Maṭbaʿat al-Iršād, 1390/1971, p. 221 ; *Faḍāʾiḥ al-bāṭiniyya*, *op. cit.*, p. 187.

4. *Id.*, *Faḍāʾiḥ al-Bāṭiniyya*, *op. cit.*, p. 189.

La deuxième situation renvoie à celui qui embrasse l'islam sous la contrainte de l'épée (*yuslim taḥta ẓilāl al-suyūf*). Le repentir d'un tel homme doit être accepté s'il « appartient aux gens du commun et aux ignorants (*ʿawāmmihim wa ǧuhhālihim*) »[1]. Pour une telle personne en effet, il n'existe ni stratégie ni duplicité et « l'intérieur correspond à l'extérieur (*bāṭinuhu yuwāfiq al-ẓāhir*) ».

Quant à ceux dont on peut soupçonner quelques motivations personnelles, comme les esclaves qui, une fois en terre d'islam se convertissent à la religion de leurs maîtres, al-Ġazālī rappelle le principe jurisprudentiel qui doit s'appliquer : « Il est interdit (*maḥẓūr*) de prendre le risque (*ḫaṭar*) de tuer quelqu'un qui ne serait musulman qu'en apparence mais non en son intérieur »[2]. En revanche, s'il s'agit d'un homme connu pour avoir épousé les doctrines bāṭinites en raison des avantages qu'il y trouvait, il appert qu'un tel homme est captif des vanités du monde (*ḥuṭām al-dunyā*). Il faut donc accueillir avec grande circonspection son repentir. Dans son cas, le jugement dépend de l'appréciation personnelle (*raʾy*) de l'*imām* qui examinera avec soin les circonstances de son adhésion au bāṭinisme. Il devra faire preuve de discernement et exercer sa réflexion (*iǧtihād*). Il mènera enquête pour déterminer ce qui lui reste de pratiques et de théories de la religion qu'il dit vouloir désormais rejeter. Il étudiera les raisons de son repentir afin de déterminer sa sincérité ou son hypocrisie. « S'il est plutôt d'avis (*ġalaba ʿalā ẓannihi*) qu'il [le bāṭinite] emprunte la méthode de la dissimulation (*manhaǧ al-taqiyya*), alors il devra le tuer ». Cependant « s'il pense volontiers que l'on peut percevoir la vérité (*tanabbaha li-l-ḥaqq*) alors même que lui apparaît la perversité de propos embellis (*fasād al-aqāwīl al-muzaḫrafa*), il acceptera son repentir (*qabila tawbatahu*) »[3]. Dans le cas où subsisterait un doute (*rība*), il missionnera une personne pour « l'observer avec attention (*man yurāqibu aḥwālahu*) et s'informer secrètement de ses agissements (*yatafaqqaduhu fī bawāṭin amrihi*) »[4]. Par la suite, il décidera en fonction de ce qui lui sera apparu évident. On retrouve dans ce jugement la finesse précautionneuse d'al-Ġazālī, soucieux d'objectivité et de justice devant la gravité et la responsabilité de la sentence. Par là même, il propose une méthode qui préserve l'*imām* de tout risque de fanatisme (*taʿaṣṣub*) ou de tyrannie (*iʿtisāf*) et inscrit son jugement dans une démarche d'équité et de raison (*inṣāf*).

La dernière section du huitième chapitre du *Mustaẓhirī* est consacrée à la valeur à accorder aux serments (*aymān*), aux pactes (*ʿuhūd*) et à leurs engagements (*mawāṯīq*)[5]. Sont-ils valides ? Peuvent-ils être rompus ? La rupture de contrat est-elle obligatoire ou prohibée ? Constitue-t-elle un péché ?

1. Al-Ġazālī, *Faḍāʾiḥ al-Bāṭiniyya*, *op. cit.*, p. 189.
2. *Ibid.*, p. 190.
3. *Ibid.*
4. *Ibid.*
5. *Ibid.*, p. 191-195.

La question porte sur le serment qu'un musulman scelle avec un bāṭinite dans le dialogue qu'il entreprend avec lui. Ce serment, comme l'a bien montré al-Ġazālī, est en réalité une ruse (*ḥīla*) pour acheminer subrepticement le musulman à la conversion : il le musèle, l'oblige, l'engage si bien qu'il s'impose à lui au niveau de la foi (*īmān*). Dans sa réponse, al-Ġazālī soutient que « le désengagement (*ḫalāṣ*) de ce serment (*min tilka al-yamīn*) est possible. Il existe diverses voies (*ṭuruq*) selon les différences de situation (*aḥwāl*) et d'expressions (*alfāẓ*) »[1]. Avec le souci scholastique de la distinction, al-Ġazālī distingue cinq états.

Le premier est celui du musulman qui fait serment en percevant la gravité (*ḫaṭar*) de son engagement. Il a conscience de la possibilité qu'il contienne une forme de manipulation (*talbīs*) ou de duplicité (*ḫidāʿ*). Aussi a-t-il fait suivre la fin de son serment de l'assertion « si Dieu le veut ». Dans ce cas, il est légalement libre de mettre un terme à son serment et de le rompre puisqu'il a donné à son serment la possibilité de l'exception (*istiṯnāʾ*)[2].

Le deuxième état concerne celui qui conclut une alliance, alors qu'il ne veut pas la conclure. Dans ce cas, il peut rompre son engagement et suivre sa conscience. Cette position fait dépendre la validité d'un serment de la seule intention du signataire du contrat, laquelle n'est pas nécessairement explicite mais peut être cachée. Al-Ġazālī se demande si une telle approche ne risque pas de « ruiner les fondements des droits (*ḏalika yuʾaddī ilā ibṭāl al-ḥuqūq*) »[3]. Fondamentalement, c'est l'intention du contractant (*ḥālif*) qui doit prédominer et le contracté (*muḥallif*) doit se plier à cette intention, mais le cas du bāṭinite qui a caché sa véritable intention par ruse mérite exception. Leur supercherie invalide la règle et donne le primat à l'intention du contractant musulman.

Le troisième cas concerne la nature de la formulation du contractant. Le fait d'avoir juré sur Dieu et le Prophète Muḥammad le lie irrémédiablement à Dieu et à Muḥammad. Pour autant, il n'a pas dit que s'il revenait sur sa parole et dévoilait le secret (*aẓharta al-sirr*) enseigné par le missionnaire bāṭinite cela le conduirait à « l'exclusion de l'islam et des musulmans (*anta barīʾun min al-islām wa l-muslimīn*) »[4] et qu'il deviendrait un mécréant (*kāfir bi-Allāh*) ou encore qu'il donnerait tous ses biens en offrande (*ǧamīʿ amwāli[hi] ṣadaqa*). Il n'est donc pas tenu par sa formule à subir de telles conséquences en cas de rupture du contrat, d'autant que le *fiqh* montre qu'un serment qui lie à Dieu nécessite l'usage de formules comme *tallāhi* et *wallāhi*. Al-Ġazālī se demande comment Dieu pourrait accorder la moindre valeur au secret des mécréants (*sirr al-kuffār*) puisque rien dans cette alliance ne rappelle celle de Dieu.

1. *Ibid.*, p. 191.
2. *Ibid.*
3. *Ibid.*, p. 192.
4. *Ibid.*

Par conséquent, « rien ne s'impose à l'homme au nom de son invocation (*lā yalzamu bihi šay'*) »[1].

Dans le quatrième cas, la formulation du contrat est ainsi énoncée : « tu cacheras le secret de l'ami de Dieu (*taktumu sirr waliyyi Allāh*), tu lui donneras la victoire (*tanṣuruhu*) et tu n'auras aucun différend avec lui (*lā tuḫālifuhu*) ». Pour al-Ġazālī, cette formulation implique que le contractant soit l'ami de Dieu. Or, le bāṭinite en est l'ennemi. Les conditions du contrat n'étant pas réunies, la divulgation du secret partagé n'est pas contraire à la loi. Si toutefois, le contractant mentionne explicitement le nom du partenaire, il est lié par le contrat. Pour autant, il doit dévoiler le secret et dans ce cas, la rupture de l'alliance doit être expiée par l'accomplissement d'une bonne action.

Enfin, dans le cinquième cas, le contractant oblige le contracté à divorcer et à se détacher de tout ce qu'il possède ainsi qu'à entreprendre cent pèlerinages et à jeûner durant cent années dans le cas où il divulguerait le secret. Pour al-Ġazālī, nourrir dix pauvres libèrera le contractant de ses obligations religieuses. Quant à ses biens, il les vendra à un ami, puis les récupèrera une fois le secret divulgué. De son épouse, il divorcera pour un *dirhām*, puis, une fois mis à jour le secret, il l'épousera de nouveau. À chaque situation, à chaque formulation, al-Ġazālī mobilise l'ensemble des ressources du *fiqh*, en recourant à la fois au *ḥadīṯ* et au raisonnement casuistique. Dans toutes les situations recensées, il libère l'apostat de son contrat.

Il s'ensuit que l'apostat qui cherche à se délier de son pacte ne doit pas être considéré comme tel. Il est déjà musulman et il doit être considéré comme musulman. Le devoir des savants de l'islam est donc de faciliter sa réintégration explicite au sein de la communauté musulmane en le libérant des entraves et des chaînes de ses égarements passés. En définitive, al-Ġazālī distingue trois types de bāṭinites : le premier menace l'islam et en est l'ennemi, le deuxième s'est converti, mais reste musulman en son cœur et n'épouse pas l'antipathie des bāṭinites envers les musulmans, le troisième, enfin, est un repenti qui souhaite quitter la secte. Ces distinctions montrent combien il est nécessaire de resituer chaque propos dans sa vision anthropologique, psychologique et sociologique. Extraire un passage d'al-Ġazālī sans le lire et le resituer à la lumière de la finesse des distinctions qu'il donne et de ses conceptions anthropologiques et théologiques conduit à un sinistre contresens. Il est la marque des esprits paresseux, des intelligences étroites et des essayistes sans consistance qui ne comprennent rien aux exigences de la science.

1. Al-Ġazālī, *Faḍā'iḥ al-Bāṭiniyya*, *op. cit.*, p. 193.

BIENSÉANCE ET ÉTHIQUE DU BEL-AGIR À L'ÉGARD DES NON MUSULMANS OU LES RÈGLES DE LA FRÉQUENTATION

L'*Iḥyā' ʿulūm al-dīn* est une Somme théologico-pratico-spirituelle. Al-Ġazālī y traite de morale religieuse (*muʿāmala*) et de profession de foi (*ʿaqīda*) ; plusieurs pages sont de nature spéculative (*mukāšafa*) et portent sur la connaissance de Dieu (*maʿrifa*) tandis qu'il consacre de nombreux livres à l'introduction à la vie spirituelle par la récitation coranique (*qirā'a*), le souvenir de Dieu (*ḏikr*), les prières d'oraison (*duʿā'*). Il y est question des devoirs de l'homme envers Dieu (*ʿibādāt*) suivant en cela le plan de son traité de *fiqh*, *Al-Waǧīz* ; il y étudie les vertus morales et la discipline du caractère qui mènent au chemin du paradis. *A contrario*, il énonce et dénonce les péchés qui sont des causes de perdition, il exhorte à la commanderie du bien et à l'interdiction du mal. S'il décrit les avantages de la retraite spirituelle (*ʿuzla*), qui préserve de la fatuité du monde et de ses vanités, il ne dénie pas les vertus de la vie en société : elle est le lieu d'apprentissage de l'affinement du caractère, elle permet de polir le cœur contre la tare difforme que constitue l'orgueil. L'*Iḥyā'* est un traité d'éducation spirituelle et d'éthique sociale : c'est un ouvrage d'*adab* où il définit les convenances sociales, les formules de politesse, de courtoisie spirituelle, le savoir-vivre, ce qu'al-Anṣārī (m. 481/1089) appelle « la bienséance dans le comportement avec Dieu et avec autrui »[1]. L'*adab* n'est pas un pur formalisme : il recouvre une dimension spirituelle, il est reflet de la beauté intérieure du cœur, il édifie la « cité des esprits ». Ce genre littéraire connaît un développement notoire aux IIIe et IVe siècles de l'Hégire, où les savants se confrontent dans la définition de l'étiquette, à l'exemple du débat qui opposa al-Ǧunayd (m. 298/911) et Abū Ḥafs al-Nīšābūrī (m. 270/883)[2]. Mais il s'agit aussi et surtout de codifier les relations entre le maître et le disciple à l'exemple des deux *Traités* d'al-Sulamī (m. 412/1021), *Adab al-ṣuḥba* et *Adab muǧālasat al-mašā'iḫ*, et plus largement de définir la relation à l'autre, qu'il soit musulman ou non musulman, selon les contextes, que l'on songe à la demande en mariage ou aux relations de voisinage. C'est donc dans ce cadre qu'al-Ġazālī consacre un Livre de l'*Iḥyā'* aux *Règles de la fraternité et de l'amitié*. Plusieurs de ses pages d'*ādāb* se retrouvent aussi dans *Bidāyat al-hidāya* ou, bien sûr, dans le *Kīmiyā*. En lien avec le statut des non musulmans, al-Ġazālī est amené à préciser certaines règles de comportement à leur égard. Dans ce cadre, il a élaboré une approche psychologique du visage comme reflet

1. G. Böwering, « The Adab Literature of Classical Sufism : Ansari's Code of Conduct », dans B. D. Metcalf (ed.), *Moral Conduct and Authority*, Berkeley, University of California Press, 1984, p. 79-80 et p. 62-87.

2. J.-J.Thibon, « Adab et éducation spirituelle chez les maîtres de Nīshābūr aux IIIe et IVe siècles de l'hégire », conférence donnée dans le cadre du Colloque *Éthique et spiritualité : l'adab soufi*, colloque du 29 novembre au 1er décembre 2012, organisé par E. Feuillebois-Pierunek, C. Mayeur-Jaouen et L. Patrizi (dir.), INALCO, IISMM, EHESS.

de l'aversion à manifester envers le *kāfir*. Les pages qu'il consacre spécifiquement à l'*adab* confirment-elles ou divergent-elles des indications relatives à ce statut ?

Dans la deuxième partie des *Règles de la fraternité*, al-Ġazālī définit les degrés de ceux qui sont haïs en Dieu et le comportement à adopter à leur égard :

> Si tu dis que l'expression de l'aversion (*buġḍ*) et de l'hostilité (*ʿadāwa*) dans l'action n'est pas un impératif, nul doute cependant qu'elle soit recommandée. Les pécheurs et les débauchés se partagent en différentes catégories, alors comment obtenir le mérite dû à la manière dont ils se comportent et convient-il de se conduire à leur égard d'une seule et même manière ou non ?
>
> Sache que celui qui contrevient à l'ordre de Dieu ne manque pas d'être son adversaire soit par sa croyance, soit par ses actes. Or, le contrevenant dans la croyance est un innovateur (*mubtadiʿ*) ou un *kāfir*. L'innovateur prêche pour son innovation à moins qu'il ne garde silence, soit en raison de son incapacité [à prêcher], soit par choix. Aussi, [distingue-t-on] trois formes de corruption au sein des croyances. La première est l'infidélité (*kufr*). Dans le cas où le *kāfir* combat l'islam, il encourt d'être éliminé ou laminé, et il n'y a point d'autres manières de l'humilier. Cependant dans le cas d'un *ḏimmī*, il n'est pas permis de lui porter préjudice autrement qu'en se détournant de lui, en le regardant avec dédain ou en le contraignant à passer par le chemin étroit. Il convient d'omettre de le saluer en invoquant la paix. S'il dit « la paix soit avec toi », tu lui réponds « et avec toi ». Il importe de cesser de le fréquenter, d'avoir des égards envers lui et de lui confier quelque pouvoir. Quant à se détendre ou se décontracter avec lui comme on le fait avec des amis, cela est hautement réprouvé et il s'en faut de peu que ce soit rigoureusement interdit. Dieu dit : « *Tu ne trouveras pas de gens, croyant en Dieu et au dernier jour, et témoignant de l'affection à ceux qui s'opposent à Dieu et à son Prophète* » (S. 58, 22). De même, le Prophète a dit : « Entre le musulman et le polythéiste (*mušrik*), les feux couvent » et Dieu dit aussi : « Ô vous les croyants ! Ne prenez pas pour patrons mes ennemis et les vôtres en leur manifestant de l'amitié, alors qu'ils ne croient pas à la vérité qui vous est parvenue. Ils expulsent le Prophète et vous-mêmes, parce que vous croyez en Dieu, votre Seigneur » (S. 60,1).
>
> Le deuxième type d'innovateur est celui qui prêche son hérésie. Si elle conduit au *kufr*, alors c'est dans ce cas une chose plus grave que celle du *ḏimmī* dans la mesure où il ne verse pas l'impôt de capitation (*ǧizya*) et ne jouit pas de la protection due au pacte de *ḏimmītude*. Si elle ne conduit pas au *kufr*, alors la relation entre lui-même et Dieu est indéniablement moins grave que pour le *kāfir*. Toutefois, l'obligation de s'opposer à lui est plus importante que pour le *kāfir*, car le mal suscité par ce dernier reste confiné, et les musulmans, connaissant son impiété, ne prêtent pas égard à ses paroles puisqu'il prétend ne pas être musulman et détenir la vérité. Il en est autrement de l'hérétique qui prêche son hérésie et qui prétend appeler à la vérité. C'est une cause d'égarement des créatures et son mal est contagieux. Aussi est-il très important de lui manifester son aversion et son hostilité, de se séparer de lui, de le dénigrer, de fustiger son hérésie, de la rendre odieuse aux yeux des gens. S'il venait à te saluer dans un lieu retiré, il n'est pas malvenu de lui retourner sa salutation. Cependant, si tu sais qu'en t'écartant de lui et en gardant silence au

lieu de lui répondre, son hérésie se rend détestable à ses propres yeux, ce qui contribue à la réprouver, alors il convient de réserver ta réponse, car même si la réponse à la salutation est obligatoire, l'obligation s'efface dans la prise en compte d'un intérêt, si bien qu'elle est suspendue lorsqu'un homme se trouve au *ḥammām* ou se soulage. Or, l'objectif de la mise à l'écart [de l'innovateur] est bien plus important que ces motifs. S'il se trouve en public, en réservant ta réponse, cela le rendra aux yeux des gens plus répugnant encore et montrera l'horreur de son innovation. Aussi, il convient de cesser toute œuvre de bienfaisance et tout secours à son égard, surtout dans ce qui apparaît aux hommes. Le Prophète a dit : « Celui qui tance un innovateur, Dieu remplit son cœur d'assurance et de foi, celui qui humilie un innovateur, Dieu le rassurera le jour de la grande crainte. Quant à celui qui se montre affable envers lui, l'honore ou l'accueille avec un sourire, c'est donc qu'il fait bien peu de cas de ce que Dieu a révélé à Muḥammad ».

Le troisième type appartient aux gens du commun. Il n'est pas en mesure de prêcher et on ne craint pas qu'il soit pris pour modèle. Son cas étant moins problématique, il ne convient ni de le réprimander avec force ni de l'humilier, mais au contraire d'être bon avec lui et généreux en conseils car ô combien sont versatiles les cœurs des gens du commun. Mais si les conseils sont sans suite alors qu'en se détournant de lui, on parvient à rendre odieuse son hérésie à ses yeux, alors l'attrait à s'écarter de lui se voit corroboré. Si l'on sait que cela ne l'affecte aucunement en raison de l'indolence de sa nature et de la ténacité de la croyance en son cœur, il importe de s'éloigner de lui, car l'innovation, si elle n'est pas fustigée, se propage parmi les créatures, sa nocivité croît et devient générale.

Quant au pécheur par ses actes et ses œuvres, et non par sa croyance, il s'avère que, soit il porte préjudice aux autres notamment dans l'injustice, les sauts d'humeur, le faux témoignage, la calomnie, l'agitation fébrile, la médisance ou tout autre attitude semblable, soit il ne se limite pas à cela et il entraîne les autres dans la transgression. On distingue deux types : le premier invite autrui à la dépravation, comme le propriétaire d'un lupanar qui rassemble hommes et femmes et prépare pour les luxurieux le nécessaire à la boisson et à la débauche. Le second n'invite pas autrui à suivre ses actes comme c'est le cas de l'ivrogne ou du fornicateur. Il n'en demeure pas moins qu'il s'agit d'une désobéissance qui peut être soit majeure soit mineure. Chacun de ces hommes peut être obstiné ou non-obstiné. Ces répartitions se résument à trois groupes dont chacun comporte un degré de gravité différent de l'un à l'autre, et nous ne devons pas nous comporter de la même manière envers tous[1].

Ce texte d'al-Ġazālī établit une correspondance entre l'attitude d'aversion à adopter à l'égard de l'hérétique et la nature de son hérésie. Elle peut s'exprimer par le refus de converser ou par le recours à des propos fermes et dépréciatifs. Sur le plan des actes, il convient de cesser d'apporter son aide, voire de

1. Al-Ġazālī, *Iḥyā'*, *op. cit.*, K. 15 (*Kitāb ādāb al-ulfa wa l-uḫuwwa wa l-ṣuḥba*), B. 1, b. 3, p. 601-602 [V. 4, p. 51-54].

s'employer à nuire à l'ennemi de Dieu et à contrarier ses projets[1]. Mais al-Ġazālī précise que l'action nuisible doit porter sur le point qui le conduit au péché ou à la désobéissance. Il n'est pas permis de nuire à une personne dans sa quête d'un bien, mais seulement dans son parcours vers une fin néfaste – la définition du bien et du mal étant déterminée par l'éthique islamique –. Par ailleurs, si pour notre auteur le pardon et la générosité bienveillante (*iḥsān*) doivent prévaloir lorsque l'on est soi-même la victime, il ne convient pas de combler de sa largesse l'injuste car « la générosité envers lui porte atteinte à sa victime »[2]. L'aversion à l'égard du pécheur ne saurait donc être absolue. En invitant à prendre en considération les différents états de l'homme, al-Ġazālī ne le réduit jamais à son péché, fût-il celui de la mécréance (*kufr*). Pour autant, faut-il toujours haïr un homme vu sous l'angle de son état de pécheur et en tant qu'il pèche ? Faut-il haïr en Dieu un homme vu sous l'angle de sa perversité, de sa mécréance ? « Dans cette question, il convient de distinguer les diverses intentions (*niyya*), lesquelles se distinguent selon les différents états. Si ce qui prédomine dans le cœur est la considération de l'indigence (*iḍṭirār*) de son caractère (*ḫuluq*), de sa faiblesse (*ʿaǧz*), de sa précarité (*ḫarr*), cela incite alors (*awraṯa*) à une indulgence (*tasāhul*) quant aux marques d'hostilité (*muʿādāt*) et à l'aversion (*buġḍ*) »[3]. Il s'agit donc de prendre en considération la situation psychologique et sociale de la personne et le fait qu'elle puisse être *musḫurr*, c'est-à-dire le nez dans la poussière, sans possibilité de libération. Pour autant, al-Ġazālī met en garde contre le risque d'une certaine forme de duplicité (*mudāhana*) : par crainte d'une réaction hostile, le cœur tend à accorder sa clémence à une telle personne. Mais c'est par crainte et non par miséricorde. Il se pourrait même que le diable se joue de l'imbécile (*ġabiyy*) et de l'insensé (*aḥmaq*) en faisant passer pour miséricorde et compassion ce qui n'est que faiblesse et lâcheté.

Dans le livre qu'il rédige sur les règles de la solitude, *Kitāb ādāb al-ʿuzla*, al-Ġazālī écrit : « La fréquentation des mécréants (*muḫālaṭāt al-kuffār*) n'est pas utile (*lā fāʾida*) à moins de les appeler à la religion (*ilā daʿwtuhum ilā l-dīn*) et lorsqu'il n'y a aucun espoir de réponses positives, il n'y a rien d'autre à faire que de les fuir »[4]. L'ami (*ḫalīl*) ne peut donc être le non musulman car on doit pouvoir avec lui échanger sur la religion (*dīn*), les états du cœur, les manquements à rester ferme sur la voie de la vérité et la recherche de la clairvoyance[5]. On retrouve ici le conseil des maîtres imanites aux missionnaires bāṭinites : il n'est d'aucune utilité de tergiverser avec celui qui ne se convertira pas[6]. De même, à propos des polythéistes (*mušrikūn*), al-Ġazālī cite dans le

1. Al-Ġazālī, *Iḥyāʾ*, *op. cit.*, K. 15, B. 1, b. 2, p. 600 [V. 4, p. 45].
2. *Ibid.* [V. 4, p. 47].
3. *Ibid.*, p. 601 [V. 4, p. 48].
4. *Ibid.*, K. 16 (*Kitāb ādāb al-ʿuzla*), B. 1, ḏ. 2, p. 668 [V. 4, p. 259].
5. *Ibid.*, B. 2, p. 685 [V. 4, p. 310].
6. *Id.*, *Faḍāʾiḥ al-Bāṭiniyya*, *op. cit.*, p. 43.

Mustaṣfā le verset 9,6 : « si un polythéiste cherche refuge auprès de toi, accueille-le pour lui permettre d'entendre la Parole de Dieu »[1].

Cependant, dans *Bidāyat al-hidāya*, al-Ġazālī souligne la possibilité d'entretenir des relations amicales selon des motifs différents. Ainsi, il convient d'être vigilant à la nature des qualités et des vertus des frères : certains doivent être fréquentés pour leur religion (*dīn*)[2] en raison des biens pour la vie future qu'ils nous procurent, d'autres pour leur beau caractère (*al-ḫuluq al-ḥasan*) car leur fréquentation est bénéfique pour le monde ici-bas (*dunyā*), d'autres enfin, doivent être fréquentés en veillant à se préserver de leurs défauts. Ces autres peuvent-ils être des non musulmans ? Le contexte ne permet pas de conclure positivement. Mais il faut noter que pour al-Ġazālī, le critère décisif de l'attachement est le comportement vertueux du compagnon, de l'ami (*ǧalīs*) : « si tu trouves un convive (*ǧalīs*) qui te rappelle l'image et la conduite de Dieu, alors attache-toi à lui… car c'est là le trésor de l'homme doué de raison (*ġanīmat al-ʿāqil*) et le dessein du croyant (*ḍāllat al-muʾmin*) »[3]. Le musulman qui tirerait un certain bénéfice à la fréquentation d'un non musulman pour son beau caractère peut le fréquenter. L'importance religieuse qu'il octroie au beau caractère à la lumière des nombreux dits qu'il rapporte dans l'*Iḥyāʾ* autorise une telle conclusion. Ainsi, à titre d'illustration, al-Ġazālī mentionne le *ḥadīṯ* suivant : « Il y a trois choses qu'un homme doit avoir en totalité, ou au moins l'une d'elle, sinon il faut se garder de se lier à ses œuvres : il doit donc avoir la dévotion (*taqwā*) qui le préserve de désobéir à Dieu, la mansuétude (*ḥilm*) qui le prévient de nuire de manière grossière et insolente (*safīh*) ou un [beau] caractère qui lui permet de vivre dans la société des hommes (*nās*) »[4]. La fréquentation et la participation à l'activité de l'autre trouve une assise éthique dans la possession du beau caractère. La dimension purement religieuse (*taqwā*) manifestée dans l'obéissance aux préceptes divins n'est pas limitative à la fréquentation[5]. De même, al-Ġazālī rapporte le propos de Saʿīd Fuḍayl selon laquelle « la compagnie d'un homme impudique (*fāǧir*) est préférable à celle d'un homme mauvais qui s'adonne à l'adoration »[6].

Dans *Bidāyat al-hidāya*, al-Ġazālī donne à son éthique une dimension universelle qui transcende les différences en prenant comme fondement le statut de la créature. La distinction entre musulmans et non musulmans n'est

1. S. 9, 6.

2. Al-Ġazālī définit la religion (*dīn*) comme ce qui comporte deux dimensions : « l'évitement des interdits (*tark al-manāhī*) et l'accomplissement des actes d'obéissance (*fiʿl al-ṭāʿāt*) » : Al-Ġazālī, *Bidāyat al-hidāya*, *op. cit.*, p. 106.

3. *Id.*, *Iḥyāʾ*, *op. cit.*, K. 16 (*Kitāb ādāb al-ʿuzla*), B. 2, fa. 2, p. 677 [V. 4, p. 285].

4. *Ibid.*, K. 22 (*Kitāb riyāḍat al-nafs*), b. 1, p. 911 [V. 5, p. 181]. Ibn Abī Dunyā, "Ḥilm", 50.

5. On trouve chez al-Ġazālī la citation de *ḥadīṯs* qui font du beau caractère la porte sur l'autre monde. Ainsi, par exemple : « L'adorateur [de Dieu] peut atteindre par son beau caractère des degrés élevés et nobles dans l'au-delà même s'il est faible dans l'accomplissement de ses dévotions » (*ibid.*, p. 912 [V. 5, p. 183], dans al-Ṭabarānī, *Al-Muʿǧam al-kabīr*, *op. cit.*, p. 260-261).

6. Al-Qušayrī, *Risāla*, *op. cit.*, p. 499.

pas niée, mais elle est transcendée. C'est la même logique qu'il met en exergue à propos de l'usage des mains : il indique l'importance de les préserver de toute attitude d'hostilité consistant à « frapper un musulman ou acquérir un bien illicite ou à nuire à l'une des créatures »[1]. La distinction existe, le musulman n'est pas un non musulman, mais il s'agit d'appliquer au non musulman l'éthique que l'on doit au musulman au nom du statut commun de créature. Cette posture trouve sa formulation la plus achevée à propos du *širk* et de sa manifestation subtile que constitue l'orgueil à l'égard de toute créature – « l'orgueilleux est celui qui se considère supérieur à une créature de Dieu (*ḫayran min aḥad min ḫalq Allāh*) »[2] –. Al-Ġazālī conclut *Bidāyat al-hidāya* par une analyse d'une importance capitale quant à la nature même de l'attitude du musulman à adopter vis-à-vis d'un non musulman :

> Il faut que tu saches que le meilleur est ce qui est meilleur auprès de Dieu dans l'autre Demeure, ce qui relève des mystères divins et dépend de la fin de chacun. Ainsi donc, ta croyance en toi-même selon laquelle tu serais meilleur qu'un autre (*ḫayran min ġayrika*) est de la pure ignorance (*ǧahl maḥḍ*). Il convient de ne regarder personne (*aḥad*) sans que tu te dises qu'il est meilleur que toi et qu'il jouit d'une faveur que tu n'as pas toi-même. Ainsi, si tu vois un enfant (*ṣaġīr*), dis-toi : « celui-ci n'a pas désobéi à Dieu, mais moi je Lui ai désobéi, nul doute qu'il soit meilleur que moi ». Si tu vois un ancien (*kabīr*), dis-toi : celui-ci a adoré Dieu bien avant moi, nul doute qu'il soit meilleur que moi. S'il s'agit d'un savant (*ʿālim*), dis-toi : celui-ci a reçu (*uʿṭiya*) ce que je n'ai pas eu, il a atteint [une science] que je ne suis pas parvenu à atteindre et il sait ce que j'ignore, comment pourrais-je lui ressembler ? S'il s'agit d'un ignorant (*ǧāhil*), dis-toi que celui-ci a désobéi à Dieu par ignorance, alors que moi je Lui ai désobéi en toute connaissance de cause (*bi-ʿilm*). Dieu tient contre moi une preuve indéniable et je ne sais comment Il décidera de mon sort et du sien (*yuḫtamu lī wa yuḫtamu lahu*). Quant au mécréant (*kāfir*), tu te dis : bien que je ne le sache pas, il se pourrait qu'il se convertisse à l'islam et que son sort soit scellé par la plus belle des œuvres. Aussi, par son adhésion à l'islam, il s'écartera de ses péchés (*ḏunūb*) comme tu retires un cheveu de la pâte. Quant à moi, je cherche refuge auprès de Dieu, car il se pourrait que je m'écarte du droit chemin (*yuḍillaniya*) et je que tombe dans l'infidélité (*fa-ʾakfura*). Ainsi, on fixera mon sort par la pire des œuvres, si bien que demain il sera du nombre des rapprochés (*muqarrabīn*) tandis que moi je serai de celui des éloignés (*mubʿadīn*)[3] ? En fait, l'orgueil (*kibr*) ne quittera pas ton cœur tant que tu ne reconnaitras pas que l'homme grand est celui qui est grand aux yeux de Dieu. Mais cela dépend de la fin qui est incertaine (*maškūk fīha*). Aussi, à n'en point douter, la crainte de la fin [qui est inconnue] te prémunit de t'enorgueillir contre les serviteurs de Dieu.

1. Al-Ġazālī, *Bidāyat al-hidāya*, *op. cit.*, p. 122.
2. *Ibid.*, p. 135.
3. Allusion à un *ḥadīṯ* rapporté par al-Buḫārī : « Voici que l'homme (*ʿabd*) qui a accompli les œuvres des gens de l'enfer se trouve parmi les gens du paradis tandis que celui qui a accomppli les œuvres des gens du paradis se trouve parmi les gens de l'enfer, car ce sont les dernières actions [qui comptent] ! » (al-Buḫārī, *Ṣaḥīḥ*, K. 82 (*al-qadar*), *ḥadīṯ* 13 (6607)).

> Ta certitude et ta foi en l'état actuel ne s'opposent pas au fait que tu puisses envisager un bouleversement dans le futur (*al-taġayyur fī l-istiqbāl*) car Dieu est Celui qui retourne les cœurs, qui guide qui Il veut et égare qui il veut[1].

L'attitude de bienveillance, de respect et d'humilité à l'égard d'autrui ne souffre d'aucune exception. On ne peut imputer un péché à un homme ignorant. Quant au *kāfir*, al-Ġazālī souligne que rien ne peut nous laisser présumer de sa foi dans l'avenir, et de la piété et de l'excellence des œuvres qu'il pourra être amené à accomplir, alors que la certitude et la foi du croyant peuvent être ébranlées. L'omniscience étant réservée à Dieu seul, l'homme ne peut jamais vérifier ni connaître les intentions et la foi de l'autre, aujourd'hui comme demain. La thèse se retrouve dans l'*Iḥyā'*[2]. La position éthique préconisée par al-Ġazālī consiste à lui accorder le bénéfice du doute, à supposer toujours sa bonté, à suspendre le jugement au profit de l'interprétation la plus indulgente. Il s'ensuit la nécessité de ne jamais manifester de mépris à l'égard d'une personne : de toute personne car on ne sait jamais si elle n'est pas meilleure que nous ou ne sera pas meilleure. Cette éthique universelle trouve un prolongement dans l'*Iḥyā'* à propos du droit des voisins.

La question du voisinage est classique dans les traités d'*adab*. Al-Buḫārī (m. 256/870) y consacre un chapitre de son ouvrage *Al-Adab al-mufrad* où il rassemble plusieurs *ḥadīṯs* qui invitent à considérer le voisin comme si Dieu s'apprêtait à nous commander d'en faire notre héritier, conseil qui concerne aussi bien le voisin hargneux que le voisin juif[3]. En islam, le voisin a des droits, qu'il soit musulman ou non musulman, et les traditions prophétiques fondent les devoirs qu'il incombe de respecter à son égard. Al-Sulamī (m. 412/1021) consacre une section de son *Ādāb al-ṣuḥba* (*Les règles de la compagnie spirituelle*) à l'excellence du bon voisinage[4]. Il y souligne la nécessité pour le voisin d'être rassuré en toutes choses qu'il s'agisse de sa personne (*fī nafsihi*), de sa religion (*dīnihi*), de sa famille, de ses biens et de ses enfants. Il insiste sur la nécessité de ne pas médire de son voisin, ni de l'envier pour sa situation, d'être compatissant à son égard et envers sa famille et ses enfants, à la mesure de la compassion que l'on éprouve envers sa propre famille, ou encore de préserver ses biens comme on s'attache à préserver les siens.

Ces pages trouvent chez al-Ġazālī un développement notoire et une formalisation où est d'abord précisée la nature des droits et devoirs propres aux musulmans. Il y est question de la nécessité de les soutenir dans leurs bonnes

1. Al-Ġazālī, *Bidāyat al-hidāya*, *op. cit.*, p. 135-136. Allusion à la S. 6, 125.

2. Si objectivement, le *mu'min* est supérieur (*akbar*) au *kāfir*, subjectivement, en raison de son ignorance (*li-ǧahlihi*) il ne doit pas se considérer d'une dignité (*rutba*) au-dessus de celle du *kāfir* : Al-Ġazālī, *Iḥyā'*, *op. cit.*, K. 34 (*Kitāb al-faqr wa l-zuhd*), Š. 1, b. 4, p. 1552 [V. 8, p. 55].

3. Al-Buḫārī, *Al-Adab al-mufrad*, éd. Muḥammad Naṣr al-Dīn al-Albānī, Bayrūt, Dār al-Ṣiddīq, 2009, B. 55-B. 70, p. 57-65.

4. Al-Sulamī, *Ādāb al-ṣuḥba*, dans M. J. Kister (ed.), *Oriental Notes and Studies*, Jerusalem, Israel Oriental Society, 1954.

actions, d'invoquer le pardon pour leurs mauvaises actions, de leur prodiguer de bons conseils et de susciter la joie dans leur cœur, de protéger leur honneur, de respecter les vieillards et de leur manifester un visage souriant[1]. L'ensemble de ces droits contraste avec les devoirs du musulman à l'encontre des ennemis de Dieu qu'il convient d'abhorrer et que nous avons déjà évoqués.

Après cet exposé, al-Ġazālī mentionne les droits de voisinage (*ḥuqūq al-ǧiwār*)[2]. Il précise d'emblée que le voisin jouit « d'un droit qui va au-delà de ce qu'exige la fraternité de la foi musulmane (*ḥaqq warāʾa mā taqtaḍīhi uḫuwwat al-islām*) »[3]. Ce passage est capital pour saisir les fondements de la convivence ġazālienne entre communautés religieuses. En effet, la conception géographique d'al-Ġazālī n'est marquée par aucune forme de ségrégation religieuse. L'espace urbain de la cité musulmane telle qu'il le conçoit n'est pas communautariste. Pour al-Ġazālī, le voisin est juridiquement parlant l'habitant des quarante maisons les plus proches de la sienne en direction des quatre coins cardinaux[4]. C'est donc l'espace géographique qui détermine la définition du voisin et non la confession religieuse. Le voisinage est défini par l'ensemble des habitations situées à l'intérieur d'un périmètre dont la maison constitue le centre. Cette conception est confirmée par la distinction de trois sortes de voisins : le voisin musulman qui a un lien de parenté, le voisin musulman sans lien de parenté et le polythéiste[5]. Toutes les prescriptions et recommandations à l'encontre des non musulmans tombent dès lors qu'il s'agit du voisin, même s'il est adepte de l'associationnisme (*širk*). Ses droits obligent à un comportement de mansuétude, de bienveillance et d'attention quotidienne.

> Le droit du voisin consiste en premier lieu à le saluer, à ne pas le monopoliser dans la conversation ou à le retenir trop longuement, à lui rendre visite s'il est malade, à lui présenter ses condoléances aux jours où le deuil le touche et à le consoler, à le féliciter pour ses heureux moments, à lui pardonner ses fautes et ses défauts, à ne point l'espionner par la balconade ou la terrasse, à ne pas l'importuner par le mur mitoyen, à ne pas lui déplaire pour ce qui a trait à la

1. Al-Ġazālī, *Iḥyāʾ*, K. 15, B. 3, p. 630-653 [V. 4, p. 219].
2. *Ibid.*, K. 15, B. 3., h. 2, p. 653-657 [V. 4, p. 212-220].
3. *Ibid.*, p. 653 [V. 4, p. 212].
4. *Ibid.*, p. 654. Il s'agit d'un *ḥadīṯ* rapporté par al-Ḥasān al-Baṣrī : al-Buḫārī, *Al-Adab al-mufrad*, *op. cit.*, B. 59, *ḥadīṯ* n° 109. Le chiffre de quarante est symbolique : on le trouve dans la description de la ville d'Alexandrie : Ibn Sayyid al-Balawī, transmis aussi par Ibn ʿAbd al-Ḥakam, relate que ʿAmr b. al-ʿĀṣ écrivit au calife ʿUmar b. al-Khaṭṭāb (m. en 644) pour lui annoncer la prise d'Alexandrie. Décrivant la ville, il aurait employé ces termes : « Il y a 4 000 jardins avec 4 000 bains et 40 000 juifs s'acquittant d'une capitation, et 400 lieux de divertissement pour les rois / *fīhā arbaʿat ālāf muniyya bi-arbaʿat ālāf ḥammām wa arbaʿīn alf yahūdī ʿalayhim al-ǧaziyya wa arbaʿa miʾa malhan li-l-mulūk* ». On comprend que ces chiffres, tous multiples de quatre et multipliés par dix au nouvel élément de l'énumération, sont mythiques : Ibn Hakām, p. 82, l. 2-4, cité par Sylvie Denoix dans son article sur le *ḥammām* : « Des thermes aux hammams : nouveaux modèles ou recompositions ? », dans M.-F. Boussac, T. Fournet, B. Redon, *Le bain collectif en Égypte*. Balaneia, *thermes*, *hammams*, al-Qāhira, Institut français d'archéologie orientale, 2009, p. 17-32.
5. Al-Ġazālī, *Iḥyāʾ*, *op. cit.*, K. 15, B. 3., h. 2, p. 653 [V. 4, p. 212].

canalisation des gouttières, à ne pas répandre de sable près de son entrée, à ne point restreindre l'accès à sa résidence, à ne pas espionner ce qu'il ramène chez lui, à le préserver de ce qui se manifeste de ses défauts, à le secourir s'il est foudroyé par l'épreuve, à veiller à la garde de sa maison en son absence, à ne pas écouter les ragots le concernant, à baisser le regard en présence de sa femme, à ne pas fixer les yeux sur sa servante, à parler avec affection à ses enfants, à le pourvoir de conseils pour ce qu'il ignore des questions relatives à sa foi ou à sa vie ici-bas[1].

Al-Ġazālī précise, « ceci en surcroît à l'ensemble des droits que nous avons invoqués en faveur de l'ensemble des musulmans »[2]. Ce respect des droits du voisin relève des œuvres de la foi, et n'est pas pleinement croyant celui qui les ignore[3].

L'attitude à l'égard du voisin relève donc de la religion (*dīn*). Son expression est le beau caractère, c'est-à-dire cette disposition vertueuse de l'agir[4] qui surpasse les pratiques ascétiques et spirituelles[5]. Dans plusieurs des dits rapportés, il est fait mention explicite des juifs à travers un rappel de l'importance de l'hospitalité et de la nécessité de l'offrande à leur égard. Certes, al-Ġazālī affirme que les distinctions religieuses entre voisins ne sont pas pour autant supprimées, et que le voisin musulman dispose des droits du voisin ainsi que des droits conséquents à l'appartenance à l'islam. Mais il ajoute au même paragraphe que les droits des voisins englobent ceux qui sont dus aux musulmans. Il est donc remarquable que cette théorie du voisinage conduise al-Ġazālī à fonder l'existence de droits des non musulmans supérieurs à ceux qui sont accordés aux musulmans de la cité, au nom du voisinage.

Par ailleurs, le chiffre de quarante pour définir le périmètre du voisinage est par excellence symbole de plénitude, de totalité, de perfection[6]. Dans cette perspective, tout homme devient le voisin de l'autre ce qui donne au propos d'al-Ġazālī une dimension humaniste universelle déjà formalisée par les jurisconsultes Ibrāhīm al-Naḫaʿī ou ʿĀmir al-Šaʿbī.

En conclusion, il appert que la position d'al-Ġazālī à l'égard des non musulmans oscille entre une posture juridique classique qui, au nom de la différence religieuse, fonde la discrimination entre les individus et,

1. *Ibid.*, p. 655 [V. 4, p. 216].
2. *Ibid.* [V. 4, p. 215].
3. *Ibid.*, p. 654 [V. 4, p. 214].
4. *Ibid.*
5. Al-Ġazālī, *Iḥyāʾ ʿulūm al-dīn*, *op. cit.*, K. 22 (*Kitāb riyāḍat al-nafs*), b. 1, p. 910 [V. 5, p. 178], *ḥadīṯ* rapporté par Ibn Ḥanbal, *Musnad*, II, 440 : « On interrogeait le Prophète à propos d'une femme qui jeunait toute la journée et priait toute la nuit mais qui avait un mauvais caractère si bien qu'elle insultait ses voisins. Le Prophète dit qu'il n'y avait rien de bon en elle et qu'elle comptait parmi les gens de l'enfer ».
6. Cette symbolique des quarante se retrouve jusque dans les écrits d'al-Ġazālī : l'*Iḥyāʾ* est composé de quarante livres, et sa version abrégée a pour titre *Al-Arbaʿīn fī uṣūl al-dīn*, *Les quarante fondements de la religion.*

l'élaboration d'une éthique humaniste universelle qui implique non seulement l'octroi aux non musulmans de droits semblables aux musulmans, mais qui se manifestent aussi dans la vie quotidienne par l'élaboration d'une philosophie du visage comme reflet de l'empathie à l'égard de l'autre. Plus encore, al-Ġazālī citant al-Fuḍayl dit que « lorsqu'un homme (*rağul*) regarde le visage de son frère avec affection (*mawadda*) et miséricorde (*raḥma*), c'est un acte d'adoration (*ʿibāda*) »[1]. Certes, la cité ġazālienne est amenée à défendre l'islam et à l'enraciner dans le cœur des musulmans, à inscrire la foi dans la certitude, et se présever de la prédication de pseudo-musulman ou de non musulmans dès lors qu'ils peuvent nuire à l'islam et à l'unité de l'*umma*. Cette exclusion doit cependant suivre un protocole rigoureux qui ne saurait relever de tout un chacun, ni même de la plupart des savants. De plus, la cité ġazālienne est aussi celle de l'*adab*, de la courtoisie, où il convient de voir l'autre comme un autre soi-même et de vouloir pour lui ce que l'on voudrait pour soi-même. En suivant son anthropologie, l'*adab* ne se réduit pas à l'application formelle et indifférenciée des mêmes règles de considération à tout un chacun, mais elle est l'extériorisation (*ẓāhir*) d'une reconnaissance et d'un accueil intérieur (*bāṭin*) de l'autre en tant qu'il est une créature de Dieu, et cette reconnaissance appelle un comportement vertueux (*aḫlaq*) façonné par l'imprégnation des noms divins. À cette éthique universelle où al-Ġazālī en vient à reconnaître un droit au non musulman équivalent au musulman, en tant qu'il est fils d'Adam, se pose la question de savoir quel statut al-Ġazālī accorde aux religions non musulmanes. Dans quelle mesure constituent-t-elles un chemin vertueux de formation du beau caractère pouvant contribuer à la reconnaissance du salut des non musulmans ?

1. Al-Ġazālī, *Iḥyā'*, *op. cit.*, K. 15 (*Kitāb ādāb al-ulfa wa l-uḫuwwa wa l-ṣuḥba*), B. 1, f. 1, p. 593 [V. 4, p. 24]. Il s'agit d'al-Fuḍayl Ibn ʿIyāḍ (m. 187/803), un ascète *zāhid* persan et un des premiers transmetteurs de *ḥadīṯ* : D. Tor, « Al-Fuḍayl Ibn ʿIyāḍ », *Encyclopaedia of Islam*, 3, *op. cit.*, p. 92-95.

TROISIÈME PARTIE

VERS UNE THÉOLOGIE MUSULMANE DES NON MUSULMANS

Le salut des non musulmans peut-il être pensé en dehors de l'islam [1] ? Si aujourd'hui la réflexion musulmane du pluralisme religieux reste marginale et demeure à ses premiers balbutiements [2], les nouveaux penseurs de l'islam recourent aux auteurs classiques afin d'inscrire et de légitimer leur opinion au sein d'une tradition de lecture. L'étude des non musulmans dans la pensée d'al-Ġazālī conduit à nous interroger sur la manière dont al-Ġazālī approche les religions non musulmanes dans le dessein providentiel de Dieu. Il conviendra de rendre compte de l'eschatologie d'al-Ġazālī et d'expliciter sa vision de la possibilité d'un salut des non musulmans en raison des valeurs religieuses de leurs traditions respectives.

1. Sur ces essais, voir notamment : M. Asad, *The Message of the Quran*, Gibraltar, Dār al-Andalus, 1980 ; I. Yusuf, « Islamic Theology of Religious Pluralism : Quran's Attitude Towards Other Religions », *Prajna Vihara*, 11/1, January-June 2010, p. 123-140 ; A. Mokrani, « Le pluralisme religieux dans le Coran », *MIDÉO*, 28, 2010, p. 279-292 ; M. Hashim Kamali, *Freedom of Expression*, Cambridge, Islamic Texts Society, 1997 ; A. Ahmad an-Na'im, *Toward an Islamic Reformation : Civil Liberties, Human Rights and International Law*, Syracuse, Syracuse UP, 1990 ; *id., Abdullah Saeed and Hassan Saeed, Freedom of Religion, Apostasy and Islam*, Burlington, Ashgate, 2002 ; M. Hassan Khalil (ed.), *Between Heaven and Hell, Islam, Salvation and the Fate of Others*, Oxford, OUP, 2013.

2. En référence à cette perspective, les penseurs musulmans du pluralisme s'appuient notamment sur les deux versets suivants S. 2, 62 et S. 5, 69. Dans son étude rhétorique de la cinquième sourate, Michel Cuypers a montré que ce verset correspondait à un centre ce qui lui donne une valeur apodictique : *Le festin, Une lecture de la sourate al-Mâ'ida*, Paris, Lethielleux, 2007.

Chapitre VI

TYPOLOGIES DE LA DIVERSITÉ DES CROYANCES

La question de la diversité de l'humanité et de la pluralité des religions n'est absente ni de la réflexion coranique ni de la tradition musulmane, elle y trouve même une place notoire. Elle est articulée à la question de la vérité.

À la recherche de la vérité orginelle

Selon la logique interne au Coran, de ses commentateurs et en fonction des perspectives philosophiques ou mystiques adoptées, les réponses fluctuent, divergent, s'opposent. Un certain nombre de versets du Coran affirment qu'à son origine, la communauté humaine était unique : « les hommes étaient une seule communauté (*kāna al-nās ummatan wāḥida*) »[1]. Pour comprendre cette unité, les commentaires coraniques se partagent entre deux lectures principales : d'une part, la perspective šīʿite qui soutient que l'unité de la communauté primitive était celle de l'erreur ou de la mécréance (*kufr*) si bien que le nombre de vrais croyants y était insignifiant[2] ; d'autre part, les commentateurs sunnites qui soulignent, en référence au verset S. 10, 19, que les hommes sont créés *ḥunafā'*[3]. Contrairement aux opinions d'Ibn ʿAbbās, d'al-Ḥasan al-Baṣrī

1. S. 2, 213 et S. 10, 19. Geneviève Gobillot a montré que cette idée théologique d'une communauté monothéiste originelle est commune au Coran et à Lactance : « Grundlinien des Theologie des Koran », art. cit., p. 355.

2. Al-Kulīnī, *Al-Kāfī*, éd. ʿAlī Akbar al-Ġaffārī, Tihrān, Dār al-Kutub al-Islāmīyah, 1377-1381, 1857-1961, VIII, p. 82. Voir E. Kohlberg, « *Some* Shi'i *Views on the Antediluvian World* », *Studia Islamica*, 52, 1980, p. 47-48.

3. Al-Ṭabarī, *Ǧāmiʿ al-bayān*, *op. cit.*, vol. 2, p. 335 ; al-Ṭabrisī, *Mağmaʿ al-bayān*, *op. cit.*, vol. 2, p. 186 ; al-Qurṭubī, *al-Ǧāmiʿ li-aḥkām al-Qur'ān*, *op. cit.*, vol. 3, p. 30. Voir Y. Friedman, *Tolerance and coercition in islam*, *op. cit.*, p. 15.

ou de ʿAṭāʾ Ibn Abī Rabāḥ (m. 115/733)[1], la plupart des commentateurs soutiennent que l'*umma* ne comprenait à son origine que des musulmans. Cette interprétation, qui s'est largement répandue parmi les *ahl al-sunna*, s'appuie sur la lecture d'Ibn Masʿūd desdits versets : « les hommes étaient une seule communauté et ensuite, ils divergèrent (*fa-ḫtalafū*) »[2]. Geneviève Gobillot a montré à partir d'une cohérence interne au Coran et de l'hétérogénéité du corpus de références[3] que le Coran soutient la thèse d'une religion primitive spontanée, la *ḥanīfiyya*[4], celle-ci ne devant pas être confondue avec l'islam en sa dimension institutionnelle. Selon le Coran, le polythéisme est une tendance qui s'est répandue par la suite dans la communauté des hommes. Le Coran fait témoigner les hommes contre eux-mêmes afin qu'ils ne cherchent pas d'excuses de leur mécréance dans la religion de leurs ancêtres. On trouve exprimée cette perspective dans le verset dit du *mīṯāq*[5] : Dieu a réalisé un pacte avec les fils des fils d'Adam[6]; il représente une forme d'alliance originelle et universelle avec les hommes, avant même que ne soit établie une alliance particulière avec Abraham ou Moïse. Ce pacte en effet n'est pas propre aux juifs, mais il est scellé avec tout homme, il embrasse l'humanité en son ensemble. Il s'inscrit dans la vision d'une relation universelle entre Dieu et l'humanité au-delà de toute élection divine exclusive formalisée par une révélation particulière transmise seulement à « un groupe d'hommes » par un prophète. Dieu accorde ses dons et la foi à tous les hommes, ainsi que le confirment les significations coraniques des notions de *fiṭra*, de *ḥanīfiyya* ou de *ṣibġa*[7].

Sous l'influence de la philosophie, et notamment d'al-Fārābī (m. 339/950), certains penseurs ont décrit la religion originelle comme celle de la raison. Pour eux, la révélation n'a été donnée à l'homme que dans un second temps. Ainsi en est-il du *qāḍī* mālikite ʿIyāḍ (m. 544/1149) et du muʿtazilite Abū Muslim al-Iṣfahānī (322/934)[8]. On retrouve cette idée dans les écrits des Frères de la pureté, même si, dans leur optique, raison et révélation sont complémentaires puisque c'est dans l'harmonie de l'une par rapport à l'autre que les hommes affinent leurs connaissances. Il reste que d'un point de vue historique,

1. H. Motzki, *Die Anfänge der islamischen Jurisprudenz, Ihre Entwicklung in Mekka bis zur Mitte des 2./8. Jahrhunderts*, Stuttgart, Kommisionsverlag Franz Steiner, 1991.

2. Al-Ṭabarī, *Ǧāmiʿ al-bayān*, *op. cit.*, vol. 2, p. 334 ; al-Rāzī, *Mafātiḥ al-ġayb*, *op. cit.*, vol. 6, p. 11-12.

3. A. Cheddadi, *Les Arabes et l'appropriation de l'histoire*. Emergence et premiers développements de l'historiographie musulmane jusqu'aux II/VIIIe siècle, Sindbad-Paris, Actes Sud, 2004.

4. M. Cuypers et G. Gobillot, *Le Coran*, Paris, Idées reçues/Le Cavalier bleu, 2007, p. 24 ; G. Gobillot, « Ḥanîf », dans M. Ali Amir Moezzi (dir.), *Dictionnaire du Coran*, *op. cit.*, p. 381-384.

5. S. 7, 172.

6. G. Gobillot, « Une solution au problème de la prédestination en islam, les essences prédisposées d'Ibn ʿArabî », *Revue philosophique de Louvain*, 105/3, Août 2007, p. 333-360 (première partie), p. 334-344.

7. *Id.*, « Grundlinien des Theologie des Koran », art. cit., p. 368-369.

8. W. Madelung, « Abū Moslem Mohammad b. Bahr al-Eṣfahānī », dans *Encyclopedia Iranica*, vol. 1, *op. cit.*, p. 354-355.

pour les frères, la philosophie est première[1]. La philosophie est une clef pour rendre compte de l'intelligibilité de l'harmonie de l'univers laquelle renvoie à la vérité ultime qu'est Dieu. Les révélations ne disent rien d'autre, mais la philosophie en fonde le propos et le chemin par la raison. Il s'ensuit une interprétation positive du pluralisme religieux : la révélation accompagne un mouvement originel qui lui est distinct. En ce sens, pour les frères, les prophètes apportent aux hommes des lumières et si les lois diffèrent, elles ne se contredisent pas pour autant puisque toutes les religions se réunissent dans une même dynamique religieuse[2]. Les frères proposent une lecture contextualisée des différences des croyances : elles résultent des contextes historiques propres à chaque révélation. Ainsi, à chaque époque, Dieu donne une loi adaptée aux nécessités historiques[3]. Pour autant, la matrice de ces textes religieux ou sacrés se rassemble autour des vertus immuables qui fondent la religion. En ce sens, ils exhortent les hommes à suivre leur religion et à ne pas se diviser sur des questions religieuses internes à chacune d'entre elles.

Pour les commentateurs du Coran et théologiens sunnites partisans de la vision d'une unité originelle, la question du pluralisme s'éclaire à la lumière de la généalogie du *širk*. Il s'agit de savoir comment l'associationnisme est apparu, comment le culte du Dieu unique (*tawḥīd*) a pu être délaissé. Pour al-Ṭabarī (m. 310/923), l'associationnisme apparaît à la suite du meurtre d'Abel[4]. Pour al-Suyūṭī (m. 911/1505) la scission vient des enfants d'Israël eux-mêmes qui se sont querellés pour des raisons politiques et divisés en différents partis[5]. Dieu dans sa miséricorde a envoyé des prophètes pour guider les juifs, mais en vain, la division a demeuré. Dans cette optique, le regard sur les juifs est fondamentalement négatif, puisqu'ils sont la cause de la division. La vision de l'histoire s'inscrit au sein d'une mythologie qui attribue la responsabilité du désordre originel à une communauté religieuse.

Dans tous ces récits, l'histoire racontée est performative : elle rend compte des évènements religieux et des religions constituées. Dans le second cas, elle propose un scénario dans lequel une communauté non musulmane – en l'occurrence les juifs – est tenue pour responsable de la division de la communauté originelle[6]. Le mythe traduit les antagonismes entre les communautés

1. *Rasāʾil Iḫwān al-Ṣafāʾ*, Bayrūt, Maktab al-Iʿlām al-Islāmī, 4 t., H. 1405, t. I, p. 77.

2. *Ibid.*, t. III, p. 486.

3. *Ibid.*, p. 497.

4. Al-Ṭabarī, *Ǧāmiʿ al-bayān*, *op. cit.*, vol. 2, p. 337 ; vol. 11, p. 98 [*Chronique*, vol. 1, p. 62-63] ; al-Rāzī, *Tafsīr*, XI, Bayrūt, Dār al-Fikr, 1985^3, p. 214 et al-Qurṭubī, *Al-Ǧāmiʿ li-aḥkām al-Qurʾān*, Bayrūt, Dār al-Maktaba al-ʿIlmiyya, 1413/1993.

5. Al-Suyūṭī, *Al-Durr al-manṯūr fī l-tafsīr bi-l-maʾṯūr*, al-Qāhira, al-Maṭbaʿa al-Maymaniyya, 1314, vol. 1, p. 242.

6. F. MacGraw Donner, « From Believers to Muslims : confessional self-identity in the early Islamic Community », *Al-Abhath, Journal of the Faculty of Arts and Sciences American University of Beirut*, 50-51, 2002-2003, p. 9-53. Cf. *id.*, *Muhammad and the Believers at the Origins of Islam*, Cambridge-London, The Belknap Press of Harvard University Press, 2010.

religieuses dès l'époque de la dynastie omeyyade, mais non le mouvement religieux originel du temps du Prophète dont le Coran est la plus fidèle expression. Ainsi, Donner soutient l'existence d'une « communauté de croyants » au-delà d'une identité confessionnelle particulière[1].

Son analyse du Coran et des sources de la tradition rejoint certaines définitions et distinctions d'al-Ġazālī entre le *mu'min* et le *muslim*. En ce sens, sa théologie se rapproche davantage de celle du Coran que de celle des commentateurs (*mufassirūn*) ou des apologètes (*mutakallimūn*). Son regard sur les juifs ne s'inscrit pas dans la ligne théologique d'une responsabilisation des juifs comme cause de la dégénérescence religieuse de la communauté primitive. Enfin, al-Ġazālī relève dans un chapitre du *Livre des litanies et des suppliques* de l'*Iḥyā'* les mérites de la profession de foi en l'unicité divine. S'appuyant sur la tradition prophétique, il souligne les bienfaits de l'invocation *lā ilāha illā Llāh waḥdahu lā šarīka lahu* – il n'y a pas d'autre dieu que Dieu, lui seul, sans associé –, comme clef du royaume céleste, sommet de l'action méritoire, protection divine contre le diable, assurance de la gratification divine en ce jour et au jour de la résurrection, source intarissable et efficace de pardon, entrée du paradis. À l'exception d'une seule tradition rapportée, de manière surprenante, al-Ġazālī ne cite pas le nom de Muḥammad dans la *šahāda* salvatrice qu'il s'agit de réciter au cours de la journée[2]. De plus, il souligne dans le *Munqiḏ* que cette *šahāda* est justement partagée par les gens du Livre : elle est le ciment commun aux juifs, chrétiens et musulmans[3].

Al-Ġazālī établit au sein même des croyances non musulmanes des distinctions permettant de déceler la part de vérité qui s'y trouve. Si une religion peut être taxée d'infidélité en tant qu'elle ne reconnaît pas la mission du Prophète Muḥammad, tout de cette religion ne relève pas forcément de l'infidélité. Il convient donc de distinguer les croyances vraies au sein d'une religion de celles qui sont explicitement fausses. Al-Ġazālī avertit donc contre les désignations abusives qui conduisent à rejeter toute parole d'un *kāfir*, alors même qu'elle peut être vraie. Les juifs comme les chrétiens attestent de l'unicité de Dieu. Il reconnaît à propos de la Trinité une distorsion entre la présentation qu'en font les musulmans et sa compréhension par les chrétiens. Les premiers y voient une triade de divinités tandis que les seconds affirment à travers elle son unité : « lorsque les chrétiens disent de Dieu qu'il est trinité, ils ne veulent pas dire que Dieu est trois (*lā yaqṣudūn bi-anna Allāh ṯalāṯa*) mais ils entendent que Dieu est un en son essence (*bi-ḏātihi*) et trois en considérant ses attributs divins (*bi-iʿtibāri ṣifātihi*). Telle est la formulation de leur credo : un dans la substance (*ǧawhar*) et trois hypostases (*uqnūmiyya*). Par hypostases,

1. Cette thèse trouve un antécédent dans les travaux de T. Andrae : *Die Person Muḥammads in Lehre und Glauben seiner Gemeinde*, Stockholm, Kungl. boktryckeriet. P. A. Norstedt & söner, 1918, p. 245.

2. Al-Ġazālī, *Iḥyā'*, *op. cit.*, K. 9 (*Kitāb al-Aḏkār wa l-daʿawāt*), B. 1, f. 1, [V. 2, p. 351-353].

3. *Id.*, *Al-Munqiḏ min al-ḍalāl*, *op. cit.*, fr. p. 81, ar. p. 25.

ils entendent attributs »[1]. Ainsi, pour al-Ġazālī, la profession de foi chrétienne rejoint la vérité de la première partie de la *šahāda* musulmane.

Or, dit-il, c'est le propre du sage que de reconnaître le vrai de l'erreur, de considérer une parole donnée en elle-même, d'en apprécier la part de vérité au-delà de son auteur, fût-t-il un non musulman, fût-t-il un égaré : al-Ġazālī recourt à l'image de la pépite d'or cachée dans le sable pour évoquer la vérité d'une parole émise par un non musulman : « Le Sage peut même tenter d'isoler la part de vérité que contiennent les propos des égarés (*aqāwīl ahl al-ḍalāl*). Il sait bien que les pépites d'or sont cachées dans le sable, et que le changeur expérimenté fouille, sans risque, le sac du faux-monnayeur, pour en séparer l'or de la fausse monnaie. Bien entendu, on ne laissera pas le rustre traiter avec le faussaire. On éloigne de la côte le débutant, non le nageur habile, et l'on défend à l'enfant de toucher au serpent – sans danger pour le charmeur »[2]. C'est dans cette optique qu'al-Ġazālī rapporte l'avis d'Ibn al-Mubārak (m. 181/797) à l'égard de la parole d'un mazdéen qui lui fut adressée alors qu'il venait de perdre son fils et lui transmettait ses condoléances : « "L'homme sensé a pour devoir d'accomplir le jour même ce que l'ignorant ne réaliserait qu'au terme de cinq jours" lui dit-il, et Ibn al-Mubārak d'indiquer : "Notez bien la parole de cet homme" »[3].

« Notez bien la parole de cet homme » car, même s'il n'est pas musulman, elle porte en elle-même une sagesse, un bon sens, une vérité donc. Non que cette vérité ne soit pas affirmée en islam, car elle s'y rattache, mais sa connaissance peut être mise à jour par une tradition qui lui est extérieure.

Pour al-Ġazālī, la mission du savant consiste donc à les découvrir, puis à les transmettre. Cet exercice lui est réservé, car les gens du commun, peu familiers des traditions religieuses non musulmanes et de leurs prédicateurs, risqueraient de se perdre, d'autant que la psychologie humaine accorde naturellement crédit à l'orateur qui est aimé, et disqualifie celui qui ne l'est pas. Or, la vérité ne se reconnaît pas à l'autorité ou à l'aura de celui qui parle, mais au fait qu'elle est reconnue comme une vérité permettant d'accorder autorité à l'orateur : « la plupart des gens, écrit al-Ġazālī, admettent un propos, même faux, s'il est tenu par quelqu'un qu'ils apprécient ; tandis qu'ils n'en veulent pas, même vrai, dans la bouche de ceux qui parlent, au lieu de reconnaître la vérité selon la qualité de ceux qui parlent, au lieu de reconnaître ceux-ci selon qu'ils disent ou non la vérité »[4]. Il s'ensuit la recommandation aux gens du commun de ne pas approcher les livres des égarés. Seul le savant est en mesure de porter un jugement vrai et équilibré sur une doctrine. Il sait que la vérité ne s'amalgame pas au faux, « que la vérité et l'erreur ne se contaminent pas, et surtout

1. *Id.*, *Faḍā'il al-anām min rasā'il ḥuǧǧat al-islām*, *op. cit.*, p. 49.
2. *Id.*, *Al-Munqiḏ min al-ḍalāl*, *op. cit.*, fr. p. 82, ar. p. 25.
3. *Id.*, *Iḥyā'*, *op. cit.*, K. 32 (*Kitāb al-ṣabr wa l-šukr*), Š. 2, R. 3, b. 1, p. 1471 [V. 7, p. 437].
4. *Id.*, *Al-Munqiḏ min al-ḍalāl*, *op. cit.*, fr. p. 83, ar. p. 26-27.

qu'elles ne changent pas de sens, du simple fait de leur voisinage »[1]. Mais chaque religion peut-elle être considérée comme une voie de salut ou, à l'exception de l'islam, est-elle une voie d'égarement ?

Al-Ġazālī compare la situation du serviteur à celle d'un voyageur dans une région sauvage aux chemins enchevêtrés et sibyllins par une nuit obscure. Pour s'en écarter, il doit discerner le bon chemin et l'emprunter grâce à la lumière du soleil. Ce chemin est unique, et al-Ġazālī illustre son propos d'un *ḥadīṯ* rapporté par Ibn Masʿūd : « Un jour, l'envoyé de Dieu nous dessina un trait sur le sol et dit : "ceci est la voie de Dieu (*hāḏā sabīl Allāh*)". Puis, il traça d'autres traits tant à droite qu'à gauche puis ajouta : "ce sont là les chemins (*subul*). Sur chacun d'eux se tient un démon qui nous convie à l'emprunter" »[2]. Al-Ġazālī rapproche ce *ḥadīṯ* du verset coranique distinguant entre la voie (*ṣirāṭ*) et les chemins (*subul*)[3], ce qui donne à ces pages une dimension théologique exclusiviste : hors de la voie, point de salut.

Le démon est aussi celui qui suscite un esprit fanatique dans le cœur des hommes pieux : « l'une de ses portes d'entrée les plus puissantes est celle de l'adhésion fanatique à une école de pensée religieuse (*al-taʿaṣṣub li-l-maḏāhib wa l-ahwāʾ*) qu'il accompagne d'une haine (*ḥiqd*), d'un regard de dédain (*istiḥqār*) et de condescendance (*izdirāʾ*) contre les parties adverses (*ḫuṣūm*) »[4]. Pour al-Ġazālī, la défense de la vérité subjective doit s'accompagner d'un regard bienveillant sur l'autre. Le fait de le dédaigner en raison de son erreur est une attitude propre à la bête qui est en l'homme :

> si le diable lui laisse croire que c'est la vérité qu'il défend et que cette conception correspond à sa nature (*li ṭabʿihi*), le plaisir qu'il y trouve gagne son cœur si bien qu'il met toute sa détermination à la prôner. Il y trouve de la satisfaction et en vient à penser qu'il concourt au bien de la religion (*yasʿā fī l-dīn*), alors qu'il s'efforce de suivre les démons[5].

Au contraire, l'attitude du croyant qui n'est pas sous l'emprise du démon est la bienveillance. Le regard soupçonneux laisse prise à la ruse du diable, et si « le croyant cherche à chacun mille excuses (*maʿāḏīr*), l'hypocrite ne s'enquiert que des tares (*ʿuyūb*). Le croyant ne conçoit en son cœur que de bonnes intentions envers tous les hommes (*al-ḫalq*) »[6]. Al-Ġazālī met en garde contre la tentation de penser du mal des musulmans (*sūʾ al-ẓann bi-l-muslimīn*)[7], de veiller à sa parole, de prescrire toute forme de médisance et cette recommandation devient un devoir moral pour tout homme, pour tout être créé.

1. Al-Ġazālī, *Al-Munqiḏ min al-ḍalāl*, *op. cit.*, fr. p. 84, ar. p. 27.
2. *Ibid.*, b. 11, p. 888 [V. 5, p. 112].
3. S. 6, 153.
4. Al-Ġazālī, *Iḥyāʾ*, *op. cit.*, K. 21 (*Kitāb šarḥ ʿaǧāʾib al-qalb*), b. 12, p. 892 [V. 5, p. 124].
5. *Ibid.*, b. 12, p. 893 [V. 5, p. 124-125].
6. *Ibid.*, b. 12, p. 895 [V. 5, p. 131].
7. *Ibid.*, b. 12, p. 894 [V. 5, p. 130].

L'unité perdue entre les croyants, les divisions fomentées par le démon au sein de la communauté originelle et, par la suite, au sein de toute communauté, rendent compte de la diversité des hommes tant d'un point de vue psychologique ou moral, que dans leur rapport à la religion originelle. S'il n'y a qu'une voie, il reste que dédaigner les autres voies relève de la posture diabolique.

CLASSIFICATION ET TYPOLOGIES : VERS UNE THÉOLOGIE DES RELIGIONS ?

Al-Ġazālī élabore plusieurs typologies qui permettent de clarifier et d'interpréter les distinctions objectives entre les hommes. Selon ses ouvrages, il expose différents critères qui permettent d'éclairer le pluralisme religieux et d'y porter une appréciation. C'est dans la troisième partie du *Miškat al-anwār* qu'il donne l'exposé le plus abouti de la diversité religieuse en l'insérant à une vision théologique de l'histoire.

Une première distinction est posée entre les croyants et les non croyants, entre l'*īmān* des uns et le *kufr* des autres. La cause est à rechercher dans l'absence de réminiscence de l'inscription originelle de la foi en l'homme au moment de sa création :

> Tout être humain (*kull ādamī*) est naturellement disposé [lorsqu'il est créé] (*fuṭira ʿalā*) à croire en Dieu (*al-īmān bi-Llāh*) et plus encore à connaître les choses telles qu'elles sont (*maʿrifat al-ašyāʾ ʿalā mā hiya ʿalayhi*) ce qui signifie que la connaissance est inhérente aux choses dans la mesure où elle est proche de la connaissance intuitive (*li-qurb istiʿdādihā li-l-idrāk*). Il s'ensuit que la foi est enracinée (*markūz*) dans les âmes de par la création (*fiṭra*). Cependant, malgré cela, les gens se divisent en deux groupes : d'une part, ceux qui se sont écartés de la foi en oubliant – ce sont les infidèles – et d'autre part, ceux qui ont scruté leur mémoire et se sont ressouvenus [de ce qu'ils avaient oublié]. Ils sont comme ces gens qui portaient un témoignage, l'ont oublié par insouciance, puis s'en sont ressouvenus [1].

Dans ce passage de l'*Iḥyāʾ*, il n'est pas question d'islam à proprement parler ou de toute autre religion. Il s'agit de distinguer celui qui se souvient de Dieu et qui voit en toutes choses créées le signe de sa présence, de celui qui a oublié Dieu et qui ne parvient pas à le voir dans ce qui est sous ses yeux. Dans la perspective d'al-Ġazālī, ce ressouvenir (*ḏikr*) est profondément lié à l'amour de l'homme pour Dieu. Dans le *Livre des litanies et des suppliques*, il en définit l'origine dans l'intimité (*uns*) et l'amour (*ḥubb*) que l'homme éprouve pour Dieu, tandis que la finalité consiste à devenir son intime, son familier, à l'aimer [2]. Origine et finalité se rejoignent dans un même mouvement. Cette définition et cette distinction binaire se retrouvent aussi dans le *Mīzān* :

1. *Ibid.*, B. 7, b. 1, p. 105 [V. 1, p. 316].
2. *Ibid.*, K. 9 (*Kitāb al-aḏkār wa l-daʿawāt*), B. 1, f. 3, p. 345 [V. 2, p. 369].

> La foi en Dieu étant enracinée dans les âmes par la *fiṭra* (*markūzan fī l-nufūs bi-l-fiṭra*), les hommes se divisent en deux groupes : Le premier s'est détourné [de toute réflexion] et, partant, a oublié [sa foi primordiale] : ce sont les incrédules (*al-kuffār*). Le second, a fait un effort de pensée (*aǧāla ḫāṭirahu*) et, par conséquent, s'est ressouvenu (*fataḏakkara*), tel un témoin qui, par négligence, avait oublié son témoignage et qui s'en est ensuite ressouvenu. C'est pourquoi Dieu dit : « Peut-être se ressouviendront-ils ? » (S. 2, 231 ; S. 14, 25 ; S. 28, 43, 51 et S. 39, 27 et S. 44, 58) ; « que les gens doués d'intelligence se souviennent » (S. 14, 52). « Ressouvenez-vous de la grâce que Dieu vous a accordée et de l'alliance qu'il a contractée avec vous » (S. 5, 7) « car nous avons rendu le Coran facile au ressouvenir. Y-a-t-il donc quelqu'un pour s'en ressouvenir ? » (S. 54, 17, 22, 32, 40) [1].

Dans le *Mustaẓhirī*, al-Ġazālī propose une distinction ternaire de l'humanité selon la manière dont les hommes accueillent la religion de leurs pères.

> La première comprend les masses [fonctionnant sur le mode] de l'imitation (*al-ʿawāmm al-muqallidūn*) qui ont grandi (*našaʾū*) dans la croyance de la vérité qu'ils ont reçue de leurs parents. La solidité de leur islam (*ṣiḥḥat islāmihim*) est reconnue. La deuxième catégorie regroupe les mécréants (*kuffār*) élevés dans la non-vérité (*ḍidd al-ḥaqq*) ayant écouté et suivis leurs aînés. Ceux-ci, à notre avis, sont appelés à imiter le Prophète infaillible (*illā taqlīd al-nabī al-maʿṣūm*) confirmé par le miracle, à suivre sa Sunna et son livre (...). Enfin, la troisième catégorie comprend l'homme qui se sépare du chemin des imitateurs (*fāriq ḥayyiz al-muqallidīn*) et sait qu'il y a dans l'imitation (*taqlīd*) un risque d'erreur, de sorte qu'il n'y trouve pas satisfaction (*lā yaqnaʿ bihi*). Nous l'invitons à l'examen (*naẓar*) de la création des cieux et de la terre afin qu'il sache qui en est le Créateur et à la réflexion (*tafakkur*) sur les miracles du Prophète afin qu'il y reconnaisse son authenticité (*ṣidqahu*) [2].

Cette classification repose sur une combinaison de critères : la foi, la transmission de la foi, l'intelligence de la foi. Al-Ġazālī distingue ceux qui suivent fidèlement et aveuglément l'enseignement de leurs parents qu'ils soient musulmans ou non musulmans. La rhétorique des missionnaires musulmans doit prendre en compte chacune de ces catégories et savoir adapter son discours. Ainsi, envers les non musulmans conformistes, il s'agira d'appeler à suivre Muḥammad, tandis que pour ceux qui refusent d'adhérer aveuglément à une doctrine religieuse, il conviendra de recourir à la réflexion. Dans les deux cas la raison est mobilisée, puisque la véracité du prophète Muḥammad s'appuie sur les miracles qu'il a accomplis. Toutefois, pour al-Ġazālī, les arguments de Muḥammad et de ses compagnons envers celui qui doute (*mutašakkik*) et rejette le *taqlīd* ne revêtent qu'une dimension assertive et non apodictique. Ils ne sont pas de nécessité. La mission et l'appel à la conversion ne doivent pas résulter d'un pur pouvoir discrétionnaire (*al-taḥakkum*

1. Al-Ġazālī, *Mīzān al-ʿamal*, *op. cit.*, p. 335-336 [trad. p. 101 mod.].
2. *Id.*, *Faḍāʾiḥ al-Bāṭiniyya*, *op. cit.*, p. 154-155.

al-maḥḍ) ou de la simple contrainte (*al-qahr al-muǧarrad*) mais du dévoilement des voies de la preuve (*kašf subul al-adilla*)[1]. Il se dessine une théorie de la mission selon laquelle le missionnaire doit adapter sa prédication aux aptitudes intellectuelles des individus et à leur psychologie.

Dans son ouvrage de *kalām*, *Al-Iqtiṣād fī l-iʿtiqād*, al-Ġazālī établit une typologie complexe à critères multiples dans laquelle il prend en compte la psychologie des hommes, leur degré de sagacité et d'intelligence, leur rapport à leurs croyances tant du point de vue de la transmission que de l'adhésion. On y retrouve la classification précédente, mais l'auteur en affine les distinctions. Dans le prologue du premier chapitre, al-Ġazālī appelle à la perspicacité et à la sagacité. Sans elles, le médecin pourrait prescrire à son patient des remèdes qui, loin de le soigner, ne lui causeraient que de plus grands dommages. Connaître les hommes, connaître leurs histoires, leurs croyances, leurs philosophies, est donc un préalable incontournable. Quatre catégories sont ainsi distinguées.

> Le premier groupe : il s'agit de la communauté de ceux qui croient en Dieu (*ṭāʾifa āmanat bi-Llāh*), qui attestent de la véracité (*ṣaddaqat*) de son prophète, qui croient (*iʿtaqadat*) à la vérité et qui la gardent au fond de leur cœur (*aḍmarat*), et qui s'investissent, soit dans la dévotion, soit dans une occupation professionnelle. Pour ceux-là, il convient de les laisser en l'état et ne pas déstabiliser leurs croyances en les incitant à acquérir cette science [*kalām*]. En effet, le dispensateur (*ṣāḥib*) de la révélation divine, en s'adressant aux Arabes, n'a pas réclamé d'eux autre chose que le jugement de vérité (*taṣdīq*) sans établir de distinction entre croire en vertu d'une foi et d'une croyance dont on hérite (*taqlīd*) et croire de manière certaine en vertu d'une foi prouvée. Ceci est connu de manière certaine et se déduit de l'attitude adaptée par le Prophète. Quand il a voulu accroitre et intensifier l'adhésion (*taṣdīq*) des Arabes, il n'a pas procédé par des arguments, ni par des preuves apodictiques, mais au gré des circonstances ou par une image qu'il a semée dans leur cœur et qui les a conduits à se soumettre au vrai et à suivre la vérité. Ceux-là sont vraiment des croyants (*muʾminūn*). Il ne faut donc pas troubler leurs croyances. Car si on se réfère à ces preuves et à tout ce qu'elles comportent de problèmes et de solutions, on n'est pas sûr qu'ils ne s'attachent à un de ces problèmes qui les préoccupent alors et qui ne disparaîtra pas pour autant, malgré ce que nous aurons relevé comme solution. À cet égard, il n'est pas dit des compagnons du Prophète qu'ils se soient engagés dans l'étude de cette science, ni par des recherches propres, ni par l'enseignement oral, ni par la rédaction d'ouvrages. Au contraire, on constate qu'il n'avait pour occupation que la dévotion et l'invitation à la vivre, exhortant seulement les gens (*ḫalq*) à la rectitude et à la vertu dans les pensées, les sentiments et les actions.
>
> Le deuxième groupe : il s'agit de la communauté de ceux qui ont dévié de la croyance à la vérité (*ṭāʾifa mālat ʿan iʿtiqād al-ḥaqq*), comme les infidèles (*kafara*) et les innovateurs (*mubtadiʿa*). Rudes (*ǧāfī*) et bourrus (*ġalīẓ*), ils sont d'une intelligence déficiente (*ḍaʿīf al-ʿaql*) et s'attachent avec entêtement à

1. *Ibid.*, p. 156.

imiter (*taqlīd*), s'habituant à l'erreur, de leur jeunesse à leur vieillesse. À leur encontre, rien ne peut les brider si ce ne sont le fouet et le glaive. La plupart des infidèles embrassèrent l'islam sous la menace de l'épée. En effet, Dieu obtient par l'épée et la lance ce qu'on ne peut obtenir ni par la preuve apodictique ni par la prédication. À ce propos, quand on étudie les pages de l'histoire, on ne rencontre pas un seul combat entre musulmans et *kuffār* qui ne dévoile un groupe de gens qui étaient égarés et qui inclinent désormais à la soumission (*inqiyād*) ; jamais on ne rencontre d'assemblée réunie pour discuter et débattre de questions théologiques où ne cessent de se manifester entêtement (*iṣrār*) et intransigeance (*ʿinād*). Que l'on ne pense pas que ce que nous affirmons ici consiste à discréditer la raison et les preuves rationnelles. La lumière de la raison est un don (*karāma*) que Dieu n'accorde qu'à quelques-uns de ses amis. Mais la majorité des hommes (*ḫalq*) sont marqués par l'étroitesse de leur vue (*quṣūr*) et l'incurie (*ihmāl*). C'est parce qu'ils sont étroits d'esprit qu'ils ne saisissent pas les preuves rationnelles, de même que les chauves-souris ne voient pas la lumière du soleil. Les sciences nuisent à ces gens-là comme les effluves des roses nuisent au scarabée. L'*imām* al-Šāfiʿī a dit de pareils gens : « celui qui offre une science aux ignorants la perd. Et celui qui refuse une science à ceux qui la méritent commet une injustice ».

Le troisième groupe : il s'agit de la communauté de ceux qui ont cru en la vérité par imitation et ouï-dire (*ṭāʾifa iʿtaqadū al-ḥaqq taqlīdan wa samāʿan*). Mais, dotés naturellement d'esprit d'intelligence (*ḏakāʾ*) et de sagacité (*fiṭna*), ils ont remarqué, en leur âme, des difficultés qui les ont fait douter de leurs croyances et qui ont ébranlé leur quiétude (*ṭumaʾnīnatahum*). Il se peut aussi qu'ils aient entendu quelques objections spécieuses (*šubuhāt*) qui se sont imprimées dans leur esprit. Ceux-là, il faut (*yaǧibu*) les traiter avec douceur pour rétablir leur quiétude perdue et dissiper leurs troubles autant que possible au moyen de discours convaincants qu'ils peuvent admettre, ne fût-ce qu'en leur montrant l'invalidité de ce qui les trouble ou sa vilénie. [On pourra aussi recourir] à la récitation d'un verset du Coran ou leur relater une tradition prophétique ou leur rapporter les propos d'un de leurs fameux auteurs qui leur sont chers. Si leur doute est dissipé par ce moyen, il ne convient pas alors de recourir à des arguments réservés aux controverses [théologiques] (*ǧidāl*), car cela pourrait ouvrir les portes à de nouvelles difficultés. Mais, s'il s'agit de gens clairvoyants et perspicaces, qui sont convaincus par des discours rationnels et objectifs, alors, dans ce cas, on pourra argumenter par les preuves rationnelles, selon le besoin de la discussion et surtout selon les limites de la difficulté rencontrée.

Le quatrième groupe : il s'agit de la communauté qui regroupe des gens égarés (*ṭāʾifa min ahl al-ḍalāl*), mais qui sont dotés de clairvoyance (*maḫāʾilā*), d'intelligence (*ḏakāʾ*) et de sagacité (*fiṭna*) capables d'admettre la vérité à cause du doute qu'ils ont dans leurs propres croyances, ou bien à cause d'une disposition naturelle (*fiṭra*) qui assouplit leur cœur et les rend dociles à admettre le doute. Ceux-là, il faut les conduire avec douceur dans leur inclination jusqu'à la vérité et leur indiquer la croyance authentique (*al-iʿtiqād al-ṣaḥīḥ*). Il ne s'agit pas de se lancer à leur encontre dans les polémiques violentes ni de se livrer au fanatisme (*taʿaṣṣub*), car cela ne pourrait qu'accroître leur motivation à rester dans l'égarement et exacerberait chez eux les motifs qui les feraient s'y entêter davantage. En effet, la plupart des erreurs se sont ancrées dans le cœur du

> commun des gens à cause du fanatisme d'un groupe d'ignorants parmi les gens de la vérité (*ahl al-ḥaqq*), qui exposent la vérité avec une forme de défiance (*taḥaddī*) et d'arrogance magistérielle (*al-idlāʾ*). Ils ont regardé les faibles parmi leurs adversaires avec mépris et dédain (*taḥqīr wa l-izdirāʾ*), ce qui a entraîné un mouvement de répulsion [contre la vérité] si bien que les croyances erronées qu'ils professent s'enracinent davantage en leurs âmes et qu'il est alors fort difficile pour les savants de les éradiquer, bien qu'ils leur montrent leurs erreurs avec amabilité. Le fanatisme a ainsi conduit une secte à croire que les lettres deviennent au moment même où ils les prononcent des lettres éternelles tout au long de leur vie. N'était-ce le diable qui se fut emparé des passions de certaines gens par l'intransigeance et le fanatisme, on n'aurait pu rencontrer une telle croyance [erronée] dans le cœur d'un fou, mais non dans celui d'un sage ! Ainsi donc, les polémiques et les controverses sont indubitablement un mal sans remède ! Que l'homme dévot s'en garde donc autant que possible. Qu'il laisse la haine et la rancune. Qu'il considère avec bienveillance (*raḥma*) toutes les autres créatures ; qu'il soit clément et doux en guidant ceux de cette communauté (*umma*) qui se sont égarés, qu'il évite l'intransigeance (*nakad*) qui suscite chez l'égaré ce qui le fait persister dans son égarement. Qu'il sache que celui qui suscite un motif de contradiction (chez les autres) par son intransigeance et son fanatisme, les maintient dans leurs innovations. Il devra rendre compte, au jour de la résurrection, de l'aide qu'il aurait dû leur octroyer[1].

La première catégorie est celle des croyants : ils croient. Selon le critère du *Fayṣal*, ils sont musulmans dans la mesure où ils attestent de la véracité (*taṣdīq*) du Messager. Pour les croyants musulmans, la science du *kalām* est inopportune. Seule compte l'exhortation morale à suivre la voie droite à l'exemple de Muḥammad.

La deuxième catégorie est constituée des déviants : ils se sont éloignés de la croyance originelle, à l'exemple des *kuffār*. Sans doute al-Ġazālī fait-il allusion à l'islam en tant qu'elle est la nature originelle de l'homme (*fiṭra*). Le *kāfir* s'est éloigné de sa religion première. Ainsi en est-il des innovateurs ou des hétérodoxes. Le critère déterminant pour cette catégorie n'est pas l'éloignement de la vérité, mais la rudesse de leur psychologie : ils sont rustres et leur intelligence est primaire. Al-Ġazālī parle à leur sujet d'intelligence faible, d'entêtement, d'obstination au point où il est inutile de dialoguer ou de tergiverser par des arguments rationnels. Face à une telle population, il est acceptable de recourir à la force et à la menace du sabre ou de l'épée. L'histoire, déclare al-Ġazālī, souligne l'existence d'une efficacité réelle de cette méthode. Cependant, pour notre auteur, son usage n'est justifié qu'envers ces populations décervelées car discuter avec eux ne peut que susciter des querelles fanatiques, mais il laisse entendre que la majorité des hommes relèvent de cette catégorie : la raison est un don que Dieu ne réserve qu'à ses amis. Dans ce schéma, al-Ġazālī semble fléchir sa vision anthropologique soutenue dans ses ouvrages spirituels ou de mystique. Le propos est paradoxal. Il en vient à justifier l'usage du sabre pour

1. Al-Ġazālī, *Al-Iqtiṣād fī l-iʿtiqād*, *op. cit.*, 1962, p. 9-11.

la majorité des hommes qui s'éloignent de l'islam, qu'il s'agisse d'une déviance dès leur naissance ou au cours de leur vie, mais le propos relève de la menance, non d'un usage effectif.

La troisième catégorie regroupe les musulmans qui ont fini par s'interroger et douter de leur foi. Aux uns, une exhortation pieuse, la récitation du Coran[1] ou d'un dit du prophète peut suffire. Aux autres, le recours au *kalām* est nécessaire. Il s'agit de donner une médication correspondant au besoin propre de chacun.

La quatrième catégorie regroupe les non musulmans : ce sont les égarés. Au contraire des déviants rustres et inintelligents, la lumière de la raison leur permet de s'interroger, de remettre en question leurs propres croyances dans un mouvement de quête de la vérité : à de tels hommes, il ne convient pas d'appliquer la menace du sabre, ni de polémiquer. Pour al-Ġazālī, ces hommes forment une communauté, une *umma*, terminologie qui pose un regard positif sur ses membres. Al-Ġazālī souligne la nécessité de l'amabilité, de la courtoisie, de la bienveillance à leur égard et il met en garde contre le fanatisme de certains musulmans zélés dont le comportement suscite le rejet, au lieu de conduire à l'islam. Dans ce passage, la raison est le critère qui permet d'accéder à la vérité, attestant de la correspondance entre révélation coranique et raison. Partant de cette typologie, al-Ġazālī justifie la légitimité du *kalām* en islam et montre comment la raison est au fondement d'un dialogue de personnes aux sensibilités différentes[2]. Ce dialogue est aussi fondé sur les qualités psychologiques et intellectuelles propres aux personnes qui s'y engagent. Quant au doute, il est pour al-Ġazālī celui du non musulman puisque l'on ne trouve du côté du musulman que la certitude.

Dans *al-Iqtiṣād*, al-Ġazālī distingue les religions du Livre en fonction de leur connaissance et de leur reconnaissance de la prophétie de Muḥammad :

> Il convient de confirmer la mission de notre prophète Muḥammad contre trois groupes religieux (*furuq*) : les ʿĪsāwiyya, les juifs et les chrétiens.
> Les ʿĪsāwiyya prétendent que Muḥammad n'a été envoyé comme Prophète qu'aux seuls Arabes et non aux autres. Ceci est manifestement faux. Ils reconnaissent que Muḥammad est vraiment (*ḥaqqan*) un prophète et que par conséquent, il ne ment pas. Or, il a déclaré qu'il a été envoyé aux créatures rationnelles [hommes et ǧinns], au roi de Perse Khosrô, à l'empereur byzantin

1. Pour al-Ġazālī, Dieu a donné des livres aux hommes afin que soit remémoré son nom. L'émotion créée par la proclamation et l'audition du texte sacré tourne l'auditeur vers la souvenance divine : « les livres ont été révélés seulement pour émouvoir par le souvenir de Dieu (*mā unzilat al-Kutub illā liyaṭrabū biḏikr Allāh*) ». La vocation principale pour ne pas dire unique des livres en possession des *kitabī* est de retrouver le nom de Dieu et son invocation. Al-Ġazālī présente une conception théocentrique où le livre est donné aux hommes pour son émotion spirituelle qui réactive et imprime dans le cœur le nom divin. Avant d'être une loi, un code de conduite ou même une guidance, un livre sacré a donc pour but de rappeler Dieu : Al-Ġazālī, *Iḥyā'*, *op. cit.*, K. 18 (*Kitāb ādāb al-samāʿ wa l-waǧd*), B. 1, b. 2, 7, p. 730 [V. 4, p. 452].

2. M. Younès, *Révélation(s) et Parole(s)*, *op. cit.*

et aux autres rois étrangers comme cela a été transmis par la tradition (*tawātur*). Leurs affirmations sont donc absurdes et contradictoires.

Les juifs nient la vérité de Muḥammad, non en raison d'une circonspection particulière à son égard et aux miracles qu'il a accomplis, mais parce qu'ils prétendent qu'il n'y a pas de prophète après Moïse. De même, ils récusent la mission prophétique de Jésus. Il conviendrait donc de leur démontrer la véracité de la prophétie de Jésus car sans elle, il leur sera peut-être plus difficile encore de comprendre l'inimitabilité du Coran que les miracles que sont la résurrection des morts et la guérison des lépreux[1]. Aussi, nous les avons interrogés sur la raison invoquée pour justifier la différence qu'ils établissent entre un prophète dont la vérité de la mission est fondée sur la résurrection des morts et celui qui la tient de la transformation d'un bâton en serpent[2] ? À notre question il ne fut jamais donné de réponse adéquate, aussi nous nous limiterons à relever les deux objections suivantes.

Premièrement, ils disent que l'abrogation (*nasḫ*) de la loi de Moïse par une autre Loi est impossible en soi car elle implique innovation (*bidʿa*) et altération (*taġayyur*) ce qui est contraire à Dieu.

La déficience (*buṭlān*) de leur objection provient de leur compréhension de l'abrogation (*nasḫ*). En effet, l'abrogation consiste en la promulgation d'un décret qui supprime explicitement ou rend invalide un décret alors en vigueur, lequel dépend des exigences du décret dérogeant. Il n'y a pas d'impossibilité dans le fait que le maître s'adressant à son serviteur lui demande de se lever de manière inconditionnelle (*muṭlaqan*), sans lui indiquer pour combien de temps il doit rester debout. Pour autant, il sait fort bien que cette posture est exigeante et qu'elle ne durera que le temps qui convient. Il en connaît même la durée, mais le maître n'en informe pas le serviteur. Pour l'heure, le serviteur a reçu l'ordre de se tenir debout de manière inconditionnelle et, par conséquent, il doit continuer à rester ainsi tant que le maître n'en aura pas décidé autrement. C'est alors seulement qu'il s'assiéra. À ce moment-là, il ne s'imaginera nullement que son maître a changé d'idée ou bien qu'il a pris connaissance d'un intérêt nouveau. En effet, il est tout à fait possible (*yaǧūzu*) que le maître sache à l'avance le temps qui convient à la position debout, mais il lui demande de rester inconditionnellement debout afin qu'il demeure soumis à son autorité. Les circonstances ayant changé, il lui ordonne de s'asseoir.

De la même manière, il est possible de comprendre les différences introduites par Dieu dans les dispositions de la loi divine. La mission d'un prophète ne consiste pas à abroger simplement la loi antérieure, ni même à remettre en question la plus grande partie de ses dispositions, mais seulement une partie de celles-ci, comme par exemple, le changement de direction de la *qibla*, le fait de rendre licites certains actes autrefois interdits, etc. Tous ces changements ont trait à des domaines qui varient dans le temps et selon les circonstances, mais

1. Allusion aux miracles mentionnés dans le Coran : S. 7, 108 ; S. 20, 22.

2. On retrouve l'argument chez al-Bāqillānī, *Iʿǧāz al-Qur'ān*, éd. Sayyid Aḥmad Ṣaqr, al-Qāhira, Dār al-Maʿārif, 1963, p. 32. Voir pour une étude de cette question : J. Bouman, *Le conflit autour du Coran et la solution d'al-Bāqillānī*, Amsterdam, Jacob van Campen, Thesis, Rijksuniversiteit Utrecht, 1959, p. 66.

aucun d'entre eux n'introduit d'altération en Dieu en infusant quelque chose de nouveau jusqu'alors ignoré, ou en contenant une contradiction.

Par suite, cette objection obligerait les juifs eux-mêmes à ne pas admettre de Loi révélée par Dieu depuis Adam jusqu'à Moïse et à nier finalement les missions divines, de Noé à Abraham, et les lois religieuses qu'ils ont apportées, et à rejeter la loi de Moïse. Mais il est clair que tout cela va à l'encontre de l'histoire et de la multiplicité des chaînes d'informateurs (*tawātur*) !

Deuxièmement, les juifs disent que Moïse a affirmé que sa Loi subsisterait aussi longtemps que perdurent le ciel et la terre[1] et qu'il était le sceau (*ḫātam*) des prophètes.

Si ces propos rapportés sur Moïse étaient vrais, Moïse ne pourrait pas reconnaître les miracles accomplis de la main de Jésus, lesquels attestent nécessairement la vérité de la mission prophétique de ce dernier. Or, comment Dieu peut-il authentifier au moyen de miracles la vérité de celui qui dément Moïse lequel fut pourtant déclaré par Dieu comme faisant foi en la Parole (*muṣaddiq*) ? Rejette-t-on la réalité effective des miracles de Jésus ou bien considère-t-on que le fait de ressusciter des morts ne saurait être une preuve de la vérité de celui qui présente ces miracles comme le signe de sa mission divine ? S'il ne s'agit ni de l'un ni de l'autre, alors les juifs doivent rejeter les propos prêtés à Moïse. Par suite, ils doivent reconnaître que l'affirmation de Moïse selon laquelle il est le sceau des prophètes a été transmise par un faussaire.

Par ailleurs, il importe de relever que cette objection a en fait été élaborée à la suite de la mission prophétique de Muḥammad et de sa mort. Or, s'il existait des textes authentiques (*ṣaḥīḥa*) de Moïse, il est certain qu'ils auraient été utilisés par les juifs contemporains de Muḥammad afin d'argumenter contre l'authenticité de sa mission, alors qu'ils étaient contraints d'embrasser l'islam par la violence des armes. Plus encore il appert que Muḥammad donnait crédit à Moïse et avait même recours à la Torah dans ses disputes avec les juifs. Et pourtant, jamais il ne lui fut opposé ces paroles de Moïse en guise d'objection, alors que s'ils l'avaient fait, cela l'aurait contraint à se taire. Assurément, de par son importance, un tel évènement serait revenu à nos oreilles. Il est impensable qu'ils eussent omis d'utiliser une telle objection alors qu'ils s'efforçaient de nuire à la religion de Muḥammad par tous les moyens dont ils disposaient afin de se préserver du danger qu'il représentait contre leurs personnes, leurs biens et leurs familles.

Quant aux chrétiens, ils reconnaissent possible l'abrogation d'une Loi religieuse par une autre, mais ils refusent de reconnaître la mission de notre prophète et ils nient le miracle que constitue le Coran. Pour démontrer le miracle de la prophétie, il y a deux voies (*ṭarīqān*).

La première repose sur le Coran seul. Nous affirmons que le miracle ne signifie rien d'autre que l'existence d'un acte qui se réalise simultanément à la prétention du prophète qui le présente comme un signe attestant de la véracité de son propos et que nul n'est en mesure de contredire. Historiquement, le Coran constitue un défi lancé aux Arabes experts dans l'éloquence. Or, la tradition rapporte qu'ils ne lui opposèrent pas de contestation, sinon, elle

1. On trouve l'argument, notamment sous la plume d'al-Qirqisānī.

serait avérée. Ainsi, lorsque des poètes ont défié par leurs poèmes [d'autres poètes] et qu'ils furent défaits [dans leurs prétentions], leur défaite fut retentissante. Sur ce point, il est clair que le Coran a constitué pour Muḥammad un défi lancé aux Arabes, qu'eux-mêmes étaient experts en éloquence et qu'indubitablement ils tenaient à réfuter sa [prétendue] mission prophétique par tous les moyens possibles afin de défendre leur religion, leur race et leurs biens, de se prémunir contre l'emprise des musulmans et de les vaincre. Ils ne contestent pas leur impuissance et leur incapacité à le désavouer puisque s'ils y étaient parvenus, ils l'auraient fait, car il est d'un usage naturel de se défendre et de repousser un péril mortel. Donc, si les Arabes y étaient parvenus, ils l'auraient fait savoir. Tout ceci ne relève pourtant que des traditions, dont certaines sont transmises par des témoins sûrs. Il n'est pas nécessaire d'aller plus loin au niveau de l'exhaustivité (*taṭwīl*).

Analogiquement, c'est par cette voie que nous pouvons confirmer la mission de Jésus. En ce domaine, le chrétien ne peut rien objecter. S'il est possible de contester Jésus et de nier sa mission prophétique, il faut alors rejeter son témoignage par lequel il ressuscita les morts, ou l'existence même de la résurrection des morts, de renier la réalité de tels faits ; ou encore de dire que ces faits ont été contestés mais que la contestation n'a pas été connue, tout cela n'est que réfutation de peu d'envergure si l'on admet les fondements de la prophétie.

Cependant, si l'on demande en quoi consiste le miracle du Coran ?

Nous répondons : il consiste en l'emphase (*ǧazāla*), l'éloquence (*faṣāḥa*) jointe à une composition (*naẓm*) merveilleuse qui surpasse toute expression de la littérature arabe tant dans sa rhétorique que dans sa poésie et toute autre forme d'expression orale. L'union de cette composition, de cette éloquence et de ce style excède la capacité des facultés de l'homme (...).

La seconde voie consiste à démontrer la mission prophétique de Muḥammad par un ensemble de faits réalisés par le prophète comme fendre la lune, parler avec les animaux, faire surgir de l'eau entre ses doigts, la louange des cailloux en sa main, la multiplication de la nourriture qui était peu abondante, et bien d'autres prodiges encore, tout cela venant démontrer sa véridicité (*ṣidq*) (...)[1].

Dans ce passage al-Ġazālī souligne la mission universelle de Muḥammad, le statut universel de la prophétie et du Coran. Il réfute la thèse selon laquelle Muḥammad ne serait que le prophète des Arabes, comme le soutiennent les ʿĪsāwiyya.

Pour ce qui concerne les juifs, il recourt à des arguments rationnels pour justifier que Moïse ne peut pas être considéré comme le sceau des prophètes. Al-Bāqillānī[2] avait indiqué que les juifs reconnaissaient d'autres prophètes après Moïse comme Josué, Ezéchiel, Elisée, David ou Salomon[3], mais on ne

1. Al-Ġazālī, *Al-Iqtiṣād fī l-iʿtiqād*, *op. cit.*, Q. 4, B. 1, 1962, p. 202-209.

2. Al-Bāqillānī montrait que l'interprétation donnée par les juifs de leurs textes n'était pas correcte. Il soulignait que la langue originelle de Moïse a été transmise en passant d'une langue à une autre ce qui est source d'erreur et de corruption (*taḥrīf*) : Al-Bāqillānī, *Kitāb al-tamhīd*, *op. cit.*, p180.

3. *Ibid.*, p. 180.

trouve ici aucune démonstration s'appuant sur les Écritures juives. Al-Ġazālī se focalise sur la personne de Muḥammad. Il souligne que les juifs reconnaissent les miracles qu'il a accomplis[1], mais, à la lumière de la loi qu'il apporte, ils ne reconnaissent pas l'authenticité de sa mission. Nulle nécessité pour al-Ġazālī de polémiquer, d'investir le champ biblique, d'exploiter les textes des juifs et de relever les erreurs des lectures de la tradition. L'histoire montre que l'argument utilisé par les juifs pour rejeter le Coran apporté par Muḥammad est un artefact. Il n'a rien de vrai ni d'objectif et correspond à un moment précis de l'essor de la polémique judéo-musulmane. Comme il était indiqué dans le *Kitāb al-tamhīd*, pour al-Ġazālī, la non-acceptation de la mission de Muḥammad reviendrait à rejeter le critère biblique par lequel Moïse a été reconnu comme prophète ce qui ruinerait le statut des écritures juives. À la suite d'al-Bāqillānī, al-Ġazālī montre qu'il n'y a pas d'innovation (*bidʿa*) dans le principe de l'abrogation : celui qui commande quelque chose connaît d'une connaissance antécédente ; il sait que de l'amendement de l'ordre, il tirera un bénéfice[2]. Si l'image du maître et du serviteur est propre à notre auteur, ce passage sur les juifs synthétise les arguments avancés par al-Bāqillānī. Al-Ġazālī expose la vision ašʿarite sur les juifs, il intègre à sa classification une dimension apologétique qui vise à montrer l'incohérence théologique de la non reconnaissance de Muḥammad.

Quant aux chrétiens, l'*Iqtiṣād* justifie la véracité de la prophétie de Muḥammad à partir du caractère inimitable du Coran et des miracles du prophète. À l'impossibilité des chrétiens de reconnaître le prophète de l'islam, il donne une clef herméneutique dans l'*Iḥyāʾ* : les chrétiens sont comme aveuglés par la lumière de Jésus. Dans le *Livre de la vanité*, il leur reproche l'erreur de leur perception de la lumière qui jaillissait du Christ. Certes, Jésus a connu la réalité de la vérité si bien que tout son cœur contient le monde. De la lumière qui émanait de lui, l'intensité de l'existence se donnait à voir, la lumière même de Dieu se reflétait. Mais la personne qui a atteint ce degré de lumière demeure tel un miroir. Elle reflète la lumière de Dieu, mais elle n'est pas cette lumière. Elle n'est donc pas Dieu. Les chrétiens « se sont mépris (*ġaliṭū*) à son égard, tel celui qui voit un astre dans un miroir ou à la surface de l'eau et qui pense que l'astre est dans le miroir ou dans l'eau, aussi, il tend sa main pour le saisir. Mais il est aveuglé (*maġrūr*) »[3]. Cet aveuglement est une forme de présomption, de vanité obstinée. Cette lecture ne se réduit pas à la critique des chrétiens, mais elle renvoie aussi aux soufis.

1. Sur ce point, le Coran est peu prolixe et ce sont surtout les *hadīṯs* qui donnent de nombreux exemples. Al-Ġazālī établit une liste des miracles du Prophète au Livre vingtième de l'*Iḥyāʾ*, mais il ne les analyse ni ne les commente. Pour lui, l'exemplarité morale de Muḥammad doit suffire à attester de sa mission.

2. Al-Bāqillānī, *Kitāb al-tamhīd*, *op. cit.*, p. 187. Même argument chez Ibn Ḥazm. Ce dernier donne des exemples d'abrogation de la Torah par la Torah : *Al-Faṣl*, I, *op. cit.*, p. 101, 135

3. Al-Ġazālī, *Iḥyāʾ*, *op. cit.*, K. 30 (*Kitāb ḏamm al-ġurūr*), b. 2, ṣf. 3, fq. 10, p. 1320 [V6, p. 697-698].

Al-Ġazālī met en effet en garde contre un certain nombre d'égarements, de chimères et d'illusions qui bercent certains d'entre eux. Il en distingue dix catégories en fonction de leur profondeur spirituelle. Il déplore que chacune de ces catégories tombe dans l'égarement et la vanité. La typologie ainsi graduée est présentée sous la forme d'un idéal-type : al-Ġazālī ne désigne aucune communauté soufie particulière, il ne donne le nom d'aucun maître. Il se contente d'établir leur méthodologie spirituelle et de relever leur excentricité. C'est dans ce cadre qu'il situe l'erreur des chrétiens, qui correspond à la catégorie de soufis la plus élevée dans la perception de la lumière divine. Cette illustration est étonnante : elle assimile les chrétiens aux soufis tout en leur reconnaissant le degré spirituel le plus expérimenté dans les voies de la mystique.

Une autre classification est proposée à partir des péchés de l'homme et de son repentir :

> Un jour, Iblīs étant apparu à Jean fils de Zacharie, il lui dit : « Je veux te dispenser un conseil ». Jean lui rétorqua : « Peu me chaut de tes conseils. Parle-moi plutôt des fils d'Adam. » Le diable répondit : « Ils se divisent en trois catégories. Pour la première, c'est la catégorie la plus complexe : nous persécutons l'un d'entre eux jusqu'à ce qu'il succombe à la tentation et que nous l'ayons sous notre emprise, mais il finit par demander pardon et se repentir, ce qui annule tout ce que nous avions obtenu de lui. Nous recommençons alors, mais il fait de même. Nous ne désespérons pas d'avoir raison de lui, mais nous ne parvenons pourtant pas à nos fins, si bien qu'il nous exaspère. Quant à la deuxième catégorie, elle est dans nos mains comme un ballon dans les mains de leurs enfants : nous les triturons comme nous le voulons, et il suffit de les voir œuvrer par eux-mêmes. Quant à la troisième catégorie, elle est constituée d'hommes infaillibles (*maʿṣūmūn*) comme toi. Nous ne pouvons rien faire contre ceux-la »[1].

Ici, le repentir est le critère distinctif entre les hommes : tous sont pécheurs mais c'est la capacité à pouvoir se repentir qui les distingue les uns des autres. Une troisième catégorie est constituée d'hommes dont le repentir n'est pas d'usage, puisqu'ils sont prémunis contre le péché par une grâce particulière. Ici, al-Ġazālī identifie Jean, là, il reconnaît cette spécificité à Jésus : il est en effet pour lui un prophète qui a été préservé à sa naissance de la marque du démon. Il est exemplaire par son ascèse – il se défait de la pierre qu'il avait pour reposer la tête afin de ne pas être tenté de dormir[2] –. Sa sainteté est un défi à l'idolâtrie des hommes si bien que le diable ne peut, depuis cette naissance, entrer dans le cœur des hommes que par l'empressement et l'inconséquence : « un prophète est né hier. Jamais femme n'est tombée enceinte ni n'a accouché sans que je sois présent, excepté cette fois-ci. N'ayez plus l'espoir que les idoles soient

1. Al-Ġazālī, *Iḥyā'*, *op. cit.*, K. 21 (*Kitāb šarḥ ʿağā'ib al-qalb*), b. 12, p. 898, [V. 5, p. 140-141].

2. *Ibid.*, p. 892 [V. 5, p. 122]. Allusion à Matthieu 8, 19 : « Le Fils de l'homme n'a pas une pierre où reposer la tête ».

adorées (*tuʿbada al-aṣnām*) après cette nuit, aussi efforcez-vous d'abuser les fils d'Adam par le biais de la précipitation (*ʿağala*) et de la légèreté (*ḫiffa*) »[1].

On ne relève dans ce passage aucune identification des péchés. On ne distingue pas les hommes par la nature de leur péché, que celui-ci soit moral ou religieux, mais par leur seule capacité à vouloir se repentir. À ces classifications, al-Ġazālī appose des typologies relatives aux croyances elles-mêmes : il établit ainsi une phénoménologie des croyances religieuses.

Dans le *Mīzān al-ʿamal*, al-Ġazālī propose une classification en quatre catégories selon l'adhésion en la croyance en l'Au-delà, et la nature de cette croyance. Pour lui, l'aspiration au bonheur ici-bas est le reflet d'une appétence plus grande, celle du bien qui ne se tarit pas. Cette aspiration est le propre de tout homme doué de raison : « Il n'existe pas au monde un homme raisonnable (*lam yuḫlaq fī l-dunyā ʿāqil*) tenant à l'acquisition de la fortune, à qui l'on propose de dépenser un *dīnār* et d'attendre un mois pour se voir remplacer ce *dīnār* par le Grand Elixir qui fera transmuer le cuivre en or pur sans qu'il ne consente de bon cœur à le dépenser malgré la perte présente »[2]. À celui à qui l'on promet la félicité, l'effort et l'ascèse des sens apparaîtront de peu d'exigence au regard de la récompense promise. Pour al-Ġazālī, le chemin de la félicité éternelle à laquelle aspire tout homme raisonnable est celui de la science et de l'action. Quant aux hommes qui ne croient pas à l'Au-delà, ils sont marqués par la nonchalance (*futūr*)[3]. Al-Ġazālī distingue quatre groupes (*firaq*) relatifs à la fin dernière :

Primo, celui qui affirme la palingésie, le grand rassemblement et la résurrection (*al-ḥašr wa l-našr*), tels que l'enseigne les lois religieuses et qui promet la félicité éternelle grâce à la science et à l'action. « Cette catégorie regroupe la totalité des musulmans, voire les disciples des prophètes et particulièrement les juifs et les chrétiens »[4].

Secundo, certains théologiens et philosophes affirment sur la base de démonstrations spéculatives l'existence d'un plaisir intellectuel et nient toute forme de plaisir sensuel dans l'au-delà. Pour autant, remarque al-Ġazālī, ce plaisir nécessite une certaine discipline[5].

Tertio, les soufis affirment que les plaisirs spirituels promis à l'homme sont insaisissables et ne sont comparés aux plaisirs sensibles que par analogie. Cette conception, loin d'impliquer des comportements indolents, invite à « l'excès de zèle (*ziyādat al-ğidd*) »[6].

1. Al-Ġazālī, *Iḥyāʾ*, *op. cit.*, K. 21 (*Kitāb šarḥ ʿağāʾib al-qalb*), b. 12, p. 891 [V. 5, p. 121].
2. *Id.*, *Mīzān al-ʿamal*, *op. cit.*, p. 181 [trad. fr., p. 2-3].
3. *Ibid.*, p. 182 [trad. fr., p. 4]
4. *Ibid.*
5. *Ibid.*, p. 182-183 [trad. fr., p. 4-5].
6. *Ibid.*, p. 185 [trad. fr., p. 6].

Quarto, on trouve pléthore d'insensés (*ǧamāhīr min al-ḥamqā*) qui se contentent des plaisirs éphémères du monde, la mort n'étant pour eux que pur néant (*ʿadam maḥḍ*)[1].

Si al-Ġazālī appartient au premier groupe, il remarque que le dénominateur commun des trois premières doctrines réside dans la quête d'un bonheur qui nécessite l'ajustement des actes à la science acquise. Bien que diffèrentes par leurs savoirs, leurs connaissances de Dieu et la nature de la béatitude, toutes trois exhortent à l'effort, à l'ascèse, à la réforme du caractère. La science est inséparable de l'action. Seuls les partisans de la quatrième école nient l'existence de l'âme au-delà de la mort, refusent de réformer leur vie et adoptent le comportement des libertins. Ils sont la « proie de Satan (*istawlā ʿalayhi šayṭānuhu*) »[2] qui les rend inaptes à lutter contre les désirs de la concupiscence. Ce qui conduit l'homme à sa perte n'est pas lié à l'appartenance à l'islam, mais à la divagation de sa raison[3].

Pour al-Ġazālī, les hommes qui ne croient pas en l'Au-delà sont des hédonistes qui n'ont que faire de l'action. On retrouve la thèse des *Iḫwān al-Ṣafāʾ* selon laquelle le pire des hommes est celui « qui n'a aucune religion et qui ne croit pas au dernier jour de la Distribution des comptes »[4]. L'exemple cité par les Frères est celui des matérialistes (*dahriyya*)[5], décrits comme incapables de remonter à la cause première[6]. Leur intellect (*ʿaql*) est la proie de maladies spirituelles qui recouvrent les passions égoïstes ou égocentristes telles la fierté, l'envie, la haine, l'ignorance fanatique et l'arrogance[7].

Dans le *Livre de la science* ainsi que dans le *Livre de l'unicité divine et de l'abandon à Dieu*, al-Ġazālī expose sa compréhension du *tawḥīd*. Il identifie des degrés de croyances et classe les hommes en fonction de leur rapport à l'unicité divine. Il en propose une définition générale et profonde. Pour lui, le *tawḥīd*, avant d'être une métaphysique des attributs divins, a originellement une dimension spirituelle : « c'est voir toute chose comme venant de Dieu (*yarā al-umūr kullahā min Allāh*), puissant et auguste, au-delà des causes et des contingences intermédiaires (*al-asbāb wa l-wasāʾiṭ*), c'est voir le bien ou le mal comme venant pleinement de lui »[8]. Le *tawḥīd* est une station spirituelle (*maqām*) où cessent toute complainte et colère à l'égard des créatures ; elle est la marque de l'abandon en la providence (*tawwakul*) et en la soumission en son jugement (*taslīm li-ḥukm Allāh*). De cette Réalité subtile, al-Ġazālī distingue trois degrés (*marātib*) dans le *Livre de la science*, auxquels il adjoint un

1. *Ibid.*, p. 185 [trad. fr., p. 6].
2. *Ibid.*
3. Al-Ġazālī, *Iḥyāʾ*, *op. cit.*, K. 30 (*Kitāb ḏamm al-ġurūr*), b. 1, mi. 1, p. 1290 [V. 6, p. 611]
4. *Rasāʾil Iḫwān al-Ṣafāʾ*, *op. cit.*, vol. 3, p. 451.
5. *Ibid.*, p. 455 et p. 459.
6. *Ibid.*, p. 455.
7. *Ibid.*, p. 457.
8. Al-Ġazālī, *Iḥyāʾ*, *op. cit.*, K. 1 (*Kitāb al-ʿilm*), B. 3, b. 3, l. 3, p. 45 [V. 1, p. 125].

quatrième dans le *Livre de l'unicité* : le noyau (*lubb*), le cœur du noyau (*lubb al-lubb*), l'écorce (*qišr*) et l'écorce de l'écorce (*qišr al-qišr*)[1].

Dans une lettre rédigée à la fin de sa vie aux contempteurs du *Miškāt al-anwār*, al-Ġazālī aborde le rapport des croyances à l'unicité dans un esprit plus amène, rattachant notamment le dogme de la Trinité à la foi en l'unicité. Ces écrits sont postérieurs à l'*Iḥyā'* et correspondent aux sept dernières années de sa vie, après la rédaction du *Miškāt al-anwār* qui date de 498/1105. Dans ce cadre, les différentes typologies qu'il a exposées dans l'*Iḥyā'* s'affinent, se précisent et témoignent d'un regard plus objectif sur les autres religions et croyances.

Le premier degré est défini par la simple expression verbale : il n'y a aucune adhésion. C'est « l'écorce de l'écorce » mentionnée dans le *Livre de l'unicité* ; elle est le propre des hypocrites. Elle présente un intérêt en rendant licite les biens de ceux qui la professent et en assurant la sécurité des femmes et des enfants. Il n'est donc plus question d'une attestation formulée sous la contrainte du sabre, mais elle permet de jouir des droits octroyés aux musulmans. Elle ne constitue pas non plus un slogan contre les païens ou les chrétiens[2].

Le deuxième degré « consiste à croire cette parole par le biais de l'acceptation conformiste (*ʿalā sabīl al-taqlīd*) sans en connaître la signification réelle[3]. Ce degré est celui de la "base", des gens incultes, mais aussi des juifs et des chrétiens qui s'y reconnaissent. Cette foi est sincère ; elle est une protection dans les deux mondes (*kilā al-ʿālamayn*), elle appartient à ceux qui sont sauvés en ce monde-ci (*ahl al-naǧāt fī hāḏā l-ʿālam*). La distinction n'est pas sans subtilité : si elle protège dans l'au-delà, elle n'offre pas la béatitude promise aux gens de la connaissance (*ahl al-maʿrifa*).

Le troisième degré « consiste à découvrir la signification de cette parole par une démonstration implacable (*bi-burhān muḥaqqaq*) ». Il s'agit de croire en l'unicité divine en vertu d'une démonstration aussi puissante et sans contradiction que celle avancée par l'arithmétique.

Le quatrième degré renvoie à une connaissance associée à un état spirituel (*ḥāl*). À la foi s'ajoute l'adoration manifestée par la libération de toutes servitudes matérielles.

Le cinquième degré correspond à l'affirmation thérapeutique de l'unicité divine qui permet de vaincre non seulement la passion et la concupiscence, mais aussi leurs racines. Un tel homme « n'agit pas en fonction de ce qui s'accorde avec la loi ou de ce qui en diffère (*mā yuwāfiq ʿalā l-šarʿ wa lā fī mā yuḫālifuhu*) mais il ne cherche à atteindre qu'un seul et unique objectif, si bien qu'il ne se meut que pour Dieu, il ne se repose que pour Dieu, il ne parle que

1. Al-Ġazālī, *Iḥyā'*, *op. cit.*, K. 1 (*Kitāb al-ʿilm*), B. 3, b. 3, l. 3, p. 45 [V. 1, p. 126] et K. 35 (*Kitāb al-tawḥīd wa l-tawakkul*), Š. 1, p. 1598 [V. 8, p. 202].

2. *Id.*, *Faḍā'il al-anām min rasā'il ḥuǧǧat al-islām*, *op. cit.*, p. 49.

3. *Ibid.*, p. 50.

pour Dieu (*lā yataḥarrak illā li-Llāh, wa lā yaskun illā li-Llāh, wa lā yatakallam illā li-Llāh*) »[1]. Toute activité humaine a donc pour finalité Dieu : l'homme ne se sustente pas pour le plaisir de la table, mais pour trouver la force nécessaire à l'accomplissement de ses prières. Dans les relations sexuelles avec son épouse, il ne recherche pas le plaisir mais la conformité avec la *Sunna* en vue de multiplier les membres de la communauté. Ici, la loi est le lieu de la quête de Dieu. Il ne s'agit pas de s'en libérer, de la nier, mais de l'accomplir scrupuleusement, car elle permet d'accomplir la volonté divine et de témoigner ainsi que l'on vit pour Dieu. Ce cinquième degré prend une orientation explicitement musulmane : il est question de *sunna*, de *šarʿ*, du prophète Muḥammad. Mais, à la fin de sa lettre, al-Ġazālī précise que le Coran et le Prophète sont « des lumières », autrement dit, ils sont des rayons de la lumière véritable qu'est Dieu. Mais il existe pour notre auteur d'autres lumières, comme la lumière de la raison (*nūr ʿalā l-ʿaql*)[2].

Enfin, le sixième degré est le degré de la délivrance du moi :

> de l'individu, il ne subsiste que Dieu, le Réel Absolu, et nul autre que Lui (*lam yabqa lahu illā l-Ḥaqq*), et il ne mentionne plus aucun nom hormis celui de Dieu, le Réel Absolu (*lā yaḏkur siwā l-Ḥaqq*)[3].

On retrouve le quatrième degré mentionné dans le *Livre de l'unicité*, celui du *fanāʾ*. À un tel degré mystique, le croyant ne voit plus par ses yeux, mais par ceux de Dieu, il ne parle plus par sa bouche, mais par celle de Dieu[4]. Il s'agit de voir tout à travers Dieu, et de ne voir que Dieu en chaque chose. Cet état n'est pas sans conséquences pour l'individu. La retranscription de son expérience de l'unicité y est approximative ou pour le moins maladroite : c'est ainsi qu'il faut comprendre les qualifications de *ḥulūl* ou de *ittiḥād* qu'ils utilisent pour rendre compte de cette union[5].

Dans cette typologie des degrés du *tawḥīd*, al-Ġazālī revalorise les croyances des juifs et des chrétiens. Il y fait l'apologie de l'expérience mystique du *fanāʾ* comme degré ultime du *tawḥīd*. Le *Miškāt* offre une autre classification des religions qui souligne l'ascension spirituelle d'un croyant au cours de laquelle se dissipent les voiles des ténèbres qui le séparent de Dieu[6]. Cet itinéraire est sans aucun doute la formulation la plus aboutie d'al-Ġazālī, celle qui

1. *Ibid.*, p. 51 [*De la perfection*, p. 62].
2. *Ibid.*, p. 54 [*De la perfection*, p. 66].
3. *Ibid.*, p. 52 [*De la perfection*, p. 62].
4. Allusion à un célèbre *ḥadīṯ qudsī*.
5. Ce chemin spirituel par lequel s'élèvent les âmes rappelle l'itinéraire décrit par les *Iḫwān*. Ceux-ci mentionnent parmi les hommes qui ont atteint le degré célestiel par le recours de la science, les philosophes comme Ptolémée, Hermès Trismégiste, Aristote, Pythagore, ainsi que Jésus et Muḥammad.
6. Al-Ġazālī, *Miškāt al-anwār*, éd. et introd. Abū al-ʿIlā ʿAfīfī, al-Qāhira, al-Hayʾat al-ʿAmma li-l-Kitāb, 1964 [voir al-Ghazālī, *Le Tabernacle des Lumières* (*Michkât Al-Anwâr*), trad. fr. et introd. R. Deladrière, Paris, Seuil, 1981]. C'est à cette traduction à laquelle nous nous référons. Nous avons cependant été amenés à apporter quelques précisions à la lumière du texte arabe.

ouvre les perspectives les plus originales et les plus audacieuses pour penser une théologie des religions en islam.

Selon un tradition prophétique « Dieu a soixante-dix voiles de lumière et de ténèbres ; s'il les enlevait, les gloires fulgurantes de Sa Face consumeraient quiconque serait atteint par Son regard »[1]. Al-Ġazālī y voit la description de l'ascension spirituelle de l'humanité toute entière où les croyances religieuses sont les expressions d'une dissipation progressive de ces voiles vers la lumière ultime qui est Dieu. Dans cette optique, il distingue trois principales catégories de croyances : la première regroupe celles qui sont voilées par les seules ténèbres, la deuxième inclut celles qui sont voilées par la pure lumière et enfin, la troisième rassemble celles qui sont voilées par une lumière mêlée d'obscurité. Pour chacune de ces catégories, al-Ġazālī élabore des sous-catégories qui lui permettent d'établir des distinctions selon les aspirations des hommes ou selon leurs croyances.

> *Pour ce qui relève des hommes voilés par les seules ténèbres*, ils sont sans aucune lumière sur Dieu. En recourant au Coran, al-Ġazālī regroupe ceux qui ne croient ni en Dieu ni au dernier jour[2] et qui ont fait le choix du monde au mépris de la vie future[3]. Ils n'ont souci que de satisfaire leur passion (*hawā*) et leur moi (*nafs*) : ce sont les athées (*mulḥida*)[4]. En quête cependant d'un principe premier qui rende compte de l'existence de l'univers, ils l'identifient à la nature (*ṭabʿ*) qui ne peut pourtant être cause première puisqu'elle est un « attribut fixé dans les corps, qu'elle leur est inhérente, et qu'elle est obscure »[5]. La définition qu'il donne de la nature (*ṭabʿ*) est celle des *dahriyyīn* qui nient l'existence d'un docte tout-puissant et qui soutiennent que l'univers est la cause de son propre principe[6].

Parmi ceux qui sont recouverts des seuls voiles des ténèbres, al-Ġazālī mentionne tour à tour les hédonistes, les barbares, les matérialistes, ou ceux n'ayant cure que de leur réputation. Il semble leur accorder un degré inférieur au précédent : en effet, « ils ne se préoccupent [même pas] de rechercher la cause de l'univers »[7]. Ils ne sont tournés que vers eux-mêmes (*nafs*), vivant « comme des bêtes » (*ʿāšū ʿayš al-bahāʾim*). Ils ont fait de la passion leur dieu[8]. Ces concupiscents font l'objet d'une distinction supplémentaire.

Le premier groupe rassemble ceux qui sont voilés par la passion : ce sont les hédonistes. Ils ne pensent qu'à assouvir les désirs de leur ventre et de leur bas-ventre. Leur dieu a pour nom plaisir et leur béatitude est la jouissance.

1. al-Ghazālī, *Le Tabernacle des Lumières*, *op. cit.* [fr. p. 85]. Voir al-Ġazālī, *Der Erretter aus dem Irrtum*, *op. cit.*, n. 176, p. 85-86.
2. S. 9, 45.
3. S. 16, 107.
4. Al-Ġazālī, *Miškāt al-anwār*, *op. cit.*, éd. Buchman, p. 45 [fr. p. 86].
5. *Ibid.*, p. 45 [fr. p. 86].
6. *Id.*, *Al-Munqiḏ min al-ḍalāl*, *op. cit.*, fr. p. 71-72, ar. p. 19.
7. *Id.*, *Miškāt al-anwār*, *op. cit.*, éd. Buchman, p. 45 [fr. p. 86].
8. S. 45, 23.

Le deuxième correspond aux hommes de pouvoir qui aspirent à dominer les autres, à conquérir, vaincre et tuer. Pour al-Ġazālī, de telles aspirations se retrouvent chez des Arabes bédouins ou des Kurdes[1]. Cette remarque n'est pas anodine et trahit une optique "raciale". Il ne faut cependant pas forcer l'analyse dans la mesure où al-Ġazālī désigne avant tout une culture politique marquée par la valorisation de la guerre, notamment du temps de la *ǧāhiliyya* et non l'adhésion de tout Arabe ou Kurde à ces valeurs. Il compare ces hommes à « des bêtes féroces »[2].

Un troisième groupe correspond aux matérialistes dont la seule préoccupation est l'acquisition de biens matériels. Ce sont les adorateurs des dirhams. Ils entassent jalousement, amassent égoïstement, « esclaves malheureux de l'argent »[3].

Un quatrième groupe rassemble les ambitieux, ceux qui aspirent à se faire bien voir. Ils sont prêts à bien des ascèses, bien des renoncements, bien des actes de prodigalité dès lors que l'on parle d'eux. Leur motivation n'est que la vaine gloire (*murā'āt*).

Enfin, ceux qui affirment des lèvres qu'il n'y a pas d'autre dieu que Dieu, mais dont le cœur ne croit pas. Leur motivation est la crainte (*ḫawf*) ou l'aspiration à obtenir quelques bénéfices des musulmans (*istiẓhār bi-l-muslīmīn*), ou bien un « fanatisme aveugle (*taʿaṣṣub*) voué à la cause de leurs pères »[4].

La deuxième catégorie correspond aux hommes voilés par une lumière mêlée d'obscurité. Il distingue trois groupes en fonction de la cause de l'obscurité : « ceux dont l'obscurité a pour origine les sens (*ḥiss*), ceux dont l'obscurité a pour origine l'imagination (*ḫayāl*), ceux dont l'obscurité a pour origine des analogies intellectuelles erronées (*muqāyasāt ʿaqliyya fāsida*) »[5].

Dans le premier groupe, au point le plus obscur se trouvent les adorateurs d'idoles (*ʿabadat al-awṯān*) tandis qu'au point le plus lumineux se trouvent les dualistes (*ṯanawiyya*).

La première faction est donc composée des adorateurs d'idoles qui ont su qu'il y a un Dieu et qu'il est leur Seigneur. Leur connaissance reste générale, mais suffisante pour savoir que leur Seigneur est ce qu'ils ont de plus précieux. L'obscurité ne leur permet pas de se détacher des sens, aussi ont-ils représenté sa gloire (*ʿizza*) et sa beauté (*ǧamāl*) par le moyen de pierres, de l'or et de l'argent : « La gloire et la beauté sont effectivement des attributs de Dieu et des

1. Remarque que l'on retrouve dans l'*Alchimie du Bonheur* mais al-Ġazālī y adjoint les Turcs : Al-Ġazālī, *The Alchemy of Happiness* (*Kīmiyā-yi al-Saʿādat*), *op. cit.*, vol. 1, p. 17.

2. *Id.*, *Miškāt al-anwār*, *op. cit.*, éd. Buchman, p. 45-46 [fr. p. 87].

3. *Ibid.*, p. 46 [fr. p. 87].

4. *Ibid.*, p. 46-47 [fr. p. 88].

5. *Ibid.*, p. 47 [fr. p. 88-89, trad. partiellement mod.].

lumières divines, mais ils leur ont assigné exclusivement les corps sensibles, car ils ont été détournés par l'obscurité des sens »[1].

La deuxième faction est composée des peuplades turques : ces hommes sont sans Loi religieuse (*šarīʿa*) et sans communauté religieuse (*milla*) mais « ils croient qu'ils ont un Seigneur (*yaʿataqidūn anna lahum rabb*) »[2]. Ainsi, dès qu'ils voient une chose ou un être doué d'une grande beauté, ils se prosternent et y reconnaissent leur Seigneur.

La troisième faction reconnaît au Seigneur l'essence de la lumière, la splendeur de la forme, le pouvoir, une présence qui suscite la crainte, mais ils soutiennent qu'il doit pouvoir être représenté par les sens. Constatant que le feu possède l'ensemble de ces propriétés, « ils l'adorèrent et l'adoptèrent comme Seigneur »[3].

La quatrième faction procède de la troisième : forts du constat que les hommes ont la maîtrise du feu, qu'ils peuvent l'éteindre ou l'allumer selon leur volonté, ils se sont donc tournés vers l'adoration des étoiles et des astres auxquels ils attribuent une puissance d'influence.

Une cinquième faction, observant la diversité des étoiles, en a conclu que le Seigneur devait être la plus grande d'entre elles, la plus lumineuse donc : aussi adorèrent-ils le soleil.

Enfin, la sixième faction est celle des partisans du dualisme (*ṯanawiyya*). Constatant que la lumière n'émanait pas exclusivement du soleil, ils en déduisirent qu'il ne pouvait pas être leur Seigneur car il ne convenait pas « qu'un autre ait avec lui sa nature lumineuse ». Ils adorèrent donc la lumière, dans son universalité. Ils y rattachèrent tout ce qui est bon dans le monde. Voyant que le monde était aussi entaché de maux, ils en refusèrent l'attribution à leur Dieu, si bien qu'ils établirent « le principe d'un conflit entre la lumière et les ténèbres »[4].

Al-Ġazālī établit ici une phénoménologie des croyances religieuses dont le développement historique apparaît comme une illumination progressive. Le chemin, éclairé par la raison, conduit non pas à franchir des voiles de ténèbres, mais à recevoir de nouvelles lumières. L'obscurité consiste à ne pas connaître Dieu, l'illumination à découvrir ses lumières. Chaque groupe est éclairé par les attributs divins et ses lumières (*ṣifāt Allāh wa anwāruhu*). Contrairement à ce qu'affirme Gairdner dans son commentaire du dit passage, la lumière est la clef puisque même le premier groupe des adorateurs d'idoles bénéficie de ces voiles de lumière, ceux de la gloire et de la beauté[5]. De cette

1. Al-Ġazālī, *Miškāt al-anwār*, *op. cit.*, éd. Buchman, p. 47 [fr. p. 89].
2. *Ibid.*, p. 48 [fr.p. 89, trad. mod.].
3. *Ibid.* [fr.p. 90].
4. *Ibid.* [fr.p. 91].
5. W. H. Temple Gairdner, *The Niche for Lights, Al-Ghazzālī's Mishkāt al-anwār*, A translation with introduction W. H. T. Gairdner, London, Royal Asiatic Society, 1924, p. 164. Landolt y voit

classification, il se dégage une reconaissance et valorisation de chacune des croyances pour la lumière qui s'y déploie. Aucun de ces groupes ne fait l'objet d'une réfutation ; al-Ġazālī n'en dénonce pas non plus la faiblesse rationnelle, et il souligne à chaque fois, en quoi ces croyances sont éclairées d'un voile de lumière divine. Il s'ensuit une évaluation positive de chaque groupe, toute connaissance de Dieu, issue d'une recherche de Dieu, ne serait-elle qu'infime, y étant vue comme une authentique connaissance de la vérité, une lumière. Pour chaque groupe, la lumière divine est reçue à l'aune de la lumière de la raison philosophique. La quête se déploie dans la recherche d'un absolu : leurs croyances résultent d'un discernement dans lequel Dieu doit être le Tout-autre, et par conséquent, il convient de ne rien lui associer. Cet itinéraire en six étapes semble constituer une réminiscence du propre chemin d'Abraham tel qu'il est rapporté dans le *Livre des Jubilés* ou par Philon d'Alexandrie, Flavius Josèphe ou encore la tradition haggadique. Dans la tradition musulmane, on en trouve aussi une retranscription dans les *Histoires des prophètes*. Le Coran lui-même suggère l'idée d'une recherche personnelle de la foi d'Abraham et d'un questionnement originel, mais les commentateurs sunnites en récusent généralement l'idée, Abraham étant le modèle d'une foi monothéiste sans tache[1]. La conclusion du *Miškāt* semble cependant opter pour une lecture graduelle de la foi d'Abraham[2], ce en quoi il se différencie de Muḥammad.

La deuxième classe de cette deuxième catégorie regroupe ceux dont la lumière est mêlée par l'obscurité de l'imagination. Ils adorent un être au-delà de ce que les sens peuvent en saisir, mais ils sont prisonniers du « sens » des mots. Al-Ġazālī mentionne explicitement les musulmans dont la vision conduit à l'anthropomorphisme (*tašbīh*) et qui suivent une lecture littéraliste de certains versets. Ils adorent un Dieu qu'ils imaginent « assis sur un Trône ». Au degré le plus bas, al-Ġazālī identifie les « corporalistes » (*muǧassima*)[3] tandis que s'échelonnent par la suite différents groupes parmi les *karrāmiyya*. Selon la doctrine d'Ibn Karrām (m. 257/869), Dieu a en effet un corps (*ǧism*)[4] et il lit dans toute sa littéralité le verset dit du Trône[5]. L'erreur consiste à ne pas avoir saisi (*lam yudrikū*) que « le premier degré des intelligibles dépasse la

une très probable erreur due au manuscrit sur lequel il a élaboré sa traduction : H. Landolt, « Al-Ġazālī and "Religionwissenschaft" », art. cit., p. 40.

1. S. 6, 75-79. P. Lory, « Abraham », dans M. A. Amir-Moezzi (dir.), *Dictionnaire du Coran*, *op. cit.*, p. 9-14.

2. Al-Ġazālī, *Miškāt al-anwār*, *op. cit.*, éd. Buchman, p. 51 [fr.p. 95]. Voir *infra*.

3. *Ibid.*, p. 49 [fr.p. 91]. Elschazlī traduit aussi par « korporalisten » [p. 60].

4. Al-Ġazālī se contente de renvoyer aux traités d'hérésiologie existant. Même si son propos est celui d'une classification composée de plusieurs strates, il cherche à dégager ne détaille pas ces différents groupes.

5. R. Deladrière, *La profession de foi d'Ibn ʿArabī*, p. 165. Voir aussi al-Ġazālī, *Al-Iqtiṣād fī l-iʿtiqād*, *op. cit.*, q. 1, 8, p. 76-82 [éd. 2008, p. 260-264]. Dans cet ouvrage, al-Ġazālī explique le verset coranique selon lequel Dieu se tient sur le Trône (S. 20, 5) en montrant que si l'on en connaît le sens, on en ignore le comment (*al-istiwāʾ maʿalūm wa l-kayf maǧhūl*) et que poser la question relève de l'innovation (*bidʿa*).

relation aux directions spatiales »[1]. Al-Ġazālī renvoie aux traités d'hérésiologie existants ce qui montre son intention première : établir le mouvement d'ensemble des croyances et des religions[2].

Enfin, la troisième classe regroupe ceux qui sont voilés par des analogies intellectuelles erronées. Al-Ġazālī intègre ceux qui adorent certes Dieu comme « Audient, Voyant, Parlant, Savant, Puissant, Voulant, Vivant » et exempt de "directions", mais dont la compréhension des attributs (*ṣifāt*) est erronée, car ils les entendent en lien avec ce que sont la vue, la parole, le savoir, la puissance, la volonté et la vie au sein de l'humanité. Ces sept attributs sont ceux distingués par al-Ǧuwaynī, les *maʿnāwiyya*, entitatifs exprimés sous la forme de participes actifs ou d'adjectifs qualifiant Dieu. Ces sept qualitatifs sont aussi exposés dans son *Épître de Jérusalem* ou dans *Al-Iqtiṣād fī l-iʿtiqād*[3]. Il y présente les différentes manifestations de ces analogies qui affirment que la Parole de Dieu est un vocable comparable à celui des hommes, ou un langage intérieur, mais sans son. Sur ces erreurs, « bien connues », al-Ġazālī prononce un jugement tranchant : « Ils n'ont absolument rien saisi de la signification de ces termes quand ils sont appliqués à Dieu (*lam yudrikū aṣlan maʿānī hāḏihī al-iṭlāqāt fī ḥaqq Allāh*) »[4]. Dans ces trois thèses, al-Ġazālī vise tour à tour les positions ḥanbalite, ašʿarite et muʿtazilite. En effet, pour les ḥanbalites, la Parole de Dieu a une lettre et un son. Pour al-Ġazālī, au contraire, la Parole de Dieu doit être comprise comme « un attribut éternel dont le suppôt est l'essence de Dieu (*qāʾima biḏāt Allāh*). Cet attribut est « ni lettre, ni son »[5]. Sur la compréhension de la Parole de Dieu comme parole intérieure (*ka-ḥadīṯ nafsinā*), il s'agit là de la position classique des ašʿarites, soutenue dans l'*Iqtiṣād*[6]. Il se prononce enfin contre les muʿtazilites dans leur affirmation que Dieu est voulant par une volonté contingente, du moins à en lire la thèse qu'il leur attribue et qu'il rejette dans l'*Iqtiṣād*[7]. Il y a dans cette affirmation un paradoxe. Ce groupe est censé être éclairé de davantage de voiles de lumière que les précédents, et pourtant al-Ġazālī s'exaspère à leur égard. Il montre ainsi que

1. Al-Ġazālī, *Miškāt al-anwār*, *op. cit.*, éd. Buchman, p. 49 [fr.p. 92].

2. Al-Baġdādī (m. 429/1037) distingue vingt sectes : al-Baġdādī, *Al-Farq bayna l-firaq*, *op. cit.*, B. 1, f. 2, p. 24 [§ . 40]. Al-Šahrastānī (m. 548/1153) quant à lui distingue douze sectes : G. Monnot, *Livre des religions et des sectes*, *op. cit.*, t. 1, p. 347-361.

3. Al-Ġazālī, *Iḥyāʾ*, *op. cit.*, K. 2 (*Kitāb qawāʿid al-ʿaqāʾid*), f. 3, r. 2, p. 128-130 [V. 1, p. 396-403]. Voir aussi *id.*, *al-Iqtiṣād fī l-iʿtiqād*, *op. cit.*, q. 1, 1, p. 24-34 [éd. 2008, p. 303-369].

4. *Id.*, *Miškāt al-anwār*, *op. cit.*, éd. Buchman, p. 50 [fr.p. 92].

5. *Id.*, *Al-Iqtiṣād fī l-iʿtiqād*, *op. cit.* [éd. 2008, p. 361].

6. *Ibid.*, q. 2, ṣ. 7, 5, [éd. 2008, p. 369-370]. Le fait qu'al-Ġazālī s'oppose à la thèse ašʿarite qu'il soutient par ailleurs a pu faire croire à l'inauthenticité de ce passage : W. Montgommery Watt, « A *Forgery* in Al-*Ghazālī*'s *Mishkat* », *Journal of the Royal Asiatic Society of Great Britain & Ireland*, 1949, p. 5-22. En réponse, voir H. Landolt, « Al-Ġazālī and "Religionwissenschaft" », art. cit., p. 43 et F. Griffel, « Al-Ghazālī's *Cosmology* in the *Veil* Section of His Mishkāt al-Anwār », dans Y. Tzivi Langermann (ed.), *Avicenna and his Legacy : a Golden Age of Science and Philosophy*, Turnhout, Brepols, 2009, p. 27-49.

7. Al-Ġazālī, *al-Iqtiṣād fī l-iʿtiqād*, *op. cit.*,q. 2, ṣ. 4, p. 103 [éd. 2008, p. 335].

l'analogie mal comprise est un voile d'obscurité qui, mêlé au voile de la lumière, difracte la lumière au point de s'écarter de la vérité. Dans les deux classes précédentes, la lumière venait éclairer les ténèbres tandis que dans cette catégorie, c'est l'obscurité qui se mêle à la lumière, déviant ainsi la trajectoire de la vérité. Selon notre lecture, al-Ġazālī indique que ces écoles sont plus éloignées que les croyances des non musulmans appartenant à la même catégorie. En refusant à la fois la position ḥanbālite, ašʿarite et muʿtazilite, al-Ġazālī présente une solution personnelle où il défend la possibilité de l'interprétation (*ta'wīl*). Sa lecture est fondée sur une théologie de l'inspiration divine. Faut-il voir dans ce chapitre une adjonction rédigée par l'un de ses disciples et postérieure à al-Ġazālī ? La thèse a été soutenue par Montgomery Watt, mais il nous semble qu'elle n'honore pas le statut propre de cet ouvrage qui doit être lu à la lumière de l'avertissement qu'al-Ġazālī donne lorsqu'il affirme que seul celui qui est déjà éclairé par les lumières divines peut en saisir l'enseignement[1].

Quant à la *troisième catégorie*, elle regroupe ceux dont les voiles ne sont que pures lumières. Il ne s'y mêle aucun voile d'obscurité. Pourtant, il convient là aussi de distinguer différents groupes.

Le premier groupe comprend ceux qui ont atteint la connaissance des attributs divins dans leur sens littéral et profond. Loin des analogies fallacieuses, ils approchent Dieu à partir de sa relation aux créatures (*bi-iḍāfa ilā l-maḫlūqāt*). À la question de savoir qui est le Seigneur des mondes, ils répondent : « le Seigneur qui, par sa sainteté et sa transcendance, a des attributs qui échappent aux significations littérales, est celui qui met en mouvement (*muḥarrik*) les cieux et les ordonne (*mudabbir*) »[2]. Parmi ceux qui s'inscrivent dans cette compréhension de Dieu, Gairdner identifie Ḥasan al-Baṣrī, al-Šāfiʿī et tous les « théologiens » d'une manière générale qui soutiennent la thèse du *bilā kayfa*[3]. Montgomery Watt remarque que cette définition renvoie à la

1. Notre propos rejoint celui de Landolt, qui montre que la position d'al-Ġazālī fait l'objet d'une explicitation dans le Livre II de l'*Iḥyā'* : « Le juste milieu entre la décomposition des textes [opérée par les philosophes] et l'inflexibilité des ḥanbalites est un point subtile et difficile, qui ne peut être découvert que par ceux qui sont conduits par Dieu. Ils perçoivent les choses au moyen d'une lumière divine (*nūr ilāhī*), sans suivre ce qu'ils entendent ou ont appris par la tradition. Lorsque les secrets des choses (*asrār al-umūr*) leur sont dévoilés dans leur vérité, ces hommes doués de clairvoyance réétudient les textes, puis ils confirment ceux qui s'accordent avec leur contemplation acquise par la lumière de la certitude, et interprètent les expressions qui y diffèrent (*wa mā ḫālafa awwalūhu*) » (al-Ġazālī, *Iḥyā'*, *op. cit.*, K. 2 (*Kitāb qawāʿid al-ʿaqā'id*), f. 2, 5, p. 123-124, [V. 1, p. 379-380]). Ce passage suit une prise de position favorable à Ibn Ḥanbal dans son exhortation à ne pas chercher des interprétations aux versets coraniques, de même à propos des ašʿarites qui n'admettent l'interprétation que pour les attributs divins. Or, sa conclusion fonde l'interprétation sur la base d'une clairvoyance, d'une intuition, d'une lumière divine : H. Landolt, « Al-Ġazālī and "Religionwissenschaft" », art. cit., p. 43.

2. Al-Ġazālī, *Miškāt al-anwār*, *op. cit.*, éd. Buchman, p. 50 [fr.p. 93, trad. mod.].

3. W. H. Temple Gairdner, *Al-Ghazzālī's Mishkāt al-anwār*, London, Royal Asiatic Society, 1924, p. 12.

philosophie avicennienne qui va à l'encontre des aš'arites[1]. De fait, la notion de relation aux créatures n'est pas aš'arite et l'expression ne se trouve pas dans l'*Iqtiṣād*. Quant à Landolt, il situe les auteurs auxquels se réfère implicitement al-Ġazālī comme appartenant à un courant situé entre les mu'tazilites et les philosophes[2]. La définition d'al-Ġazālī serait une référence à la philosophie première d'al-Kindī, qui définit Dieu comme *muḥarrik* et unique agent (*fā'il*) de la création, « le Premier qui transcende les attributs des athées (*ṣifāt al-mulḥidīn*) »[3]. Il reste que la notion d'*iḍāfa* est avicennienne[4] : pour Ibn Sīnā, tout être a une certaine relation (*iḍāfa*) – qu'elle soit positive ou négative – et un rapport (*nisba*) aux autres êtres et cela vaut particulièrement pour Dieu en tant qu'il est créateur et à l'origine de toutes choses. Dieu n'est pas dans la créature, dit Ibn Sīnā, mais il est en relation à elle. Dans *La Métaphysique* du *Šifā'*, il écrit : « Sache que lorsque nous avons dit ou plutôt lorsque nous avons établi que le nécessairement existant ne se multiplie d'aucune manière et que son essence (*ḏātuhu*) est unicité pure (*waḥdāniyya*) et vérité pure (*maḥḍ ḥaqq*), nous n'entendons pas par là qu'aucun aspect (*anḥā'*) des existences (*wuǧūdāt*) soit nié par lui, de même nous ne voulons pas signifier qu'il ne lui advient aucune relation (*iḍāfa*) aux êtres existants. Cela n'est pas possible : et cela parce que de tout existant, on nie beaucoup d'aspects différents de l'existence et que pour tout existant il y a une espèce de relation et de rapport (*nisba*), surtout à celui d'où efflue tout être. Mais nous entendons par notre affirmation qu'il a une essence unique et ne se multiplie pas, qu'il est ainsi dans son essence et que le suivent des relations positives (*īǧābiyya*) et négatives (*salbiyya*) nombreuses. Ces relations sont des concomitants nécessaires (*lawāzim*) de l'essence, causée par l'essence [par rapport] aux [choses] existantes et ne sont pas parties d'elle »[5].

Le deuxième groupe a une conception plus élevée de Dieu. Constatant la multiplicité des cieux, ses membres en ont déduit que chacun des cieux était mu par un être différent, appelé ange, ce qui signifiait qu'« ils étaient donc multiples eux aussi, et leur relation avec les lumières divines était celle des astres entre eux. Il leur est apparu ensuite que ces cieux étaient à l'intérieur d'une autre sphère, dans laquelle ils se meuvent, entraînés par son propre mouvement, et accomplissant chaque jour une révolution complète ».

1. W. Montgommery Watt, « A *Forgery* in *Al-Ġazâlî*'s *Mishkat* », art. cit., p. 7.

2. H. Landolt, « Al-Ġazālī and "Religionwissenschaft" », art. cit., p. 45.

3. Al-Kindī, *Kitāb al-Kindī ilā l-mu'tasim bi-Llāh fī l-falsafa al-Ūlā*, édition Aḥmad Fu'ād al-Aḥwānī, al-Qāhira, Dār Iḥyā' al-Kutub al-'Arabīya, 1948, p. 142, réf. citée par H. Landolt, « Al-Ġazālī and "Religionwissenschaft" », art. cit.

4. H. Austryn Wolfson, « Avicenna, Algazali and Averroes on divine Attributes », dans *Homenaje a Millás-Vallicrosa*, vol. II., Barcelona, Consejo Superior de Investigaciones Cientificas, 1956, p. 545-571.

5. Ibn Sīnā, *al-Šifā'*, éd. M. I Madkour, al-Qāhira, s. n., 1960, p. 343-344 [*cf.* Avicenne, *La Métaphysique du Shifā'*, livres VI à X, trad. fr. du texte arabe de l'édition du Caire, notes et comm. G. C. Anawati, Paris, Vrin, 1985, vol. 2, L. VIII, chap. IV, p. 85, trad. légèrement mod.].

« Le Seigneur est donc celui qui met en mouvement le Corps céleste le plus éloigné, qui englobe toutes les sphères, puisque toute multiplicité est niée à son sujet »[1]. L'approche est intellectuelle : c'est par la raison philosophique que les membres de ce groupe sont parvenus à connaître Dieu unique comme l'auteur du mouvement de tout corps céleste. La conception présentée par al-Ġazālī en ces quelques lignes rejoint celle d'Ibn Sīnā puisque pour lui, le Premier causé en contemplant son principe, la Nécessaire existence, produit par son acte de pensée la deuxième intelligence séparée. Il se contemple lui-même, en tant que distinct de la Nécessaire existence, mais nécessairement en relation à elle et de cette pensée procède la première âme, motrice du premier ciel ou de la sphère des sphères qui inclut toutes les autres. Enfin, dans cette contemplation de lui-même, il saisit son essence comme possible, celle-ci étant devenue nécessaire par la Nécessaire existence, ce qui implique qu'elle aurait pu ne pas être. De cette pensée procède la matière de la sphère des sphères. Comme le remarque Landolt, al-Ġazālī donne ici une vision ramassée de la philosophie avicennienne qu'il présente plus méticuleusement dans les *Maqāṣid al-falāsifa* et la troisième discussion du *Tahāfut al-falāsifa*[2].

Le troisième groupe rassemble ceux qui ont atteint un niveau encore plus élevé de connaissance : pour eux, le mouvement même des astres a une valeur religieuse, il est un acte religieux, un acte d'adoration (*ʿibāda*), d'obéissance (*ṭāʿa*) accompli à l'égard du Seigneur des mondes. L'ange qui réalise le mouvement était avec les lumières divines, et il est « dans le même rapport que la lune avec les lumières sensibles ». Ils soutiennent donc « que le Seigneur est celui qui est obéi (*muṭāʿ*) par ce moteur des sphères ». « Le Seigneur serait ainsi celui qui met en mouvement le Tout par voie de commandement (*bi-ṭarīq al-amr*), non pas par voie directe[3]. La question de la distribution de ce "commandement" et de sa nature est obscure, hors de portée de la plupart des intelligences »[4]. Ce qui différencie ce groupe du précédent n'est pas tant la connaissance philosophique de Dieu acquise par les lumières divines que la signification religieuse qui leur est donnée. Jusqu'alors, les pures lumières n'étaient que rationnelles et le mouvement des voiles de lumière acquis procédait de la raison seule. Désormais, il s'y adjoint une signification religieuse : le mouvement est celui d'un service, d'une adoration, et la relation entre la créature et le créateur est celle de l'obéissance. Au-delà du débat sur la nature du *Muṭāʿ*[5], il permet à al-Ġazālī d'introduire la dimension de l'obéissance à

1. Al-Ġazālī, *Miškāt al-anwār*, *op. cit.*, éd. Buchman, p. 51 [fr.p. 93].
2. *Id.*, *Maqāṣid al-falāsifa*, éd. Sulaymān Dunyā, al-Qāhira, Dār al-Maʿārif, 2ᵉ éd., 1379/1960, p. 280 et *Tahāfut al-falāsifa*, *op. cit.*, éd. Marmura, p. 67-69. Paradoxalement, al-Ġazālī y critique le système philosophique d'où il ne voit dans cette description « qu'obscurité sur obscurité ».
3. Il faut qu'il dise 'sois' pour que cela soit.
4. Al-Ġazālī, *Miškāt al-anwār*, *op. cit.*, éd. Buchman, p. 51 [fr.p. 93-94].
5. Sur la signification exacte du terme *Muṭāʿ*, Ibn Rušd y voyait le premier causé (*al-maʿlūl al-awwal*) du système émanatiste néoplatonicien d'al-Fārābī ou Ibn Sīnā : Ibn Rušd, *Kitāb al-Kašf ʿan manāhiǧ al-adilla fī ʿaqāʾid al-milla*, éd. Müller, Monumenta saecularia, I, 3, VIII, München, 1859,

l'égard de l'être considéré comme suprême. Pour Elschazlī, « le but d'al-Ġazālī est de montrer qu'il y a derrière [le terme de *Muṭāʿ*] un Dieu indescriptible qui est dès le départ au-delà d'une causalité motrice »[1]. Derrière ce terme se dresserait donc le combat d'al-Ġazālī contre la philosophie grecque, les rationalistes et les partisans de la raison. Le *Miškāt* rejoindrait la critique de la philosophie présente dans le *Munqiḏ* et il s'agirait pour al-Ġazālī de montrer que « la lumière » n'est pas celle de la raison universelle, mais celle de Dieu, qui ne peut donc se réduire au premier moteur d'Aristote[2]. L'étude de Landolt appuie la thèse d'Elschazlī puisqu'il montre que le *Munqiḏ* expose quatre groupes correspondant successivement aux *mutakallimīn*, aux *falāsifa*, aux bāṭinites et aux soufis. Ainsi donc, à suivre le plan du *Munqiḏ* « l'ismaélisme occupe la troisième place, c'est-à-dire après la philosophie et juste avant le soufisme »[3]. Or, le mouvement général du *Miškāt* se caractérise par la présentation initiale des théologiens, puis des philosophes, alors que le dernier groupe est constitué des soufis. Par conséquent, Landolt identifie ce groupe du *Miškāt*, situé entre les philosophes et les soufis, aux ismaéliens[4]. Il reste une question : comment rendre compte de la position critique et acerbe d'al-Ġazālī sur les bāṭinites telle qu'elle est exprimée dans le *Mustaẓhirī*, alors que le *Miškāt* leur octroie un haut degré de connaissance ? Nous avons montré que le *Mustaẓhirī* est une œuvre de combat, tendancieuse et partiale, qui répond à une « commande » politique. Le *Miškāt* reprend bien des nuances qu'il y présentait et y expose sa pensée profonde.

Le quatrième groupe réunit ceux qui parviennent au terme. Ultime étape, « il leur a été révélé par hypostase (*taǧallā lahum*)[5] que cet être "obéi" est qualifié par un attribut incompatible avec la pure Unicité et la Perfection accomplie ». Dans leur proximité avec l'essence divine, ils découvrent « un Être pur de tout ce qu'avaient perçu leurs regards auparavant. Les Gloires de sa Face principielle et suprême ont consumé tout ce qu'ils avaient vu à l'extérieur et à l'intérieur d'eux-mêmes. Ils le découvrirent exempt, par sa sainteté et sa transcendance, de tout ce que nous lui avions attribué ! »[6]. Cet être qui donne l'ordre au mouvement, le *muṭāʿ*, n'est donc pas Dieu, il n'est pas la Lumière

p. 21. Pour Gairdner, suivi par Deladrière, il s'agirait de l'esprit, *al-rūḥ* [*The Niche for Lights*, *op. cit.*, p. 18-28 ; *Le Tabernacle des Lumières*, *op. cit.*, n. 118, p. 111].

1. Al-Ġazālī, *Der Erretter aus dem Irrtum*, *op. cit.*, p. XXXI.

2. L'idée de Dieu comme premier moteur non mu se trouve chez Aristote : *Physique*, VIII, 5, 311 et *Métaphysique*, XII, 6, 1071 b, 3.

3. H. Landolt, « Al-Ġazālī and "Religionwissenschaft" », art. cit., p. 49.

4. Du point de vue du fond, la recherche sur les croyances ismaéliennes et l'exposé de ce troisième groupe ne nous semble pas concluante. À propos du mot *muṭāʿ*, son lien avec l'ismaélisme resterait à démontrer.

5. Buchman traduit : « to the mit has been disclosed », Gaidner « it has been made clear » et Elschazlī « ihnen ist klar geworden ». La traduction de Deladrière est plus fidèle à la langue originelle.

6. Al-Ġazālī, *Miškāt al-anwār*, *op. cit.*, éd. Buchman, p. 51 [fr.p. 94].

ultime. Dans ce mouvement ascensionnel et de dévoilement ou plus exactement, d'illumination, l'initié découvre qu'il s'était fourvoyé en identifiant faussement son Seigneur. Dans cette suprême lumière qui se révèle, il découvre la pureté de son Être et reconnaît qu'il ne connaissait rien de lui. Au sommet de cette expérience, il ne peut rien dire de lui. Toute représentation, toute imagination, toute attribution, toute analogie, tout concept ne sont que des voiles de sa Face qui en éteignent la pure lumière. Cet Être n'est pas nommé, al-Ġazālī ne dit pas qu'il est Allāh. Il est celui (*allaḏī*), il est Lui (*huwa*), pronom personnel, dernière lettre de la *šahāda* dont la répétition sans fin dans les exercices soufis réunit toutes les valeurs métaphysiques et religieuses de l'âme en quête d'union avec son Seigneur[1]. Dans cet ultime dévoilement de la lumière divine, al-Ġazālī quitte le monde de la philosophie. La connaissance par l'homme de l'ultime lumière divine n'est pas le résultat d'une activité spéculative, d'une introspection, d'une contemplation, mais de l'infusion de la lumière divine en l'homme : l'initiative revient à Dieu et l'expression *tağallā lahum* ne souffre d'aucune ambiguïté : Dieu se fait voir dans toute sa splendeur. Dans ce chemin spirituel et mystique, on découvre alors le sens de l'oxymore « voile de lumière » puisque si les lumières acquises au cours de son itinéraire donnent une certaine connaissance de Dieu, celles-ci n'en demeurent pas moins des "voiles" de la réalité ultime. Seule la lumière de l'illumination finale constitue le dévoilement de la Face divine.

Parmi les *wāṣilūn* qui sont parvenus à ce degré de lumière, al-Ġazālī établit d'ultimes distinctions :

> Il y a celui pour qui tout ce qu'il avait vu a été consumé, effacé, et a disparu, mais qui reste lui-même conscient à la fois de la Beauté et de la Sainteté divines et de lui-même dans la beauté qu'il a obtenue en parvenant jusqu'à la Présence divine (*ḥaḍrat al-ilah*). Dans son cas, les objets antérieurs de sa vision ont été effacés, mais non lui-même en tant que sujet de sa vision. D'autres, qui constituent l'élite spirituelle (*ḫawāṣṣ al-ḫawāṣṣ*), sont allés plus loin. Les gloires de sa Face les ont consumés et la puissance de sa Majesté les a fait s'évanouir ; ils se sont effacés et ont disparu. Ils n'ont plus conscience d'eux-mêmes, car ils se sont « éteints » à eux-mêmes. Il ne reste alors que l'Unique Réel (*lam yabqa illā al-wāḥid al-ḥaqq*) ; et le sens de sa parole : « Toute chose est périssable sauf sa Face » est devenue pour eux une expérience personnelle (*ḏawq*) et un état vécu (*ḥāl*). Nous l'avions montré au premier chapitre, et nous avions indiqué comment alors ils employaient le terme d'identification (*ittiḥād*) et comment ils le concevaient. C'est là le but ultime de ceux qui parviennent jusqu'à Dieu. Parmi eux, également, il y en a qui n'ont pas parcouru tous les degrés distincts de la progression et de l'ascension spirituelle (*tarīq al-ʿurūğ*), tels que nous les avons décrits en détail. Mais leur cheminement a été court, et ils ont pris les devants en parvenant immédiatement à la connaissance de la sainteté et de la transcendance implacable de la Seigneurie. Ils ont été alors envahis dès le début

1. Dans la première partie de *Miškāt*, *op. cit.*, al-Ġazālī utilise l'eulogie « il n'y a pas de dieu sinon Lui ».

> par ce qui n'arrive aux autres qu'à la fin, et assaillis d'un seul coup par la manifestation divine (*taǧallī*). Les Gloires de sa Face ont consumé tout ce que leur vie sensible et leur vision intellectuelle pouvaient percevoir. Il semble que la première voie ait été celle d'Abraham, l'Ami de Dieu et la seconde celle de Muḥammad, le Bien Aimé de Dieu, mais Dieu sait mieux quels furent les secrets de leur cheminement et les lumières de leurs demeures [1].

Al-Ġazālī explicite l'expérience spirituelle du mystique selon le degré de « conscience » à soi-même : certains gardent conscience de ce qu'ils sont en la présence divine, tandis que d'autres se perdent en elle et s'identifient à la réalité de l'Un. Cette description de l'expérience du mystique est sans doute la plus plotinienne du *Miškāt* dans la mesure où elle rejoint l'extase du philosophe comme étape ascensionnelle ultime dans laquelle il plonge en l'Un. Cette découverte de la lumière de l'Un n'est plus du domaine d'une vérité philosophique, mais d'une expérience personnelle, subjective, religieuse [2]. La connaissance par la présence à l'Être, dans l'union (*ḥulūl*) ou l'union identification (*ittiḥād*) ne relève donc pas du communicable [3]. Elle est une expérience solitaire du mystique. Mais contrairement à l'expérience mystique de Plotin, ou au système philosophique d'al-Fārābī, la perspective d'al-Ġazālī est celle d'un Dieu qui se révèle, qui intervient dans l'histoire des hommes puisque la connaissance suprême de sa réalité en tant que lumière ne dépend que de Lui. De plus, si le chemin qui le précède est celui de la raison, al-Ġazālī montre que Dieu n'est pas tenu de se dévoiler aux hommes à l'issue de cette ascension par la contemplation rationnelle. Le Dieu de bienveillance et de bonté qui donne à l'indigent peut dévoiler, s'il le veut, sa Face à tout homme.

Comment interpréter théologiquement ce mouvement ascensionnel de l'expérience religieuse où se dessine une vision pluraliste des religions ? De l'itinéraire religieux et spirituel de l'humanité dont les religions sont autant de marques et d'étapes, al-Ġazālī ne fait jamais mention explicite des religions du Livre ou d'une quelconque religion institutionnelle. Il illustre ces catégories en mentionnant des courants religieux ou des communautés religieuses à l'exemple des dualistes, mais non spécifiquement des religions. Cette classification dans son mouvement d'ensemble représente une

1. Al-Ġazālī, *Miškāt al-anwār*, *op. cit.*, éd. Buchman, p. 52 [fr.p. 94-95].

2. En réponse à l'objection selon laquelle Plotin ne serait pas en mesure de rendre compte de l'extase du mystique de manière rationnelle, De Corte remarque que, pour lui, selon la formule du Traité V, 5, « la vérité n'est pas accord avec autre chose, mais avec soi-même » : M. De Corte, « Plotin et la nuit de l'esprit », *Études carmélitaines*, 23, 1938, p. 102-115. Il n'y de vérité chez Plotin qu'en fonction des niveaux de l'être : les vérités des sens ne sont pas celles de l'esprit. Pour la référence à Plotin, cf. *Énéiade*, V, 5 (32), 2, 18-19.

3. Cette union rejoint là encore l'expérience plotinienne : « On ne voit plus le Bien de l'extérieur, on est près de lui (...) et la vue, en s'approchant de la lumière ne se borne pas à faire voir aux yeux un object différent d'elle, l'objet qu'on voit, c'est la lumière elle-même ; il n'y a point un objet qu'on voit et une lumière qui fait voir (...) une simple lumière qui engendre l'intelligence et ne s'éteint pas en l'engendrant » (*Énéiade*, VI, 7, (38), 36, 12).

phénoménologie de la croyance religieuse plus qu'une phénoménologie des religions.

Par ailleurs, les catégories ġazāliennes ont pour dénominateur commun ce qui est cru et connu de Dieu, au-delà des pratiques religieuses, au-delà de la loi donc, non qu'elle n'existât plus, qu'elle fût relativisée ou dépassée, mais comme si la vue du mystère caché dévoilé et illuminé par les lumières pures permettait au croyant d'accomplir la loi d'une manière suréminente[1]. Al-Ġazālī indique dans le dernier échelon de cette ascension que celui que l'on adorait et à qui l'on obéissait (*Muṭā*ʿ) n'était finalement pas Dieu.

Dans cette classification, les musulmans apparaissent nommément dès la deuxième catégorie. Quant à l'ultime degré de la troisième étape, il ne réside pas dans la reconnaissance de Muḥammad comme prophète, le critère d'ailleurs ne figure à aucun moment de sa classification. Cependant, dans le dévoilement de la lumière, al-Ġazālī reprend le thème soufi de la lumière muḥammadienne. Il montre que la connaissance dont dispose le prophète résulte de l'esprit saint prophétique (*al-rūḥ al-qudsī al-nabawī*)[2]. C'est de lui qu'émanent les lumières des connaissances : « la source lumineuse des flambeaux terrestres, c'est l'Esprit divin éminent (*al-rūḥ al-ilāhī al-ʿulwī*) »[3]. Le flambeau est le prophète qui répand la lumière de la connaissance. Dieu, qui est la source de toute lumière, transmet sa lumière par des intermédiaires. Ainsi, al-Ġazālī désigne les savants comme participants, – mais à un degré certes moindre que celui des prophètes –, à la diffusion de cette lumière. Le prophète, par la connaissance dont il dispose, assure une meilleure diffusion de cette connaissance. Mais la lumière transmise devient elle-même une force qui transmet de la lumière. Par suite, on comprend que tout homme est illuminé par la lumière de l'Esprit divin. Cette hiérarchie de la lumière transmise n'est pas accessible au commun des hommes. Mais, dit al-Ġazālī, elle est clairement perçue par les maîtres spirituels (*arbāb al-baṣāʾir*)[4]. Par suite, devenir un rapproché de Dieu (*muqarrab*), c'est remonter la hiérarchie des flambeaux diffusant la lumière divine pour entrer en relation avec la source première, la Lumière-vraie (*al-nūr al-ḥaqq*), l'Existant-vrai (*al-mawǧūd al-ḥaqq*) qui est Dieu[5]. L'itinéraire spirituel d'illumination se caractérise ainsi par une activité réflexive tournée vers l'extérieur, l'observation, la description, la contemplation du monde externe. Il part d'un questionnement, d'un émerveillement, de la quête d'un autre sans lequel l'individu resterait limité à ce qui lui est transmis par ses pères et ne pourrait s'élever à une connaissance des lumières divines. Pour al-Ġazālī, le mouvement est ascensionnel et non

1. L'idée de certains soufis selon laquelle l'expérience mystique se substitue à la loi est combattue par al-Ġazālī.

2. Al-Ġazālī, *Miškāt al-anwār*, *op. cit.*, p. 13 [fr. p. 48].

3. *Ibid.* [fr. p. 49].

4. *Ibid.*, p. 14 [fr. p. 49].

5. *Ibid.*, p. 16 [fr. p. 52].

introspectif : il ne s'agit pas de rechercher Dieu dans une conscience de soi creusée au fil de la méditation dans un mouvement de conversion sur soi-même en quête d'une unité plus pleine à l'exemple de la philosophie de Plotin[1], voire augustinienne[2], mais d'observer le monde et les signes de l'univers, ce qui correspond bien à l'esprit du Coran. Pour al-Ġazālī, la contemplation réflexive de l'univers illumine la connaissance jusqu'à la Lumière.

L'ultime degré est celui d'individus : il y a pour al-Ġazālī autant d'expériences mystiques possibles qu'il y a d'individus. Cette expérience n'est pas donnée à tous : elle dépend de la qualité du cœur et des lumières reçues, à l'exemple d'Abraham, l'Ami de Dieu, qui a parcouru les degrés distincts de l'ascension spirituelle[3]. L'absence de désignation d'une religion particulière n'est pas anodine : il n'y a pas une religion d'un côté et l'islam de l'autre, mais des individus, des croyants. Le dévoilement du mystère est d'abord individuel avant d'être communautaire. Communautaire, il l'est cependant aussi, car il dépend de la nature des croyances transmises de parents à enfants, de maîtres à disciples. Individuel, avant tout, car il est le fruit d'une démarche réflexive personnelle, et d'une grâce libre et gratuite, donnée sans condition aucune, au-delà des limites d'appartenance à une religion. Ce don de la lumière pure offert à tout homme et par lequel tout un chacun peut connaître Dieu par l'infusion d'une lumière divine fonde la sacralisation de l'homme dans la pensée d'al-Ġazālī, y compris celle du *kāfir*, puisqu'il n'est pas exclu des bienfaits divins. Les religions ne constituent pas des obstacles à l'ascension spirituelle de chaque âme, elles sont des paliers de transmission, et il revient à chaque homme de poursuivre son cheminement personnel par la recherche de la vérité.

Au-delà de cette phénoménologie des croyances et de sa classification, porteuse d'une réflexion théologique, al-Ġazālī s'interroge, d'un point de vue juridique (*fiqh*) sur le statut des écritures sacrées des non musulmans. Sont-elles abrogées par la loi coranique ? Relèvent-elles d'une même lumière ? Peuvent-elles être citées, étudiées ?

1. Plotin, *Ennéade*, IV,8, 1.

2. Il y a chez Augustin une connaissance de Dieu à la fois intérieure et extérieure comme il l'exprime dans les *Confessions* « Tu autem eras interior intimo meo et superior sumno meo (Mais Toi, tu étais plus profond que le tréfonds de moi et plus haut que le très haut de moi) » (*Confessions*, III. 6, 11).

3. Al-Ġazālī, *Le Tabernacle des Lumières*, *op. cit.*, p. 95 ; « Al-Ghazālī's Mishkāt al-Anwār and the Ghazālī Problem », *Der Islam*, 5, 1914.

STATUT DES ÉCRITURES DES NON MUSULMANS

Quelle est la valeur et le statut juridique que l'on doit accorder aux Lois antérieures à la révélation coranique ? Sont-elles une des sources de la loi ? Ces livres ont-ils été abrogés en raison de leur falsification (*taḥrīf*) ou en raison de la pédagogie divine ? La loi donnée aux juifs est-elle abrogée dans son ensemble ou peut-on y recourir pour éclairer une question qui ne serait pas explicitement traitée dans le Coran ou la Sunna du Prophète ? La loi islamique s'impose-t-elle désormais à tous, a-t-elle une dimension universelle que doivent suivre les non musulmans ou son champ d'application est-il restreint aux seuls musulmans ?

Éric Chaumont a montré que les positions étaient plurielles et qu'il ne se dégageait pas de consensus[1]. Quatre thèses semblent cependant pouvoir être dégagées : *primo*, la loi coranique apportée par Muḥammad abroge toutes les autres révélations ; *secundo*, seule la loi d'Abraham a valeur prescriptive pour les musulmans, à l'exception des versets abrogés par le Coran ; *tertio*, seules les lois d'Abraham et de Moïse ont valeur prescriptive, à l'exception de ce qu'en a abrogé le Coran ; *quarto*, les lois d'Abraham, de Moïse et de Jésus ont valeur juridique pour les musulmans, excepté ce que le Coran en a abrogé[2].

La majorité des savants musulmans a suivi la première thèse. Qu'en est-il d'al-Ġazālī ?

Pour al-Ġazālī, l'abrogation de la Torah s'impose par la révélation coranique, puisque le prophète de l'islam est, selon la formule traditionnelle, « le Sceau des Prophètes, venu abroger (*nāsiḫ*) les lois juives, chrétiennes et sabéennes qui l'ont précédé »[3]. De même, dans *Al-Iqtiṣād fī l-iʿtiqād* et contrairement à al-Bāqillānī, al-Ġazālī ne propose aucune exégèse alternative à l'interprétation que les juifs donnent de leurs Écritures. On trouve dans l'*Iḥyā'* quelques citations de la Torah, peu nombreuses et approximatives[4]. Elles renvoient généralement à un ensemble de citations relatives à une thématique.

1. É. Chaumont, « Nous et la loi des autres : La question du statut des lois antérieurement révélées (*sharʿ man kâna qablanâ*) en théorie légale sunnite », dans *Droits et culture, Mélanges en l'honneur du Doyen Yadh Ben Achour*, Tunis, Centre de publication universitaire, 2008, p. 83-105.

2. *Id.*, « Abrogation », dans M. Ali Amir-Moezzi (dir.), *Dictionnaire du Coran*, *op. cit.*, p. 15. Pour al-Šurāzī, les opinions se sont cristallisées autour de trois options : pour la première, « ces lois ne sont pas lois pour nous (*laysa bi-šarʿ lanā*) », pour la deuxième, elles sont lois pour nous à l'exception de ce qui en a été abrogé (*huwa šarʿ lanā illā mā ṯabata nasḫuhu*) » et pour la troisième, les lois transmises aux prophètes qu'il s'agisse d'Abraham, de Moïse ou de Jésus, ont force de Loi pour les musulmans : al-Šīrāzī, *Kitāb al-Lumaʿ fī uṣūl al-fiqh*, dans É. Chaumont (éd.), *Mélanges de l'Université Saint-Joseph*, LIII, 1993-1994, § 161.

3. Al-Ġazālī, *Iḥyā'*, *op. cit.*, K. 2 (*Kitāb qawāʿid al-ʿaqā'id*), f. 3, r. 3, p. 133 [V. 1, p. 413]. En principe, les deux termes ne s'excluent pas : le sceau des prophètes peut à la fois confirmer ou abroger les révélations précédentes. Cependant, la perspective d'al-Ġazālī est ici une identification entre sceau et abrogation.

4. *Ibid.*, K. 1 (*Kitāb al-ʿilm*), B. 6, 2., p. 79 ; K. 14 (*Kitāb al-ḥalāl wa l-ḥarām*) B. 1, f. 1, [V. 3, p. 356].

Elles accompagnent une appréciation positive de ces livres antérieurs au Coran, donnés par Dieu par miséricorde afin de guider les hommes. « Tous les livres envoyés aux hommes (*ḫalq*) n'ont pour finalité que de les appeler au royaume éternel »[1]. Ils éclairent l'homme en lui révélant sa vocation royale et en l'appelant à en vivre dès à présent. Ils indiquent aussi la venue du prophète de l'islam : pour al-Ġazālī, la Torah comme l'Évangile donnent une description de Muḥammad avant même qu'il n'ait été envoyé à la première génération[2].

Dans le *Kitāb qawāʿid al-ʿaqāʾid*, al-Ġazālī dit que le Coran révélé à Muḥammad est « destiné aux Arabes et non Arabes (*ʿaǧam*), aux ǧinns et aux êtres humains (*ins*) », qu'il a « abrogé (*nasaḫa*) par sa Loi toutes les révélations antérieures, sauf celles qu'il a confirmées »[3]. Aux fondements du *fiqh*, écrit-il dans le *Mustaṣfā*, se trouvent le Coran, la Sunna, le consensus de la communauté (*iǧmāʿ*) et la raison en tant que principe de cohérence (*istiṣlāḥ*). Telles sont les quatre sources fondamentales. Dans une présentation dialectique typique de ses ouvrages de jurisprudence, il relève cependant que d'autres sources sont invoquées par la tradition musulmane : les dits des Compagnons, le recours au principe de l'*istiḥsān*, – adoption d'une règle en raison de la beauté que le docteur de la loi lui trouve, principe admis par Abū Ḥanīfa –, celle de l'*iṣtislāḥ* – recours à une règle suite à l'utilité qu'elle assure à la communauté –, et les lois révélées antérieures à l'islam. Pour al-Ġazālī cependant, il s'agit de sources imaginaires (*mawhūma*), même si la discussion quant à l'usage de la Torah par les musulmans est légitime à l'instar de la question de savoir si avant sa mission, Muḥammad suivait une Loi révélée à l'un des prophètes. D'aucuns l'affirment, écrit al-Ġazālī, mais d'autres infirment rigoureusement la thèse[4]. Certains pensent qu'il s'agissait de la loi de Noé, d'autres de celle d'Abraham ou de Moïse ou encore de Jésus. Sur le plan de la raison, chacune de ces options est envisageable, mais l'évidence n'est pas acquise et l'on ne peut trancher de manière définitive sur la question du culte et de la loi que suivait Muḥammad avant qu'il ne reçut la révélation[5]. Autre interrogation, plus déterminante aux yeux d'al-Ġazālī : « Est-ce que Muḥammad suivait la loi de Moïse au commencement et au cours de sa mission ? »[6]. *Primo*, al-Ġazālī relève que dans le Coran il n'est jamais fait

1. Al-Ġazālī, *Iḥyāʾ*, *op. cit.*, K. 32 (*Kitāb al-ṣabr wa l-šukr*), Š. 1, b. 7, p. 1411 [V. 7, p. 267].

2. *Ibid.*, K. 20 (*Ādāb al-maʿīša wa aḫlāq al-nubuwwa*), b. 3, p. 828 [V. 4, p. 727].

3. *Ibid.*, K. 2 (*Kitāb qawāʿid al-ʿaqāʾid*), p. 110.

4. *Id.*, *Al-Mustaṣfā*, éd. Būlāq, Bayrūt, Al-Risāla, vol. 1, 1997, p. 391. Dans la perspective de penseurs ḥanbalites, la mission de Muḥammad ayant commencé au jour même où Dieu a insufflé son âme, Muḥammad ne suivait que la loi coranique : Abū Bakr al-Āǧurī (360/970), *Kitāb al-šarīʿa*, éd. Muḥammad Ḥamid al-Fīqī, Bayrūt, Dār-al-Kutub al ʿIlmīya, 1983, § 416-426 ; § 431-439.

5. Al-Ġazālī, *Al-Mustaṣfā*, *op. cit.*, p. 391.

6. *Ibid.*, p. 393. Comme le note Éric Chaumont, cette question est symptomatique d'une perspective "théologique". La perspective des *uṣūl al-fiqh* à la manière des juristes ne l'envisage pas. Ainsi, par exemple, le ḥanafite al-Saraḫsī (m. 490/1097) écrit : « Le lieu où l'on expose cette

référence à une Loi de la Torah. *Secundo*, Muḥammad dans son enseignement et son explicitation de la Parole n'y fait jamais mention. *Tertio*, selon plusieurs traditions, Muḥammad disait de Moïse que « s'il était encore en vie, il ne manquerait pas de le suivre »[1]. *Quarto*, et c'est sans doute l'argument majeur qu'il rapporte, si Muḥammad suivait une Loi antérieure, fût-ce de manière partielle, il conviendrait de l'étudier comme on étudie le Coran et la Sunna. Cette étude relèverait d'un « devoir obligatoire pour la communauté (*farḍ kifāya*) »[2]. Dans les différences d'opinion entre les compagnons, le recours à la Torah se serait imposé. Or, remarque al-Ġazālī, il ne l'a point été. *In fine*, le Coran lui-même a abrogé la Torah et les autres livres. Les Écritures antérieures au Coran ne sauraient donc constituer un des fondements du *fiqh*. L'argument décisif ne porte pas sur la falsification (*taḥrīf*), mais sur la simple abrogation de ces Écritures[3]. Al-Ġazālī note par ailleurs que les lois révélées aux prophètes ne sont pas identiques, bien qu'elles relèvent d'un même principe fondateur : « Les lois ne divergent pas dans leurs fondements essentiels, mais elles se différencient selon les limites établies. Ainsi, la loi de Jésus fixe l'interdit de boire du vin jusqu'à l'ivresse, tandis que notre Loi interdit la consommation de tout verre d'alcool, parce qu'un verre en appelle d'autres. Et celui qui franchit les limites enfreint l'interdit même »[4].

Cette position est celle d'un ouvrage d'*uṣūl al-fiqh*. Est-elle appliquée dans ses écrits spirituels et mystiques ? Se retrouve-t-elle dans l'*Iḥyā'* et le *Miškāt al-anwār* ?

Le *Miškāt* pose un autre regard sur l'utilisation et la compréhension des « Écritures révélées ». Pour saisir le rôle des Écritures dans sa pensée, il convient de rappeler le rôle qu'il confère à l'intellect : il est cette lumière qui met « en lumière » la vérité. Pour autant, certains objets de la vision ne sont pas immédiatement apparents, à l'exemple des vérités spéculatives. L'intellect a donc besoin d'une stimulation. De même que l'œil est stimulé par la lumière du soleil, de même l'intellect est soutenu par la lumière de la sagesse (*ḥikma*). Or, la plus expressive, la plus magnifique des sagesses, c'est la parole de Dieu (*kalimat Allāh*) « et parmi l'ensemble de ses paroles (*ǧumlat kalāmihi*), le

question est [la science] des fondements de l'unicité divine (*uṣūl al-tawḥīd*) ; or nous n'évoquons ici de cette problèmatique que ce qui a partie liée avec la science des fondements de la compréhension [de la loi] » (al-Saraḫsī, *Uṣūl*, éd. Abū al-Wafā' al-Afġānī, Dār al-Maʿrifa li-l-Ṭibā'a wa l-Našr, 1973, II, p. 100, cité par É. Chaumont, « Nous et la loi des autres », *op. cit.*, p. 87).

1. Al-Ġazālī, *Al-Mustaṣfā*, *op. cit.*, p. 394-395.

2. *Ibid.*, p. 395.

3. L'altération des Écritures par les juifs est évoquée dans *al-Qisṭās al-mustaqīm* en référence à la Sourate 6, 91 qui accuse les juifs d'avoir caché la mission de Muḥammad. Pour al-Ġazālī, la question essentielle ne porte pas sur le fait qu'ils aient altéré les écritures, mais sur le fait que s'ils les ont altérées, c'est donc qu'elles leur ont été données : Al-Ġazālī, *Al-Qisṭās al-mustaqīm*, *op. cit.*, p. 59-60 [trad. Chelhot, p. 144].

4. *Id.*, *Iḥyā'*, *op. cit.*, K. 32 (*Kitāb al-ṣabr wa l-šukr*), Š. 2, R. 1, b. 4, p. 1427 [V. 7, p. 311].

Coran particulièrement »[1]. Le Coran est donc la parole de la sagesse qui a vocation à stimuler la raison. Le verbe *nabbaha* utilisé par al-Ġazālī à la deuxième forme a pour signification celui d'éveiller, de réveiller, de tirer de l'obscurité. Dans le propos d'al-Ġazālī, le Coran n'est pas l'unique parole de Dieu. Il est une des paroles. S'il jouit d'un statut de préférence comme l'exprime l'adverbe *ḫāṣṣatan*, il n'est pas une parole exclusive. Et lorsque al-Ġazālī identifie la raison au Coran lui-même en tant que tous deux appartiennent au monde du Royaume céleste, il prend soin d'indiquer que cette « identification » est aussi valable pour les autres livres révélés : « le soleil intérieur appartient au monde du Royaume céleste (*ʿālam al-malakūt*), c'est le Coran et les autres livres de Dieu (*kutub Allāh*) »[2]. Ce passage ouvre à une théologie du statut théologique du livre sacré : il est une sagesse, une stimulation pour la raison. Les gens du Livre ont donc en commun de partager par le Livre qui leur a été donné ce *stimulus* qui permet à la raison de cheminer vers la vérité.

En ce sens, le *Miškāt* constitue la clef herméneutique pour comprendre le paradoxe d'une position qu'il exprime dans le *Mustaṣfā* et le fait qu'il rapporte à maintes reprises dans l'*Iḥyāʾ* ce propos de Šaqīq al-Balḫī[3] (m. 194/809) sans le démentir ni le rejeter : « J'ai examiné la Torah, les Psaumes, l'Évangile et le Coran, et j'y ai trouvé tout le bien et toute la vie spirituelle, dans leur diversité »[4]. Même si elle a été abrogée, la Révélation est fondamentalement une guidance, un chemin de lumière, une voie qui attise dans le cœur du croyant son adoration pour Dieu, et exhorte à rejeter tout ce qui n'est pas Dieu. Mais parmi les sources scripturaires auxquelles il puise, la référence à l'Écriture sacrée des juifs ou des chrétiens n'est pas exclusive. Al-Ġazālī en effet recourt aux histoires rapportées par les juifs, et notamment dans le cadre de la science des relations (*ʿilm al-muʿāmalāt*), ainsi qu'à des récits qui rappellent les apophtegmes des Pères du désert. Or, si les citations des Écritures antérieures sont dans l'*Iḥyāʾ* indirectes, il n'est pas avare en revanche de ces dernières références. Il s'agit donc pour nous de spécifier leur statut et d'expliciter les raisons de son recours.

On appelle *isrāʾīliyyāt* les histoires véhiculées par les gens du Livre (*ahl al-kitāb*) et rapportées sous forme de dits. Le terme lui-même d'*isrāʾīliyyāt* daterait selon Roberto Tottoli d'al-Masʿūdī (m. 345/956), qui, dans son *Murūǧ al-ḏahab*, se réfère à un *Kitāb al-Isrāʾīliyyāt* de Wahb Ibn Munabbih[5] auquel

1. *Id.*, *Miškāt al-anwār*, *op. cit.*, p. 10 [fr. p. 45].

2. Al-Ġazālī, *Miškāt al-anwār*, *op. cit.*, p. 11 [trad. fr. p. 46 mod.]. Buchman traduit par « the revealed books » et Deladrière par « les livres divins révélés ».

3. Šaqīq al-Balḫī est un ascète et spirituel du Ḫurāsān. Disciple d'Ibrāhīm Ibn Aḏham, il prônait l'ascèse, la pauvreté et la remise confiante à Dieu (*tawakkul*).

4. Al-Ġazālī, *Iḥyāʾ*, *op. cit.*, K. 1, B. 6, p. 81 et Al-Ġazālī, *Lettre au disciple* (*ayyuhā l-walad*), *op. cit.*, fr. p. 30, ar. p. 31.

5. R. Tottoli, « Origin and Use of the Term Isra'iliyyat in Muslim Literature », art. cit., p. 194.

renvoie aussi al-Makkī (m. 387/996) dans son *Qūt al-Qulūb*[1]. Il s'agit de récits (*ḥikāyāt*)[2] souvent apocryphes, liés à la sagesse rabbinique et que l'on rattache le plus souvent aux anciens Banū Isrāʾīl. On en trouve de nombreuses formulations dans les livres de *nawādir*. Transmis en islam sans doute grâce à la conversion des premiers juifs, tels Wahb Ibn Munabbih (m. 110/728), ces récits présentent pour nous un intérêt pour leur origine, pour le statut que les penseurs musulmans leur ont donné par leur références et enfin pour la conséquence en terme d'image de l'autre, et notamment du juif, qu'ils impliquent[3]. Ces histoires appartiennent en effet en grande partie aux sources non musulmanes et indiquent une certaine pénétration des légendes et récits au sein de l'islam. L'orientaliste Bernard Lewis voit dans ce corpus musulman connu une littérature rejetée en raison du fait même qu'elle appartiendrait au monde juif : « Purement descriptive au départ, cette désignation acquit une connotation nettement péjorative; finalement, *isrāʾīliyyāt* devint presqu'un synonyme de superstition et d'ineptie, utilisé pour condamner les légendes, les gloses et les usages jugés non conformes à la tradition musulmane authentique, parce qu'étrangers »[4]. Ce jugement n'est pas isolé et la plupart des orientalistes ont souligné que ces histoires avaient été condamnées par les penseurs "orthodoxes" [5].

Pour autant, la tradition elle-même en justifie leur usage, comme l'exprime le *ḥadīṯ* « *ḥaddiṯū ʿan Banī Isrāʾīla wa lā ḥaraǧa* »[6]. Si dans les écrits d'al-Ġazālī, l'image même du juif est traversée par un certain nombre de préjugés[7], les *isrāʾīliyyāt* sont pour lui l'occasion de donner les juifs en exemple. Les récits et légendes des juifs, transmis par les compagnons du Prophète ou par les juifs convertis, dessinent ainsi la complexité et la subtilité de ces hommes, à la fois pieux et vertueux, parfois infidèle et rebelle. C'est la perspective de la pluralité qui est adoptée : il n'y a pas un juif, mais des juifs.

Si toutes les *isrāʾīliyyāt* ne sont pas le véhicule d'une vision favorable aux juifs, la plupart d'entre elles illustrent les vertus que doit acquérir tout croyant

1. Abū Ṭālib al-Makkī, *Qūt al-Qulūb*, Bayrūt, Dār Ṣādir, 1995, I, p. 197-198.

2. C'est le terme qu'emploie al-Ġazālī à son propos : *Iḥyāʾ*, *op. cit.*, K. 37 (*Al-Niyya wa l-iḫlāṣ wa l-ṣidq*), B. 2, p. 1743 [V. 9, p. 61].

3. Sur l'origine de l'émergence des *isrāʾīliyyāt* voir : İ. Albayrak, « Re-evaluating the Notion of Isra'ilillyat », *Sayı*, *XIII-XIV* (İzmir), 2001, p. 69-88. Dans cet article, l'auteur mentionne al-Ġazālī comme utilisateur du concept d'*isrāʾīliyyāt* (p. 83) mais il ne tire aucune conclusion quant à son usage.

4. B. Lewis, *Juifs en terre d'islam*, trad. de l'anglais J. Carnaud, Paris, Calmann-Lévy, 1986, p. 90.

5. G. Vajda, « Isrāʾīliyyāt », dans *Encyclopédie de l'Islam 2*, *op. cit.* ; G. Darnell Newby, « Tafsir Isra'iliyyat », *Studies in Qur'an and Tafsir*, *Journal of the American Academy of Religion*, Thematic Issue S., 47/4, 1979, p. 685-697. G. Darnell Newby et R. Tottoli, « Origin and Use of the Term Isra'iliyyat in Muslim Literature », *Arabica*, 46, 1999.

6. Pour l'étude Kister : Me'ir Yaʿakov Kister, « Ḥaddithū ʿan banī isrāʾīla wa-lā ḥaraja. *A Study of an early tradition* », *Israel Oriental Studies*, II, 1972, p. 215-239.

7. E. Pisani, « Regards d'al-Ġazālī sur les Juifs », *Tsefon*, décembre 2011, p. 1-32.

pour s'assurer le chemin du paradis. En prenant exemple sur les juifs dans sa présentation, al-Ġazālī n'en vient-il pas à reconnaître qu'ils sont déjà dans ce chemin ?

Des nombreuses *isrā'īliyyāt* rapportées dans l'*Iḥyā'*, nous pouvons retenir plusieurs enseignements :

Primo, al-Ġazālī n'y expose pas une figure type du juif. Sa plume, ses descriptions, ses analyses ne sont jamais caricaturales. Fin connaisseur de l'âme humaine, il n'enferme pas les juifs dans une catégorie psychologique et spirituelle. Encore une fois, il n'y a pas un juif, mais des juifs, et les qualités éthiques et religieuses ne leur sont pas inaccessibles.

Secundo, les *isrā'īliyyāt* sont des récits exemplaires, autrement dit, la figure du juif dans ces récits de légendes, loin d'être un symbole négatif, est au contraire une lumière donnée aux musulmans. De même que tout n'est pas faux dans la foi d'un juif et que leur croyances sont traversées par la vérité, de même, leur comportement est un exemple et modèle pour la communauté musulmane.

Tertio, les *isrā'īliyyāt* illustrent l'anthropologie, la psychologie et la théologie d'al-Ġazālī. Elles illustrent les thèses qu'il défend. Ces récits juifs côtoient ceux des compagnons des Prophètes ou des *ḥadīṯs* prophétiques. Al-Ġazālī dit explicitement d'une d'entre elles qu'elle est une histoire qui vient confirmer et authentifier, la parole de Dieu (*taṣdīq*) puis il cite le verset coranique[1]. Tous jouent la même fonction argumentative. Si la Torah ne saurait constituer aux yeux d'al-Ġazālī une source pour la jurisprudence (*fiqh*), force est de constater que les *isrā'īliyyāt* constituent une source pour la science des relations (*ʿilm al-muʿāmalāt*). Les *isrā'īliyyāt*, écrit al-Ġazālī, « ne sont pas des causeries de nuit (*asmār*) »[2]. Elles doivent être regardées avec déférence et estime (*iʿtibār*), aviver l'intelligence et susciter la réflexion (*istibṣār*)[3].

Quarto, les *isrā'īliyyāt* indiquent clairement la présence et l'assistance divine envers ses serviteurs qui lui attestent nuit et jour leur amour. Sa grâce ne fait pas défaut au dévot qui le prie, fût-ce dans un ermitage.

Quinto, les *isrā'īliyyāt* sont aussi convoquées par al-Ġazālī pour justifier des postures théologiques plus hétérodoxes, à l'instar du récit afférent à la prière de conjuration (*munāšada*). En effet, pour al-Ġazālī, cette prière a le pouvoir d'influer sur l'action de Dieu[4]. L'idée s'inscrit en opposition avec une doctrine prédéterministe. Ainsi, al-Ġazālī rapporte-t-il ce dit de Saʿīd Ibn Ǧubayr : « À l'époque d'un roi des enfants d'Israël, le peuple souffrait de la sécheresse. Ils prièrent pour obtenir la pluie. Puis, le roi, s'adressant aux enfants d'Israël, fit cette prière : "O Seigneur, envoie-nous la pluie ou bien nous te

1. Al-Ġazālī, *Iḥyā'*, *op. cit.*, K. 37 (*Al-Niyya wa l-iḫlāṣ wa l-ṣidq*), B. 2, p. 1742 [V. 9, p. 59].
2. *Ibid.*, K. 31 (*Kitāb al-tawba*), R. 4, q. 2, p. 1383 [V. 7, p. 180].
3. *Ibid.*, R. 4, q. 2, p. 1383 [V. 7, p. 180].
4. I. Goldziher, « Zauberelemente im islamischen Gebiet », *Orientalische Studien Theodor Nöldeke gewidmet*, I, 1906, p. 304-308.

tourmenterons". L'un d'eux demanda : "Comment peux-tu le tourmenter puisqu'il est dans les hauteurs du ciel ?". Le roi fit cette réponse : "Je tuerai ses amis (*awliyā'*) et ceux qui lui obéissent. Ce sera un tourment pour Lui". Et Dieu envoya la pluie sur les juifs ».

Le regard qu'al-Ġazālī porte sur les juifs dans l'*Iḥyā'* ne peut se réduire à une maxime ou à un avis. L'usage des *isrā'īliyyāt* dessine le portrait d'un homme subtil et profond au contact duquel le musulman peut s'enrichir. Pour autant, le juif reste un égaré. Il importe pour al-Ġazālī de prier pour lui, mais non d'invoquer la miséricorde divine. Pour les juifs, en effet, il faut demander la guidance afin qu'ils retrouvent le chemin de la voie droite[1]. Al-Ġazālī rapporte d'après al-Aš'arī que les juifs s'efforçaient d'éternuer en présence du Prophète afin qu'il invoquât sur eux la miséricorde divine, mais il leur disait : « que Dieu vous guide »[2].

Ce qui est dit des *isrā'īliyyāt* peut être analogiquement avancé à l'égard des récits de moines rapportés par les pèlerins voyageurs auxquels al-Ġazālī recourt dans sa *Somme spirituelle*. Ces narrations sont celles des apophtegmes des Pères du désert qui ont fécondé l'Orient. Comme les nombreux exemples et dits des saints musulmans, ils ne sont pas de simples sentences ou maximes morales. Ces dialogues brefs appartiennent à un genre littéraire particulier. Construits sous la forme d'un échange entre un maître spirituel et un pèlerin, ou entre un moine et un novice, ils suscitent souvent le rire. Le lecteur découvre la profondeur de la réalité et les vraies valeurs de la vie, celles de l'esprit, lui sont dévoilées en établissant une hiérarchie salvatrice[3]. Deux récits rapportés d'al-Ġazālī soulignent l'exemplarité de leur ascèse mais surtout de leur sagesse en faisant d'eux de véritables hommes de Dieu, alors même que la vie monacale n'est pas prisée en islam[4] :

> Des voyageurs s'étant détourné de la route, ils se trouvèrent non loin de la demeure d'un moine (*rāhib*). Ils l'appelèrent et il pencha vers eux son regard du haut de sa tour. Ils lui dirent : « Ô moine, nous nous sommes égarés loin du bon chemin. Comment retrouver la route ? » D'un geste de sa tête, il indiqua le ciel[5].

1. Al-Ġazālī, *Iḥyā'*, *op. cit.*, K. 15 (*Kitāb ādāb al-ulfa wa l-uḫuwwa wa l-ṣuḥba*), B. 3, h. 1, p. 646 [V. 4, p. 191].

2. *Ibid.* [V. 5, p. 191].

3. A. Guillaumont, « L'enseignement spirituel des moines d'Égypte », dans *Aux origines du monachisme chrétien*, Paris, Bellefontaine, 1979.

4. C. Gilliot, « Christians and Christianity in Islamic Exegesis », dans D. Thomas et B. Roggema (ed.), *Christian-Muslim Relations : A Bibliographical History*, Leiden-Boston, Brill, 2009, p. 31-56.

5. Al-Ġazālī, *Iḥyā'*, *op. cit.*, K. 38 (*Kitāb al-murāqaba wa l-muḥāsaba*), mur. 5, p. 1778 [V. 9, p. 181].

Dans un autre passage al-Ġazālī rapporte le propos de ʿAbd al-Wāḥid Ibn Zayd (m. 133/750), un des fondateurs de communautés monacales dès les premiers siècles de l'islam[1] :

> Alors que je passai à côté d'un monastère en Chine où vivait un moine (*rāhib*), je l'interpellai : « Ô moine ! » Mais il ne me répondit pas. De nouveau je l'appelai mais toujours sans réponse. La troisième fois, il se pencha vers moi et me dit : « Je ne suis pas un moine car le moine est celui qui craignant Dieu dans son ciel, magnifie sa puissance, patiente dans les affres qu'il inflige, agrée son décret, entonne l'action de grâce pour ses dons, s'humilie face à sa grandeur, se prosterne devant sa gloire, s'abandonne à sa toute sa puissance, manifeste sa déférence devant sa majesté, se souvient des comptes qu'il tient et des châtiments qu'il réserve. Un vrai moine jeûne le jour et veille la nuit. Il reste éveillé en pensant au feu et à l'interrogatoire du Dieu contraignant. Voilà ce qu'est un moine. Quant à moi, je ne suis qu'un chien sauvage. Je préserve mon âme dans ce monastère loin des gens pour ne pas les mordre ». Je lui demandai alors : « Ô moine, qu'est-ce qui tient les hommes à l'écart du Très-Haut alors qu'ils le connaissent ? » Il répondit : « Mon frère, rien ne sépare l'homme de Dieu à part l'amour pour ce bas-monde et ses parures, car il est le lieu des désobéissances et des péchés. C'est pourquoi l'homme de bon sens (*ʿāqil*) est celui qui l'extrait de son cœur et se repent auprès de Dieu de ses péchés ; et il tend vers ce qui le rapproche de son Seigneur »[2].

Les moines sont aussi cités en exemple pour leur attitude religieuse, la pratique des vertus. Ainsi, dans le *Livre sur la maîtrise des deux désirs*, al-Ġazālī indique que l'on raconte que certains moines chrétiens n'utilisent qu'un seul dirham pour se nourrir toute l'année[3] ce en quoi, dit-il, leur ascèse dépasse celle des grands maîtres soufis, à l'exemple de Sahl al-Tustarī (m. 283/896), connu pour la pratique de ses mortifications (*muǧāhadāt*).

1. ʿAbd al-Wāḥid Ibn Zayd est un théologien et mystique vivant à Bassorah au second siècle de l'islam. Ascète renommé, il est de ceux qui prônèrent la plus totale solitude pour ceux qui cherchent Dieu. Il fonda une communauté « monacale » près de Bassorah, dans l'île de Ābādān, à l'embouchure du Tigre et de l'Euphrate, dans le Golfe Persique.

2. Al-Ġazālī, *Iḥyāʾ*, *op. cit.*, K. 38 (*Kitāb al-murāqaba wa l-muḥāsaba*), mur. 5, p. 1778-1779 [V. 9, p. 181].

3. *Ibid.*, K. 23 (*Kitāb kasr al-šahwatayn*), b. 3, 1, p. 953 [V. 5, p. 321].

CHAPITRE VII

LE SALUT DES NON MUSULMANS

Le succès ou la réussite sociale sont-ils des signes du salut accordés aux hommes dans le monde ici-bas ? Traduisent-ils l'amour préférentiel de Dieu pour ses créatures ? D'une manière qui n'est pas sans nous rappeler la problématique weberienne de l'éthique protestante et de l'esprit du capitalisme, al-Ġazālī aborde ces questions à plusieurs reprises dans l'*Iḥyā'*, notamment dans le *Kitāb al-maḥabba wa l-šawq wa l-uns wa l-riḍā* et le *Kitāb ḏamm al-ġurūr*. Faisant état du *status quæstionis*, al-Ġazālī souligne que la réussite matérielle apparaît pour certains comme un signe effectif de salut : « Dieu a été bon à notre égard en nous octroyant l'abondance (*naʿīm*) en ce monde. Or, tout être qui jouit de ce bienfait est nécessairement aimé de Dieu (*kull muḥsin fa-huwa muḥibb*). Et toute personne aimée de Dieu bénéficiera aussi des bienfaits à l'avenir »[1]. Ce raisonnement, loin de satisfaire al-Ġazālī, est considéré comme une ruse du diable ou du poète car il dissimule une double erreur : d'une part, l'affirmation qu'un bienfait est un signe de l'amour de Dieu et, d'autre part, la croyance qu'un bienfait est un signe de sa bonté. Pour al-Ġazālī, seule l'épreuve est un signe de prédilection divine[2]. Quant au bienfait comme expression de sa bonté, il ne réside pas dans la possession de biens du monde, mais dans l'adoration, indépendamment de sa richesse ou de sa pauvreté. Inversement, ceux que Dieu considère comme de vils serviteurs (*muhhān*), sont les désobéissants à sa Loi[3]. Pour confirmer sa thèse, il lui suffit de constater que certains juifs jouissent d'une situation bien plus fastueuse que nombreux musulmans. Or, demande al-Ġazālī, « que vaut une marque de

1. Al-Ġazālī, *Iḥyā'*, *op. cit.*, K. 30 (*Kitāb ḏamm al-ġurūr*), b. 1, p. 1293 [V. 6, p. 621].

2. Dans le *Livre de l'amour*, al-Ġazālī rapporte le dit suivant : « Lorsque Dieu aime un serviteur, il l'éprouve, s'il le voit demeurer constant dans l'épreuve, il le choisit, s'il est satisfait de lui, il en fait son élu (*muṣṭafā*)[2]. L'épreuve est donc signe d'élection divine : elle permet de mesurer la constance dans l'épreuve qui est, quant à elle, signe de l'amour du serviteur pour Dieu (*Iḥyā'*, *op. cit.*, K. 36 (*Kitāb al-maḥabba wa l-šawq wa l-uns wa l-riḍā*), q. 2, b. 13, p. 1706 [V. 8, p. 528-529]).

3. Al-Ġazālī, *Iḥyā'*, *op. cit.*, K. 30 (*Kitāb ḏamm al-ġurūr*), b. 1, p. 1294 [V. 6, p. 622].

distinction là où le juif [nous] précède ? »[1]. Pour autant, la définition qu'al-Ġazālī donne du salut, les descriptions eschatologiques qu'il expose, ainsi que sa conception de la miséricorde offrent une pensée nuancée qui n'exlut pas qu'en dehors de l'islam se trouve aussi le salut[2].

Ilǧām al-ʿawāmm ʿan ʿilm al-kalām est le dernier opuscule qu'al-Ġazālī rédige en 1111[3]. Il y définit le salut comme l'adhésion aux réalités profondes gravées dans le cœur de l'homme. La correspondance entre la réalité vraie (*ḥaqīqat al-ḥaqq*) et ce que croit l'homme est cause du bonheur béatifique (*saʿāda*) car un tel homme, au jour de sa mort, ne sera pas disgracié par le feu de l'humiliation ou de la confusion (*nār al-ḫizy wa l-ḫaǧila*), ni par celui de la Géhenne (*nār ǧahannam*)[4]. Le salut est donc intimement lié au fait de croire (*fides qua*) mais aussi au contenu de cette foi, à ses « éléments cognitifs » (*fides quae*) qui renvoient à la *šahāda* en sa double affirmation, celle de l'unicité divine d'une part et celle du rôle et de la véracité de l'Envoyé d'autre part[5]. La dimension existentielle de la foi par laquelle l'homme pose un acte de confiance et adapte son agir en fonction de ce qu'il croit être la vérité et qui l'informe est centrale. Dans quelle mesure la croyance aussi imparfaite des non musulmans contenant une part de la « vérité » gravée dans le cœur (*fiṭra*) de tout homme constituerait-elle cet « atome de foi » nécessaire, mais aussi suffisant au salut[6] ?

La conception anthropologique d'al-Ġazālī et sa théologie de l'*īmān* en toutes ses dimensions le conduisent à formuler des hypothèses audacieuses qui s'écartent de la stricte doctrine ašʿarite. Certes, elles y sont peu nombreuses – al-Ġazālī est attaché à montrer sa fidélité à l'orthodoxie – mais elles existent, au détour d'une histoire, d'une des *isrāʾīliyyāt*, d'une image ou plus encore d'un enseignement ésotérique qu'il réserve à ceux dont la connaissance divine est suffisamment lumineuse pour comprendre la part du secret de Dieu, sans y lire, avec indignation, l'expression insolite d'une innovation (*bidʿa*) ou de la mécréance (*kufr*).

1. Al-Ġazālī, *Iḥyāʾ*, *op. cit.*, K. 29 (*Ḏamm al-kibr wa l-ʿuǧb*), Š. 1, b. 9, 2, 4-5, p. 1271 [V. 6, p. 552]

2. Cette partie a donné lieu à une publication : Emmanuel Pisani, « Hors de l'islam point de salut ? Eschatologie d'al-Ghazālī », *MIDÉO*, 30, 2014, p. 139-184.

3. Al-Ġazālī, *Ilǧām al-ʿawāmm ʿan ʿilm al-kalām*, dans *Rasāʾil al-Imām al-Ġazālī fī l-fiqh wa l-ʿaqīda wa l-uṣūl wa l-taṣawwuf*, al-Qāhira, Dār al-Šāṭibī, 2010.

4. *Ibid.*, B. 3, f. 5, p. 621.

5. *Id.*, *Iḥyāʾ*, V. 1, K. 2, faṣl 1, p. 338-339 ; *Faḍāʾiḥ al-Bāṭiniyya wa faḍāʾil al-Mustaẓhiriyya*, *op. cit.*, p. 115 ; Voir aussi M. Borrmans, « Le *Credo* d'al-Ġazālī et ce qu'il dit du *Kalām* et des *Muʿtazila* dans son *Kitāb qawāʾid al-iʿtiqād* de l'*Iḥyāʾ* », *MIDÉO*, 30, 2014, p. 35-45.

6. Selon un *ḥadīṯ* rapporté par al-Ġazālī : « On dira au Jour du Jugement : "sortez du feu celui (*man*) qui a en son cœur ne serait-ce qu'un *miṯqāl* [unité de mesure utilisé dans le monde arabo-persan et équivalent à 4,25 grammes] de foi, ou même la moitié ou le quart d'un *miṯqāl*, ou le poids d'une graine ou d'un atome (*ḏarra*)" » (*Iḥyāʾ*, K. 21 (*Kitāb šarḥ ʿaǧāʾib al-qalb*), b. 9, p. 878, [V. 5, p. 81]. *Ḥadīṯ* cité par al-Buḫārī, K. 97, n° 65 / 7439).

Les principales données de l'eschatologie d'al-Ġazālī se trouvent dans l'*Iḥyā'*, notamment dans le *Kitāb ḏikr al-mawt wa mā ba'dahu* (*Livre du souvenir de la mort et de l'au-delà*), mais aussi dans l'épître de Jérusalem, *Al-Risāla al-qudsiyya* qu'il juge bon de reproduire au livre deuxième de l'*Iḥyā'*, dans le *Kitāb al-tawba* (*Le Livre du repentir*), le *Fayṣal al-tafriqa bayna l-islām wa l-zandaqa* et *Al-durra al-fāḫira* (*La Perle précieuse*), ouvrage qu'il a rédigé après l'*Iḥyā'*. L'authenticité de ce dernier livre a été discutée par les orientalistes, mais nombreux, encore aujourd'hui, sont ceux qui y voient la main du maître[1].

UNE ESCHATOLOGIE INCLUSIVE : VERS UN SALUT UNIVERSEL ?

Si le Dieu miséricordieux d'al-Ġazālī pardonne à celui qui, le cœur repentant, lui présente la somme de ses péchés, les *kuffār* semblent être, à la lumière des textes susmentionnés, définitivement privés de miséricorde. Hors de l'islam point de miséricorde, hors de l'islam, donc, point de salut. Cette perspective cependant n'est pas aussi catégorique et il importe de tirer toutes les conséquences anthropologiques, psychologiques et théologiques de la pensée d'al-Ġazālī afin de mettre en évidence les éléments fondateurs d'une eschatologie dans laquelle le non musulman n'est pas exclu de la possibilité du salut. *Primo*, il convient de souligner la possibilité pour les non musulmans de connaître, même sous un voile et de manière partielle, incomplète, imparfaite, Dieu et la vérité. *Secundo*, le constitutif formel de la foi chez al-Ġazālī ne se réduit pas à sa dimension doctrinale. Certains passages de l'*Iḥyā'* indiquent que les œuvres font intégralement partie de la foi. *Tertio*, al-Ġazālī développe une anthropologie psychologique dans laquelle le beau caractère manifeste une bénédiction qui est cause de salut. Or, ces grâces dépassent les frontières de l'islam. *Quarto*, al-Ġazālī s'interroge sur le salut de celui qui ignore l'islam ou à qui fut transmis un enseignement erroné sur l'islam pour souligner qu'il ne peut pas être mis au même niveau que ceux qui renoncent ou combatent l'islam en toute connaissance de cause.

1. L'authenticité de l'ouvrage a été mise en doute par certains orientalistes. A. Palacios et W. Montgomery Watt ont souligné des différences sensibles dans les descriptions eschatologiques d'avec l'*Iḥyā'*. Hava Lazarus-Yafeh est encore plus tranchée dans son rejet de l'œuvre du corpus ġazālien. Cependant, Margaret Smith, Ignaz Goldziher, Lucien Gauthier et Frank Griffel se prononcent pour son authenticité. Pour notre part, le fait que le vocabulaire et les descriptions se distinguent parfois de l'*Iḥyā'* n'est pas en soi significatif. En effet, au sein même de l'*Iḥyā'*, les descriptions et les catégories eschatologiques diffèrent d'un livre à l'autre. Par ailleurs, certaines thèses dont la formulation est plus audacieuse que l'*Iḥyā'* se retrouvent en partie dans le *Fayṣal al-tafriqa bayna l-islām wa l-zandaqa*. Il existe donc entre ces ouvrages une réelle cohérence, qui fonde la paternité ġazālienne et justifie par conséquent son intégration dans l'étude de l'eschatologie de notre auteur.

La station spirituelle (*maqām*) comme étape (*manzil*) que traversent ceux qui cheminent vers Dieu, se structure autour de trois éléments : les connaissances (*maʿārif*), les états spirituels (*aḥwāl*) et les actions (*aʿmāl*). En s'appuyant sur l'image de l'arbre, les connaissances en sont comme les racines, les stations en sont les branches et les actions, les fruits[1]. Ici, le salut consiste à se rapprocher de Dieu mais ce rapprochement découle de la connaissance acquise de Dieu, de ses noms et de ses attributs. L'exaltation du nom de Dieu (*subḥān Allāh*), sa glorification, son invocation (*duʿā'*), l'affirmation de son unicité (*lā ilāha illā Llāh*) sont autant d'expressions qui traduisent la foi en sa transcendance et en sa puissance. L'acquisition de ces connaissances relève non seulement des livres envoyés aux hommes, mais aussi d'une lumière intérieure. Cette connaissance est infinie. Elle est donc chez l'homme toujours imparfaite, incomplète, partielle, à moins d'un bienfait particulier. Rares sont ceux dont la foi en l'unicité divine n'est pas compromise par une part d'associationnisme (*širk*), mais, rares sont ceux aussi qui, à l'inverse, sont de purs associationnistes[2]. Il se mêle souvent une dimension véridique de la foi, parfois de manière furtive, tel un éclair, parfois de manière plus continue. Il existe donc parmi les membres des autres religions des éléments de vérité, qui peuvent se retrouver formulés dans différentes religions. Ces éléments de vérité peuvent être transmis par la lumière de la raison au-delà du vecteur cognitif religieux.

La connaissance de Dieu n'est donc pas réservée aux seuls musulmans. Par la raison, et donc par la voie philosophique, il est donné aux hommes de connaître quelque chose de Dieu. Cette connaissance est la racine sur laquelle l'homme peut greffer son agir et adapter son comportement en fonction de ce qu'il a saisi de la vérité. Elle permet de réhabiliter les œuvres des non musulmans dans une perspective islamique en montrant qu'elles sont voulues pour le bien et que ce bien correspond à celui de la loi.

Parmi ces œuvres qui conduisent au paradis, al-Ġazālī valorise l'attention portée à l'autre et notamment au plus démuni (*faqīr*). Cet état est, pour les plus nobles d'entre eux, le choix volontaire d'un renoncement aux biens du monde. Si la pauvreté est subie, le *faqīr* encourt le risque du *kufr* par son impatience (*lā ṣabra lahu*)[3], mais si elle est voulue pour elle-même, il vit détaché de tout bien, n'éprouve aucune convoitise, met sa foi en Dieu seul et en sa providence. L'amour des pauvres, dit al-Ġazālī, relève des vertus des envoyés (*aḫlāq al-mursilīn*)[4]. De ce pouvoir des pauvres de devenir médiateurs pour le paradis, il faut aussi tirer la conséquence de leur propre salut. Confiants en la providence, ils prennent par la main dans l'au-delà ceux qui en ont été les serviteurs. Mais ces pauvres sont-ils ceux de la communauté musulmane ou ceux du monde ? Le propos du *Livre de la pauvreté et du renoncement* n'est pas suffisamment

1. Al-Ġazālī, *Iḥyā'*, *op. cit.*, K. 32 (*Kitāb al-ṣabr wa l-šukr*), Š. 1, b. 2, p. 1475 [V. 7, p. 214].
2. *Ibid.*, Š. 2, R. 1, b. 3, p. 1420 [V. 7, p. 293].
3. *Ibid.*, K. 34 (*Kitāb al-faqr wa l-zuhd*), Š. 1, b. 3, p. 1547 [V. 8, p. 43].
4. *Ibid.*, p. 1545 [V. 8, p. 38].

spécifique pour répondre avec précision, mais il reste qu'à la lumière des traditions prophétiques citées, de l'anthropologie et de la terminologie de notre auteur, une telle perspective peut se déduire de son argumentation. Les *ḥadīṯs*, en effet, spécifient parfois le « pauvre musulman », mais mentionnent ailleurs, le pauvre en général, un homme (*raǧul*) parmi les hommes [1].

Celui qui renonce au monde, « Dieu emplit son cœur de sagesse (*ḥikma*) » [2]. La sagesse est prudence, modération, sobriété, clairvoyance, perspicacité. Elle est « le sommet des traits louables du caractère ». Elle est « un juste milieu (*wasaṭ*) », « un état de l'âme par lequel l'homme distingue ce qui est juste de ce qui est faux dans tous les actes délibérés (*al-afʿāl al-iḫtiyāriyya*) ». Elle consiste à « s'élever du créé au créateur » [3]. Dans l'*Iqtiṣād*, il donne à la sagesse deux acceptions : dans la première, la *ḥikma* est « comme la connaissance abstraite de l'ordre des choses, de leurs aspects cachés et vénérables ; elle s'applique au jugement porté sur ces choses, comment elles doivent être pour que grâce à cette façon d'être s'accomplisse le but recherché par elles » ; dans la seconde, « elle désigne, en plus de ce qui a été indiqué, la puissance de faire exister la hiérarchie et l'ordre, de bien les appliquer et les mettre en œuvre. On dit "sage", en effet, par référence à la sagesse qui est une sorte de savoir ; et l'on dit aussi "sage" par référence à la capacité de faire une chose selon un ordre donné, et c'est là une sorte d'action » [4]. La sagesse est donc un bienfait, une lumière qui permet de saisir la réalité et de discerner comment il convient d'agir en harmonie avec l'ordre voulu par Dieu. Pour al-Ġazālī, la sagesse ne se réduit donc pas à l'islam. En tant qu'appartenant aux sciences de la connaissance et de l'action, elle dépasse la réalité historique de l'islam et relève explicitement de la réalité de la foi (*īmān*).

Ainsi, dans le *Kitāb al-faqr wa l-zuhd*, al-Ġazālī mentionne la venue auprès de Muḥammad de quelques groupes de voyageurs (*wufūd*) qui, se présentant à lui, déclarèrent être "croyants" [5]. Pour vérifier la véracité de leur propos, le prophète les interrogea, non sur le contenu formel de leur credo, mais sur les œuvres de leur foi (*mā aʿmāl īmānikum* ?). Et eux de mentionner leur patience lorsque échoient les épreuves, la gratitude pour l'octroi de l'aisance (*raḫāʾ*), leur approbation face aux tribulations (*mawāqiʿ*) du destin, leur renoncement à toute exaltation lorsque s'abat le malheur sur leurs ennemis. Muḥammad leur dit alors : « Si vous êtes ainsi, alors n'amassez pas ce que vous ne consommez pas, ne construisez pas là où vous ne demeurez pas, ne vous querellez pas à

1. *Ibid.*, p. 1545 [V. 8, p. 36-37] : « Abū Hurayra disait : "Trois [hommes] entreront au paradis sans rendre de comptes : celui (*raǧul*) qui veut laver son vêtement mais qui n'a rien pour le remplacer, celui qui n'a jamais deux marmitons à mettre sur le feu, et celui qui demandant à boire ne s'entend pas dire : 'qu'est-ce que tu veux ?' [puisqu'on ne lui donne que de l'eau]" ».

2. *Ibid.*, Š. 2, b. 2, p. 1570 [V. 8, p. 113].

3. *Ibid.*, K. 22 (*Kitāb riyāḍat al-nafs*), b. 2, p. 915 [V. 5, p. 193-194].

4. Al-Ġazālī, *Al-Iqtiṣād fī l-iʿtiqād*, *op. cit.*, p. 165-166.

5. *Id.*, *Iḥyāʾ*, *op. cit.*, K. 34 (*Kitāb al-faqr wa l-zuhd*), Š. 2, b. 2, p. 1569 [V. 8, p. 112]. Le *wafd* est une délégation, un groupe de voyageurs.

propos de ce que vous devrez quitter sur la route » et al-Ġazālī de commenter : « Par cette parole, il complétait leur foi en y joignant le renoncement ». De ce commentaire, il appert que la prétention de ces étrangers à avoir la foi est vérifiée, mesurée et authentifiée en tant que foi (*īmān*) exclusivement par les œuvres accomplies. Elles constituent donc des actes méritoires (*ḥasanāt*) qui rachètent les actes blâmables et effacent l'obscurité causée par le péché[1]. Si l'on restitue ces considérations en relation avec le *Kitāb qawāʿid al-ʿaqāʾid* de l'*Iḥyāʾ*, on doit conclure que pour al-Ġazālī, ces œuvres vertueuses suffisent à identifier l'individu qui les accomplit comme croyant.

Dans le *Livre du repentir*, al-Ġazālī expose une définition de la foi plus large encore : elle est une lumière accordée à celui qui éprouve du regret devant la conscience du mal qu'il a accompli. L'âme consciente du mal qu'elle a réalisé n'a pas forcément la foi, mais l'âme repentante (*nadam*) est l'âme croyante[2]. Or, Dieu appelle tous les croyants au repentir : « Repentez-vous tous, ô vous qui croyez et peut-être serez-vous heureux »[3]. Si le repentir est nécessaire au salut, cette exhortation, dit al-Ġazālī, est adressée non seulement à tous les croyants mais aussi à tous hommes et elle leur parvient par le Coran ou par « la lumière du discernement » (*nūr al-baṣīra*)[4]. Le repentir est la manifestation d'un désir : se rapprocher de Dieu. Al-Ġazālī précise qu'il incombe à tout pubère, qu'il soit musulman ou *kāfir*, soit de se repentir (*tawba*) de son ignorance (*ǧahl*) et de sa mécréance (*kufr*), soit d'abandonner ses passions car, dit-il, la religion de ses pères ne lui est d'aucun profit sans la conversion de son cœur. Tous sont donc appelés à cette double conversion, puisque le repentir est nécessaire à la délivrance de la perdition (*naǧa min al-halāk*)[5]. Tous aussi reçoivent la "grâce" du repentir dans la mesure où si Dieu a donné à Adam et à sa descendance – autrement dit à l'humanité – la peine et le labeur, il leur a aussi accordé le bienfait du repentir[6].

À cet égard, dans le *Kitāb al-ʿilm*, al-Ġazālī souligne qu'aucun homme (*ādamī*) qui a une disposition cognitive naturelle (*ġarīzatuhu al-ʿaql*), de surcroît élevée par la certitude, ne peut périr. Tout homme ? S'agit-il seulement de l'homme musulman ou bel et bien de toute personne du genre humain ? L'utilisation du terme *ādamī* oriente nettement la perspective en sa dimension extensive. L'exemple donné par al-Ġazālī en guise d'illustration le confirme[7] : dans l'histoire qu'il rapporte, il est question en effet d'un juif qui décide de

1. Al-Ġazālī, *Iḥyāʾ*, *op. cit.*, K. 31 (*Kitāb al-tawba*), R. 1, b. 4, p. 1337 [V. 7, p. 38] ; [trad. Gramlich A. 48, p. 38].
2. *Ibid.*, R. 1, b. 1, p. 1329 [V. 7, p. 14] ; [trad. Gramlich A. 7, p. 24].
3. S. 24, 31.
4. Al-Ġazālī, *Iḥyāʾ*, *op. cit.*, K. 31 (*Kitāb al-tawba*), R. 1, b. 4, p. 1335 [V. 7, p. 33] ; [trad. Gramlich A40, p. 36].
5. *Ibid.*, R. 1, b. 2, p. 1331 [V. 7, p. 19] ; [trad. Gramlich, A. 14, p. 27].
6. *Ibid.* [trad. Gramlich, A. 18, p. 28].
7. E. Pisani, « Regards d'Al-Ġazālī sur les juifs », art. cit.

revenir à Dieu après, non seulement s'en être détourné, mais l'avoir aussi explicitement rejeté :

> On rapporte que vivait parmi le peuple d'Israël un jeune homme qui avait adoré Dieu le Très-Haut vingt ans durant, puis l'avait courroucé vingt autres années. Un jour, il se regarda dans le miroir et vit des poils blancs dans sa barbe. Il en fut accablé et dit : « Ô mon Dieu ! Je me suis soumis à Toi vingt années durant, puis je T'ai désobéi vingt autres années. Si je reviens à Toi, m'accepteras-tu ? » C'est alors qu'il entendit dire sans voir personne : « tu Nous as aimé et Nous t'avons aimé ; tu Nous as délaissé et Nous t'avons délaissé ; tu Nous as courroucé et Nous t'avons négligé, si tu reviens à Nous, Nous t'accepterons »[1].

De ce récit, nous pouvons retenir deux enseignements : *primo*, l'adoration d'un juif a théologiquement parlant valeur d'adoration. Elle est considérée par Dieu comme un acte d'amour et, à l'amour qu'une créature Lui porte, Dieu répond par l'amour : « Nous t'avons aimé ». Cette adoration est accomplie par un juif et non par un musulman. Si elle ne répond pas formellement parlant à l'adoration musulmane, elle en partage l'esprit, et donc la valeur. *Secundo*, au jour de son retour à Dieu, alors que ce juif est au milieu de sa vie, Dieu agrée sa conversion. Or, cette conversion est spirituelle et non pas religieuse au sens où il s'agit d'une conversion du cœur et non de la conversion à l'islam. Le juif de cette histoire ne devient pas musulman, mais son repentir est accueilli par Dieu comme il le serait pour un musulman. Certes, al-Ġazālī ne dit pas explicitement que les juifs peuvent être sauvés, mais le salut individuel d'un juif y est ici clairement affirmé.

Dieu se fait donc connaître par la loi ou la raison, et cette connaissance induit des actes conformes à la loi. Dieu agrée ces œuvres : elles relèvent non seulement d'une attitude de foi, mais aussi de la foi elle-même en tant qu'elles sont un signe manifeste de la confiance en Dieu. Il est chez al-Ġazālī une autre grille d'analyse qui permet de fonder le salut des non musulmans : il s'agit du beau caractère (*ḥusn al-ḫuluq*).

Selon un *ḥadīṯ* qu'il cite en ouverture du *Livre de la fraternité*, « la meilleure chose reçue par l'homme, c'est le beau caractère (*ḥusn al-ḫuluq*) »[2]. Sa définition est, dans un premier temps, celle de la bienfaisance, de l'élégance religieuse d'un comportement empli de mansuétude à l'égard de l'autre : « le beau caractère consiste à se rapprocher de celui qui a rompu avec toi, à pardonner à celui qui t'a causé du tort et à donner à celui qui t'a dépossédé »[3]. Au-delà de ses fonctions sociales et de ses manifestations fraternelles, le beau caractère repose sur trois principes, à savoir la religion (*dīn*), la crainte révérentielle (*taqwā*) et l'amour de Dieu (*ḥubb Allāh*). La religion (*dīn*) est

1. Al-Ġazālī, *Iḥyā'*, *op. cit.*, K. 31 (*Kitāb al-tawba*), R. 1, b. 5, p. 1342 [V. 7, p. 53] ; [trad. Gramlich A. 78, p. 47-48].

2. Rapporté par Abū Hurayara : Al-Ġazālī, *Iḥyā'*, *op. cit.*, K. 15 (*Kitāb ādāb al-ulfa wa l-uḫuwwa wa l-ṣuḥba*), p. 589 [V. 4, p. 11].

3. *Ibid.*

« l'évitement des interdits (*tark al-mawāniʿ*) et l'accomplissement des actes d'obéissance (*fiʿl al-ṭāʿa*) »[1]. Elle appartient donc au domaine pratique dans sa dimension négative – l'acte à ne pas accomplir – et dans sa dimension positive – ce qu'il convient de réaliser. Elle relève donc de l'éthique en tant qu'elle est une activité pratique et normative.

Cette composante éthique et religieuse du beau caractère a une incidence eschatologique puisque, citant un *ḥadīṯ*, al-Ġazālī indique que « Dieu n'a pas fait bon le caractère d'un homme (*ḫuluq ʿabd*) en le créant pour qu'il goûte le feu de l'enfer »[2] ou encore, citant Anas : « L'homme (*ʿabd*) parvient par son beau caractère au plus haut degré de l'au-delà même si faible (*ḍaʿīf*) est sa dévotion (*ʿibāda*) »[3]. De même, al-Ġazālī introduisait le *Livre de la fraternité* en rapportant que « la chose qui pèse le plus dans la balance, c'est le beau caractère »[4] ou encore, « Dieu n'a jamais embelli la constitution et le caractère d'un individu pour le vouer à l'enfer qui le consumerait »[5]. En se référant à son maître Ǧunayd, al-Ġazālī rend compte de la définition du beau caractère dans le constitutif de la foi : « Quatre éléments contribuent à l'ascension de l'homme (*ʿabd*) aux plus hauts degrés, même si sa connaissance et ses actions sont infimes : la patience (*ḥilm*), l'humilité (*tawāḍuʿ*), la munificence (*saḫāʾ*) et le beau caractère. Ils sont la perfection de la foi (*kamāl al-īmān*) »[6]. Si le terme *ʿabd* désigne l'homme en général, il peut être aussi synonyme d'homme musulman. Mais le contexte ne laisse place à aucune ambiguïté sur la dimension universelle du propos : aussi infime que soient la connaissance et les actions qui y sont associées – autrement dit la foi et la pratique – le beau caractère ouvre à tout homme qui en est doté un chemin de salut.

De même, la citation d'Ibn ʿAṭāʾ (m. 309/922)[7] qui clôt le premier chapitre du *Kitāb riyāḍat al-nafs*, donne au beau caractère une dimension universelle par l'emploi du terme *ḫalq* : « Ceux qui se sont élevés [spirituellement] n'y sont parvenus que par le beau caractère et nul n'a atteint sa perfection sinon l'Élu (*al-muṣṭafā*). Les créatures (*ḫalq*) qui se rapprochent de Dieu sont celles qui suivent ses traces par le beau caractère (*bi-ḥusn al-ḫuluq*) »[8]. Le beau caractère est donc pour al-Ġazālī aux fondements de l'islam (*asās al-islām*)[9]. Sa visibilité

1. Al-Ġazālī, *Bidāyat al-hidāya*, *op. cit.*, p. 106.
2. *Ibid.*, b. 1, p. 910 [V. 5, p. 178], *ḥadīṯ* cité par al-Ṭabarānī, *Al-Muʿǧam al-awsaṭ wa l-muʿǧam al-ṣaġīr*, *op. cit.*, n° 2772.
3. *Id.*, *Iḥyāʾ*, *op. cit.*, K. 22 (*Kitāb riyāḍat al-nafs*), b. 1, p. 912 [V. 5, p. 183].
4. Rapporté par Abū Dawūd et al-Tirmiḏī : *ibid.*, K. 15 (*Kitāb ādāb al-ulfa wa l-uḫuwwa wa l-ṣuḥba*), p. 589 [V. 4, p. 11].
5. Rapporté par Abū Hurayara : *ibid.*, p. 589 [V. 4, p. 11].
6. *Ibid.*, K. 22 (*Kitāb riyāḍat al-nafs*), b. 1, p. 913 [V. 5, p. 187].
7. Soufi et membre du cercle de Baġdād qui entourait al-Ǧunayd.
8. Al-Ġazālī, *Iḥyāʾ*, *op. cit.*, K. 22 (*Kitāb riyāḍat al-nafs*), b. 1, p. 913 [V. 5, p. 187].
9. *Ibid.* [V. 5, p. 186]. Dans le commentaire de ce passage, Zabīdī commentant al-Ġazālī retranscrit qu'il est au fondement de la foi (*īmān*). L'édition Būlāq comme celle du Minhāǧ indique « islam » [pour Būlāq, *op. cit.*, vol. 3, p. 51]. Pour Zabīdī : V. 7, p. 325.

y est la plus explicite à travers le modèle que constitue Muḥammad[1], mais il est une réalité psychologique et spirituelle qui le transcende : son fondement est la religion (*dīn*) d'une manière générale et non exclusivement l'islam, ce qui conduit les religions à être des vecteurs dans la transmission d'une réalité qui ouvre à ses membres l'accès au salut.

Réalité psychologique et spirituelle dont la religion, la crainte révérencielle et l'amour de Dieu sont les principes, le beau caractère peut-il être inné ou n'est-il que le produit de l'éducation religieuse ou sociale ? Il s'agit de savoir si l'islam est la religion la plus parfaite dans la formation du beau caractère.

Pour répondre, al-Ġazālī part du Coran mais puise aussi à l'éthique de la pensée grecque. Pour lui, le caractère (*ḫuluq*) d'un individu est en effet « l'expression d'une disposition fermement établie dans l'âme (*ʿibāra ʿan hayʾa fī l-nafs rāsiḫa*) de laquelle résulte l'accomplissement spontané d'actions qui ne nécessitent ni dimension réflexive ni dimension cognitive (*min ġayri fikr wa rawiyya*) »[2]. Il distingue le bon et le mauvais caractère à la lumière, non seulement de la philosophie, mais aussi de l'islam, puisque qu'il le définit comme la disposition du caractère à accomplir des actes beaux et méritoires reconnus par l'intellect (*ʿaql*) et la loi (*šarʿ*)[3]. Le caractère est l'aspect intérieur de l'homme, il est propre à chaque individu, il est inné. La définition du beau caractère implique un juste équilibre entre les différentes dimensions de l'âme humaine. L'âme rationnelle est la faculté, la puissance qui permet d'actualiser et de susciter la mise en œuvre de ce qui a été jugé comme bon par la raison ou reconnu comme tel par la loi. L'homme est doué d'un beau caractère lorsque les puissances rationnelle, irascible et appétitive de son âme parviennent à un équilibre et à la position d'un juste milieu (*man istawat fīhi hāḏihī al-ḫiṣāl wa iʿtadalat*). Les dimensions appétitive et irascible sont contrôlées, ordonnées par la faculté rationnelle[4]. Al-Ġazālī distingue et dénomme l'état d'équilibre de chacune de ces facultés : ainsi, le juste milieu de la faculté irascible est le courage (*šağāʿa*), celui de la faculté appétitive est la tempérance (*ʿiffa*), celui de la faculté rationnelle, la sagesse (*ḥikma*). Cependant, comme Platon, al-Ġazālī distingue une quatrième vertu : la justice. Mais alors que Platon la définit comme la vertu qui gouverne toutes les autres en tant qu'elle veille à ce qu'aucune d'entre elles n'interfère avec une autre[5], pour al-Ġazālī, la justice est une puissance de l'âme qui contrôle et régule les dérives des dimensions appétitive et irascible de l'âme à la lumière de ce que lui indique la sagesse qui distingue entre le vrai et le faux dans l'ensemble des actes volitifs (*al-afʿāl*

1. Al-Ġazālī, *Iḥyāʾ*, *op. cit.*, K. 20 (*Ādāb al-maʿīša wa aḫlāq al-nubuwwa*).

2. *Ibid.*, K. 22 (*Kitāb riyāḍat al-nafs*), b. 2, p. 914 [V. 5, p. 190]. L'expression *min ġayri fikr wa rawiyya* est caractéristique des néo-platoniciens dans la caractérisation des émanations à partir de l'Un (*al-ʿaql al-awwal*).

3. *Ibid.* [V. 5, p. 191].

4. *Ibid.*, p. 915 [V. 5, p. 193].

5. Platon, *La République*, 433. On retrouve les quatre facultés chez Miskawayh, mais ce dernier est plus proche de Platon qu'al-Ġazālī : Miskawayh, *Traité d'éthique*, *op. cit.*, p. 27-28.

al-iḫtiyāriyya)[1]. L'équilibre propre à chaque faculté de l'âme est un état (*ḥāl*) qui correspond aux vertus (*faḍā'il*)[2]. Al-Ġazālī conclut :

> C'est de l'équilibre de ces quatre facultés que résultent toutes les caractéristiques du beau caractère. En effet, de l'équilibre de l'intellect, il s'ensuit la bonne disposition intellectuelle (*ḥusn al-tadbīr*) et la perfection du discernement (*ǧawdat al-ḏihn*), la perspicacité de l'opinion (*ṯaqābat al-ra'y*), l'exactitude de la conjecture (*iṣābat al-ẓann*) et la compréhension des implications de l'action et des défauts cachés de l'âme. Lorsque l'équilibre est rompu par l'excès (*ifrāṭ*) [d'une de ces facultés], s'ensuivent l'imposture (*ǧarbaza*), la fourberie (*makr*), la duplicité (*ḫidāʿ*), la supercherie (*dahā'*) ; lorsque qu'il est rompu par défaut, s'ensuivent la stupidité (*balah*), l'inexpérience (*ġimāra*), la sottise (*ḥumq*) la frénésie (*ǧunūn*)[3].

> La bonté du caractère est donc le produit de l'équilibre (*iʿtidāl*) de la faculté rationnelle et la perfection de la sagesse (*kamāl al-ḥikma*) ainsi que l'équilibre des facultés irascible et appétitive à travers leur soumission à la raison (*ʿaql*) et à la loi[4].

Ces vertus ou facultés ne dessinent pas en elles-mêmes une exigence ou un idéal moral à atteindre, mais en tant que caractère, elles sont ontologiquement inscrites en l'homme. Elles impriment sa nature. Si pour Platon, Socrate est par excellence l'homme vertueux en tant qu'il est la recherche de la vertu et sa mise en pratique[5], al-Ġazālī présente Muḥammad comme le seul homme qui accomplit le parfait équilibre entre les quatre vertus : il est donc l'homme du beau caractère.

> Personne, sinon le Prophète, n'a atteint l'équilibre de ces quatre vertus. Les autres humains le suivent à des distances différentes. Quiconque est proche de lui, dans le domaine de ces vertus, est proche de Dieu, le très-Haut, dans la mesure de sa proximité par rapport au prophète. Et quiconque possède en lui-même la perfection de ces beaux comportements mérite d'être, parmi les créatures, un ange auquel on obéit et auquel se réfèrent tous les hommes pour l'imiter en tous leurs actes[6].

L'équilibre parfait est atteint par le Prophète tandis que les hommes (*nās*) sont d'un degré de proximité envers Dieu aléatoire et proportionnel à leur

1. Al-Ġazālī, *Iḥyā'*, *op. cit.*, K. 22 (*Kitāb riyāḍat al-nafs*), b. 2, p. 915 [V. 5, p. 194].

2. *Ibid.*, p. 916 [V. 5, p. 196]. Voir Aristote, *Éthique à Nicomaque*, Livre II, 7. 1. 3 et 7. 3 où la vertu est définie comme n'étant ni une affection, ni une capacité, mais un état décisionnel et un équilibre entre deux vices, l'un par défaut, l'autre par excès. Chez al-Ġazālī, le vocabulaire ne suit pas avec la même rigueur les distinctions posées par Aristote. L'expression oscille en effet entre puissance ou faculté (*quwwa*), vertu (*faḍīla*) et état (*ḥāl*).

3. *Ibid.*, p. 915-916 [V. 5, p. 194-195].

4. *Ibid.*, p. 919 [V. 5, p. 207].

5. Les portraits de l'*Apologie* et du *Criton en sont les plus explicites.*

6. Al-Ġazālī, *Iḥyā'*, *op. cit.*, K. 22 (*Kitāb riyāḍat al-nafs*), b. 2, p. 916 [V. 5, p. 196-197].

proximité envers le prophète de l'islam. Son éthique garde fondamentalement un aspect « islamique ».

Singulier et spécifique à chaque homme lors de sa naissance, le caractère est transformable, éducable, réformable. L'éducation doit permettre aux hommes de devenir bons, d'user de leur raison avec sagacité et de devenir meilleurs que leur nature[1], de parvenir à la purification de l'âme (*tazkiyat al-nafs*) et au raffinement du caractère (*tahḏīb al-aḫlāq*). Comme le faucon, le chien ou le cheval, le caractère de l'homme est apprivoisable et perfectible[2]. Le but de l'éducation et de l'acquisition des actes d'obéissance à Dieu est d'affermir l'amour pour Dieu en suscitant le désir de la Rencontre (*liqāʾ Allāh*)[3]. La purification de l'âme nécessite un guide, un sage, un directeur spirituel. Al-Ġazālī recourt au terme de *faqīh al-nafs* par opposition au *faqīh al-dunyā* dont le métier relève des choses de ce monde[4]. Dans cette optique, la loi (*šarʿ*) exerce un rôle exogène en orientant l'âme rationnelle (*ʿaql*). Elle est le facteur déterminant dans l'éducation du caractère. Mais qu'en est-il d'un homme naissant avec un beau caractère en dehors des contrées musulmanes ? Qu'en est-il de sa capacité naturelle à discerner le bien du mal, le vrai du faux ? Al-Ġazālī distingue chez les hommes en général (*nās*) quatre caractères selon leur capacité d'adaptation à l'éducation : le premier est innocent (*ġāfil*) et il n'est pas en mesure de distinguer le vrai du faux. Il est « vierge » de tout distinguo et ne cherche pas la poursuite des passions. Un tel homme (*insān*) est disposé à suivre les enseignements qui lui seront proposés ; le deuxième distingue le bien du mal mais, sous l'influence de ses désirs, il prend plaisir à agir de manière non droite. Un tel homme doit déraciner de son âme ce qui l'incline au mal ; le troisième homme considère que les traits déplaisants de son caractère n'en sont pas moins nécessaires. Il doit cette considération à son éducation. Il a donc été mal guidé. Enfin, le quatrième homme a été élevé à croire et à accomplir des actes de corruption. Il croit que les actes méritoires sont les actes criminels et iniques[5]. Dans cette perspective, l'homme naît prédisposé au beau caractère, mais seule l'éducation par la raison et la loi lui permet de former et de développer ses potentialités. Il existe cependant pour al-Ġazālī des hommes qui possèdent dès leur naissance un beau caractère, fruit d'une gratification divine particulière (*ǧūd ilāhī*) et de la perfection de la *fiṭra* (*kamāl fiṭrī*). Dans cette optique, le *ḫuluq* est connaturel à l'individu. Il n'est pas seulement une

1. On retrouve ici la perspective aristotélicienne : Aristote distingue dans l'*Éthique à Nicomaque* entre les vertus intellectuelles que l'on acquiert par l'étude et l'instruction, et les vertus morales ou du caractère qui sont le fruit de l'habitude et qui ne sont donc pas de nature ontologique : Aristote, *Éthique à Nicomaque*, Livre II, 3. 1-2. Miskawayh, *Traité d'éthique*, *op. cit.*, : après avoir rapporté la position d'Aristote (p. 54), il montre que l'éducation permet de corriger les états naturels des hommes dès leur enfance (p. 56-58).

2. Al-Ġazālī, *Iḥyāʾ*, *op. cit.*, K. 22 (*Kitāb riyāḍat al-nafs*), b. 3, p. 917 [V. 5, p. 199].

3. *Ibid.*, b. 4, p. 920 [V. 5, p. 210].

4. L'expression se retrouve chez al-Tustarī, *Muʿāraḍa*, p. 4-5.

5. Al-Ġazālī, *Iḥyāʾ*, *op. cit.*, K. 22 (*Kitāb riyāḍat al-nafs*), b. 3, p. 917-918 [V. 5, p. 201-203].

disposition, un équilibre des facultés, mais un comportement vertueux inné. Un tel homme agit de manière disciplinée, obéissant à la raison et à la loi, sans la médiation de l'enseignant ni de toute autre voie éducative, « à l'exemple de Jésus, de Jean – le fils de Zacharie – et de tous les prophètes »[1]. Autrement dit, le comportement de tels hommes est conforme à la loi sans avoir été informé par la connaissance de la loi. Toutefois, la réalisation de l'équilibre parfait entre l'ensemble des vertus n'appartient qu'aux seuls envoyés[2]. Les hommes peuvent donc être en partie vertueux, naturellement, selon les bienfaits octroyés par Dieu à l'instant de leur création.

Le beau caractère se manifeste par le renoncement à la passion et à la colère et un rapport juste, équilibré, équitable avec les passions et le désir. L'enjeu n'est pas de nier le désir, mais de le dompter, de le tempérer, de le modérer. L'homme doté d'un beau caractère est l'homme non lubrique, l'homme tempérant qui ne donne dans aucun excès, l'homme vertueux donc qui « évite de pécher aussi bien par démesure (*ṭuġyān*) que par manque (*ḫusrān*) et dont s'équilibrent les plateaux de la balance »[3]. Dans cette perspective, la richesse, la famille, le statut social, la santé ne sont pas intrinsèquement des causes de perdition ou d'égarement, mais des auxiliaires nécessaires au cheminement vers la félicité dès lors qu'ils concordent avec les qualités de l'âme par la guidance divine.

Dans son éthique al-Ġazālī opère une synthèse entre la philosophie grecque et les données de la foi islamique à l'aune de l'enseignement soufi : le beau caractère est l'équilibre des vertus ; sa réalisation nécessite de suivre un exemple, dont le plus beau modèle est le prophète de l'islam. Al-Ġazālī ne nie pas l'existence des qualités vertueuses et leur agencement harmonique chez les non musulmans ce qui, sous cet aspect, leur ouvre aussi la voie du salut. Ainsi, au détour d'une histoire, d'une remarque ou d'une anecdote, il cite ainsi les vertus d'un esclave qui repoussa les avances d'une femme qu'il était venu chercher afin qu'elle épousât son maître. Dieu bénit sa piété (*taqwā*) et il fut prophète en Israël[4].

Dans le *Kitāb al-mawāʿiẓ fī l-aḥādīṯ al-qudsiyya*, al-Ġazālī fustige celui qui n'agit pas selon ce qu'il sait et qui a l'outrecuidance de demander la science[5]. À quoi bon proscrire le mal si c'est pour l'accomplir, et pourquoi commander le bien si c'est pour en rire[6] ? « La langue est savante mais le cœur

1. Al-Ġazālī, *Iḥyāʾ*, *op. cit.*, K. 22 (*Kitāb riyāḍat al-nafs*), b. 4, p. 919 [V. 5, p. 207].
2. *Ibid.*
3. *Ibid.*, K. 32 (*Kitāb al-ṣabr wa l-šukr*), Š. 2, R. 2, b. 1, q. 6, p. 1438 [V. 7, p. 342].
4. *Ibid.*, K. 31 (*Kitāb al-tawba*), R. 4, q. 2, p. 1383 [V. 7, p. 178].
5. *Id.*, *Kitāb al-mawāʿiẓ fī l-aḥādīṯ al-qudsiyya*, éd. ʿAbd al-Ḥamīd Ṣāliḥ, al-Qāhira, al-Dār al-Miṣriyya al-Lubnāniyya, 1988, p. 22. L'attribution de l'ouvrage a pu être contestée. À noter qu'il figure sur les listes des œuvres d'al-Ġazālī établies par al-Qabbānī et Ḥilmī. Pour l'éditeur, le copiste du manuscrit de Gotha qui attribue l'ouvrage à al-Ġazālī est digne de confiance : voir la note 132 dans Claude Gilliot, « Textes arabes anciens édités en Égypte », *MIDÉO*, 20, 1990, p. 394.
6. Al-Ġazālī, *Kitāb al-Mawāʿiẓ fī l-aḥādīṯ al-qudsiyya*, *op. cit.*, p. 27.

ignorant »[1] dit-il de ces gens promis à « pourrir » dans les entrailles de la terre[2]. Si celui qui n'agit pas selon la loi est condamné pour ses manquements, qu'en est-il de celui qui ne sait pas ? L'ignorant est-il perdu par son ignorance ou bien bénéficie-t-il de la clémence divine puisqu'il ne savait pas ?

Dans le *Kitāb al-tawba*, al-Ġazālī dit de l'ignorance qu'elle est un désastre, un mal terrible (*muṣība*). Elle est cause d'insoumission et de désobéissance (*maʿṣiya*) : « le malheur dû à ton ignorance est plus grave que tout autre malheur (*wa muṣībatuka bi-ǧahlika aʿẓamu min kulli muṣība*) »[3]. À lire ce passage, il ne faut point attendre d'indulgence de la part de Dieu pour celui qui ignore la loi, mais al-Ġazālī établit une graduation dans la peine eschatologique en fonction de l'implication de la volonté du désobéissant. De plusieurs *ḥadīṯs* et anecdotes, al-Ġazālī soutient que le sort de l'ignorant sera moins rude que le châtiment réservé au mauvais savant : « ces traditions montrent clairement que le savant attaché à ce bas-monde connaîtra une condition plus vile et un châtiment plus sévère que l'ignorant », conclut-il sans ambages dans le *Kitāb al-ʿilm*[4].

TYPOLOGIE ESCHATOLOGIQUE DU *KITĀB AL-TAWBA*[5]

Al-Ġazālī compare Dieu à un roi. Comme Dieu, le roi est seul maître en son royaume. Il a des sujets, mais nul ne lui est associé (*lā šarīka lahu*)[6]. Lorsqu'il conquiert une région, il étend la puissance de son royaume. Les habitants lui doivent alors soumission et allégeance. Pourtant, d'aucuns refusant son autorité l'ont combattu avec ardeur. Au combat, certains ont trouvé la mort : ce sont les perdus. D'autres, et ils sont la majorité, se sont d'abord opposés au roi, ont contesté sa légitimité, son pouvoir, son autorité. Ils ont été arrêtés, torturés, avant de se rendre : ce sont les suppliciés, les châtiés[7]. Parmi eux, le roi accorde à certains la paix : ce sont les sauvés. D'autres, enfin, n'ont jamais combattu contre le roi ; ils bénéficient d'une récompense particulière : ce sont les victorieux. En toute justice, ne sont tués que ceux qui ont combattu le roi. Le supplicié, précise al-Ġazālī, a certes reconnu son autorité, mais il a refusé de

1. *Ibid.*, p. 21.
2. *Ibid.*, p. 27.
3. Al-Ġazālī, *Iḥyāʾ*, *op. cit.*, K. 31 (*Kitāb al-tawba*), K. 31, R. 1, b. 4, p. 1338 [V. 7, p. 42] ; [Gramlich A56, p. 41].
4. *Ibid.*, B. 6., p. 74 [V. 1, p. 223].
5. Nous présentons ici une version réduite de notre article : « Hors de l'islam point de salut ? Eschatologie d'al-Ġazālī », *MIDÉO*, 30, 2014, p. 139-184.
6. Al-Ġazālī, *Iḥyāʾ*, *op. cit.*, K. 31 (*Kitāb al-tawba*), R. 2, b. 2, p. 1351 [V. 7, p. 83] [Gramlich A. 129, p. 66].
7. Pour al-Ġazālī, l'application de la torture dépend des actes illégaux qui ont été commis : elle pourra être plus ou moins longue, plus ou moins violente selon la nature et le degré de chacun des manquements : *ibid.*, R. 2, b. 2, p. 1352 [V. 7, p. 85].

le servir. Le sauvé est celui qui a reconnu le roi, mais dont le comportement n'a pas toujours été à la hauteur de ce qui était attendu de lui : il a commis des fautes. Le victorieux, en revanche, est le fidèle serviteur. Au sein de ces catégories, les degrés d'exécution, de supplice ou de félicité dépendent donc des actes accomplis par chacun, du degré de service (*ḫidma*) ou de résistance (*muʿānid*) au roi. La parabole a une fonction pédagogique qui permet dans un premier temps de situer chacun des groupes et d'en distinguer les différents niveaux.

Dans ce schéma, où situer les non musulmans ? Qu'en est-il de ceux qui reconnaissent l'islam et ne lui portent aucun ombrage ou encore de ceux qui jouissent d'un statut de protection, les *ḏimmīs* ? Chrétiens, juifs, bouddhistes, polythéistes, athées se retrouvent-ils dans une même catégorie ou celle-ci dépend-elle de leurs croyances respectives ? Et qu'en est-il aussi de ceux qui habitent une contrée que le roi n'a pas encore conquise ? En reprenant en détail chacune des quatre catégories, al-Ġazālī expose une eschatologie des non musulmans.

al-hullāk – al-hālikūn, *les perdus*

La racine *h.l.k.* revient 68 fois dans le Coran. En son champ sémantique elle signifie périr, mourir misérablement, être perdu, exterminé, anéanti. Au participe actif, *al-hālik* est celui qui trépasse, qui est perdu. À la quatrième forme, Dieu est celui qui fait périr (*ahlaka*), qui cause la perte du pécheur[1] et de bien des générations[2]. Au jour du châtiment, Dieu fait périr le peuple injuste, inique, qui enténèbre (*ẓālim*) la cité[3]. Il fait périr les ennemis de ceux qu'il a choisis comme élus[4]. S'il sauve celui qu'il voulait sauver, il anéantit le transgresseur et le fauteur de trouble (*saraf*)[5]. Cependant, Dieu ne détruit pas sans raison une cité dont le peuple serait encore insouciant (*ġāfil*)[6]. L'action de détruire ne lui est pas propre. Satan cherche à faire périr les hommes, et les hommes eux-mêmes périssent dans le combat[7].

Al-Ġazālī définit les *hālikīn* comme « ceux qui désespèrent en la miséricorde de Dieu (*al-yā'isīn min raḥmat Allāh*) »[8]. En filant l'image de la parabole, ils ont combattu le roi et n'espèrent ni en sa satisfaction ni en sa générosité. Leur affliction, leur désolation, leur désespérance provient de ce qu'ils sont ignorants de la *raḥma* divine. De leur opposition à Dieu découle

1. Voir par exemple S. 28, 78.
2. S. 6, 6 et 8, 54 ; 10, 13 ; 14, 13 ; 17, 16-17 ; 77, 16.
3. S. 6, 47.
4. S. 7, 129
5. S. 21, 9.
6. S. 6, 131. S. 8, 42 et S. 21, 6 ; 18, 59 ; 21, 95 ; 22, 45, 26, 208 ; 28, 59 ; 29, 31.
7. S. 9, 42.
8. Al-Ġazālī, *Iḥyā'*, *op. cit.*, K. 31 (*Kitāb al-tawba*), R. 2, b. 2, p. 1352 [V. 7, p. 86] [Gramlich, A. 131, p. 67].

donc une image tronquée de son essence, de ses attributs, de sa bonté. Dans cette perspective, seule l'absence de foi en la miséricorde conduit à leur perte, car Dieu qui est intrinsèquement infinie miséricorde ne rend pas le mal pour le mal. Par la suite, seul celui qui ne croit pas que Dieu sauve puisqu'il est miséricorde, n'est pas sauvé. Cette définition générale rejoint une remarque importante du *Livre de l'orgueil et de la vanité* : « Si vous entendez quelqu'un (*rağul*) dire que les hommes (*nās*) sont perdus (*halaka*), il est plus perdu qu'eux ! »[1].

Cette définition posée, al-Ġazālī précise les différents groupes qui relèvent de cette catégorie : on y trouve « seulement » les renégats (*ğāḥidūn*)[2], ceux qui sont dans une posture de dénigrement et de calomnie à l'égard de Dieu (*muʿriḍūn*), qui se détournent de Lui en ne se consacrant qu'au monde d'ici-bas, qui récusent Dieu (*munkirūn*) et l'accusent de mensonge ainsi que ses envoyés et ses livres (*al-mukaḏḏibūn bi-Llāhi wa rusulihi wa kutubihi*)[3]. Au jour du Jugement, ils sont séparés de Dieu par un voile et ne peuvent accéder à la contemplation de sa face qui n'est atteinte que par la connaissance (*maʿrifa*) qui résulte (*yuʿabbaru ʿanhā*) de la foi (*īmān*) et du jugement de véracité (*taṣdīq*). Ils ne peuvent donc Le rencontrer, car un obstacle est dressé entre eux et leur Seigneur. Ils sont donc promis au feu de la Géhenne. On perçoit dans la description de cette catégorie un certain flottement sémantique : le *hālik* brûle tel le supplicié ; son anéantissement n'est donc pas absolu. En effet, remarque al-Ġazālī, le paroxysme de leur affliction ne découle pas tant de la brûlure des flammes que du feu de la séparation (*nār al-firāq*)[4]. Dieu en enfer se fait donc connaître et cette connaissance est cause de l'intensification de leurs tribulations. Mais quelle est ce Dieu connu dont la séparation fait tant souffrir ? Est-il le Dieu miséricordieux ? Si la connaissance de la miséricorde de Dieu s'acquiert en enfer, Dieu n'est-il pas alors en mesure par sa miséricorde de sauver celui qui est perdu ? La question avait déjà été posée par le mystique

1. Al-Ġazālī, *Iḥyā'*, *op. cit.*, K. 29 (*Kitāb ḏamm al-kibr wa l-ʿuğb*), Š. 1, b. 6, p. 1256, [V. 6, p. 509]. Voir Muslim, K. 46, n°6850 ; Mālik, *Al-Muwaṭṭa'*, K. 56 (*Kitāb al-kalām*), n° 1815.

2. De la racine *ğ.ḥ.d.*, renier, abjurer, démentir, apostasier dont nous trouvons trois récurrences dans le Coran : Maurice Gloton, *Une approche du Coran par la grammaire et le lexique*, *op. cit.*, p. 303. Le terme est utilisé dans l'*Iḥyā'* à propos de celui que ne convainquent pas les récits exemplaires dans lesquels se laissent voir l'action de la providence divine : Al-Ġazālī, *Iḥyā'*, *op. cit.*, K. 21 (*Šarḥ ʿağā'ib al-qalb*), b. 10, p. 882 [V. 5, p. 92] ; il sert à renforcer la notion de *kufr* (*kufr al-ğāḥidīn*) : K. 30, b. 1, p. 1298 [V. 6, p. 235]. Al-Ġazālī distingue celui qui atteste du premier pilier de l'islam verbalement ou non : le *ğāḥid* refuse l'attestation verbale alors même que son âme l'atteste en sa *fiṭra* : K. 1, B. 7, b. 1, p. 105 [V. 1, p. 316].

3. Al-Ġazālī, *Iḥyā'*, *op. cit.*, K. 31 (*Kitāb al-tawba*), R. 2, b. 2, p. 1352 [V. 7, p. 86] [Gramlich, A. 131, p. 67]. Le terme n'est pas utilisé dans le K. 40 (*Kitāb ḏikr al-mawt wa mā baʿdahu*).

4. *Ibid.* [V. 7, p. 87]. Pour fonder son propos, al-Ġazālī cite le vers d'un poème d'al-Mutanabbī : « Il est dans le cœur de l'amant un feu violent, si bien que le feu de la Géhenne lui apparaît rafraichissant », dans al-Mutanabbī, *Diwān*, Bayrūt, Dār Ṣādir, 1958, p. 8. La douleur porte donc sur la séparation de Dieu, car si l'homme perdu n'a pas initialement connaissance de Dieu – et ne peut donc éprouver la peine due à son absence – Dieu est aussi celui qui « remonte dans les cœurs » (S. 109, 6-7).

al-Tirmiḏī qui est un des premiers mystiques de l'islam à avoir soutenu la possibilité d'un salut universel et refusé la thèse de l'éternité de la peine[1]. L'analyse d'al-Ġazālī permet aussi de poser la question, sans y apporter de réponse définitive.

À propos de la description de ceux qui répondent à la catégorie des *hullāk*, le champ lexical utilisé ne mentionne jamais le *kāfir*, le *mušrik*, le *zindīq* ou toute autre catégorie qui lui sert habituellement dans ses écrits à désigner le non musulman. En outre, le calomniateur, le renégat, le négateur ne sont des perdus (*hullāk*) qu'en tant qu'ils ne croient pas en la *raḥma* divine ce qui explique qu'ils ne mettent pas en elle leur espérance. Le cœur de la méprise, de l'égarement, de la séparation donc, porte sur cet attribut divin. Toute autre question y devient seconde voire secondaire.

al-muʿaḏḏabūn, *les suppliciés*

Muʿaḏḏab est le participe passif de la deuxième forme verbale désignant celui qui subit un châtiment, un tourment, une punition pour être corrigé. La racine apparaît 373 fois dans le Coran. Nul ne châtie comme Dieu châtie[2] et Dieu punit qui il veut[3], mais il prévient que ceux qui ne croient pas ou qui sont injustes seront châtiés d'un terrible châtiment[4]. Dans ce supplice douloureux qui leur est préparé, ils ne trouveront secours qu'en Dieu[5]. Dieu punit les juifs et les chrétiens de leurs péchés[6]. À l'égard des chrétiens (S. 5, 116), il peut recourir au châtiment car ils sont ses créatures, mais il peut aussi leur pardonner car il est aussi le Puissant (*al-ʿAzīz*), le Sage (*al-Ḥakīm*)[7]. Il est remarquable de noter que le pardon de Dieu est associé aux attributs divins de puissance et de justice : non seulement le pardon est la manifestation de la puissance de Dieu, mais il est aussi l'expression de sa justice. Si Dieu châtie les *kuffār* qui malgré les signes qu'il envoie refusent de croire[8], il ne châtie jamais sans avoir envoyé aux nations un prophète[9]. Parmi les juifs, Dieu est celui qui sauve ceux qui interdisent le mal mais frappe les injustes et les libertins[10]. Dieu punit et châtie par les mains des croyants[11] les chefs de l'infidélité (*kufr*),

1. Al-Tirmiḏī, *Kitāb al-amṯāl min al-kitāb wa l-sunna*, éd. ʿAlī Muḥammad al-Biǧāwī, al-Qāhira, Dār al-Nahḍa al-Miṣriyya, 1975, p. 297 dans son chapitre sur « La vie des Gens de l'Enfer » : cité par G. Gobillot, « Fatara et fitra, quelques acceptions oubliées », dans M.-Th. Urvoy (dir.), *En hommage au Père Jomier o.p*, Paris, Cerf, 2002, p. 114.
2. S. 89, 25.
3. S. 2, 284 et S. 3, 129 ; 5, 40 ; 17, 54 ; 29, 21 ; 48, 14.
4. S. 3, 56 et S. 18, 87.
5. S. 4, 173.
6. S. 5, 18.
7. S. 5, 118.
8. S. 5, 115.
9. S. 17, 15.
10. S. 7, 165.
11. S. 9, 14.

ceux qui ont violé le pacte et qui attaquent (*ṭaʿana*) la religion (S. 9, 12). Dieu châtie ceux qui refusent de combattre pour la vie future et préfèrent s'appesantir dans les chemins du monde[1]. Il châtie ceux qui tournent le dos à ses commandements[2]. Il condamne les hypocrites obstinés avant de les livrer aux affres d'un terrible châtiment[3]. Dieu punit les hypocrites et les associationnistes[4] mais il peut accepter le repentir de l'hypocrite comme il peut le châtier[5].

Pour al-Ġazālī, les *muʿaḏḏabūn* sont ceux qui, bien qu'ils se parent des fondements de la foi (*taḥallā bi-aṣl al-īmān*), ne s'acquittent pas pleinement de leurs exigences. Car il ne suffit pas de proclamer l'unicité divine (*tawḥīd*) pour être un véritable *muwaḥḥid*. Le sommet de la foi consiste à n'adorer que Dieu et à savoir voir, derrière tout évènement, Dieu en tant qu'il est Cause des causes. Mais quel est l'homme qui peut affirmer ne jamais avoir détourné son regard de son Seigneur ? Aussi, citant le Coran[6], il affirme que l'enfer sera le lot de tout individu. Nul n'échappera donc au châtiment divin. Cependant, si l'anéantissement sous-entend la pérennité de la peine, certains n'y séjourneront qu'un instant, le temps d'un éclair, tandis que d'autres y demeureront plusieurs milliers d'années. Le supplicié n'a donc pas vocation à rester éternellement sous le joug de la torture et al-Ġazālī, synthétisant les traditions, indique que « le dernier à sortir du feu le sera après sept mille ans »[7] et de préciser « qu'il recevra alors l'équivalent de dix fois la valeur de ce monde » : la fin de la torture s'accompagne de récompenses et de bienfaits[8]. Cette délivrance est un mystère dont il est possible au savant d'approcher le secret, mais non de le percer.

> La délivrance (*naǧāt*) et la victoire (*fawz*) dans l'au-delà ont chacune des causes cachées (…) Derrière cela se trouve le secret de la volonté (*sirr al-mašīʾa*) divine éternelle que ne peuvent connaître les hommes (*ḫalq*). C'est pourquoi il nous incombe d'envisager le pardon envers le désobéissant (*al-ʿafw ʿan al-ʿāṣī*) combien même ses mauvaises actions extérieures se seraient multipliées, de la même manière qu'il nous faut supputer la colère divine contre l'obéissant, même si ses actes de dévotion sont nombreux et visibles[9].

Ce texte réaffirme l'impossibilité de mesurer la piété (*taqwā*) qui est vertu du cœur. Or, la sincérité conduit au salut (*fī l-ṣidq al-salāma*). Et al-Ġazālī de remarquer qu'« il arrive parfois que celui qui est éloigné soit plus proche que

1. S. 9, 39.
2. S. 48, 17.
3. S. 9, 101.
4. S. 33, 73.
5. S. 33, 24.
6. S. 19, 71-72 cités dans Al-Ġazālī, *Iḥyāʾ*, *op. cit.*, K. 31 (*Kitāb al-tawba*), R. 2, b. 2, r. 2, p. 1354 [V. 7, p. 91] [Gramlich, A. 139, p. 70].
7. *Ibid.* [V. 7, p. 92] [Gramlich, A. 140, p. 70]. Rapporté aussi par al-Makkī, *Qūt al-qulūb*, al-Qāhira, 1310, 2, 150, 2-3 [al-Qāhira 1351, 4, 20, 12].
8. *Ibid.*, p. 1357 [V. 7, p. 99] [Gramlich, A. 152, p. 75].
9. *Ibid.*, R. 2, b. 2, r. 2, p. 1358 [V. 7, p. 104] [Gramlich A. 160, p. 78].

celui qui est proche (*rubbaʿīd aqrab min qarīb*) »[1]. La proximité ne se donne pas toujours à voir par l'accomplissement scrupuleux des actes de dévotions.

al-nāǧūn, *les sauvés*

La racine *n.ǧ.w.* connaît 84 occurrences dans le Coran. Elle signifie sauver, délivrer, réchapper, se dégager mais aussi faire une confidence, communiquer quelque chose à quelqu'un. *Al-naǧāt* signifie le salut, la délivrance, le secours. En fendant la mer, il sauve les juifs du joug de Pharaon, lui qui leur infligeait les pires tourments (*ʿaḏāb*)[2]. Dans le verset Sourate 7, 165, on retrouve la racine *n.ǧ.w.* en juxtaposition avec la racine *ʿ.ḏ.b.* : Dieu sauve ceux qui interdisent le mal, mais châtie les injustes[3]. Il est celui qui peut délivrer des ténèbres de la mer et de la terre[4]. Dans le Coran, cette racine est fréquemment employée pour évoquer le salut de Noé, de Loth, des fils d'Israël.

Chez al-Ġazālī, le sauvé habite la demeure du salut (*dār al-salāma*). Il reçoit donc le salut, mais le salut seul (*al-salāma faqaṭ*), sans la félicité (*saʿāda*) ni la victoire (*fawz*)[5]. Pour autant, si le supplicié est voué à entrer dans cette demeure au terme du châtiment, tous les habitants de *dār al-salāma* n'ont pas été des *muʿaḏḏabūn* : les sauvés (*nāǧūn*) regroupent ceux dont les œuvres ne justifient ni récompenses ni supplices[6]. À la vue du Coran, de la Tradition et de l'inférence (*iʿtibār*), leur dénouement relève pour al-Ġazālī de la certitude. La connaissance de ceux qui appartiennent à cette catégorie est subtile, difficile : les traditions se contredisent et le savant doit se contenter de conjectures. Pour al-Ġazālī les habitants du *dār al-salāma* ne sont pas exclusivement des musulmans. En conformité avec son anthropologie et la signification sémantique du *dār al-salāma*, tout homme en tant qu'il est né originellement musulman peut entrer dans la demeure du salut, indépendamment de sa confession de foi ici-bas, dès lors que sa situation dépend de circonstances personnelles familiales ou sociales qui ne justifient pas le supplice. Ainsi, les membres de cette catégorie peuvent

> être apparentés (*yušbihū*) aux aliénés (*maǧānīn*), aux jeunes enfants des mécréants (*al-ṣibyān min al-kuffār*), aux invalides (*maʿtūhīn*) et à ceux à qui n'est pas parvenu l'appel à l'islam (*daʿwa*) dans les contrées reculées. Ayant vécu incultes, ils sont sans connaissance (*maʿrifa*), ne manifestant ni reniement (*ǧuḥūd*), ni acte d'obéissance (*ṭāʿa*), ni acte de désobéissance (*maʿṣiya*) ; il n'est

1. Al-Ġazālī, *Iḥyāʾ*, *op. cit.*, K. 38 (*Kitāb al-murāqaba wa l-muhāsaba*), b. 1, p. 1769 [V. 9, p. 151].

2. S. 2, 50 et S. 7, 141 ; 14, 6 ; 20, 80 ; 26, 65 ; Dieu sauve ses envoyés : S. 7, 64 ; 7, 72 ; 21,9 ; 26, 119 ; 29, 15 ; 29, 24.

3. S. 7, 165. Voir *supra* et également S. 11, 116 ; 21,9.

4. S. 6, 63.

5. Al-Ġazālī, *Iḥyāʾ*, *op. cit.*, K. 31 (*Kitāb al-tawba*), R. 2, b. 2, r. 3, p. 1358 [V. 7, p. 105] [Gramlich, A. 163, p. 78].

6. *Ibid.* [Gramlich, A. 163, p. 79].

aucun mérite (*wasīla*) qui les rapprocherait de Dieu ou forfait (*ǧināya*) qui les en éloignerait. Aussi, ils ne sont ni des gens du paradis, ni des gens de l'enfer. Au contraire, ils se situent entre le paradis et l'enfer, à une station placée entre les deux niveaux que la loi désigne par *al-Aʿrāf*[1].

La référence à *al-Aʿrāf* est coranique[2]. Selon le commentaire d'Ibn Kaṯīr, il s'agit d'un mur érigé telle une barrière entre le paradis et l'enfer[3]. Ni au paradis, ni en enfer, ses habitants sont donc protégés des supplices de l'un, mais ils ne bénéficient pas pour autant des délices de l'autre. La présence d'une porte suggère un lieu de transition, un espace de passage entre les deux mondes, une étape intermédiaire sur le chemin de salut au sein même des réalités eschatologiques. La discussion sur ses habitants a donné lieu à maintes spéculations[4]. On a voulu y voir notamment l'espace d'habitation de ceux dont le nombre des bonnes actions égalait celui des mauvaises. L'option d'al-Ġazālī diffère. Les noms afférents sont des hommes dont le dénominateur commun est l'ignorance de l'islam, que celle-ci soit due à une déficience mentale ou intellectuelle à la suite d'une maladie ou au jeune âge, ou qu'elle résulte de l'éloignement géographique. Leur ignorance de l'islam est involontaire.

Ce passage n'est pas sans difficulté. Dans une première lecture, al-Ġazālī rejetterait toute forme de loi naturelle. L'appréciation des actes ne saurait se faire à la lumière d'un discernement personnel[5]. Le bien et le mal ne peuvent pas être éclairés par la raison (*ʿaql*) de l'homme, mais seulement à la lumière de la norme indiquée dans la *šarīʿa*. Pour al-Ġazālī, l'homme doit agir en fonction de la seule voie qu'elle indique. L'action d'un homme ne peut être considérée comme bonne, et donc méritoire, qu'en tant qu'elle est voulue pour sa conformité à la loi. Toute action, sans connaissance de la loi, se voit donc attribuer une valeur neutre. Par conséquent, il ne suffirait pas de faire l'aumône pour que cet acte soit qualifié d'obéissance et d'acte méritoire, mais il s'agit de faire l'aumône pour se conformer au commandement de la loi et de la valeur qui lui est attribuée au Jour du Jugement. Dans cette perspective, l'aumône d'un non musulman est sans valeur ainsi que toute forme de dévotion, de prière ou d'œuvres de bienveillance émanant de sa part[6].

1. *Ibid.*, R. 2, b. 2, r. 3, p. 1358 [V. 7 p. 105] [Gramlich, A. 163, p. 79].

2. S. 7, 46.

3. Ibn Kaṯīr, *Tafsīr al-Qurān*, Bayrūt, Dār al-Qurʾān al-Karīm, 1981, p. 22.

4. Les commentaires coraniques donnent de nombreuses hypothèses quant aux habitants de cet espace : al-Ṭabarī, *Tafsīr*, XII, p. 449-461.

5. C'est la perspective envisagée par A. Amanat et F. Griffel (ed.), *Shari'a. Islamic Law in the contemporary Context*, Stanford, Stanford UP, 2007, p. 38-61.

6. Cette thèse s'inscrit au sein d'un débat à l'encontre des muʿtazilites qui soutiennent, au contraire, l'existence de vérités universelles que la raison peut découvrir sans le biais de la révélation.

Toutefois, cette compréhension s'accommode difficilement de l'anthropologie d'al-Ġazālī dans l'*Iḥyā'*, à la place qu'il accorde à la raison et à sa lecture de la valeur des actes accomplis par les non musulmans. Il nous semble donc qu'il faille lire la mention des actes de mérite ou de péché en dehors de leur dimension šarī'atique. La mention de la loi permet de qualifier les actes d'obéissance ou de désobéissance, mais ils ont aussi une valeur morale. Dans ce cas, appartiennent à la catégorie des *nāğūn* ceux qui sont dans l'impossibilité de poser des actes éclairés par leur raison, à l'exemple des handicapés mentaux ou des enfants. Pour autant, la désignation de ceux dont la prédication de l'islam n'a pas encore atteint les contrées, suggère une lecture plus classique quant au rôle incontournable de la loi dans l'appréciation de la valeur de leurs actes.

Par suite, l'ignorant de la loi n'est pas en état de pécher, puisqu'il ignore les commandements de Dieu et la voie à suivre. Il ignore qu'il désobéit. Cette ignorance n'implique aucune faute de sa part, et s'il reste ignorant de l'islam, une telle personne pourrait faire partie des sauvés. Cette position théologique conduit à un élargissement de la catégorie des *nāğūn*. Chez al-Ġazālī, le sauvé est celui qui est protégé du feu de l'enfer et qui n'en subit pas les tourments.

Il s'ensuit un déplacement du statut juridique et eschatologique de l'ignorant, car si al-Ġazālī a soutenu que l'ignorance est le pire des maux qui peut atteindre l'homme, elle devient le vêtement qui préserve l'homme de l'enfer. La perspective ici développée est présente tout au long de l'*Iḥyā'*. Ainsi, par exemple, al-Ġazālī affirme dans le *Livre de la patience et de la gratitude* que les athées (*mulḥida*) souhaiteront avoir été fous (*mağānīn*) ou encore enfants plutôt que de s'être positionnés explicitement en matière de religion[1]. De même, dans le *Livre de la condamnation de l'orgueil et de la vanité*, il note que l'opposition de Dieu contre les savants relève de la certitude et qu'il est plus aisé d'endurer l'ignorant que le savant, car « celui qui désobéit à Dieu en toute connaissance de cause commet un péché dont la gravité est incommensurablement plus élevée que celui accompli par l'ignorant »[2].

Par ailleurs, dans le *Kitāb al-'ilm*, al-Ġazālī compare la destinée des juifs à celle des chrétiens. Il indique que le sort eschatologique des Gens du Livre diffère selon leur obédience religieuse. Plus les réalités du mystère de Dieu sont ignorées, moins la peine encourue est forte, alors même que la part de foi est moins puissante. Ainsi, pour al-Ġazālī, les juifs sont condamnés à une peine plus ferme que celle des chrétiens « dans la mesure où ils ont rejeté et renié (*ankarū*) la vérité après en avoir pris connaissance »[3]. Certes, remarque-t-il, les juifs reconnaissent que Dieu est un, et contrairement aux chrétiens, ils ne lui

---

1. Al-Ġazālī, *Iḥyā'*, *op. cit.*, K. 32 (*Kitāb al-ṣabr wa l-šukr*), Š. 2, R. 3, b. 1, 5, p. 1467 [V. 7, p. 428].
2. *Ibid.*, K. 29 (*Kitāb ḍamm al-kibr wa l-'uğb*), Š. 1, b. 9, 6, p. 1272 [V. 6, p. 554].
3. *Ibid.*, K. 1 (*Kitāb al-'ilm*), B. 6., p. 74 [V. 1, p. 222].

associent pas de fils, ni ne le définissent comme Trinité[1], mais le rejet explicite de la vérité est plus grave qu'une déviance dogmatique héritée depuis l'enfance. Pour al-Ġazālī, en effet, l'attitude des juifs correspond à une forme d'apostasie. Il cite à cet égard deux versets du Coran qu'il juxtapose : le premier sous-tend l'idée que les juifs ont eu connaissance de l'Écriture et que, par conséquent, ils connaissent le Prophète ; le second affirme le rejet du Livre qui leur fut donné (le Coran) alors même qu'ils en avaient eu connaissance et qu'il confirmait les livres jusqu'alors reçus[2]. À la différence des chrétiens, leur opposition à l'islam est donc frontale. Il convient cependant de préciser que le contexte coranique ne permet nullement de restreindre le champ d'application de ces versets aux seuls juifs. Al-Ġazālī cite en ce cas précis le Coran avec une grande liberté. Il instrumentalise les versets coraniques dans la construction d'une thèse plus qu'il ne s'y rattache. En outre, si cet antagonisme a pu valoir pour la génération des juifs du vivant du Prophète, il convient de se demander si les juifs des générations ultérieures sont condamnés à des peines plus fortes que celle des chrétiens pour une opposition qui n'a pas été de leur ressort, mais seulement de celui de leurs aînés ? Sont-ils contraints d'en assumer la culpabilité alors qu'ils sont devenus ignorants ? *Le Livre du repentir* apporte des lumières autres que celles suggérées par le livre d'ouverture de l'*Iḥyā'*.

al-fā'izūn, *les victorieux*

La racine *f.w.z.* a 29 occurrences dans le Coran ; elle traduit l'idée de victoire, de triomphe, de succès, de domination. *Al-mafāz* est le lieu du repos gagné à l'issue de la victoire tandis qu'*al-fā'iz* désigne celui qui fait partie des gagnants, des vainqueurs, des victorieux[3]. Appartenir aux lauréats est une récompense que Dieu accorde aux constants, aux endurants[4], à ceux qui lui ont obéi ainsi qu'à son Prophète et qui ont craint Dieu[5]. Le Coran oriente l'expression vers une dimension eschatologique : les triomphants sont les habitants du paradis[6]. Dans le verset Sourate 39, 61, la racine *f.w.z.* est associée à la racine *n.ǧ.w.* : Dieu sauve les fidèles en leur accordant de faire partie des triomphants[7]. Il y a donc une relation conséquente au niveau des termes coraniques, là où al-Ġazālī pose au contraire une distinction formelle.

1. Pour al-Ġazālī, la foi juive est un monothéisme "absolu". Il ne fait pas référence à la mention de 'Uzayr que l'on trouve dans le Coran : « Les juifs ont dit : "'Uzayr est fils de Dieu" » (S. 9, 30).

2. S. 2, 146 et S. 2, 89.

3. S. 9, 20.

4. S. 23, 111 et S. 3, 185.

5. S. 24, 52 et S. 33, 71.

6. S. 59, 20.

7. S. 39, 61. Voir aussi S. 78, 31.

Pour notre auteur, les *fā'izūn* sont les connaisseurs (*ʿārifūn*) et non les imitateurs (*muqallidūn*). Leur connaissance a donc été acquise en dehors de toute forme d'imitation servile : don de Dieu, elle est aussi, selon ce qu'il a exposé au cours de l'*Iḥyā'*, le fruit de leur ascèse, du respect de la loi, de l'accomplissement des œuvres de bienfaisance (*ḥasanāt*). Ils sont les intimes de Dieu (*muqarrabūn*) et les devanciers (*sābiqūn*). D'aucuns parmi eux ne convoitent point ce monde de palais, de perles et de houris où ruissellent le lait, le miel et le vin[1]. De ces biens, leur fût-il donnés d'en jouir, ils ne sauraient se contenter. Ils recherchent avant tout l'allégresse dans sa plus grande intensité. Or, le sommet des délices (*nihāyat al-laḏḏāt*) est la contemplation de la Face de Dieu (*al-naẓaru ilā waǧhi l-Llāh*)[2]. Cette intensité n'est pas mesurable, et le savant ne peut rien en dire. Il sait cependant que si l'amplitude des supplices est infinie, les degrés des proches de Dieu ou de ceux qui sont à sa droite sont tout aussi innombrables[3]. Il y a donc autant de degrés de victorieux que d'individus victorieux ; Dieu ne se dévoile et ne donne à contempler son visage que selon le cœur de chacun, tous demeurant néanmoins en sa proximité.

Citant Rābiʿa al-ʿAdawiyya (m. 180/796), il affirme que le comble du bonheur est d'avoir Dieu pour voisin, toute autre quête ne pouvant être que secondaire : « d'abord le voisin, ensuite la demeure (*al-ǧār ṯumma al-dār*) »[4]. Le voisin, à qui il convient ici-bas de prêter attention, de manifester sa considération et son affection – et qui peut revendiquer des droits supérieurs à ceux octroyés aux musulmans – sera dans l'au-delà Dieu lui-même. Certes, al-Ġazālī ne dit jamais du voisin ici-bas qu'il est une image ou une figure de Dieu, sa conception du *ḥulūl* ne lui permettant pas une telle lecture anthropologique et théologique, mais il est frappant de retrouver cette terminologie dans sa description des fins dernières : le voisin (*ǧār*) est devenu un nom de Dieu.

Tournant son regard vers Dieu, il est son bien-aimé et son amour pour lui est sans commune mesure avec l'amour de sa demeure. Mais tous ne sont pas victorieux de cette manière. Ils forment donc une catégorie à part (*qawm*). Les « voyants Dieu » sont ceux dont l'amour du Seigneur va au-delà de leurs âmes. Ils sont comparables au passionné (*ʿāšiq*) dont toute la passion est tournée vers son bien-aimé et dont l'accomplissement se réalise dans la vision de son visage

1. La convoitise des biens de l'au-delà a pu être décrite comme une forme d'associationnisme (*širk*).

2. Al-Ġazālī, *Iḥyā'*, *op. cit.*, K. 31 (*Kitāb al-tawba*), R. 2, b. 2, r. 4, p. 1360 [V. 7, p. 107] [Gramlich, A. 166, p. 80]. Pour al-Ġazālī, la crainte du feu ou le désir des houris ne correspondent pas au cœur de l'initié (*ʿārif*). Son seul désir est de rencontrer Dieu. Ce désir est un feu d'amour qui lui permettra de traverser le feu de la Géhenne de la même manière que le feu de l'amant pour sa bien-aimée lui permet de marcher sur des charbons embrasés sans qu'il n'en ressente la moindre douleur. Al-Ġazālī distingue en effet le feu de l'enfer et le feu de la séparation (*nār al-firāq*) – expression coranique d'après S. 59, 6-7 : Al-Ġazālī, *Iḥyā'*, *op. cit.*, K. 31 (*Kitāb al-tawba*), R. 2, b. 2, r. 1, p. 1352 [V. 7, p. 87] [Gramlich, A. 131, p. 67].

3. *Ibid.*, r. 2, p. 1355 [V. 7, p. 90-91] [Gramlich, A. 140, p. 70].

4. *Ibid.*, r. 4, p. 1360 [V. 7, p. 107] [Gramlich, A. 165, p. 80].

et dans l'absorption de la pensée en lui. Tel est pour al-Ġazālī le secret de la vraie vie, qui sera dévoilé dans l'au-delà. Tel est l'exposé des degrés obtenus grâce aux actions méritoires (*ḥasanāt*).

Dans cette quatrième catégorie, al-Ġazālī distingue donc, parmi les victorieux, ceux qui se contentent des palais du paradis et ceux qui se plongent dans l'océan de la Face de Dieu. Les imitateurs relèvent de la première classe : ils sont sauvés et font partie des gens de la droite (*aṣḥāb al-yamīn*)[1] tandis que les seconds sont appelés les connaisseurs, *al-ʿārifūn*. Al-Ġazālī ne mentionne à aucun moment les termes de *muslim* ou de *muʾmin* parmi les habitants du paradis et ici les différents degrés parmi les victorieux dépendent des bonnes actions (*ḥasanāt*) accomplies. Certes, comme il le montre dans le *Livre des piliers de la croyance*, les degrés de la foi sont liés aux œuvres, mais sa perspective semble dans ce passage subordonner la foi aux actes méritoires ; autrement dit, les œuvres ne sont pas seulement un élément constitutif formel de la foi puisque la foi elle-même est une œuvre et relève à ce titre des *ḥasanāt*.

Par ailleurs, si les imitateurs (*muqallidūn*) ne voient pas Dieu face à face, ils font cependant partie du paradis. Ce terme est employé dans un sens général qui ne permet pas *stricto sensu* de distinguer entre musulmans et non musulmans. Al-Ġazālī l'applique aussi aux autres confessions religieuses : l'imitateur est celui qui suit scrupuleusement, aveuglément, la religion de ses pères[2]. Dans le *Mustaẓhirī*, il précise qu'être né de parents musulmans et suivre aveuglement leur enseignement sans recourir au raisonnement revient donc à avoir le bonheur d'être bien né (*allaḏīna saʿidū bi-l-wilāda bayna l-muslimīn fa-aḫaḏū al-ḥaqq taqlīdan*)[3]. Mais dans ce passage, il ne pose aucune distinction et il est possible d'en déduire que Dieu promet le paradis à l'imitateur, mais non la vision de sa face, son mérite résidant alors dans sa fidélité à l'enseignement reçu. Il reste que l'entrée au paradis n'est jamais un dû et ne peut être acquise par les seuls mérites des hommes : sa possibilité n'est donnée à l'homme qu'en raison de la volonté de Dieu. Or, conclut notre auteur, Dieu est *al-Muwaffiq bi-lutfihi*, celui qui offre la félicité par sa bonté et sa bienveillance[4]. Le salut dans sa dimension plénière est donc toujours le fruit des attributs divins. Qu'en est-il alors précisément de sa miséricorde, de sa bonté, de sa magnificence ? Dans quelle mesure permettent-elles de fonder dans la

1. *Ibid.* [V. 7, p. 106] [Gramlich, A. 164, p. 79] ; expression coranique S. 74, 39.

2. Al-Ġazālī, *Al-Munqiḏ min aḍalāl* (*Erreur et délivrance*), *op. cit.*, fr. p. 59, ar. p. 10 ; Voir aussi dans l'*Iḥyāʾ* la comparaison entre la confiance des enfants juifs et chrétiens et celle des enfants musulmans à l'égard de leurs parents : *id.*, *Iḥyāʾ*, *op. cit.*, K. 21 (*Kitāb šarḥ ʿaǧāʾib al-qalb*), b. 6, r. 1, p. 871 [V. 5, p. 57].

3. *Id.*, *Faḍāʾiḥ al-Bāṭiniyya wa faḍāʾil al-Mustaẓhiriyya*, *op. cit.*, p. 155. McCarthy traduit le verbe saʿada par « to have good fortune ». Cette connotation s'accommode difficilement avec la théologie d'al-Ġazālī.

4. *Id.*, *Iḥyāʾ*, *op. cit.*, K. 31 (*Kitāb al-tawba*), R. 2, b. 2, r. 4, p. 1360 [V. 7, p. 108] [Gramlich, A. 166, p. 80].

pensée d'al-Ġazālī la possibilité d'une victoire eschatologique (*mafāz*) pour les non musulmans ?

LA BIENFAISANCE DIVINE (*RAḤMA*) EMBRASSE TOUTES CHOSES

Le thème de la *raḥma*, communément traduite par miséricorde divine, est fondamental en islam. Miséricordieux est un nom divin et la théologie comme la mystique musulmane ont investi le champ du « Dieu miséricorde » pour en évaluer et en mesurer les conséquences pour l'homme pécheur. Certes, comme ašʿarite, al-Ġazālī s'insurge contre la justice distributive des muʿtazilites selon laquelle Dieu rend « mesure pour mesure », mais sa véhémence est tout aussi critique à l'encontre des murǧi'ites, dont les thèses sur la miséricorde divine lui apparaissent susceptibles d'exacerber le non-respect de la loi. Pour al-Ġazālī, il est nécessaire de faire taire tout propos dans les mosquées de ces beaux discoureurs qui « encouragent par leurs paroles les gens à pêcher en les rendant plus téméraires, et en suscitant une confiance telle dans le pardon que leur espérance dépasse leur crainte : c'est un acte réprouvable et il est obligatoire d'en empêcher la diffusion »[1]. Mais si l'absence de foi en la miséricorde est cause de perdition, qu'en est-il alors du Dieu miséricordieux chez notre auteur ?

Pour signifier la « miséricorde » divine, le terme le plus fréquemment utilisé dans le Coran est celui de *raḥma,* qui compte 313 occurrences. Le nom divin *al-Raḥmān* se retrouve 57 fois ; il est souvent associé à *raḥīm* : Dieu est *al-raḥmān al-raḥīm.* La *raḥma* divine se manifeste dans la création et les créatures : la succession des jours et des nuits (S. 28, 73), l'affection conjugale (S. 30, 21), le don des Livres aux hommes (S. 7, 52)[2]. La *raḥma* imprègne aussi le caractère de l'homme, qu'il soit musulman (S. 48, 29 ; 90, 17) ou chrétien (S. 57, 27)[3]. Dans le Coran, *al-Raḥmān* est exclusivement un nom de Dieu, ce qui n'est pas le cas de *raḥīm,* qui est aussi employé pour qualifier le prophète en 9, 128. Si le nom connote l'idée de bienveillance[4], il faut remarquer avec Daniel Gimaret que, dans certains cas, *al-Raḥmān* se présente comme le Dieu dont les mécréants ont à craindre le courroux (S. 19, 45 et 25, 26)[5]. Quel est

1. Al-Ġazālī, *Iḥyā'*, *op. cit.*, K. 19 (*Kitāb al-amr bi-l-maʿrūf wa l-nahy ʿan al-munkar*), B. 3, p. 793 [V. 4, p. 638] ; [trad. fr. Léon Bercher, modifiée, p. 63].

2. Est une manifestation de la *raḥma* divine le don de la *Tawrāt* (S. 7, 154 ; 11, 17 ; 46, 12), du *Qur'ān* (S. 6, 157 ; 10, 47, 16, 89 ; 27, 77 ; 31, 3), les missions de Jésus (S. 19, 21) ou de Muḥammad (S. 21, 107).

3. S. 57, 27.

4. J. Jomier, « Le nom divin "al-Raḥmān" dans le Coran », dans *Mélanges Massignon*, Damas, Institut français de Damas, 1957, II, p. 365-366.

5. D. Gimaret, *Les noms divins en Islam*, « Collection Patrimoine », Paris, Cerf, 1988, p. 377. Voir aussi la thèse de doctorat de Ch. G. Moucarry : *Pardon, repentir, conversion. Étude de ces concepts en Islam et de leurs équivalents bibliques*, thèse de doctorat nouveau régime, sous la dir. de

donc le sens de ce nom ? Exprime-t-il l'idée de compassion, de miséricorde, de clémence comme il est d'usage de le traduire ?

Pour maints commentateurs, le sens premier de *raḥma* est douceur (*riqqa*), compassion (*taḥannun*), bienveillance (*taʿaṭṭuf*). Rares sont ceux qui font de *raḥma* un synonyme de pardon ou l'expression d'un Dieu manifestant sa clémence à l'égard de ceux qui mériteraient pourtant d'être châtiés[1]. Étymologiquement, relèvent-ils, *al-raḥmān al-raḥīm* signifie donc la bienfaisance et la bienveillance de Dieu. La plupart des commentateurs ont cependant admis qu'*al-raḥmān* connaît une extension plus large qu'*al-raḥīm*. Dieu est *Raḥmān* pour tous les hommes. Sa *raḥma* embrasse toutes choses (*raḥmatuhu wasiʿat kulla šayʾ*) en tant qu'il leur octroie leur nécessaire[2], qu'il se fait connaître d'eux au jour de leur création[3], qu'il donne à chacun les moyens d'être sauvé[4]. Dieu est *raḥīm* pour les croyants seuls : il les comble de ses bienfaits en raison de la bonté de leurs actions, il leur pardonne leurs fautes[5] et les conduit au paradis[6]. Pour le théologien ašʿarite Abū Isḥāq al-Isfarāʾīnī (m. 418/1027), Dieu est *raḥmān* et assure par conséquent leur subsistance à tous les hommes, Dieu est *raḥīm* et assure le bonheur de ses élus dans le paradis[7]. De même, Abū Ḥātim al-Rāzī (m. 277/890) mentionne une invocation populaire où Dieu est *al-Raḥmān raḥmān al-dunyā wa l-Raḥīm raḥīm al-āḫira*[8]. La distinction théologique traditionnelle entre *raḥmān* et *raḥīm* a donc des implications eschatologiques : elle révèle que les portes du paradis ne seront pas ouvertes aux non musulmans. Cependant, la distinction entre *raḥmān* et *raḥīm* est parfois présentée sous un autre angle : tout homme compatissant à la misère d'autrui est digne d'être appelé *raḥīm* tandis que seul Dieu est *al-raḥmān* en tant qu'il est le seul qui peut éloigner le mal et faire qu'une épreuve n'advienne pas[9].

Dans son *Traité sur les plus beaux noms de Dieu*, al-Ġazālī remarque que le concept de *raḥma* implique toujours la notion de don, de bienfaisance. La *raḥma* s'adresse au pauvre, au démuni, à l'indigent, à celui qui est dans le

D. Gimaret, École Pratique des Hautes Études, section sciences religieuses, année académique 1993-1994.

1. Al-Baġdādī identifie un courant muʿtazilite qui assimile *raḥma* à miséricorde : *Tafsīr asmāʾ Allāh al-ḥusnā*, ms. Londres, British Library, Or. 7547, p. 147b 12-14, référencié par D. Gimaret, *Les noms divins en Islam*, *op. cit.*, p. 378.

2. Ibn Babūyā, *Al-Tawḥīd*, Bayrūt, Hāšim al-Ḥusaynī al-Ṭahrānī, Naǧaf, 1387 H, p. 203, l. 11.

3. Abū Ḥātim al-Rāzī, *Al-Zīna*, al-Qāhira, Ḥusayn al-Ḥamdānī, t. 1, 1957, t. 2, 1958, p. 24, l. 5.

4. Al-Ṭabarī, *Tafsīr*, *op. cit.*, IX, 80, 23-27.

5. Abū Ḥātim al-Rāzī, *Al-Zīna*, *op. cit.*, p. 24, l. 16-21.

6. Faḫr al-Dīn al-Rāzī, *Lawāmiʿ al-bayyināt fī l-asmāʾ wa l-ṣifāt*, al-Qāhira, Ṭaha ʿAbd al-Raʾūf Saʿd, 1396/1976, p. 155, l. 11-12.

7. Al-Bayhaqī, *Al-Asmāʾ wa l-ṣifāt*, éd. Muḥammad Zāhid al-Kawṯarī, al-Qāhira, Maṭbaʿa al-saʿāda, 1358/1939, p. 139, l. 18-21.

8. Abū Ḥātim al-Rāzī, *al-Zīna*, *op. cit.*, p. 24, l. 21 et Faḫr al-Dīn al-Rāzī, *Lawāmiʿ al-bayyināt fī l-asmāʾ wa l-ṣifāt*, *op. cit.*, p. 166, l. 6.

9. Abū Ḥātim al-Rāzī, *Al-Zīna*, *op. cit.*, p. 23, l. 12-19 et Ibn Babūyā, *Al-Tawḥīd*, *op. cit.*, p. 203, l. 13-14.

besoin (*muḥtāǧ*)[1]. Appliqué à Dieu, elle est nécessairement parfaite (*tāmma*) et universelle (*ʿāmma*). Parfaite, puisque Dieu ne veut pas seulement satisfaire aux besoins (*qaḍāʾ ḥāǧāt al-muḥtāǧ*) de l'indigent, mais il met en œuvre ce qui permet de satisfaire lesdits besoins. Universelle, puisque Dieu fait bénéficier de sa *raḥma* les ayant-droits (*mustaḥiqqīn*) comme ceux qui n'en sont pas dignes (*ġayr al-mustaḥiqqīn*), et qu'elle s'étend au monde d'ici-bas (*dunyā*) comme à l'autre monde (*āḫira*)[2]. Pour al-Ġazālī, c'est en ce sens que Dieu est *raḥīm* d'une manière absolue[3].

Par ailleurs, il fait remarquer que le terme de *raḥma* n'est pas dénué d'une certaine tendresse douloureuse et compatissante (*riqqa muʾlima*) qui s'empare du *raḥīm*. Mais Dieu en est exempt, non que sa *raḥma* soit imparfaite, mais précisément en raison de sa perfection. Dieu ne peut éprouver une telle tristesse qui serait l'indice d'une carence dans ce qui est donné[4].

Si *al-raḥmān* et *al-raḥīm* ont pour matrice commune *al-raḥma*, conformément à la théorie des noms divins d'al-Ġazālī, les deux termes ne peuvent être synonymes. *Al-raḥmān* est plus spécifique qu'*al-raḥīm* ce qui explique qu'*al-raḥmān* ne s'applique qu'à Dieu[5]. Pour al-Ġazālī, *al-raḥmān* indique que Dieu est favorablement disposé envers l'homme (*ʿaṭūf ʿalā l-ʿibād*), *primo* en le faisant advenir à la vie (*īǧād*), *secundo* en le guidant à la foi (*bi-l-hidāya ilā l-īmān*) et à tout ce qui est cause du bonheur, *tertio*, en lui assurant le bonheur dans le monde à venir et *quarto*, en lui accordant la grâce (*inʿām*) de voir sa Face[6]. Al-Ġazālī pose alors la question de savoir dans quelle mesure la *raḥma* de Dieu ne devrait pas le conduire à manifester ses dons envers ceux qui le négligent (*ġāfilīn*) et à les retirer du chemin de l'insouciance (*ṭarīq al-ġafla*) pour les conduire sur sa voie par la prédication et le conseil, cela de manière délicate et sans rudesse (*ʿunf*). Il s'agit bien de savoir si la *raḥma* de Dieu en tant qu'il est *raḥmān* s'étend à ceux qui n'ont pas la foi et qui ne sont pas musulmans. Dans sa réponse, al-Ġazālī fait allusion au fait que « tout acte de désobéissance en ce monde est sa propre désobéissance (*kull maʿṣiya taǧrī fī l-ʿālam kamā ʿaṣiya lahu fī nafsihi*) »[7]. Dieu n'a pas épargné ses efforts (*lā yaʾlū ǧahdan*), il a fait tout ce qui est possible pour l'en empêcher (*fī izālatihā bi-qadri wusʿihi*)[8]. Désormais, le pécheur est exposé à la colère de Dieu et il mérite d'être écarté de sa présence.

1. Al-Ġazālī, *Al-Maqṣad al-asnā fī šarḥ maʿānī asmāʾ Allāh al-ḥusnā*, *op. cit.*, p. 65.
2. *Ibid.*
3. Al-Ġazālī donne à *raḥīm* une extension inclusive si bien que le terme s'applique à la fois aux musulmans et aux non musulmans.
4. Al-Ġazālī, *Al-Maqṣad al-asnā fī šarḥ maʿānī asmāʾ Allāh al-ḥusnā*, *op. cit.*, p. 66.
5. *Ibid.*
6. *Ibid.*, p. 66-67.
7. *Ibid.*, p. 67.
8. *Ibid.*

Raḥīm, au contraire de *Raḥmān* peut être appliqué à l'homme. Un homme est qualifié de *raḥīm* lorsqu'il ne peut laisser une personne pauvre (*muḥtāǧ*) dans son état d'indigence (*fāqat*) sans chercher à l'en retirer, soit au moyen de ses propres biens, soit par l'influence qu'il peut exercer (*ǧāh*), soit par le recours à l'intercession (*šafā'a*) d'une tierce personne. S'il lui est impossible de satisfaire le pauvre, il ne cessera d'éprouver pour lui de la sympathie (*riqqa*) et de l'empathie (*ʿaṭf*) jusqu'à ce qu'il parvienne à une meilleure condition[1]. Dieu, en tant qu'il est tout puissant, a le pouvoir de sortir toute personne de la misère, de supprimer les épreuves qui l'affligent, d'éradiquer la maladie et les tourments qui l'éprouvent. Et pourtant, il laisse son serviteur dans la détresse (*razāyā*) et les tribulations (*miḥan*)[2]. Pour répondre à ce paradoxe, al-Ġazālī s'appuie sur l'analogie du père et de la mère : si la mère est pleine de tendresse et de compassion pour son enfant, elle le protègera devant un obstacle, tandis que son père qui est sage et sensé (*ʿāqil*) le bousculera avec rudesse (*qahran*). L'ignorant pense que la mère a l'étoffe d'un *raḥīm,* tandis que le père en est loin. Mais le sage sait qu'il n'en est rien et que dans son comportement, le père manifeste en réalité sa tendresse pour l'enfant, tandis que la mère, sous les apparences d'une amie, est en réalité son ennemie. Aussi, il importe de réaliser qu'une épreuve, aussi petite soit-elle, est une bénédiction et non une malédiction, dès lors qu'elle sert la cause d'un bien[3]. Ainsi en est-il de Dieu. Pour al-Ġazālī, lorsque Dieu dit « ma *raḥma* précède mon courroux (*sabaqat raḥmatī ġaḍabī*) », il signifie que sa colère est sa volonté à faire le mal (*ġaḍabuhu irādatuhu li-l-šarr*). Le mal résulte donc de sa volonté. Quant à sa *raḥma*, elle est sa volonté à faire le bien (*raḥmatuhu irādatuhu li-l-ḫayr*). « Cependant, s'il veut le bien pour le bien lui-même, il ne veut pas le mal pour lui-même, mais pour le bien qu'il contient (*fī ḍimnihi min al-ḫayr*). Le bien est voulu en son essence (*maqḍī bi-l-ḏāt*) tandis que le mal est voulu par accident (*maqḍī bi-l-ʿaraḍ*). Tous les deux sont prédéterminés et en cela, rien ne contredit la *raḥma* de Dieu »[4]. Pour al-Ġazālī, le mal pur n'existe pas. Il n'a pas d'autonomie, d'indépendance : les maladies ou les souffrances de ce monde surviennent à la suite des actes de Dieu. « Il n'y a pas d'existence du mal sans qu'il y ait en lui une part de bien (*laysa fī l-wuǧūd šarr illā wa fī ḍimnihi ḫayr*) »[5]. Le mal, conséquent à la volonté divine, est donc l'instrument du bien voulu par Dieu[6], il est ordonné au bien que veut Dieu.

1. *Ibid.*
2. *Ibid.*
3. *Ibid.*, p. 68.
4. *Ibid.* Al-Ġazālī s'appuie sur l'image de la lèpre pour illustrer son propos. L'amputation de la main atteinte de la maladie est un mal mais de ce mal, il en ressort un bien puisque l'ensemble du corps est préservé. Ce qui est recherché dans l'exécution de l'amputation de la main est donc un bien.
5. *Ibid.*
6. Al-Ġazālī a conscience de la difficulté de percevoir dans un acte mauvais une part de bien. Un meurtre est un meurtre et on y voit généralement un acte intrinsèquement mauvais. Mais c'est

« La miséricorde, c'est l'entrée au paradis et la rencontre de Dieu (*al-raḥma duḫūl al-ğanna wa liqā' Allāh*) »[1] précise-t-il dans *Le livre de la fréquentation* de l'*Iḥyā'*. Cependant, la *raḥma* n'est pas seulement l'effet généreux de Dieu ; elle découle de l'agir de l'homme et de l'évocation des saints, symbole du désir de son cœur à s'attacher à ceux qui se conforment à la loi et accomplissent le bien. Or, pour l'homme perspicace (*fāṭin*), cette affirmation se comprend à la lumière de son contraire : celui qui s'attache au pervers ne reçoit pas la *raḥma*, mais la malédiction (*la'na*)[2].

Faut-il lire ici un fléchissement de la pensée pratique par rapport à la noétique de son *Traité sur les noms divins* dans le sens où la *raḥma* serait conditionnée par l'attitude morale et spirituelle du croyant ? La vocation de l'*Iḥyā'* n'est pas seulement d'aviver la confiance en la miséricorde divine. Elle est aussi de maintenir l'esprit de crainte révérencielle.

Par ailleurs, al-Ġazālī souligne que Dieu est nommé *al-wadūd* en tant « qu'il aime le bien pour toutes ses créatures, il accomplit le bien pour elles et il s'épanche vers elles (*yuḥibb al-ḫayr li-ğamī' al-ḫalq fa-yuḥsinu ilayhim wa yaṯnī 'alayhim*) »[3].

Ainsi donc, si la *raḥma* de Dieu s'exerce à l'égard de celui qui se retrouve en situation d'indigence ou de misère, les actes d'*al-wadūd* sont dispensés à l'égard de toute créature et pas seulement du faible ou du miséreux. Cet amour de Dieu ne résulte pas d'une émotion ou d'une empathie particulière mais du bénéfice attendu. Les hommes participent à ce nom divin « en désirant pour toute créature de Dieu ce qu'elle veut pour elle-même »[4]. Ainsi, vouloir pour soi le salut revient à désirer le salut pour tout homme. Si dans le commentaire d'al-Ġazālī, la *raḥma* de Dieu s'accorde difficilement avec la notion de miséricorde à proprement parler, parmi les quatre-vingt-dix-neuf plus beaux noms de Dieu, plusieurs ont explicitement le sens de pardon.

Ainsi, la racine *ġ.f.r.* sert par trois fois à qualifier Dieu. Celui-ci est en effet nommé *ġāfir*, *ġafūr* et *ġaffār*. Dans le Coran, Dieu est nommé *ġafūr* à 91 reprises, *ġaffār* par 5 fois et *ġāfir* une fois. La signification étymologique de la racine *ġ.f.r.* renvoie à l'idée de couvrir, cacher (*satara*)[5]. Par la suite, Dieu pardonne en tant qu'il tient caché les péchés commis par les hommes. On distingue le participe actif *ġāfir*, celui qui recouvre les fautes, des deux adjectifs dérivés intensifs *ġafūr* et *ġaffār* qui appartiennent aux plus beaux noms de Dieu.

omettre, dit-il, le bien accru qu'il peut en résulter pour la communauté. Et al-Ġazālī de poursuivre : la réalité du mal dans le projet divin est subtile à comprendre et la majorité des hommes ne parviennent pas à en posséder la clef. Voir *ibid.*, p. 69-70.

1. Al-Ġazālī, *Iḥyā'*, *op. cit.*, K. 16 (*Kitāb ādāb al-'uzla*), B. 2, fa. 2, p. 676 [V. 4, p. 281].
2. *Ibid.*
3. *Ibid.*, p. 132, l. 6.
4. *Ibid.*, p. 132, l. 16.
5. *Lisān al-'arab*, V, 25a-26.

La plupart des commentateurs s'entendent pour indiquer entre les trois noms divins construits autour de la racine *ġafara* des différences d'intensité faisant écho aux différents aspects de la désobéissance et à leur degré d'injustice. Ainsi, al-Rāzī note que, si l'homme est *ẓālim* en commettant un péché, Dieu est celui qui le lui pardonne (*ġāfir*), si l'homme commet de nombreux péchés (*ẓalūm*), Dieu est le très-pardonneur (*ġafūr*) et si l'homme ne cesse de pécher et d'être injuste, Dieu ne cesse de lui pardonner (*al-ġaffār*)[1]. Dieu est par excellence celui qui pardonne[2], le détenteur du pardon[3] et il invite les musulmans à suivre son modèle ; il pardonne à tous ceux qui implorent son pardon[4], à l'exception d'une seule catégorie d'hommes, les associationistes[5].

Dans son Traité sur les noms divins, al-Ġazālī définit *al-Ġaffār* à partir du couple « cacher » (*satara*) et « rendre apparent » (*aẓhara*). *Al-Ġaffār* est celui qui manifeste ce qui est beau (*ǧamīl*) mais cache ce qui est disgracieux et laid (*qabīḥ*)[6]. Pour notre auteur, Dieu est *ġaffār*, forme qui indique la répétition incessante du pardon divin, mais il est aussi *ġafūr* en tant que son pardon est parfait et complet, le schème *faʿūl* indique en effet l'excellence et la perfection de l'action[7].

Parmi les abominations (*qabāʾiḥ*) que Dieu voile, il faut compter les péchés de l'homme (*ḏunūb*). Dieu les cache en ce monde, mais aussi dans l'au-delà, alors que leurs outrances (*taǧāwuz*) impliqueraient le châtiment (*ʿuqūba*)[8]. Pour al-Ġazālī, le corps humain (*badan*) est un premier voile donné par Dieu pour cacher l'impureté (*qaḏāra*) et la laideur (*qubḥ*) de son intérieur[9]. Le deuxième voile, c'est celui du cœur, siège de toutes ses pensées répréhensibles (*ḫāwāṭiruhu al-maḏmūma*) et de son désir malsain (*irādatuhu al-qabīḥa*)[10]. Si ses passions étaient dévoilées aux autres hommes ainsi que ses pensées, assurément, il ne pourrait qu'être méprisé et rejeté et l'on s'acharnerait même à le combattre[11]. Enfin, le troisième voile, c'est le pardon des péchés et la promesse d'effacer ses forfaitures par les bonnes actions accomplies, à condition qu'il prouve sa foi (*īmān*).

Dieu est donc celui qui cache ce qui n'est pas beau en l'homme. Quant à ce qui est visible – les mauvaises œuvres –, Dieu est celui qui les cache par les bonnes œuvres. Mais cet acte n'est effectif que pour celui qui a la foi. De l'exposé de ce nom divin, al-Ġazālī ne nie pas que le pardon puisse être

1. *Ibid.*, p. 374.
2. S. 7, 155.
3. S. 74, 56.
4. S. 4, 110
5. S. 9, 80 ; 63, 6.
6. Al-Ġazālī, *Al-Maqṣad al-asnā fī šarḥ maʿānī asmāʾ Allāh al-ḥusnā*, *op. cit.*, p. 85, l. 1.
7. *Ibid.*, p. 114, l. 2-6.
8. *Ibid.*, p. 85, l. 2-3.
9. *Ibid.*, p. 85, l. 4-7.
10. *Ibid.*, p. 85, l. 8.
11. *Ibid.*, p. 85, l. 10-13.

accordé à l'associationniste. Il ne mentionne pas les musulmans mais les croyants (*mu'minīn*), foi qui, chez notre auteur, revêt une dimension doctrinale et existentielle. L'analyse du nom divin *al-ʿafuww* confirme une lecture dans laquelle la miséricorde de Dieu se répand aussi sur les non musulmans.

Une autre racine mérite notre attention : c'est le mot *ʿafā* qui indique l'idée d'effacer. Le verbe et ses dérivés sont utilisés 35 fois dans le Coran. Selon le *Lisān al-ʿarab*, les vents effacent les traces[1]. Sur cette racine, le nom divin *ʿafuww* désigne celui qui efface les péchés, le clément[2]. Le Coran indique que Dieu efface le péché des juifs alors même qu'ils ont adoré le veau d'or – qui est pourtant un acte d'associationnisme (*širk*)[3] –, afin qu'ils soient pleins de reconnaissance à son égard[4]. Autrement dit, bien que le Coran dit de Dieu qu'il pardonne tous les péchés à l'exception de l'associationnisme (S. 4, 48 ; 116)[5], il montre que Dieu pardonne aussi ce péché.

Al-Ġazālī remarque qu'*al-ʿafuww* est proche d'*al-ġaffār*, mais le nom est encore plus riche : il ne s'agit pas seulement de cacher, mais plus encore d'effacer et donc d'absoudre[6]. Appliqué à l'homme, il s'agit de pardonner les fautes de toute personne (*kullu man*) qui a causé du tort et lui faire du bien, de la même manière que « Dieu octroie ses bienfaits dans ce monde aux insoumis (*al-ʿuṣāt*) et aux infidèles et ne se précipite pas pour les punir. Bien au contraire, parfois il leur pardonne en les engageant dans la repentance (*yatūbu ʿalayhim*) »[7]. Dans ce repentir Dieu efface leurs péchés, si bien que « s'ils ont péché, c'est comme s'ils n'avaient pas péché »[8]. Autrement dit, le mécréant et l'insoumis jouissent déjà des bienfaits de Dieu comme signe anticipatoire des bienfaits dont ils pourront jouir demain. L'un et l'autre sont des repentis en puissance, et pour l'un comme pour l'autre, le péché peut être effacé. Or, le croyant ne doit pas commettre d'injustice. Rejeter le non musulman contredit l'imprégnation du nom divin dans le cœur du croyant, puisque Dieu manifeste déjà sa magnanimité à son égard en tant qu'il est *al-Ḥalīm*. Même s'il constate la désobéissance des pécheurs et leur opposition aux commandements, il n'est

1. *Lisān al-ʿarab*, XV, 72b, 17s.

2. Ainsi traduit par C. G. Moucarry, *Pardon, repentir, conversion*, *op. cit.*, p. 20.

3. S. 4, 153.

4. S. 2, 52.

5. Selon l'exégèse traditionnelle d'Ibn ʿAbbās, ces versets furent révélés aux premiers convertis, troublés et inquiets de la menace de Dieu envers les pécheurs. Dieu pardonne tout à l'exception de l'associationnisme. Mais leur angoisse ne se dissipa pas pour autant. Dieu révéla alors le verset 39, 53 : « il est celui qui pardonne tous les péchés ». À la lumière de cette tradition, il faut comprendre le pardon de Dieu envers les juifs qui adorèrent le veau d'or. Cependant, selon al-Ṭabarī, l'ordre chronologique est inversé. Dieu affirma qu'il pardonnait tout péché, puis, il en vint à préciser que son pardon était donné à l'exception du *širk*. La révélation du verset 4, 48 devait donc dissiper tout malentendu : al-Ṭabarī, V, 125, 22.

6. Al-Ġazālī, *Al-Maqṣad al-asnā fī šarḥ maʿānī asmā' Allāh al-ḥusnā*, *op. cit.*, p. 151, l. 13.

7. *Ibid.*, p. 151, l. 17-18.

8. *Ibid.*, p. 152, l. 1.

point gagné par la colère et il ne cherche pas à recourir à la vengeance[1]. Certes, Dieu est aussi *al-Ḫāfiḍ al-Rāfiʿ*, « Celui qui abaisse les mécréants (*al-kuffār*) par le malheur (*bi-l-išqāʾ*) et élève au contraire les croyants (*al-muʾminīn*) par le bonheur (*bi-l-isʿād*) »[2] mais concrètement, il élève en rapprochant de lui et il abaisse en éloignant de lui. Le bonheur est d'être proche de Dieu, le malheur, d'en être éloigné. À celui qu'il élève, il lui octroie la vision des anges, il conduit sa volonté afin de l'éloigner des désordres et des appétits sensuels. À celui qu'il abaisse, il limite sa vision aux sens corporels et réduit ses appétits à ceux du règne animal[3]. Certes, Dieu invite à prendre pour ennemis ses ennemis, mais il est aussi celui qui suscite le repentir dans le cœur de l'homme : il est *al-Tawwāb*[4]. Pour al-Ġazālī, Dieu est *al-Tawwāb* en tant qu'il agrée la repentance et donne les moyens de la repentance en éclairant l'homme pour qu'il découvre la gravité de son péché[5]. En l'homme, l'imprégnation de ce nom divin se repère chez celui qui « accepte une fois ou l'autre les excuses des forfaitaires (*maʿāḏir al-muǧrimīn*) parmi ses amis et ses connaissances »[6].

L'étude du *Traité des noms divins* montre qu'al-Ġazālī étend l'action divine et les grâces afférentes à chaque nom au-delà de la conception ašʿarite. Imprégné par le soufisme et la lecture universaliste de la méditation des noms divins, il ne mentionne formellement aucune borne au pardon de Dieu. Ses bienfaits s'étendent à toutes les créatures. Cette disposition divine n'est pas sans conséquence existentielle dans la relation du musulman au non musulman. En effet, al-Ġazālī montre dans *Al-Maqṣad al-asnā* que la perfection du serviteur et son bonheur consistent à reproduire en lui les traits de caractère de Dieu et à revêtir les réalités de ses attributs et de ses noms. La connaissance de Dieu est nécessaire pour l'acquisition et l'imprégnation de la beauté morale de Dieu (*taḫalluq bi-aḫlāq Allāh*)[7]. Il s'agit de connaître les perfections divines car, partant de cette connaissance acquise par dévoilement ou perception intuitive, l'homme, émerveillé, aspire alors à s'approprier ces qualités[8]. Dans *Le Livre de l'amour*, al-Ġazālī souligne la nécessité pour le croyant d'acquérir les attributs louables inhérents à Dieu : la science (*ʿilm*), la bonté (*birr*), la perfection (*iḥsān*), la douceur (*luṭf*), la prodigalité dans le bien (*ifādat al-ḫayr*) et la miséricorde envers les créatures (*raḥma ʿalā l-ḫalq*). Il s'agit de les conseiller et de les conduire vers la vérité, en les préservant de

1. *Ibid.*, p. 112.
2. *Ibid.*, p. 94, l. 13-14.
3. *Ibid.*, p. 94, l. 14-19.
4. S. 2, 37.
5. Al-Ġazālī, *Al-Maqṣad al-asnā fī šarḥ maʿānī asmāʾ Allāh al-ḥusnā*, *op. cit.*, p. 150, l. 15-17.
6. *Ibid.*, p. 151, l. 2.
7. F. Jabre, *La notion de la* Maʿrifa *chez Ghazali*, Bayrūt, Dar el-Machreq, ²1986, p. 91. Voir aussi Al-Ġazālī, *Iḥyāʾ*, *op. cit.*, K. 36 (*Kitāb al-maḥabba wa l-šawq wa l-uns wa l-riḍāʾ*), b. 3, p. 1664 [V. 8, p. 405].
8. Al-Ġazālī, *Al-Maqṣad*, *op. cit.*, p. 18. Mais pour al-Ġazālī, ces attributs et ces noms divins sont déjà inscrits en l'homme. L'homme en possède déjà les germes.

l'erreur, et en suivant d'autres vertus indiquées par la loi[1]. Son traité donne ainsi une assise théorique puissante à sa science du comportement et à son eschatologie, et aux formulations les plus inclusives du *Fayṣal al-tafriqa bayna l-islām wa l-zandaqa*.

Fort de cette assise noétique, al-Ġazālī affirme en effet dans le *Fayṣal al-tafriqa bayna l-islām wa l-zandaqa*[2] :

> J'affirme que cette miséricorde (*raḥma*) embrasse beaucoup de nations qui nous ont précédés, même si la plupart d'entre elles seront exposées au feu de l'enfer soit légèrement, durant un instant, une heure, ou alors durant une période tellement longue qu'on les nommera les ressuscitées en enfer. Bien plus, je pense que la plupart des chrétiens de Byzance et des Turcs à notre époque seront l'objet de cette miséricorde, s'il agrée à Dieu, qu'Il soit exalté. Je parle des habitants des confins de Byzance et du pays turkmène que la prédication du Messager (*daʿwa*) n'a pas atteints. Ceux-ci se classent en trois catégories : la première à laquelle le nom de Muḥammad, que Dieu le bénisse, n'est absolument pas parvenu ; ils sont excusables (*maʿḏūrūn*). Une autre pour laquelle son nom est connu ainsi que sa description et les miracles qu'il a accomplis : il s'agit des voisins des pays musulmans, qu'ils fréquentent en outre, mais ils demeurent des *kuffār* et des athées (*mulḥidūn*). La troisième catégorie concerne des gens situés entre ces deux degrés : le nom de Muḥammad, que Dieu le bénisse, leur est parvenu, mais ils ignorent tout de sa personnalité et de ses qualités. Au contraire, ils ont surtout entendu dire, depuis leur enfance, qu'un menteur et un mystificateur dont le nom de Muḥammad s'est prétendu prophète, de la même façon que nos enfants ont entendu dire qu'un menteur dénommé al-Muqaffaʿ[3] s'est prétendu prophète. D'après ces données, je considère les gens de cette catégorie identiques à ceux de la première, car bien qu'ils aient entendu le nom du prophète, on le leur a décrit à l'opposé de ses qualités, ce qui ne peut susciter une réflexion théorique pour savoir la vérité[4].

Passage capital de théologie des religions en islam où al-Ġazālī affirme clairement l'étendue de la miséricorde divine aux communautés non musulmanes. D'emblée, l'expression renvoie à la problématique du salut des non musulmans avant l'islam. Al-Ġazālī indique que la miséricorde divine embrasse « beaucoup de nations qui nous ont précédés » : ce pluriel accompagné d'un adverbe d'intensité sous-entend que la magnificence embrasse les

1. Al-Ġazālī, *Iḥyāʾ*, *op. cit.*, K. 36 (*Kitāb al-maḥabba wa l-šawq wa l-uns wa l-riḍāʾ*), b. 3, p. 1664 [V. 8, p. 405].

2. *Id.*, *Fayṣal al-tafriqa bayna l-islām wa l-zandaqa*, *op. cit.* Voir aussi F. Griffel et M. Al-Ġazālī, *Über Rechtgläubigkeit und religiöse Toleranz. Eine Übersetzung der Schrift Das Kriterium der Unterscheidung zwischen Islam und Gottlosigkeit* (Fayṣal at-tafriqa bayna l-Islām wa-z-zandaqa), *eingeleitet, übersetzt und Erläuterungen versehen*, Zürich, Spur Verlag Zürich, 1998.

3. Frank Griffel remarque que le manuscrit de Berlin indique *al-Muqannaʿ*, le « voilé ». Prophète du Ḫurāsān, il prétendit être l'incarnation du véritable *imām* : M. Al-Ġazālī, *Über Rechtgläubigkeit und religiöse Toleranz*, *op. cit.*, n. 99, p. 102.

4. Al-Ġazālī, *Fayṣal al-tafriqa bayna l-islām wa l-zandaqa*, *op. cit.*, fr. p. 100-102, ar. p. 101-103.

juifs, les chrétiens et autres nations qui ont reçu un livre par la voie d'un prophète, mais al-Ġazālī limite-t-il son étendue aux seules « religions du Livre » ? Dès la naissance de l'islam, des traditions exclusivistes ont soutenu l'absence de salut accordé aux arabes des temps antéislamiques. Dans l'introduction à son édition critique de l'ouvrage de Ḥağğī Ḫalīfa (1609-1657), *La balance de la vérité*, Josef Dreher rapporte une tradition de Muslim selon laquelle les parents du prophète Muḥammad, étant morts à l'ère de la *ğāhiliyya*, ont pour demeure l'enfer dans l'au-delà[1]. L'auteur souligne cependant une appréciation plus généreuse du salut pour la famille du prophète de l'islam dès la fin du IIe siècle de l'hégire, et notamment dans le milieu šīʿite[2]. La formulation ġazālīenne du *Fayṣal* englobe quant à elle les peuples de la période ante-islamique : l'expression ne limite pas le salut aux parents du prophète dont les eulogies, en les gratifiant d'une descendance immaculée où ils sont préservés de l'idolâtrie et de la souillure (*nağas*), justifient leur salut. Pour notre auteur, le salut ne se déduit pas de l'absence de péché ou d'idolâtrie, mais de la *raḥma* divine seule. Certes, elle n'abolit pas la souffrance dans l'au-delà et ces nations encourent la peine du feu – selon la justice divine – mais toutes demeurent enveloppées, enserrées, revêtues de la miséricorde : la damnation n'est pas éternelle, l'enfer est transitoire, et même en enfer, la miséricorde de Dieu poursuit son œuvre.

Quant aux nations non musulmanes qui lui sont contemporaines, les distinctions qu'il pose lui permettent aussi de rendre compte de la possibilité de leur salut. Il distingue trois catégories : la première regroupe les personnes n'ayant pas pu être illuminées par la foi en raison de l'absence de connaissance de Muḥammad. La prédication missionnaire ne les a pas atteintes, elles sont donc dans l'ignorance et elles n'ont pas pu se prononcer sur la véracité de la révélation transmise par Muḥammad. Par conséquent, leur ignorance est involontaire et elles ne sauraient être damnées. Al-Ġazālī dans le *Livre du repentir* avait déjà indiqué que de telles personnes seront, selon lui, préservées du feu de l'enfer. La deuxième catégorie a eu connaissance de la prédication et des miracles accomplis par le prophète, mais les preuves fondamentales qui attestent selon les *uṣūl al-dīn* de la vérité du prophète Muḥammad sont rejetées : ce refus implique la volonté ; il est la manifestation d'un aveuglement. Enfin, pour les non musulmans de la troisième catégorie, la prédication du prophète leur est aussi parvenue, mais ils ont été éduqués dans un tel refus de cette prédication que leur connaissance du prophète de l'islam en est déformée,

1. J. Dreher, *Maṭāliʿ al-nūr al-sanī al-munabbiʾ ʿan ṭahārat nasab al-Nabī al-ʿarabī*, traité de ʿAbdī Effendī al-Busnawī, al-Qāhira, IFAO, 2013. La tradition rapportée par Muslim est la suivante : « Un jour, un bédouin païen aurait demandé au Prophète Muḥammad : "où est mon père ?" Le Prophète répondit : "Ton père est en enfer". Le bédouin reprit : "Et où est ton père ?" Le Prophète de répondre : "Mon père et ton père sont en enfer" » (Muslim, *Ṣaḥīḥ* (*Kitāb al-īmān*), vol. 1, p. 88, n°347 [cité par J. Dreher, *ibid.*, Introduction, p. III].

2. Faḫr al-dīn al-Rāzī, *al-Tafsīr al-kabīr*, Bayrūt, Dār Iḥyāʾ al-Turāṯ al-ʿarabī, 1986[3], Š. 24, p. 173-174.

erronée, dénaturée. Depuis leur enfance, ils ont en effet appris que Muḥammad était un menteur. Or, comme l'a montré al-Ġazālī dans les livres qu'il consacre à l'éducation et à la pédagogie, l'enfant a confiance en ses aînés. Il précise dans l'*Ilǧām* à propos de l'acte de foi et de sa genèse, que la foi est d'autant plus ancrée dans le cœur d'un enfant qu'il a une haute considération pour ses parents et que ses enseignants jouissent d'une reconnaissance explicite de la part de témoins[1]. De même, il souligne aussi que la foi est d'autant plus enracinée dans son cœur que son père lui aura enseigné avec véhémence et intensité combien grande est l'erreur de la croyance des autres[2]. Par là-même, al-Ġazālī reconnaît l'emprise subjective de l'éducation qui restreint la liberté d'adhérer à la vérité objective. Ceux qui ont entendu parler en mal du prophète Muḥammad sont comme ceux qui n'en ont jamais entendu parler. Il n'est donc pas possible de leur imputer de fautes dans leur rejet du prophète de l'islam.

Cet universalisme de la *raḥma* qui embrasse l'histoire des hommes dans le temps et dans l'espace trouve une autre expression dans le *Fayṣal* en référence à un *ḥadīṯ* relatif à la division de la communauté musulmane en soixante-treize sectes[3]. Ce *ḥadīṯ* classique, dont le texte connaît des variantes, est cité à maintes reprises dans les écrits d'al-Ġazālī. Dans le *Munqiḏ min al-ḍalāl*, notamment, il en rapporte la version selon laquelle la communauté de Muḥammad se divisera en soixante-treize groupes, dont un seul sera sauvé[4]. Mais la version qu'il en rapporte dans le *Fayṣal* est substantiellement différente : « Ma communauté se divisera en plus de soixante-dix sectes (*firaq*), toutes iront au paradis, sauf celle des *zindīqs* (*kulluhum fī l-ǧanna illā al-zanādiqa*), qui sera effectivement une secte »[5].

Pour notre auteur, le musulman est celui qui reconnaît la prophétie de Muḥammad. Or, parmi ceux qui se réclament de l'islam, seule une secte doit être effectivement considérée comme hors de la communauté, ce sont les *zindīqs* : ils sont ceux qui ne croient ni au Jour dernier, ni au Créateur et qui considèrent les prophètes comme des mystificateurs. Comme nous l'avons vu, le *zindīq* n'est pas dans le commentaire de notre auteur un manichéen *stricto sensu*, c'est-à-dire un adepte de la religion de Mani, mais celui qui rejette les éléments fondamentaux de l'islam, alors qu'il se revendique comme musulman. Selon le dit prophétique cité, la *zandaqa* est bel et bien une des

1. Al-Ġazālī, *Ilǧām*, *op. cit.*, p. 620.

2. *Ibid.*

3. Ce *ḥadīṯ* n'est pas mentionné dans la Sunna d'al-Buḫārī ou de Muslim. Sa formulation se retrouve rapportée chez Ibn Ḥanbal : « Les juifs se sont divisés en soixante et onze ou soixante-douze sectes, et ma communauté se divisera en soixante-treize sectes » (Ibn Ḥanbal, *Al-Musnad*, *op. cit.*, VIII, p. 301, n° 8378) ; voir : A. J. Wensinck, *Concordance et indices de la tradition musulmane*, I-VIII, Leyde, E. J. Brill, 1936-1969, I, p. 93. Voir aussi nos remarques et références bibliographiques dans notre partie sur les *zindīqs*.

4. Al-Ġazālī, *Al-Munqiḏ min aḍalāl* (*Erreur et délivrance*), *op. cit.*, fr. p. 59, ar. p. 10.

5. *Id.*, *Fayṣal al-tafriqa bayna l-islām wa l-zandaqa*, *op. cit.*, fr. p. 74, ar. p. 75. Voir al-Suyūṭī, *Al-Durr al-manṯūr fī l-tafsīrbi-l-ma'ṯūr*, *op. cit.*, t. 3, p. 261.

factions de la communauté de Muḥammad : « elle est effectivement une secte (*wa hiya firqa*) »[1].

Commentant ce *ḥadīṯ*, pour le philosophe Souleymane Diagne, le but recherché par al-Ġazālī n'est pas l'exclusivisme, mais au contraire l'intégration, en associant au sein de l'*umma* des groupes divergents : toutes les sectes iront au paradis, sauf une. Et Diagne de commenter : « seuls s'interdisent le salut ceux qui ont précisément, de la différence, une vision dualiste radicale et manichéenne : "qui n'est pas avec moi est rejeté dans les ténèbres extérieures" »[2]. De cette analyse du *ḥadīṯ*, Diagne en déduit l'approche pluraliste d'al-Ġazālī dans sa lecture des divergences doctrinales : la secte des perdants est celle qui exclut tandis que toutes les autres participent à la dynamique eschatologique où Dieu conduit ses créatures au paradis. Au-delà de cette interprétation du *ḥadīṯ*, il est manifeste cependant que son champ d'application se situe au sein des seules écoles de l'islam. Le pluralisme des sectes est celui des écoles et factions musulmanes qui répondent au critère de distinction. Il n'est pas *stricto sensu* celui du pluralisme religieux. Pour autant, à la lumière de son analyse de la *raḥma* divine, nous pouvons établir une correspondance entre sa théologie intégrative et pluraliste en milieu musulman et l'ouverture théologique, juridique et eschatologique qu'il octroie aux non musulmans.

1. Al-Ġazālī, *Fayṣal al-tafriqa bayna l-islām wa l-zandaqa*, *op. cit.*, fr. p. 74, ar. p. 75.
2. S. Diagne, *Comment philosopher en islam ?*, *op. cit.*, p. 175.

Conclusion

UNE THÉOLOGIE INCLUSIVISTE

Formulé dans le *Fayṣal al-tafriqa*, le critère décisif de distinction entre l'islam et la *zandaqa*, entre le musulman et le non musulman, consiste à reconnaître la véridicité du prophète de l'islam, qui inclut l'authenticité de la révélation coranique (*tanzīl*) et la véracité de ses actes et paroles (*aḥādīṯ*). Ce critère permet d'unir des factions rivales qui se revendiquent de l'islam mais qui, en raison de divergences doctrinales, s'excluent mutuellement (*takfīr*). La définition des catégories d'existence permet ainsi à al-Ġazālī de proposer une herméneutique des textes sacrés à caractère intégratif. Ainsi donc, il envisage un rapport profond au texte : il ne s'agit pas seulement d'établir des distinctions, comme il l'écrit dans le *Mustaṣfā*, mais de saisir l'essence profonde de toute réalité, celle d'un texte sacré comme celle d'une communauté humaine, d'une école théologique, d'une religion. La contribution principale et déterminante d'al-Ġazālī dans un contexte historique de divisions, de sécessions et de rivalités politiques, est donc de refonder l'unité de la *umma* par la définition d'un critère objectif et communément partagé. À s'en tenir à ce seul critère, tout homme qui ne reconnaît pas le prophète ou l'accuse de mensonge est donc un non musulman. Critère dirimant, critère exclusiviste donc, puisque le non musulman en tant que *kāfir* se voit appliquer une juridiction dans laquelle l'usage du sabre à son encontre est, dans de nombreux cas, formellement prescrit. En ce sens, le non musulman, l'autre, porte en lui une diversité religieuse qui doit être combattue, rejetée, voire extirpée de la face de la terre afin que se répande le message de Muḥammad.

Ceci étant posé, notre travail est parti de l'interrogation suivante : dans quelle mesure le projet d'al-Ġazālī de pacification et de « communion » entre adversaires musulmans a-t-il pu le conduire à projeter un regard plus conciliant sur les non musulmans et à définir les fondements théologiques et juridiques d'un nouveau statut les concernant ? Pour répondre à cette question, nous avons formulé l'hypothèse d'une incidence de sa réflexion intrareligieuse sur sa pensée théologique interreligieuse.

Au terme de notre recherche, nous pouvons confirmer ce postulat de départ. Nous avons montré, en effet, que les principes heuristiques intégratifs qu'il applique à l'étude de l'hétérodoxe ont des incidences sur sa compréhension et son appréhension du non musulman. Certes, les questions le concernant sont rarement abordées "de front", mais elles demeurent inhérentes à sa pensée.

Ainsi, nous avons vu que même si les écrits d'al-Ġazālī sont traversés par une certaine forme d'exclusivisme théologique et d'intransigeance juridique qui le conduisent à faire souvent siennes les positions classiques du droit šāfiʿite en matière de traitement des non musulmans, il émerge du cadre anthropologique, épistémologique et méthodologique dans lequel il définit son critère décisif, des lumières nouvelles dans l'appréhension du non musulman. En définissant une conception éminemment coranique de l'homme fondée sur la présence en chaque individu du souffle divin, al-Ġazālī confère à la créature humaine un statut particulier qui tend à la sacraliser, à montrer qu'elle se trouve en situation de conjonction à Dieu, de relation avec Lui. Par là même, il fonde une vision universelle de l'homme et justifie la reconnaissance de ses droits. Certes, la faute, la passion ou l'hérésie peuvent l'aveugler et voiler cette lumière. Dans la ligne du Coran, al-Ġazālī reconnaît la possibilité pour l'homme d'être pire qu'une bête dans la mesure où, à la différence de l'animal, il peut accomplir des actes contraires à sa nature, c'est-à-dire aux antipodes de sa dimension célestielle.

Mais, pour notre auteur, cette chute n'est jamais une déchéance irrémédiable. L'homme conserve en lui, jusqu'au soir de sa mort, ce souffle spirituel. De plus, il est créé avec une prédisposition à la conversion (*fiṭra*). Un *kāfir* est donc toujours un *muʾmin* en puissance. Cependant, il ne dit pas du *kāfir* qu'il est un *muslim* potentiel, la *fiṭra* étant chez notre auteur davantage une prédisposition qu'une réalité effective. Il s'ensuit une distinction capitale, que nous avons relevée à maintes reprises dans ses écrits, entre *īmān* et *islām*. Distinction complexe aussi, puisqu'il faut parfois tenir l'homonymie, distinction de raison cependant, dont on peut identifier, dans un grand nombre de ses pages, des conséquences notoires quant au statut juridique du non musulman.

Par ailleurs, la définition d'une méthodologie rigoureuse, fondée sur une connaissance approfondie des doctrines, le conduit à poser un regard neuf sur la réalité des croyances et, par suite, sur la foi des non musulmans. En ce sens, sa démarche le mène à adopter une position inclusiviste puisqu'il admet l'existence d'éléments de vérité au sein des différentes réalités religieuses. À la lumière de la parabole bouddhiste de l'éléphant[1], il soutient même la nécessité d'aller au-delà des différences et des contradictions car elles peuvent n'être qu'apparentes. La focalisation étroite sur des discordances est, selon lui, le

1. Al-Ġazālī, *Iḥyāʾ*, *op. cit.*, K. 31 (*Kitāb al-tawba*), *op. cit.*, R. 1, b. 2 p. 1333. [V. 7, p. 27].

propre des esprits faibles puisque, de la réflexion, de la méditation et de l'approfondissement, il est parfois possible de tenir ensemble des propositions opposées qu'elles soient tenues par des écoles théologiques rivales ou par des traditions religieuses différentes.

Certes, al-Ġazālī n'a pas toujours échappé à une compréhension erronée des croyances ou des dogmes non musulmans, mais il semble qu'il n'a pas manqué de poursuivre sa quête de connaissances, procédant parfois à une rétractation de certaines de ses positions. Ainsi, il en vient à expliquer au soir de sa vie, dans une lettre destinée à des musulmans, comment le dogme chrétien de la Trinité peut être compatible avec l'affirmation du monothéisme, correspondance dont il avait pourtant, non sans véhémence, souligné dans ses écrits antérieurs l'artefact fallacieux et l'irrecevabilité.

Certes, notre homme est aussi un fin stratège. Il n'hésite pas à recourir à une présentation caricaturale des croyances non musulmanes dès lors qu'elle est « utile » à l'islam. Son œuvre apologétique contre les bāṭinites est symptomatique à cet égard et bien des pages relèvent de ce que l'on qualifierait de nos jours de « malhonnêteté intellectuelle ». Il faut cependant les resituer dans leur contexte historique par rapport à son projet de rattacher l'hétérodoxe à une définition ouverte de l'orthodoxie, et en relation avec sa théorie politique selon laquelle la fin peut justifier les moyens. En l'occurrence, la caricature du non musulman ou le mensonge sur l'autre, trouvent, sous sa plume, une justification politique dès lors qu'ils permettent de servir la religion (*dīn*).

Toutefois, son exhortation constante à se « plonger » dans la connaissance des autres, dans un contexte théologique et culturel musulman antitrinitaire, ne doit pas écarter la possibilité d'une compréhension tardive du dogme chrétien et d'une « rétractation » dans la restitution de ces croyances. Rétractation implicite, car al-Ġazālī ne rédige pas comme saint Augustin d'ouvrage dans lequel il « révise tout ce [qu'il] a écrit, livres, lettres ou traités; soumet [ses] œuvres à une critique sévère, et ce qui lui déplaît, à des annotations qui vaudront une censure »[1]. Dans le *Munqiḏ min al-ḍalāl*, sa rétractation porte sur la nature de son cœur, la confession de l'absence d'humilité de ses intentions, la soif de prestige et de reconnaissance qu'il éprouvait comme jeune enseignant, mais non sur le fond de ses leçons. Pour autant, il est possible, au fil de la chronologie, des développements de ses recherches, de l'approfondissement des connaissances empiriques et de l'influence plus prononcée de la mystique sur sa vie spirituelle, de percevoir des évolutions au sein de sa pensée. On gardera toutefois à l'esprit que celles-ci peuvent aussi correspondre à un procédé rhétorique et pédagogique invitant le disciple à poursuivre la méthode du maître qui ne saurait se satisfaire de la simple répétition de son enseignement. Mais, au-delà des antagonismes et des paradoxes, une ligne se dessine bel et bien dans son regard sur l'altérité, celle d'une pensée inclusiviste.

1. Saint Augustin, *Des deux livres des rétractations*, dans *Œuvres complètes*, trad. et ann. initiale Péronne *et al.*, Paris, Louis Vivès, 1970, t. 2, « Prologue », p. 5.

Cette nécessité d'approfondir, de creuser, d'aller au-delà des apparences à l'égard de tout ce qui relève de la croyance et d'en établir la correspondance avec la vérité islamique est sans aucun doute un des grands enseignements d'al-Ġazālī. Elle contribue aussi à neutraliser les acteurs de son siècle qui, loin de combattre pour la réconciliation des musulmans et des hommes au sein d'une *umma* conçue parfois aux dimensions du monde, fondent une jurisprudence exacerbée dont les avis attisent et répandent le fanatisme.

L'un des combats majeurs de notre auteur est, en effet, celui qu'il mène contre l'empressement mondain de certains savants, les *ʿulamāʾ al-rusūm*. Face à la difficulté, voire au refus que suscite sa grille de lecture, al-Ġazālī oppose une analyse psychologique de ceux qui ne parviennent pas à voir, car ils sont engoncés dans un littéralisme sclérosant et ils se contentent de l'imitation, de la répétition stérile, refusant, en dépit des mises en garde du Coran sur ce sujet[1], d'user de la raison, au profit d'une posture qui conforte leur pouvoir. De même, il dénonce le processus de juridicisation de l'islam, l'appauvrissement et le dessèchement spirituel de la jurisprudence (*fiqh*), l'invasion des avis juridiques (*fatāwā*) sur des points particuliers qui en viennent à plonger l'homme dans le scrupule et à l'éloigner de la miséricorde divine.

Le domaine des divergences et des différences religieuses est un abîme, al-Ġazālī ne cesse d'en avertir ces savants qui prononcent avec empressement leurs *fatāwā* sans posséder la connaissance requise. Aussi, dit-il, seul celui qui s'est investi dans une connaissance approfondie des sectes et des écoles est en mesure d'éclairer le jugement et le statut qu'il convient d'appliquer à un autre musulman. À maintes reprises, il fustige les paroles creuses, empressées et non averties des verdicts des *ʿulamāʾ*. Par contraste, il présente son jugement comme autorisé. Il légitime sa position en délégitimant celle des autres. Il s'érige en *imām*. Mais chez lui, le titre renvoie à la fonction de conseiller, notamment sur les questions relatives au droit de vie ou de mort sur des individus considérés comme *kuffār*. Si le savant émet un jugement de condamnation, la décision revient au calife qui peut le suivre ou le récuser. Cet avertissement met au cœur de son projet la responsabilité qui incombe ultimement au calife seul, en tant qu'il est garant de la paix sociale. Cette position n'est pas sans ambiguïté car, en accordant au calife une légitimité sans faille, la position de notre auteur peut revenir à justifier *a contrario* des actes d'une grande violence politique à l'encontre des hétérodoxes ou des non musulmans.

Par ailleurs, nous avons montré que la légitimité du recours aux écrits des factions musulmanes, en tant qu'ils éclairent la vérité, le conduit aussi à élargir son rapport aux Écritures des autres traditions religieuses. Son principe épistémologique en science du *ḥadīṯ*, selon lequel l'essentiel n'est pas la qualité de la chaîne de transmission, mais la vérité de ce qui est enseigné et dont la source

1. Par exemple S. 5, 104 ; 7, 27.

est la raison (*ʿaql*)[1], s'impose à toute Écriture. Par extension, al-Ġazālī justifie l'usage des *isrāʾīliyyāt*, des anecdotes ou des paraboles n'appartenant pas *stricto sensu* à la tradition musulmane. De plus, du point de vue des statuts juridiques afférents à chaque personne selon sa religion et ses croyances, sa théorie du voisinage établit les bases politiques pour l'établissement d'une cité non ségrégationniste qui transcende les divisions doctrinales et religieuses. En ce sens, la pensée d'al-Ġazālī revêt une acuité indéniable comme élaboration des principes d'une *convivencia* que maints musulmans contemporains appellent de leurs vœux.

Pour autant, peut-on dire de la pensée d'al-Ġazālī qu'elle s'inscrit dans le cadre du paradigme pluraliste de la théologie des religions ? Il est certain qu'al-Ġazālī, dans son effort de synthèse, intègre les diverses factions musulmanes. Il fonde la pluralité des opinions et la rattache à un critère commun. Il admet des expressions religieuses différentes dès lors qu'elles se rassemblent autour de la reconnaissance de Muḥammad comme prophète de l'islam. En revanche, ce critère ne saurait s'appliquer aux religions non musulmanes. Si l'approche ġazālienne des factions musulmanes a des incidences dans sa conception des non musulmans, on ne saurait pour autant voir dans ses propos l'application d'une approche pluraliste étendue aux non musulmans. La vérité des religions non musulmanes, de leurs ouvrages, des éclats de leur sagesse, n'est digne d'être reconnue qu'en tant qu'elle correspond à l'enseignement de l'islam. La voie de la vérité est unique : c'est celle de l'islam.

Néanmoins, la correspondance entre réflexion intrareligieuse et réflexion interreligieuse dans le *Miškāt al-anwār* ouvre la voie à une théologie de l'histoire et des religions intégrant dans un grand mouvement d'illumination ascensionnelle à la fois les factions musulmanes rivales et les religions. Al-Ġazālī y fonde sur la base des degrés de connaissance de Dieu une théologie inclussiviste du pluralisme religieux. De ce point de vue, notre hypothèse de départ se trouve bien confirmée.

Si nous avons mis en exergue le fait que l'inclusivisme d'al-Ġazālī a des conséquences eschatologiques quant au salut des non musulmans, peut-on pour autant dire que se dessine chez lui l'adhésion à une théorie de l'apocatastase où tout retournant à Dieu, tout est sauvé, et qui serait comparable à

1. Al-Ġazālī, *Iḥyāʾ*, *op. cit.*, K. 37 (*Kitāb al-niyya wa l-iḫlāṣ wa l-ṣidq*), B. 1, b. 5, p. 1739 [l'éd. Dār al-Salām renvoie par erreur à Dāwūd Muġabbar], [V. 9, p. 50] : « On raconte que lorsque Dāwūd Ibn al-Muhabbar acheva son ouvrage *Kitāb al-ʿaql*, Aḥmad Ibn Ḥanbal vint le voir et il lui demanda son avis. Il le regarda furtivement puis le lui rendit. Dāwūd lui demanda : "qu'y a-t-il ?" Il répondit : "Il comporte des allégations dont les chaînes de garants sont faibles (*fīhi asānīd ḍiʿāf*)". Dāwūd lui dit alors : "Je n'ai pas composé ce livre d'après les chaînes de transmission. Regarde plutôt à la source de ce qu'il enseigne (*bi-ʿayn al-ḫabr*) car je l'ai envisagé avec l'œil de la raison (*bi-ʿayn al-ʿaql*). Peut-être y trouveras-tu un intérêt." Aḥmad acquiesça et lui dit : "Donne-le moi de nouveau afin que je le consulte selon l'optique que tu m'indiques". Il prit le livre et l'étudia un moment puis déclara : "puisse Dieu te récompenser car j'y ai effectivement trouvé de l'intérêt" ».

celle dont on trouve des expressions chez certains mystiques, à l'exemple d'al-Ḥakīm al-Tirmiḏī[1] ?

UNE THÉORIE DE L'APOCATASTASE ?

> Au jour de la résurrection, on amène un autre homme et l'on règle son compte ; puis on ordonne de le conduire en enfer. Mais à mi-chemin, il se retourne et Dieu dit : « Ramenez-le vers Moi ». Quand ils l'eurent ramené, Dieu lui dit : « Ô serviteur mauvais (*ayyuhā al-ʿabd al-sayyiʾ*), pourquoi te retournes-tu ? » Il répond : « Ô Seigneur, j'ai été rebelle envers Toi, mais j'espérais en Toi (*anā arǧūka*) ; je suis mort, mais j'espérais en Toi ; tu as réglé mon compte, mais j'espérais en Toi ; Tu m'as envoyé en Enfer, mais j'espérais en toi ; c'est pourquoi je viens de me retourner vers Toi ». Dieu le Fort et le Majestueux lui dit : « Tu as placé ton espérance en un Dieu généreux, et tu as adressé tes vœux à un Dieu bienfaisant. Va je te pardonne ! »[2].

Ainsi s'achève son traité d'eschatologie *Al-durra al-fāḫira*. Le péché "majeur" avons-nous souligné, consiste à désespérer de Dieu et de sa miséricorde. Enfermé sur lui-même, le désespéré n'est recouvert d'aucun voile de lumière divine. En revanche, l'homme (*ʿabd*) qui attend de Dieu sa miséricorde est celui dont le regard ne cesse de se tourner vers Lui. Pour al-Ġazālī cette foi suffit. Or, l'espérance n'est pas l'exclusivité des musulmans.

Elle peut habiter le cœur de ceux qui ne se revendiquent pas de l'islam et elle est agréée par Dieu comme le montrent bien des récits juifs, les *isrāʾīliyyāt*, qu'il rapporte dans l'*Iḥyāʾ ʿulūm al-dīn*. La conclusion du *Fayṣal al-tafriqa* est à cet égard hautement significative : « Sache, écrit-il, que la primauté et l'universalité de la miséricorde divine (*sabq al-raḥma wa šumūluhā*) ont été révélées aux gens clairvoyants par des signes et des dévoilements mystiques, indépendamment des *hadīṯs* et des récits »[3]. Pour al-Ġazālī, la miséricorde divine se répand sur tous les êtres, dans le monde d'ici-bas comme dans le monde de l'au-delà. La *raḥma* est pour tout homme, même et surtout, dit-il, pour celui qui appartient au parti des perdus.

Mais son anthropologie donne aussi une assise fondamentale à cette perspective qui n'est pas sans rejoindre le cadre coranique. En effet, l'eschatologie du Coran aborde la réalité de l'enfer en termes de transition. Certes, cette période est indéterminée, mais elle ne peut être identifiée à l'infini. Or, la vision ġazālienne de l'homme dans le parachèvement de la création où le souffle divin entre en jeu, témoigne d'une inscription du divin en l'homme.

1. G. Gobillot, « Les mystiques musulmans entre *Coran* et traditions prophétiques. À propos de quelques thèmes chrétiens », *Revue de l'histoire des religions*, 1, 2005, p. 43-87.

2. Al-Ġazālī, *La perle précieuse* (*Ad-dourra al-fâkhira*), *op. cit.*, ar. p. 93-94 [fr. p. 78].

3. *Id.*, *Fayṣal al-tafriqa*, *op. cit.*, fr. p. 106, ar. p. 107.

Opinion audacieuse dans laquelle se creuse en filigrane l'amorce d'une théologie de l'apocatastase, d'un retour de toutes choses à Dieu dont la croyance, d'origine mazdéenne[1] s'est imposée aussi bien chez les pythagoriciens, les néoplatoniciens que chez certains Pères de l'Église (Origène, Évagre). L'anthropologie d'al-Ġazālī, fondée sur l'idée que le dépôt divin placé en tout homme, devenu inséparable de celui qui lui a servi de réceptacle, ne peut que retourner à son Donateur, en est le fondement le plus probant. De l'homme, il n'est rien attendu, même pas un regard vers le Créateur. La miséricorde ne dépend d'aucune limite, elle ne dépend ni du regard de l'homme pécheur, ni de sa supplique. Créé d'une étincelle divine, le *kāfir* ne peut que retourner à Dieu :

> [al-*kāfir*] a trahi (*ḫāna*) le dépôt de confiance (*al-amāna*) que Dieu lui avait remis ainsi que le bienfait qui l'accompagnait. Il s'est montré désinvolte envers sa grâce et renaudeur envers sa punition (*kāfiran li-niʿmatihi wa mutaʿarriḍan li-niqmatihi*) (...). Mais ce dépôt revient assurément à Dieu, puisqu'il est celui qu'il l'a déposé. À lui, il revient et achève son chemin. Ce dépôt est comme le soleil rayonnant. Il est cependant tombé dans un moule (*qālib*) corruptible et périssable. Mais, lorsque le moule sera brisé, ce soleil se lèvera de cette enveloppe qui l'enfermait, et il rejoindra celui qui l'a façonné et créé, il sera soit enténébré et obscurci, soit étincelant et rayonnant. Le soleil étincelant et rayonnant ne sera pas voilé (*maḥǧūba*) de la présence de la souveraineté (*ḥaḍrat al-rubūbiyya*). De même, l'enténébré retournera à la présence puisque tout retourne à lui et s'achève en lui (*al-marǧuʿ wa l-maṣīr li l-kulli ilayhi*) sauf qu'il aura la tête baissée du point le plus haut au point le plus bas[2].

Certes, le retour à Dieu n'est pas homogène ; tout retourne à Dieu, mais non d'une unique manière. Le *kāfir* n'est pas le *mu'min*. Mais dans cette optique, même si le *kāfir* revient à Dieu la tête baissée, conséquence de sa mécréance, ce dépôt qui est en lui retourne à son créateur. L'homme ne peut donc être rejeté de manière absolue, définitive, éternelle puisque dans cet ultime mouvement, le créé rejoint son Seigneur.

1. H. Corbin, *En islam iranien : aspects spirituels et philosophiques*, vol. I, Paris, Gallimard, ²1978, p. 276.

2. Al-Ġazālī, *Iḥyā'*, *op. cit.*, K. 31 (*Kitāb al-tawba*), R. 2, b. 2, r. 2, p. 1357 [V. 7, p. 100] [Gramlich, A. 153-154, p. 75-76].

Crainte révérencielle, amour et haine pour Dieu

La théologie spirituelle d'al-Ġazālī octroie une place importante à la crainte révérencielle. La foi en l'océan de la miséricorde divine qui viendrait contrebalancer le poids des insoumissions accomplies par ceux qui confessent l'unicité divine et qui sont croyants (*al-muwaḥḥidūn wa l-muʾminūn*) est pour notre auteur « le paroxysme de l'illusion (*nihāyat al-iġtirār*) »[1]. Ultime balancement d'une pensée complexe et paradoxale, pour al-Ġazālī, celui qui espère en la miséricorde de Dieu alors qu'il n'accomplit pas les œuvres de la foi est comme celui qui espère avoir un enfant sans avoir de relations sexuelles[2]. Al-Ġazālī dénonce la vacuité de leur espérance : elle n'est que chimère, vaine rêverie. L'espérance ne doit pas chasser la crainte de Dieu dans le cœur de l'homme.

De même, le monde, dût-il être le meilleur des mondes possibles, est celui du péché, de l'infidélité, de la désobéissance[3]. Or, Dieu a ordonné le bien et interdit le mal ; il est donc du devoir du croyant de le combattre de tout son être. Pour al-Ġazālī, l'amour a pour partenaire la haine : « le nœud le plus solide de la foi est l'amour en Dieu et l'aversion en Dieu (*al-ḥubb fī Allāh wa l-buġḍ fī Allāh*)[4]. L'infidèle renforce la foi du fidèle, le désobéissant unit les obéissants par leur opposition à sa désobéissance. L'autre musulman et le non musulman sont donc à haïr et leur infidélité est voulue par Dieu en tant qu'elle constitue le ciment de l'unité de la communauté[5]. À lire al-Ġazālī, cette théodicée et cette vision anthropologique n'est pas propre à la théologie muḥammadienne. Elle est la leçon des prophètes adressée aux hommes. Ainsi, des paroles attribuées à Jésus lui-même sont évoquées dans le *Livre de la fraternité* afin d'attiser l'aversion contre le pécheur : « Attirez à vous l'amour de Dieu en haïssant les pécheurs, rapprochez-vous de Dieu en vous éloignant d'eux et cherchez l'agrément de Dieu en vous courrouçant contre eux »[6]. Pour al-Ġazālī, on ne peut pas aimer Dieu si, parallèlement, on ne hait pas ses ennemis.

1. Al-Ġazālī, *Iḥyāʾ*, *op. cit.*, K. 30 (*Kitāb ḏamm al-ġurūr*), b. 1, mi. 2, p. 1295 [V. 6, p. 625].
2. *Ibid.*, p. 1296 [V. 6, p. 628].
3. *Ibid.*, K. 36 (*Kitāb al-maḥabba wa l-šawq wa l-uns wa l-riḍāʾ*), b. 15, p. 1714 [V. 8, p. 553].
4. *Ibid.*, K. 15 (*Kitāb ādāb al-ulfa wa l-uḫuwwa wa l-ṣuḥba*), B. 1, p. 591 [V. 4, p. 17].
5. *Ibid.*
6. *Ibid.* [V. 4, p. 18]. Ce dit est propre à notre auteur. Il correspond à une résonnance johannique de l'hostilité du monde pour les disciples du Christ (Jn 15, 18-19). Mais, au sein de la tradition musulmane, l'aversion est inversée : elle est celle du fidèle à l'encontre des pécheurs. Avant al-Ġazālī, on trouve cet appel à l'hostilité et à l'aversion dans des paroles de Jésus chez ʿAbdallāh Ibn Qutayba (m. 276/889), *Kitāb ʿUyūn al-aḫbār*, al-Qāhira, Dār al-Kutub al-miṣriyya, 1925-1930, vol. 2, p. 268 : « Jésus dit à ses compagnons : 'Si vous êtes vraiment mes frères et mes amis, habituez-vous à l'hostilité et à la haine des hommes. Car vous n'obtiendrez pas ce que vous cherchez sinon en abandonnant ce que vous désirez. Vous ne posséderez par ce que vous aimez sinon en tolérant ce que vous haïssez' », répertorié par T. Khalidi, *Un musulman nommé Jésus*, « l'Islam des Lumières », Paris, Albin Michel, 2001, p. 122, n°97. De même, Abū Bakr Ibn Abī

Pour autant, la crainte de Dieu ne saurait contrebalancer ni l'espérance, ni la miséricorde et, si elle doit habiter dans le cœur des hommes, la miséricorde a la précellence. De même s'il convient de haïr celui qui hait Dieu, al-Ġazālī enseigne que l'amour pour toutes les créatures en tant qu'elles sont créées par Dieu doit prédominer. Plus encore, dans le cœur du saint, du prochain de Dieu, il ne peut être que seul.

L'AMOUR SEUL

Dans le *Livre de l'amour*, al-Ġazālī écrit en effet que « Celui qui vit sous l'empire de l'amour de Dieu aimera toutes les créatures de Dieu, en tant qu'elles sont ses créatures (*man ġalaba ḥubbu Allāh ʿalā qalbihi aḥabba ǧamīʿa ḫalqi Allāh li-annahum ḫalquhu*) »[1]. Seul Dieu est digne d'être aimé, mais si on l'aime, dit-il, on ne peut qu'aimer le monde qu'il a créé. Comment comprendre et concilier ce principe qui permet de fonder l'amour pour toute créature, et pas seulement de Dieu ou de ses prophètes, pas seulement du musulman ou du croyant, mais de tout homme *sui generis* qu'il soit musulman, chrétien, juif, païen ou athée avec la leçon de la haine du *kāfir* pour Dieu ?

Il est indéniable que l'enseignement de l'aversion pour le non musulman, le mépris qui doit être infligé au *kāfir*, est au cœur de l'*Iḥyāʾ* et que même le *Livre de l'amour* n'est pas dénué d'avertissements à l'encontre d'une vision simpliste de l'amour. Cependant, s'il s'agit d'aimer les créatures que Dieu aime et de haïr les ennemis de Dieu, al-Ġazālī souligne dans le *Kitāb al-faqr wa l-zuhd* l'ambiguïté de ces deux sentiments dans la mesure où le cœur de l'homme ne peut aimer et haïr en même temps[2]. L'aversion est une étape vers Dieu, mais elle n'en est pas encore sa contemplation. Le véritable ami de Dieu est donc inondé de l'amour pour Dieu. Un tel homme aime les créatures de Dieu en tant qu'il sait qu'elles viennent de Lui. Il ne voit plus la créature, mais il voit Dieu. La présence de toute trace de haine est par conséquent le signe d'un état spirituel imparfait, en chemin. Celui qui hait son "prochain" n'est pas encore un rapproché. Dans les premiers pas de son cheminement, cette haine est un stimulant, elle lui permet de rejeter le monde pour adhérer avec résolution au parti de Dieu, mais elle ne saurait être une fin en soi. Le véritable spirituel, enseigne al-Ġazālī, l'authentique "mystique", n'a en son cœur que l'amour.

al-Dunyā (m. 285/894), « Kitāb Ḏamm al-Dunya » dans *Mawsūʿa Rasāʾil*, éd. Mustafā ʿAtā, Bayrūt, Mu'assasat al-Kutub al-Ṯaqāfiyya, 1993, 2, p. 170, n°415 : « On demanda à Jésus : "Enseigne-nous une action telle qu'il se puisse que Dieu vienne à nous aimer". Il répondit : "Haïssez le monde et Dieu vous aimera" », cité par T. Khalidi, *ibid.*, p. 135, n°120. À noter cependant que la tradition islamique ne manque pas d'attribuer aussi à Jésus des paroles de mansuétude et de miséricorde pour les pécheurs.

1. Al-Ġazālī, *Iḥyāʾ*, *op. cit.*, K. 36 (*Kitāb al-maḥabba wa l-šawq wa l-uns wa l-riḍāʾ*), p. 1692 [V. 8, p. 486].

2. *Ibid.*, K. 34 (*Kitāb al-faqr wa l-zuhd*), Š. 1, b. 1, p. 1536 [V. 8, p. 16].

Plus encore, en lui se trouve la formulation d'une espérance, celle d'un salut offert à tous, quitte à ce qu'il soit au prix du sacrifice de sa propre vie. Dans le *Livre de la patience et de la gratitude*, al-Ġazālī évoque la position de ces hommes qui invoquent ainsi Dieu : « J'aimerais ardemment (*awaddu*) être un pont (*ǧisr*) au-dessus de l'enfer que toutes les créatures (*al-ḫalq kulluhum*) emprunteraient et seraient ainsi sauvées tandis que moi je serais en enfer »[1]. Formulation sacrificielle, expression d'un don absolu où la vie est donnée en offrande pour le salut de tous. Al-Ġazālī observe la complexité de la prière : l'orant appelle sur lui le malheur afin qu'en résulte un bienfait pour l'ensemble des créatures. D'un point de vue pratique, il n'appartient pas à l'homme d'être médiateur de salut pour le monde ; la réalisation effective d'un tel don de soi est donc impossible. Cependant, remarque al-Ġazālī, « il arrive que l'amour emplisse le cœur si intensément que celui qui aime pense avoir en lui-même un amour de cette nature. Celui qui boit à la coupe de l'amour s'enivre et l'homme ivre se perd en ses paroles »[2]. Cette aspiration n'est jamais pérenne, l'ivresse s'immisce dans le cœur puis cesse. Mais sous l'effet de son philtre, l'amour s'empare de la raison et suscite un désir à sa mesure. Celui qui aime avec passion (*ʿāšiq*) ne peut se résoudre aux souffrances de l'aimé, et celui qui boit à la coupe de l'amour aime toutes les créatures. C'est donc l'amour qui est au fondement de cette aspiration au salut universel. L'homme ne peut le réaliser par son sacrifice, mais sa prière sous-entend que celui qui est la source de l'amour, le Tout-Aimant, dispose éternellement de cette aspiration à voir toute la création sauvée.

1. Al-Ġazālī, *Iḥyāʾ*, *op. cit.*, K. 32 (*Kitāb al-ṣabr wa l-šukr*), Š. 2, R. 3, b. 2, p. 1473 [V. 7, p. 443].
2. *Ibid.*, p. 1473 [V. 7, p. 443].

BIBLIOGRAPHIE

Livres en arabe et éditions bilingues d'al-Ġazālī [1]

Al-Ġazālī, *Al-Adab fī l-dīn* dans *Ǧawāhir al-ġawālī min rasā'il al-Imām Ḥuǧǧat al-Islām al-Ġazālī*, éd. Muḥiyy al-Dīn Ṣabrī al-Kurdī, al-Qāhira, Maṭba'at al-Sa'āda, 1353/1934, p. 41-58.

– *Kitāb al-arba'īn fī uṣūl al-dīn*, éd. Muḥiyy al-Dīn Ṣabrī al-Kurdī, al-Qāhira, Maṭba'at al-'Arabiyya, 1344 [1925].

– *Ayyuhā l-walad* = *Lettre au disciple* (*Ayyuhā 'l-walad*), trad. fr. Toufic Sabbagh, introd. Georges H. Scherer, Beyrouth, Commission libanaise pour la traduction des chefs-d'œuvre, 1969 ([1]1951).

– *Bidāyat al-hidāya*, éd. 'Abd al-Ḥamīd Muḥammad al-Darwīš, Bayrūt, Dār Sādir, 1998.

– *Al-Durra al-fāḫira fī kašf 'ulūm al-āḫira* = *La perle précieuse* (*Ad-dourra al-fâkhira*), Traité d'eschatologie musulmane, texte arabe publié d'après les manuscrits de Leipzig, de Berlin, de Paris et d'Oxford, accompagné d'une traduction en français, des variantes, des notes critiques et une introduction par Lucien Gauthier, Amsterdam, Oriental Press Amsterdam, 1878.

– *Faḍā'iḥ al-Bāṭiniyya wa faḍā'il al-Mustaẓhiriyya*, éd. 'Abd al-Raḥmān Badawī, al-Qāhira, Dār al-Qawmiyya, 1964.

– *Faḍā'il al-anām min rasā'il ḥuǧǧat al-islām*, éd. 'Alī Nūr al-dīn, Tūnis, al-Dār al-Tūnisiyya li al-Našr, 1972.

– *Fatāwā l-Imām al-Ġazālī / The Fatāwā of Imam al-Ghazzālī*, éd. Mustafa Mahmoud Abu-Sway, Kuala Lumpur, International Institute of Islamic Thought and Civilization, 1996.

– *Fayṣal al-tafriqa bayna l-islām wa l-zandaqa* = *Le critère de distinction entre l'islam et l'incroyance. Interprétation et divergence en islam*, texte édité, traduit et annoté par Mustapha Hogga, préface par Jean Jolivet, « Études musulmanes » XLII, Paris, Vrin, 2010.

– *Ḥimāqat-i ahl-i ibāhat* dans *Die Streitschrift des Ġazālī gegen die Ibāḥīja, im persischen Text herausgegeben und übersetzt von Otto Pretzl*, München, Bayerischen

1. Nous donnons la translittération du nom de notre auteur et des titres de ses ouvrages à partir de l'arabe en conformité avec le système de translittération choisi. Entre crochets, nous reproduisons la translittération de première page de couverture de l'éditeur dans le cas où elle ne serait pas identique.

Akademie, 52 p. & arabic Text, Sitzungsberichte der Bayerischen Akademie der Wissenschaften, Heft 7, 1933.
- *Iḥyāʾ ʿulūm al-dīn*, édition Būlāq, al-Qāhira, 1269/1853 ; *Iḥyāʾ ʿulūm al-dīn*, 2 vol., al-Qāhira, Dār al-Salām, 2007 ; Riyād, Dār al-Minhāğ, 9 vol., 2012.
- *Ilğām al-ʿawāmm ʿan ilm al-kalām*, vol. 4 de *Mağmūʿa rasāʾil al-imām al-Ġazālī*, éd. Aḥmad Šams al-Dīn, Bayrūt, Dār al-Kutub al-ʿilmīyya, 1986.
- *Al-Iqtiṣād fī l-iʿtiqād*, éd. İbrahim Agâh Çubukçu, Hüseyin Atay, Ankara, Nur, 1962 ; *Al-Iqtiṣād fil- Iʿtiqād*, Dr. Insaf Ramdan's edition, with explanatory notes, Dimašq, Dār Qutayba, 2003.
- *Ğawāhir al-Qurʾān*, éd. critique Muḥammad Kāmil, al-Qāhira, Dār al-Kutub, 2011 ; éd. Ḫalīl Ibrāhīm, Bayrūt, Dār al-Fikr al-Lubnāny, 1992.
- *Maʿāriğ al-quds fī madāriğ maʿrifat al-nafs*, éd. Muḥyī al-Dīn Ṣabrī al-Kurdī, al-Qāhira, Maṭbaʿat al-Saʿāda, 1346/1927 ; Bayrūt, Dār al-Āfāq al-Ğadīda, 1981.
- *Al-Maḍnūn al-ṣaġīr wa-huwwa al-mawsūm bi-l-ağwiba al-ġazāliyya fī l-masāʾil al-uḫrawiyya*, éd. Aḥmad al-Bābī al-Ḥalabī, al-Qāhira, Al-Maṭbaʿa al-Maymaniyya, 1309 [1891] ; dans : al-Ğilānā, *Al-Insān al-kāmil*, al-Qāhira, Yuṭlab min Maktabat wa Maṭbaʿat Muḥammad ʿAlī Ṣabīḥ Dimašq Muʾassasat Rūz al-Yūsuf, 1949, p. 89-98.
- *Al-Maḍnūn al-kabīr*, Aḥmad al-Bābī al-Ḥalabī, al-Qāhira, Al-Maṭbaʿa al-Maymaniyya, 1309 [1891].
- *Al-Maḍnūn bihi ʿalā ġayr ahlih*, éd. Aḥmad al-Bābī al-Ḥalabī, al-Qāhira, Al-Maṭbaʿa al-Maymaniyya, 1309 [1891].
- *Al-Manḫūl min taʿlīqāt al-uṣūl*, éd. Muḥammad Ḥusayn Haytū, Bayrūt/Dimašq, Dār al-Fikr/Dār al-Fikr al-Muʿāṣir, 1419/1998.
- *Maqāṣid al-falāsifa*, éd. Sulaymān Dunyā, al-Qāhira, Dār al-Maʿarif, 2ᵉ éd., n.d. [1960].
- *Al-Maqṣad al-asnā fī šarḥ maʿānī asmāʾ Allāh al-ḥusnā*, éd. avec une introd. par Faḍluh Šahādahi, Recherches publiées sous la direction de l'Institut de Lettres Orientales, Bayrūt, Dār Al-Mašraq, 1971.
- *Miškāt al-anwār*, éd. et introd. par ʿAbū al-ʿalā ʿAfīfī, al-Qāhira, al-Dār al-Qawmiyya, 1964 ; *The Niche of Lights*, A parallel English-Arabic text translated, introduced and annotated by David Buchman, Provo, Utah, Brigham Young UP, 1998.
- *Mīzān al-ʿamal*, éd. Sulaymān Dunyā, al-Qāhira, 1964.
- *Al-Munqiḍ min al-ḍalāl* (*Erreur et délivrance*), trad. fr. avec introd. et notes par Farid Jabre, Bayrūt, Commission libanaise pour la traduction des chefs-d'œuvre, 1969².
- *Al-Muršid al-amīn ilā mawʿiẓat al-muʾminīn min Iḥyāʾ ʿulūm al-dīn*, al-Qāhira, Muṣṭafā al-Bābī al-Ḥalabī, 1389/1969.
- *Al-Mustaṣfā min ʿilm uṣūl*, al-Qāhira, éd. Būlāq, Al-Maṭbaʿa al-Amīriya, 2 vol., 1904-1907 ; *Al-Mustaṣfā*, Riyād, Dār al-Ḥadīṯ al-Nabawī, 2013.
- *Al-Risāla al-ladunniyya*, éd. Muḥyī al-Dīn Ṣabrī al-Kurdī, al-Qāhira, Maktaba Kurdistān al-ʿIlmiyya, 1327 [1909].
- *Risāla fī bayān maʿrifat Allāh*, dans *Talāṯ rasāʾilāʾ fī l-maʿrifa lam tunšar min qabl*, introd., éd., commentaire Maḥmūd Ḥamadī Zaqzūq, al-Qāhira, Maktabat al-Azhar, 1979.
- *Rasāʾilāʾ al-Imām al-Ġazālī fī l-fiqh wa l-ʿaqīdat wa l-uṣūl wa l-taṣawwuf*, al-Qāhira, Dār al-Šāṭibī, 2010.
- *Al-Qānūn al-kullī fī l-taʾwīl*, éd. Muḥammad Zāhid al-Kawṯarī, al-Qāhira, Muʾassasat Rūz al-Yūsuf, 1406/1986.
- *Al-Qisṭās al-mustaqīm*, éd. Victor Chelhot, Bayrūt, Imprimerie catholique, 1959.

- *Šifā᾽ al-ġalīl fī bayān al-šubah wa l-muḫīl wa masālik al-ta῾līl*, éd. Ḥamid ῾Ubayd al-Kubaysī, Baġdād, Maṭba῾at al-Iršād, 1390/1971.
- *Tahāfut al-falāsifa*, éd. Maurice Bouyges, Bayrūt, Imprimerie catholique, 1927; *Tahāfut al-falāsifa = The Incoherence of the Philosophers*, A parallel English-Arabic text, edited and translated by Michael E. Marmura, Provo (Utah), Brigham Young UP, 2000 (2e éd.).
- *Al-Waǧīz fī fiqh maḏhab al-imām al-Šāfi῾ī*, 2 vol., éd. ῾Alī Mu῾awwaḍ and ῾Ādil ῾Abd a-Mawǧūd, Bayrūt, Dār al-arqam, 1997.

Traductions

Asín Palacios M., *Al-Ġazālī, Le chemin assuré des dévots vers le Paradis (Minhāj al-῾ābidīnilā al-jannah)*, Analyse et traduction par Miguel Asín Palacios, textes rassemblés, présentés et annotés par Yahya Cheikh, Paris, Al-Bouraq, 2000.
- *Algazel, El justo medio en la creencia. Compendio de teologia dogmatica de Algazel*, traducción española por Miguel Asín Palacios, Madrid, Instituto de Valencia de Don Juan, 1929.
Bercher L., *Al-Ġazālī, L'obligation d'ordonner le bien et d'interdire le mal*, trad. fr. Léon Bercher, Tunis, Ibla, 1961
Boutaleb H., *Al-Ġazālī, Auditions spirituelles et extase*, trad. fr. Hassan Boutaleb, Paris, Al-bouraq, 2012.
Burrell D. B., *Faith in Divine Unity and Trust in Divine Providence* with an Introduction and Notes by David B. Burrell, Louisville, Fons Vitae, 2001.
— et Daher N., *Al-Ghazālī, The Ninety-nine Beautiful Names of God.* Al maqṣad al-asnā fī sharḥ asmā᾽ Allāh al-ḥusnā, translated with Notes by David B. Burrell and Nazih Daher, Cambridge, The Islamic Texts Society, 1992.
Calverley E. E., *The Mysteries of Worship in Islam*, translation with Commentary and Introduction of al-Ghazzali's *Book of the Ihya᾽* on the Worship, Lahore, Edwin Elliot Calverley, 1977.
Carra de Vaux, « La destruction des philosophes », *Le Muséon* et *La Revue des religions*, t. III et t. XVIII, mars 1899, p. 143-157; p. 274-308; p. 400-408; XIX, p. 346-379.
Chacal L., *Al-Ġazālī, De la condamnation de la vanité*, traduit de l'arabe par Lyess Chacal, Paris, Albouraq, 2010.
Davis D. M. Jr, *Al-Ghazālī on Divine Essence*, A Translation from the Iqtisad with Notes and Commentary, Salt Lake City, University of Utah, 2005.
Deladrière R., *Al-Ġazālī, Le Tabernacle des Lumières (Michkât Al-Anwâr)*, trad. de l'arabe et introd. Roger Deladrière, Paris, Seuil, 1981.
Denys J.-D., *Al-Ghazali on the Manners Relating to Eating, Book XI of the Revival of the Religious Sciences (Ihya᾽ ῾Ulum al-Din)*, London, The Islamic Text Society, 2000.
El-Fateh M., *Abou Hamid al-Ghazali, Le Guide des adorateurs vers le Paradis*, trad. fr. Mohamed El-Fateh, Paris, Universel, 2004.
- *Les débuts de la guidance*, trad. fr. M. El-Fateh, Paris, Éditions Universel, 2004.
Elschazlī ῾A., *Der Erretter aus dem Irrtum*, aus dem Arabischen übersetzt, mit einer Einleitung, mit Anmerkungen und Indices herausgegeben von ῾Abd-Elṣamad ῾Abd-Elḥamīd Elschazlī, Hambourg, Felix Meiner Verlag, 1988.
Faris N. A., « *Al-Ghazzāli's Epistle of the Birds.* A translation of the *Risālat al-ṭayr* », *The Muslim World*, 34, 1944, p. 46-53.

GAIRDNER W. H. T., *Al-Ghazzālī's Mishkāt al-Anwār*, « The Niche for Lights », a Translation with Introduction by W.H.T Gairdner, London, The Royal Asiatic Society, 1924.

GARDET L., « Qu'est-ce que l'homme ? », *Institut des Belles lettres arabes* (Tunis), 7, 1944, p. 395-426.

GHORBANIAN M., *Ghazzali, De la perfection, tiré des Lettres en persan de Ghazzâli*, trad. fr. Mehdi Ghorbanian, 2 e éd. revue et augmentée, Paris, L'Harmattan, 2009.

GLOTON M., *Les secrets du pèlerinage en Islam, avec un commentaire des cinq piliers de l'islam*, introduit, annoté et traduit par Maurice Gloton, Paris, Al-Bouraq, 2001.

GOLFETTO M. A., *Al-Ġazālī, La vigilanza e l'esame di conscienza*, a cura di Marco Aurelio Golfetto, Torino, Il leone verde, 2005.

GOURAUD J., *Ghazali, Les piliers de la foi musulmane*, présenté, traduit et annoté par Jean Abd-al-Wadoud Gouraud, Paris, Albouraq, 2009.

– Ghazali, *Le livre de la science*, présenté, traduit et annoté par Jean Abd-al-Wadoud Gouraud, Paris, Albouraq, 2009.

GRAMLICH R., *Muhammad al-Gazzali's Lehre von den Stufen zur Gottesliebe : Die Bücher 31-36 seines Hauptwerkes*, eingeleitet, übersetzt und kommentiert von Richard Gramlich, Freiburger Islamstudien, Wiesbaden, Franz Steiner Verlag, 1984, p. 21-135.

HACHEM H., *Al-Ghazzālī Critère de l'action (Mīzān al-ʿamal), Traité d'éthique psychologique et mystique*, version française et étude analytique par Hikmat Hachem, Préface de M. Louis Massignon, Paris, Maisonneuve, 1945.

HIRSCH M-T., *Abû Ḥâmid al-Ghazâlî, Maladies de l'âme et maîtrise du cœur : livre XXII de l'*Iḥyâʾ ʿulûm al-dîn *intitulé :* Livre de la discipline de l'âme, de l'éducation des comportements moraux et du traitement des maladies du cœur, préface par Maurice Borrmans, introduction, traduction et notes par Marie-Thérèse Hirsch, « Patrimoines Islam », Paris, Cerf, 2007.

HOLLAND M., *Ghazali, On the Duties of Brotherhood*, partial translation by Muhtar Holland, Londres, Latimer, 1975 et Leicester, Islamic Foundation, 1980.

LITTLEJOHN H. T., *Al-Ghazali on Patience and Thankfulness, Book XXXII of the Revival of the Religious Sciences*, Londres, The Islamic Text Society, 2011.

MCCARTHY R. J., *Freedom and Fulfillment : An Annotated Translation of al-Ghazali's al-Munqidh min al-Dalal and Other Relevant Works of al-Ghazali*, Boston (MA), Twayne, 1980.

MOHAMED Y., « Winter's on Disciplining the Soul », *The American Journal of Islamic Social Sciences*, 14/4, p. 84-85.

QUASEM M. A., *The Recitation and Interpretation of the Qurʿan, Al-Ghazālī's Theory*, Kuala Lumpur, University of Malaysia Press, 1979.

MORELON R., *Al-Ġazālī, Le livre du licite et de l'illicite*, introduction, traduction et notes par Régis Morelon, « Études musulmanes », Paris, Vrin, 2 1991.

NAKAMURA K., *Ghazâlî on Prayer*, trad. angl. Kojiro Nakamura, Tokyo, Institute of Oriental Culture, 1973.

SIAUVE M.-L., *Livre de l'amour, du désir ardent, de l'intimité et du parfait contentement*, introduction, traduction et notes par Marie-Louise Siauve, Préface de Roger Arnaldez, « Études musulmanes » XXIX, Paris/Lille, Vrin/Université de Lille III, 1986.

SHEPPARD W., « Al-Ghazali's Treatise on the Meaning of the Intimitate Knowledge of God » (*Risāla fi bayan maʿarifat Allah*) dans John Renard (ed.) *Windows on the*

House of Islam, « Muslim Sources on Spirituality and Religion », Los Angeles, University of California Press, 1998.

SMITH M., « Al-Risāla al-Laduniyya. By Abū Ḥāmid Muḥammad Al-Ġazālī (450/1059 - 505/1111), *Journal of the Royal Asiatic Society*, 1938, p. 177-374.

SMITH J. I., *The Precious Pearl*, A Translation from the Arabic with Notes of the *Kitāb al-Durra al-Fākhira fī Kash ʿulūm al-Ākhira* of Abū Ḥāmid Muḥammad b. Muḥammad al-Ghazālī, Jane Idleman Smith, *Studies in World Religions*, Scholars Press, Missoula, 1979.

TIBAWI A. L., *Al-Ġazālī, The Jerusalem Epistle*, A dual language edition with English translation and commentary published as : *Al-Ghazali's Tract on Dogmatic Theology*, edited, translated, annotated and introduced by A. L. Tibawi, *Islamic Quarterly*, IX, 1965, p. 65-122.

VECCIA VAGLIERI L. et RUBINACCI R. (dir.), *Scritti scelti di al-Ghazali*, Torino, UTET, 1970.

DE VOS I., *Al-Ġazālī, Les merveilles du cœur*, traduction et annotation par Idrîs De Vos, Paris, Albouraq, 2010.

- *Al-Ġazālī, Intention, pureté et sincérité*, Paris, Al-Bouraq, 2012.
- *Al-Ġazālī, De l'indigence et du renoncement*, Paris, Albouraq, 2012.
- *Al-Ġazālī, Le livre de l'amour*, Paris, Albouraq, 2012.
- *Al-Ġazālī, Vigilance du cœur et examen de conscience*, Paris, Albouraq, 2012.

WINTER T. J., *Al-Ġazālī on Disciplining the Soul & Breaking the Two Desires, Books XXII and XXIII of the Revival of the Religious Sciences (Ihya' ʿUlum al-Din)*, London, The Islamic Text Society, 1995.

- *Al-Ġazālī on the Remembrance of Death and the Afterlife*, traduction T. J. Winter, Cambridge, The Islamic Texts Society, 1989.

Ouvrage

AL-BAQARĪ AL-ANSĀRĪ, *Iʿtirāfāt al-Ġazālī. Kayfa arraḫa al-Ġazālī li-nafsihi*, al-Qāhira, Dār al-Kutub al-Ahliyya, 1943.

FRICK H., *Ghazālīs Selbstbiographie*, en Vergleich mit Augustins Konfessionnen, Leipzig, J. C. Hinricgs'sche Buchhandlung, 1919.

JABRE F., « La biographie et l'œuvre de Ghazāli reconsidérées à la lumière des Ṭabaqāt de Subki », *MIDÉO*, 1, 1954, p. 73-102.

AL-SUBKĪ, *Ṭabaqāt al-šāfiʿiyya al-kubrā*, éd. Maḥmūd M. al-Ṭanāḥī et ʿAbd al-Fattāh M. al-Ḥilw, 10 vol., al-Qāhira, ʿĪsā al-Bābī al-Ḥalabī, 1964-1976.

Études générales sur al-Ġazālī

AL-AJAM R., *Encyclopedia of Al- Ghazālī's Terminology : Mawsūʿat Muṣtalaḥāt al-Imām al- Ġazālī, The Series of Encyclopedias of the Terminology Employed by Arabic and Islamic Prominent Thinkers* (Bayrūt), 4, 2000.

ASÍN PALACIOS M., *La espiritualidad de Algazel y su sentido cristiano*, Madrid, 3 vol. 1934-1936.

BADAWĪ ʿA., *Muʾallafāt al-Ġazālī*, Kuwait, Wakālat al-Maṭbūʿāt, 1977.

BOUYGES M., *Essai de chronologie des œuvres de al-Ghazālī (Algazel)*, édité et mis à jour par Michel Allard, Bayrūt, 1959.

FRICK H., *Ghazālīs Selbstbiographie*, ein Vergleich mit Augustins Konfessionnen, Giessen, 1919.

GARDEN K., *Al-Ghazālī's contested Revival: Ihya' 'ulūm al-dīn and its Critics in Khorosan and the Maghrib*, A Dissertation submitted to the Faculty of the Division of the Humanities in Candidacy for the Degree of Doctor of Philosophy, Department of Near Eastern Languages and Civilizations, Chicago Illinois, December 2005.

HOGGA M., *Orthodoxie, subversion et réforme en Islam : Ġazālī et les Seljūqides*, Paris, Vrin, 1993.

HOURANI G. F., « The Chronology of Ghazālī's Writings », *Journal American Oriental Society* 79, 1959, p. 225-233.

– « A Revisited Chronology of Ghazālī's Writings », *Journal American Oriental Society* 104, 1984, p. 289-302.

JABRE Farid, « La biographie et l'œuvre de *Ghazali* reconsidérées à la lumière des Tabaqat de Sobki », *MIDÉO*, 1, *1954*, p. 73-102.

– *Essai sur le lexique de Ghazali*, Contribution à l'étude de la terminologie de Ghazali dans ses principaux ouvrages à l'exception du Tahāfut, Bayrūt, Publications de l'Université libanaise, 1985.

JACKSON S. A., *On the boundaries of theological tolerance in Islam: Abū Ḥāmid al-Ghāzalī's Fayṣal al-Tafriqa bayna al-Islam wa l-zandaqa*, Studies in Islamic Philosophy, Oxford, OUP, 2009.

MICHOT Y. M., « An Important Reader of al-Ghazālī : Ibn Taymiyya », *The Muslim World*, 103, January 2013, p. 131-160.

MITHA F., *Al-Ghazālī and the Ismailis. A Debate on Reason and Authority in Medieval Islam*, Londres/New York, IB. Tauris/The Institute of Ismaili Studies, 2001.

NOFAL M. N., « Al-Ġazālī (1058-1111) », *Perspectives : revue trimestrielle d'éducation comparée*, 23, 1993/3-4, p. 531-555.

TYLER D. R, *Bilan des travaux récents sur la personnalité et l'œuvre de Abû Hâmid Ibn Muḥammad al-Ghazâlî*, étude bibliographique, mémoire de DEA dirigé par Dominique Sourdel, Paris IV Sorbonne, département des études islamiques, octobre 1984.

WATT W. M., « The authenticity of the works attributed to al-Ghazali », *The Journal of the Royal Asiatic Society* (Cambridge), 1952, p. 24-45.

– *Muslim Intellectual : A Study of al-Ghazālī*, Edinburgh, Edinburgh UP, 1973.

– « A *Forgery* in Al-*Ghazālī*'s *Mishkat* », *Journal of the Royal Asiatic Society of Great Britain & Ireland*, 1949, p. 5-22.

WENSINCK A J., *La pensée d'al-Ghazzālī*, Paris, Librairie d'Amérique et d'Orient, 1940.

AL-ZABĪDĪ M., *Itḥāf al-sāda al-muttaqīn bi-šarḥ asrār iḥyā' 'ulum al-dīn*, 10 vol., al-Qāhira, al-Maṭba'a al-Maymaniyya, 1311 [1894].

Études sur la pensée d'al-Ġazālī

'Abd Al-Ḥādī Abū RĪDAH M., *Al-Ghazālī und seine Widerlegung der griechischen Philosophie (Tahāfut al-Falāsifah)*, Inauguraldissertation zur Erlangung der Doktorwürde einer Hohen Philosophischen Fakultät der Universität Basel vorgelegt, Madrid, 1952.

'ABD-EL-JALIL J.-M., « Autour de la sincérité de Ghazali », dans *Mélanges Louis Massignon*, Damišq, Institut Français de Damišq, 1956, I, p. 57-72.

ABRAHAMOV B., « Al-Ghazālī's supreme way to know God », *Studia Islamica*, LXXVII, 1993, p. 141-168.

– « Al-Ghazālī's Theory of Causality », *Studia Islamica*, 67, 1988, p. 75-98.

Abul Quasem M., *Salvation of the Soul and Islamic Devotions*, Kuala Mumpur, Kegan Paul International, 1977.

– *The Ethics of al-Ghazali : a Composite Ethics in Islam*, with an introduction by W. M. Watt, Selangor, Universiti Kebangsaan, 1975.

– « Al-Ghazali's Conception of Happiness », *Arabica*, XXII, 1975, p. 153-161.

– « Al-Ghazali's Rejection of Philosophic Ethics », *Islamic Studies*, 13, 1974, p. 111-127.

– « Al-Ghazālī's Theory of Devotional Acts », *Islamic Quarterly*, XVIII, 1974, p. 48-61.

– « Al-Ghazālī's Theory of Good Character », *Islamic Culture*, 51, 1978, p. 229-239.

Alon I., « Al-Ghazālī on Causality », *American Oriental Society Journal*, 100, 1980, p. 397-405.

Arnaldez R., « Les grands traits de la pensée et de l'œuvre de Ghazâlî », dans *Ghazâlî, la raison et le miracle*, table ronde UNESCO, 9-10 décembre 1985, « Islam d'hier et d'aujourd'hui », Paris, Éd. Maisonneuve et Larose, 1987, p. 3-10.

Asín Palacios M., « Del de musulmanes de precedentes de Los *Pari* De Pascal », dans *Boletin de la Biblioteca Menéndez y Palayo* (Santander), II, 1920, p. 171-232.

– « Sens du mot tahāfut dans les œuvres de al-Ghazālī et d'Averroës », *Revue africaine* (Alger), 261-262, 1906, p. 185-203.

Atay H., « La position d'al-Ghazâlî sur l'*ʿilm al-kalâm* », dans *Ghazâlî, la raison et le miracle*, table ronde UNESCO, 9-10 décembre 1985, « Islam d'hier et d'aujourd'hui », Paris, Éd. Maisonneuve et Larose, 1987, p. 27-44.

Badawī ʿA, « L'actualité d'al-Ghazâlî », dans *Ghazâlî, la raison et le miracle*, table ronde UNESCO, 9-10 décembre 1985, « Islam d'hier et d'aujourd'hui », Paris, Éd. Maisonneuve et Larose, 1987, p. 71-82.

Beauvillard J.-F., *La critique ghazalienne de l'éternité du monde, Philosophie grecque et théologie sémitique à travers le* Tahâfut al-falâsifa (*L'autodestruction des philosophes*) *de Ghazâlî*, mémoire de maîtrise sous la direction de M. Roger Arnaldez, Université de Paris IV, 1982.

Bello I. A., *The Medieval Islamic Controversy between Philosophy and Orthodoxy, Ijmāʾ and taʾwīl in the Conflict between al-Ġazālī and Ibn Rushd*, Leiden-New York-Kobenhavn-Köln, Brill, 1989.

Blasdell R. A., « Religious value in Al-Ghazālī's works », *The Muslim World*, 36, 1946, p. 115-120.

Brown J., « Abū Ḥāmid al-Ghazzālī's Letter to the Seljuq Vizier and Commentary », *The Muslim World*, 96/1, 2006, p. 89-113.

Caspar R., « Le salut des non musulmans d'après Abû Ḥâmid Muḥammad al-Ġazâlî », *IBLA*, 31, 1968, p. 301-311.

Chaḥlane A., « Notes sur la traduction hébraïque de "Mîzân al-ʿamal" d'al-Ghazâlî » dans *Ghazâlî, la raison et le miracle*, table ronde UNESCO, 9-10 décembre 1985, « Islam d'hier et d'aujourd'hui », Paris, Éd. Maisonneuve et Larose, 1987, p. 17-26.

Coulson N. J., *Conflicts and Tensions in Islamic Jurisprudence*, Chicago, The University of Chicago Press, 1969.

De Beaurecueil S., « Ghazzali et saint Thomas d'aquin », *Bulletin de l'Institut français d'archéologie orientale du Caire*, 46, 1947, p 199-238.

Diagne S. B., « Contre l'autorité de la tradition : une analyse du doute d'al-Ghazâlî », dans *Ghazâlî, la raison et le miracle*, table ronde UNESCO, 9-10 décembre 1985, « Islam d'hier et d'aujourd'hui », Paris, Éd. Maisonneuve et Larose, 1987, p. 125-134.

DIONE B., « Principe de raison suffisante et éternité du monde : autour de la controverse entre Ghazali et Ibn Rush », *Éthiopiques, Revue négro-africaine de littérature et de philosophie*, 66-67, 1 er et 2 e semestres 2001.

ED-DINE AL-ALAOUY D., « Al-Ghazâlî et le discours philosophique en Occident musulman : al-Ghazâlî et le développement du discours philosophique chez Averroès », dans *Ghazâlî, la raison et le miracle*, table ronde UNESCO, 9-10 décembre 1985, « Islam d'hier et d'aujourd'hui », Paris, Maisonneuve et Larose, 1987, p. 135-160.

ELKAISY-FREIMUTH M., *God and Humans in Islamic Thought*, ʿAbd al-Jabbār, Ibn Sīnā, and al-Ghazālī, Culture and Civilization in the Middle East, Londres-New York, Routledge, 2006.

FRANK R. M., *Al-Ghazālī and the Ashʿarite School*, Durham/Londres, Duke UP/ Medieval and Renaissance Studies 15, 1994.

– *Creation and the Cosmic System : Al-Ghazâlî and Avicenna*, Heidelberg, Carl Winter's Universitätsbuchhandlung, 1992.

– « Al-Ghazâlî's use of Avicenna's Philosophy », *Revue des Études islamiques*, LV-LVII, 1987-1989, p. 271-285.

GIANOTTI T. J., *The Secrets of the Saoul, Death and the Afterlife in al-Ghazali's Iḥyā'ʿulūm al-dīn*, A Thesis submitted in conformity with the requirements for the degree of Doctor of Philosophy, Graduate Department of Near and Middle Eastern Civilizations, University of Toronto, 1998.

GOBILLOT G., « Les formes logiques dans le Coran selon al-Ghazālī. D'un inventaire des formes logiques à une réflexion sur la logique d'ensemble du Coran », *MIDEO*, 30, 2014, p. 13-26.

GOLDZIHER I., *Streitschrift des Ġazāli gegen die Bāṭinijja-Sekte*, « veröffentlichungen der de Goeje-Stiftung » 3, Leiden, Brill, 1956 (1016).

GOODMAN L. E., « Did al-Ghazālī Deny Causality? », *Studia Islamica*, 47, 1978, p. 83-120.

GRIFFEL F., *Apostasie und Toleranz im Islam. Die Entwiklung zu al-Ġazālīs Urteil gegen die Philosophie und die Reaktionen der Philosophen*, Leiden-Boston-Köln, Brill, 2000.

– *Al-Ghazālī's Philosophical Theology*, Oxford, Oxford University Press, 2009.

– « Al-Ġazālī's Concept of Prophecy : The Introduction of Avicennan Psychology into Ašarite Theology », *Arabic Sciences and Philosophy*, 14, 2004, p. 101-144.

– « Taqlid of the Philosophers. Al-Ghazali's initial accusation in the Tahafut » dans S. Günther, *Insights into Arabic Literature and Islam. Ideas, Concepts, Modes of Portrayal*, Leiden, Brill, 2005, p. 253-273.

– « Al-Ghazālī's *Cosmology* in the *Veil* Section of His Mishkāt al-Anwār », dans Y. T. Langermann (ed.), *Avicenna and his Legacy : a Golden Age of Science and Philosophy*, Turnhout, Brepols, 2009, p. 27-49.

– Muhammad al-Gazālī, *Über Rechtgläubigkeit und religiöse Toleranz. Eine Übersetzung der Schrift Das Kriterium der Unterscheidung zwischen Islam und Gottlosigkeit (Fayṣal at-tafriqa bayna al-Islām wa-z-zandaqa)*, eingeleitet, übersetzt und Erläuterungen versehen, Zürich, Spur Verlag Zürich, 1998.

– « Al-Ġazālī's Use of "Original Human Disposition" (*fiṭra*) and Its Background in the Teachings of al-Fārabī and Avicenna », *The Muslim World*, 102, 2012, p. 1-32.

GYEKYE K., « Al-Ghazâlî en action », dans *Ghazâlî, la raison et le miracle*, table ronde UNESCO, 9-10 décembre 1985, « Islam d'hier et d'aujourd'hui », Paris, Éd. Maisonneuve et Larose, 1987, p. 83-92.

Ḥanafī Ḥ, « Mysticisme et développement : un dialogue avec la “Vivification des sciences de la foi” de Ghazâlî ou “Vivification des sciences du monde” », dans *Ghazâlî, la raison et le miracle*, table ronde UNESCO, 9-10 décembre 1985, « Islam d'hier et d'aujourd'hui », Paris, Éd. Maisonneuve et Larose, 1987, p. 169-182.

Heath P., « Reading al-Ghazālī : The Case of Psychology », dans Lawson Todd (ed.) *Reason and Inspiration in Islam : Theology, Philosophy and Mysticism in Muslim Thought. Essays in Honour of Hermann Landolt*, Londre-New York City, I. B. Tauris London/The Institute of Ismaili Studies, 2005, p. 185-199.

Jabre F., *La notion de la* Maʿrifa *chez Ghazali*, « Recherches », t. VIII, Bayrūt, Dar el-Machreq, [2]1986.

Janssens J., *Ibn Sīnā and his Influence on the Arabic and Latin World*, Farnham, Ashgate, 2006.

– « Al-Ghazzālī's Mi yār al-ʿilm fī fann al-mantīq : sources avicenniennes et farabiennes », *Archives d'histoire doctrinale et littéraire du Moyen-âge*, 69, 2002, p. 39-66.

– « L'âme-miroir : al-Ġazālī entre philosophie et mysticisme », dans Daniel de Smet, Meryem Sebti et Godefroid de Callataÿ (éd.), *Miroir et savoir : La transmission d'un thème platonicien, des Alexandrins à la philosophie arabo-musulmane*, Actes du colloque international tenu à Leuven et Louvain-la-Neuve, les 17 et 18 novembre 2005, Leuven, Leuven UP, 2008.

Jomier J., « *Jésus tel que Ghazālī le présente dans Al-Ihyā'* », *MIDEO*, 18, 1988, p. 45-82.

Kebe N., « Al-Ġazālī et la problématique du rapport entre les notions de *ʿaql*, de *nafs*, de *rūḥ* et de *qalb* », *Annales islamologiques*, Le Caire, éd. Institut Français d'Archéologie Orientale du Caire, 2006, p. 171-188.

Kleinknecht A. [Neuwirth], « *al-Qisṭas al-mustaqīm. Eine Ableitung der Logik aus dem Koran* », dans S.M. Stern, A. Hourani, V. Brown (eds.), *Islamic Philosophy and The Classical Tradition. Essays presented by his friends and pupils to Richard Walzer on his seventieth birthday*, Oxford, OUP, 1972, pp. 159-188.

L'Hopital J.-Y., « Le point de vue de Ghazālī sur la condition de l'homme », *Arabica*, XXVI/3, 1979, p. 274-297.

Landolt H., « Al-Ġazālī and “Religionwissenschaft”. Some notes on the Mishkāt al-anwār for Professor Charles J. Adams », *Asiatische Studien / Études asiatiques, Zeitschrift der Schweizerischen Gesselschaft für Asienkunde / Revue de la Société Suisse d'études asiatiques*, XVI/1, 1991, p. 19-72.

Laoust H., *La politique de Ġazālī*, Paris, Librairie orientaliste Paul Geuthner, 1970.

– « La pédagogie d'al-Ġazālī dans le “Mustaṣfā”' » dans G. Makdisi, D. Sourdel, J. Sourdel-Thomine (éd.), *L'enseignement en Islam et en Occident au Moyen Âge*, communications présentées pendant la session des 25-28 octobre 1976, Colloques internationaux de la Napoule, Paris, Geuthner, 1976, p. 71-79.

Makdisi G., *Ibn ʿAqīl et la résurgence de l'islam traditionaliste au* v[e]-xie *siècle*, Damas, Institut Français, 1962.

– « Al-Ghazâlî disciple de Shâfiʿî en droit et en théologie », dans *Ghazâlî, la raison et le miracle*, table ronde UNESCO, 9-10 décembre 1985, « Islam d'hier et d'aujourd'hui », Paris, Éd. Maisonneuve et Larose, 1987, p. 45-56.

Marmura M., « Ghazali and Ashʿarism Revisited », *Arabic Sciences and Philosophy*, 12, 2002, p. 91-110.

– « Ghazali and Demonstrative Science », *Journal of the History of Philosophy*, 3, 1965, p. 183-204.

– « Ghazali's Attitude to the Secular Sciences and Logic », dans Georges F. Hourani (ed.), *Essays on Islamic Philosophy and Science*, Albany, State University of New York Press, 1975, p. 100-111.

– « Ghazālī's Second Causal Theory in the 17th Discussion of His Tahāfut », dans P. Morewedge (ed.), *Islamic Philosophy and Mysticism*, Delmar-New York, Caravan Books, 1981, p. 85-112.

– « Ghazālian Causes and Intermediairies », *Journal American Oriental Society*, 115, 1995, p. 89-100.

– « Al-Ġazālī on Bodily Resurrection and Causality in *Tahāfut* and the *Iqtiṣād* », *Aligarh Journal of Islamic Thought*, 2, 1989, p. 46-75.

MOOSA E., *Ghazālī and the Poetics of Imagination*, Chapel Hill-London, The University of North Carolina Press, 2005.

NAKAMURA K., « Makkī and Ghazālī on Mystical Practices », *Oriens*, 20, 1984, p. 83-91.

NICHOLSON R. A., *Studies in Islamic Mysticism*, Cambridge, CUP, 1921.

OBERMANN J., *Der philosophische und religiöse Subjektivismus Ghazalis*, Wien, s. e., 1921.

ORMSBY E. L., *Theodicy in Islamic Thought : the Dispute over al-Ghazālī's « Best of all possible Worlds »*, Princeton, Princeton UP, 1984.

« The Taste of Truth : the Structure of Experience in al-Ghazālī's *al-Munqidh min al-ḍalāl* », dans W. B. Hallaq et Donald P. Little, *Islamic Studies presented to Charles J. Adams*, Leiden/New York City, København/Brill, 1991, p. 133-152.

– « Creation in Time in Islamic Thought with special Reference to al-Ghazālī », dans D. B. Burrell and B. McGinn (eds.), *God and Creation, An ecumenical Symposium*, Notre Dame (Ind.), University of Notre Dame Press, 1990, p. 246-275.

OTHMAN A. I., *The Concept of Man in Islam in the Wrintings of al-Ghazali*, al-Qāhira, Dar al-Maaref, 1960.

PINÈS S., « Quelques notes sur les rapports de l'*Iḥyâ' ʿulūm al-dīn* d'al-Ghazâlî avec la pensée d'Ibn Sînâ », dans *Ghazâlî, la raison et le miracle*, table ronde UNESCO, 9-10 décembre 1985, « Islam d'hier et d'aujourd'hui », Paris, Éd. Maisonneuve et Larose, 1987, p. 11-16.

PISANI E., « Regards d'al-Ġazālī sur les Juifs », *Tsefon*, décembre 2011, p. 1-32.

– « Bulletin d'islamologie VI », *Revue thomiste*, 112, 2012, p. 347-374.

– « Hors de l'islam point de salut ? Eschatologie d'al-Ġazālī », *MIDÉO*, 30, 2014, p. 139-184.

– « Le Christ musulman du *Radd al-ǧamīl* attribué à al-Ġazālī. Enjeux pour une pastorale du dialogue islamo-chrétien », *Nouvelle Revue Théologique*, 2014, p. 463-468.

– « Herméneutique biblique et christologie du *Radd al-ǧamīl* », *Revue théologique de Louvain*, 2014, p. 389-408.

– « Abū Ḥāmid al-Ġazālī (m. 1111). Un précurseur musulman de la sociologie des religions », *Archives en sciences sociales des religions*, 169, janvier-mars 2015, p. 287-305.

– « Le statut du ḏimmī chez al-Ġazālī. Un inclusivisme éthique et légaliste ? », *MIDÉO*, 33, 2018, p. 63-93.

– « Les stratégies des missionnaires bāṭinites dans le *Mustaẓhirī* d'al-Ġazālī », *Islamochristiana*, 44, 2018, p. 173-189.

– « Al-Ġazālī et le *ǧihād*. Contrepoint à la thèse d'Alfred Morabia », *Études Théologiques et Religieuses*, 1, 2019, p. 151-168.

POURJAWADI N., « Ahmed et Muhammad al-Ghazâlî : influence réciproque », dans *Ghazâlî, la raison et le miracle*, table ronde UNESCO, 9-10 décembre 1985, « Islam d'hier et d'aujourd'hui », Paris, Éd. Maisonneuve et Larose, 1987, p. 163-168.

REID UPPER C., « Al-Ghazālī's Thought Concerning the Nature of Man and Union with God », *The Muslim World*, 42, 1952, p. 23-32.

RIKER S., « Al-Ghazālī on Necessary Causality », *The Monist*, 79, 1996, p. 315-324.

SHERIF M., *Ghazali's Theory of Virtue*, Albany, Suny, 1975.

SIAUVE M-L., *L'amour de Dieu chez Ġazālī. Une Philosophie de l'Amour à Baġdād au début du XIIe siècle*, « Études musulmanes » XXVIII, Paris, Vrin, 1986.

SMITH M., « Al-Ghazālī on the Practice of the Presence of God », *The Muslim World*, 23, 1933, p. 16-23.

– *Al-Ghazālī the Mystic : a Study of the Life and Personality of Abū Ḥāmid Muḥammad al-Ṭūsī al-Ghazālī, together with an Account of his mystical Teaching and an estimate of his Place in the History of Islamic Mysticism*, London, Luzac, 1944.

TREIGER A., « Monism and Monotheism in al-Al-Ġazālī's Mishkāt al-anwār », *Journal of Quranic Studies*, 9, 2007, p. 1-27.

– « Al-Ġazālī's « Mirror Christology » and Its Possible East-Syriac Sources », *The Muslim World*, 101/4, oct. 2011, p. 698-713.

TURKI A-M., « Al-Ghazâlî, juriste et sa théorie de l'*istiṣlâḥ*. Quelques remarques d'ordre historique », dans *Ghazâlî, la raison et le miracle*, table ronde UNESCO, 9-10 décembre 1985, « Islam d'hier et d'aujourd'hui », Paris, Éd. Maisonneuve et Larose, 1987, p. 17-26.

UPPER C. R., « Al-Ghazālī's thought concerning the nature of man and union with God », *The Muslim World*, 42, 1952, p. 23-32.

VAN DEN BERGH S., « The "Love of God" in Ghazali's Vivification of Theology », *Journal of Semitic Studies*, 1/4, oct. 1956, p. 305-321.

VAN ESS J., « Quelques remarques sur le *Munqiḍ min aḍ-ḍalâl* », dans *Ghazâlî, la raison et le miracle*, table ronde UNESCO, 9-10 décembre 1985, « Islam d'hier et d'aujourd'hui », Paris, Éd. Maisonneuve et Larose, 1987, p. 57-68.

WATT W. M., *Muslim Intellectual, A Study of al-Ghazali*, Edinburgh, Edinburgh UP, 1963.

WEISS B., « Knowledge of the Past : The Theory of Tawātur according to Ghazālī », *Studia Islamica*, 61, 1985, p. 81-105.

WHITTINGHAM M., *Al-Ghazālī and the Qur'ān. One Book, Many Meanings*. London-New York, Routledge, 2007.

– « Al-Ghazālī on Jews and Christians », dans B. Roggema, M. Poorthuis, P. Valkenberg (eds.), *The Three Rings, Textual studies in the historical trialogue of Judaism, Christianity and Islam*, Publications of the Thomas Instituut te Utrecht, New Series, Volume XI, Leuven, Peeters, 2005, p. 203-216.

YAZICIOGLU I., « Redefining the Miraculous : al-Ghazālī, Ibn Rushd and Said Nursi on Qurʿanic Miracle Stories », *Journal of Qurʿanic Studies*, XIII/2, 2011, p. 86-108.

YOUSIF E., *L'homme selon Ghazali*, thèse pour le doctorat de Philosophie, pro manuscrit, Toulouse, juin 1979.

INDEX DES NOMS PROPRES ARABES

ʿABD AL-MALIK, 91
ʿABD AL-RAḤMĀN BADAWĪ, 10, 56, 108, 109, 132
ʿABD AL-RAZZĀQ, 91
ʿALĪ ḤASANĪ NADWĪ, 10

ABDELMALEK SMARI, 11
ABŪ AL-HUḎAYL, 99
ABŪ BAKR, 69, 76, 125, 147, 204, 254
ABŪ ĞAʿFAR, 12, 43
ABŪ ḤANĪFA, 14, 43, 204
ABŪ ḤĀTIM AL-RĀZĪ, 76, 92, 170, 171, 235, 239, 243
ABŪ HURAYRA, 42, 80, 101, 215
ABŪ MANṢŪR, 119, 125, 132
ABŪ SAʿD AL-MUSTAWFĪ, 11
ABŪ ŠUĞĀʿ, 141
ABŪ YŪSUF, 10, 139
AL-ANṢĀRĪ, 157
AL-AŠʿARĪ, 69, 77, 104, 121, 131, 132, 209

AL-BAĠDĀDĪ, 98, 111, 112, 114, 194
AL-BALḪĪ, 206
AL-BANNA, 11
AL-BĀQILLĀNĪ, 103, 104, 181, 184, 203
AL-BISṬĀMĪ, 124, 125, 129, 130, 132
AL-BUḪĀRĪ, 72, 99, 101, 162, 164, 212, 244

FAḪR AL-MULK, 12, 109
AL-FĀRĀBĪ, 18, 29, 44, 81, 119, 122, 170, 197, 200
AL-FUḌAYL, 166
FUḌAYL IBN ʿIYĀḌ, 76, 166

ĞAʿFAR AL-ṢĀDIQ, 43
ĞAHM, 69
AL-ĞUBBĀʾĪ, 104
ĞUNAYD, 89, 124, 157, 218
AL-ĞUWAYNĪ, 14, 97, 137, 194

AL-ḤĀKIM, 141
AL-ḤALLĀĞ, 56, 89, 129, 132
ḤĀRŪN AL-RAŠĪD, 139
ḤASAN AL-BAṢRĪ, 26, 36, 43, 90, 99, 169, 195

IBN ʿABBĀS, 33, 80, 97, 99, 169, 240
IBN ABĪ RABĀḥ, 170
IBN AL-MUBĀRAK, 173
IBN AL-NADĪM, 103
IBN AL-QUŠAYRĪ, 12
IBN ʿAQĪL, 12, 141, 142
IBN ʿAṬĀʾ, 218
IBN BAṬṬA, 70, 72
IBN ḪALLIKĀN, 137
IBN ḤANBAL, 17, 43, 90, 101, 140, 165, 195, 244, 251
IBN ḤAZM, 68, 88, 98, 184
IBN KARRĀM, 68, 193
IBN KAṮĪR, 105, 106, 109, 138, 141, 142, 229
IBN MASʿŪD, 170, 174
IBN MUNABBIH, 206
IBN QĀSIM, 90
IBN SABʿĪN, 15
IBN SAʿD, 90
IBN TAYMIYYA, 57, 70, 71, 90
IBN ṬUFAYL, 15
IḪWĀN AL-ṢAFĀʾ, 41, 171, 187

AL-IṢFAHĀNĪ, 125, 170
AL-ISFARĀʾINĪ, 125

AL-KINDĪ, 93, 119, 120, 196

AL-MADĀʿINĪ, 125
AL-MAKKĪ, 36, 71, 78, 83, 99, 124, 207, 227
MĀLIK, 14, 42, 77, 225
MALIK ŠĀH, 11, 142
AL-MAʾMŪM, 104, 119
AL-MASʿŪDĪ, 119, 206
AL-MAWĀRDĪ, 104
MAWDŪDĪ, 10
MISKAWAYH, 34, 219, 221
MUʿĀWIYA, 89, 98
AL-MUḤĀSIBĪ, 104, 124
AL-MUQTADĪ, 106, 141
AL-MUSTANṢIR, 106
AL-MUTANABBĪ, 225
AL-MUʿTAṢIM, 120
AL-MUZANĪ, 14

AL-NAḪAʿĪ, 140, 165
AL-NĪŠĀBŪRĪ, 157
NIẒĀM AL-MULK, 11, 12, 106, 107, 142

AL-QĀDIR, 105
AL-QISṬĀS AL-MUSTAQĪM, 60
AL-QUŠAYRĪ, 17, 125

RĀBIʿA AL-ʿADAWIYYA, 232
AL-RĀḎAKĀNĪ, 137
RĀFIʿ, 241
RĀZĪ, 76, 92, 170, 171, 235, 239, 243

AL-ṢABBĀḤ, 105, 116
AL-ŠAʿBĪ, 140, 165
AL-ŠĀFIʿĪ, 14, 43, 140, 141, 145, 178, 195
SAHL ṬŪSTARĪ, 80
AL-ŠAHRASTĀNĪ, 9, 105, 116
SAʿĪD FUḌAYL, 161
ŠAʿRĀNĪ, 129, 130
AL-SARRĀǦ, 17, 129
AL-ŠIBLĪ, 89, 124
AL-SUBKĪ, 137
SULAMĪ, 157, 163

AL-ṬABARĀNĪ, 81, 161, 218
AL-ṬABARĪ, 43, 171, 229, 240
AL-TAWḤĪDĪ, 76, 119
AL-TIRMIḎĪ, 33, 35, 36, 43, 72, 218, 226, 252
AL-ṬURAYṬĪṬĪ, 125

UMM ḤABĪBA, 65

WĀṢIL IBN ʿAṭĀʾ, 99

AL-YAZŪRĪ, 105

AL-ZAWZANĪ, 125

INDEX DES ORIENTALISTES

BLACHÈRE R., 139
BRAGUE R., 40

CHARFI M., 11
CHODKIEWICZ M., 78
CORBIN H., 117, 253

DREHER J., 243

FRIEDMAN Y., 140, 169

GAIRDNER W. H., 192, 195, 198
GILLIOT C., 8, 209, 222
GOBILLOT G., 8, 33, 36, 42-44, 54, 83, 126, 169, 170, 226, 252
GRIFFEL F., 44, 92, 104-106, 124, 194, 213, 229, 242
GUTAS D., 119

HOGGA M., 53, 58, 59, 86, 92, 93, 108, 122, 145, 146
HOROVITZ J., 67, 88

IZUTSU T., 24, 68, 75, 98

JABRE F., 12, 14, 50, 63, 73, 108, 118, 241

KEBE N., 31, 39, 124, 126
KISTER M. J., 163, 207

LANDOLT H., 192, 194-198
LAOUST H., 70, 103, 105-108, 141
LAZARUS-YAFEH H., 18, 23, 145, 213
LEWIS B., 207
LORY P., 40, 130, 193

MAKDISI G., 18, 106, 125, 141, 142
MASSIGNON L., 15, 56, 89, 129, 133, 234
MEZ A., 141
MOOSA E., 11, 63, 64

PALACIOS M., 11, 122, 128, 213
PÉRENNÈS J.-J., 8
PISANI E., 24, 67, 138, 207, 212, 216
PLATTI E., 8, 89

RICŒUR P., 11
RINGGREN H., 67

DE SMET D., 18

TOTTOLI R., 206, 207

VALLAT P., 18
VAN ESS J., 69, 76-78, 89

WATT M., 194-196, 213

YOUNÈS M., 8, 16, 104, 180

INDEX DES NOTIONS

adab, 112, 141, 157, 163, 166
Adam, 31, 39, 43, 68, 83, 126, 141, 166, 170, 182, 185, 186, 216
ādamī, 26, 27, 44, 175, 216
aḫbār, 111, 254
āḫira, 235, 236
ahl al-bidaʿ, 121
ahl al-ḏimma, 139
ahl al-kitāb, 87, 91, 138, 142, 206
ahl al-qibla, 77
ahl al-sunna, 70, 71, 170
ahwāʾ, 68, 88, 98, 104, 121, 174
aḥwāl, 155, 214
alfāẓ, 52, 112, 155
alwāḥ, 138
amāna, 30, 49, 253
amr, 30, 31, 35, 45, 49, 84, 108, 120, 142, 143, 144, 164, 197, 234
aṣḥāb al-Maʿārif, 121
aṣḥāb al-yamīn, 233
awliyāʾ, 125, 209
awṯān, 88, 191
aẓhara, 239

ibāna, 69
Iblīs, 83, 185
iḍāfa, 195
iḏlāl, 143
iǧmāʿ, 147, 204
iǧtihād, 13, 52, 54, 116, 154
iḫlāṣ, 94, 207, 208, 251
iḥsān, 41, 70, 160, 241
iḫtilāf, 9, 27, 68, 69, 72
iḫtiyār, 153
ilāhiyyāt, 82, 122
ilāhiyyūn, 81
inʿām, 236
inkār, 148
inqiyād, 71, 178
inṣāf, 154
insān, 24, 26, 27, 29, 35, 37, 39, 41, 151, 221
intiqāl, 131
iqrār, 68-71, 98
iqtidāʾ, 51
irǧā, 98
isrāʾīliyyāt, 206-209, 212, 251, 252
istibṣār, 208
istiʿdād, 31, 45, 175
istidlāl, 110
istiḥsān, 104, 204
istinbāṭ, 52, 114
istiqlāl, 53
istirqāq, 149
istiṣlāḥ, 204
istislām, 71, 72
istiṯnāʾ, 155
iʿtibār, 172, 208, 228
iʿtidāl, 220
iʿtiqād, 34, 50, 51, 53, 82, 97, 122, 123, 152, 177, 178, 179, 183, 193, 194, 203, 212, 215
ittibāʿ, 115
ittiḥād, 129, 131-133, 189, 199, 200
izdirāʾ, 174, 179

uḫuwwa, 41, 142, 143, 159, 166, 209, 217, 218, 254
umma, 9, 13, 21, 58, 76, 81, 166, 170, 179, 180, 245, 247, 250

uns, 10, 38, 96, 97, 125, 128, 133, 175, 178, 180, 185, 211, 241, 242, 254, 255

bābakiyya, 112
Banū Isrāʾīl, 207
bašar, 24, 26, 27
baṣīr, 148
baṣīra, 216
bāṭin, 78, 80, 107, 118, 120, 166
bawāṭin, 111, 154
bayyināt, 235
bidʿa, bidaʿ, 29, 121, 126, 181, 184, 193, 212
bilā kayfa, 195
birr, 241
buġḍ, 158, 160, 254
burhān, 54, 110, 188
buṭlān, 132, 181

taʾannus, 133
taʿāruḍ, 51, 113
taʿaṣṣub, 105, 154, 174, 178, 191
taʿaṣṣubāt, 105
taʿaṭṭuf, 235
tadāḫul, 72
taḏakkur, 35
taḍlīl, 146
tafkīr, 10, 13, 35
tafṣīl, 84
tafsīq, 147
tafsīr, 34, 43, 80, 97, 138, 171, 229, 235, 243
taǧassud, 133
taǧrībī, 32
taḥaffuẓ, 35
taḥayyur, 108
taḥqīq, 131
taḥrīf, 183, 203, 205
taḫṭīʾa, 146
takabbur, 83
takbīr, 145
takḏīb, 58, 59, 85, 114, 148
takfīr, 14, 53, 56, 75-78, 81, 85, 101, 103, 110, 135, 146-148, 247
talbīs, 109, 110, 155
taʿlīm, taʿlīmiyya, 13, 50, 52, 54, 60, 62, 105, 112, 113, 116, 117
tāmma, 236
tamṯīl, 133
tamyīz, 35
tanzīl, 247
taqiyya, 153, 154
taqlīd, 11, 13, 33, 51, 56, 117, 121, 176-178, 188
taqwā, 110, 161, 217, 222, 227
tarāduf, 72
taṣawwuf, 17, 33, 99, 129, 212
tašbīh, 133, 193
taṣdīq, 59, 69-74, 98, 128, 147, 177, 179, 208, 225
taškīk, 118
taslīm, 71, 187
tawāḍuʿ, 218
tawātur, 181, 182
tawba, 39, 49, 60, 80, 83, 96, 99-101, 114, 128, 135, 153, 208, 213, 216, 217, 222-225, 227, 228, 232, 233, 248, 253
tawḥīd, 72, 78, 89, 90, 92, 93, 125, 129, 147, 171, 187-189, 205, 227, 235
taʾwīl, 80, 85, 113, 118, 195
Tawrāt, Torah, 45, 141, 182, 184, 203, 204, 206, 208
tawwakul, 187
taʿzīr, 140

ṯanawiya, 112, 113, 191-193

ǧafāʾ, 83
ǧāh, 93, 94, 237
ǧāḥid, ǧāḥidūn, 225
ǧāhil, 162
ǧāhiliyya, 91, 191, 243
ǧahl, 80, 84, 162, 216
ǧahmiyya, 69
ǧamīl, 34, 130, 239
ǧār, 232
ǧasad, 26
ǧawhar, 27, 35, 65, 172
ǧidāl, 178
ǧihād, 35
ǧism, 39, 193
ǧizya, 139, 149, 151, 158
ǧuḥūd, 228

ḥāl, 95, 188, 199, 220
ḥalāl, 11, 100, 203

ḥālif, 155
ḥanīf, *ḥanīfiyya*, 42, 44, 88, 170
ḥaqīqa, 35, 52, 80, 135
ḥaqq, 25, 28, 85, 93, 109, 113, 129, 145, 147, 149, 151, 154, 164, 176-179, 194, 196, 199, 201, 212, 233
ḥarām, 11, 88, 100, 203
ḥarbī, 74, 140
ḥasanāt, 216, 232, 233
ḥayy, 148
ḥifẓ, 33
ḥikāyāt, 207
ḥikma, 34, 37, 119, 205, 215, 219, 220
ḥīla, 155
ḥilm, 161, 218
ḥiqd, 174
ḥišma, 94
ḥiss, 50, 191
ḥubb, 37, 175, 217, 254
ḥubb Allāh, 37, 217
ḥudūd, 77, 98
ḥukm, 56, 58, 149, 187
ḥulūl, *ḥulūliyya*, 129-134, 189, 200, 232

ḫalīl, 160
ḫalq, 25, 27, 29, 30, 47, 49, 77, 82, 94, 114, 116, 129, 162, 174, 177, 178, 204, 218, 227, 238, 241, 256
ḫāṣṣ al-ḫawāṣṣ, 17
ḫaṭar, 154, 155
ḫawāṣṣ, 17, 199
ḫawf, 191
ḫayāl, 33, 191
ḫayr, 237, 238, 241
ḫidāʿ, 109, 155, 220
ḫiṣāl, 219
ḫuluq, 160, 161, 217-219, 221
ḫurramdīniyya, 112
ḫurramiyya, 112
ḫusrān, 222

dahrī, *dahriyya*, *dahriyyūn*, 58, 74, 81, 187
dam, 56, 149
dār al-ḥarb, 112
dār al-islām, 112
daʿwa, 110, 228, 242
dīn, 9, 25, 28, 34, 37, 41, 51, 52, 81, 84, 86, 98, 103, 114, 123, 126, 129, 134, 137, 144, 147, 148, 157, 160, 161, 163, 165, 174, 217, 219, 235, 243, 249, 252
duʿāʾ, 157, 214
dunyā, 120, 154, 161, 186, 197, 221, 235, 236, 255

ḏabīḥa, 149
ḏakāʾ, 178
ḏāt, 237
ḏawq, 199
ḏikr, 7, 33, 40, 47, 83, 145, 157, 175, 213, 225
ḏunūb, 110, 162, 239

rağul, 26, 166, 215, 225
rāhib, 209, 210
raḥma, 58, 166, 179, 224, 226, 234-238, 241-245, 252
rasūl, 57, 58, 91, 96, 116, 147
rawāfiḍ, 69
raʾy, 34, 104, 113, 154, 220
razāyā, 237
rība, 154
ribāṭ, 125
riḍā, 96, 133, 211, 241, 242, 254, 255
riğāl, 27
riqqa, 235-237
riyāʾ, 93-95
rubūbiyya, 78, 90, 253
rūḥ, 26, 31, 35, 39, 44, 198, 201
rušd, 83, 197
ruʾyā, 35

zābūr, 138
zāhid, 166, 235
zakāt, 70, 95, 96, 141, 153
zindīq, *zanādiqa*
zandaqa, 8, 53, 56-58, 65, 67, 77, 79, 85, 91, 144, 150, 213, 242, 244, 245, 247
zindīq, *zanādiqa*, 74, 140, 150, 153, 226, 244
zuhd, 17, 41, 163, 214, 215, 255

saʿāda, 28, 29, 30, 33, 34, 36, 40, 45, 49, 60, 125, 133, 141, 191, 212, 228

sābiqūn, 232
sabʿiyya, 112
saḫāʾ, 218
salam, 137
salāma, 227, 228
sālik, 25
samāʿ, 84, 127, 134, 178, 180
samīʿ, 148
samʿiyyāt, 67
Satan, *Šayṭān*, 88, 126, 127, 187, 224
satara, 238, 23
satara, 238, 239
sayf, 55, 145, 152
sirr, 78, 133, 155, 156, 227
Sunna, 52, 58, 72, 85, 88, 92, 176, 189, 203, 204, 244

šafāʾa, 237
šāfiʿisme, 11, 14, 97
šahāda, 68, 71, 73, 81, 87, 89, 96, 99, 153, 172, 173, 199, 212
šakk, 83
šarʿ, 56, 58, 72, 77, 84, 112, 116, 188, 203, 219, 221
šarīʿa, 76, 80, 107, 192, 204, 229, 230
šarīk, 91
šaṭḥ, 130
šīʿa, 9, 98
širk, 74, 75, 79, 83, 87-98, 102, 162, 164, 171, 214, 232, 240

ṣābiʾa, 138
ṣabr, 16, 18, 30, 32, 36, 38, 80, 81, 84, 95, 144, 145, 173, 204, 205, 214, 222, 230, 256
ṣaġāʾir, 97
ṣanʿ, 123
ṣāniʿ, 116, 147
ṣidq, 51, 94, 116, 128, 183, 207, 208, 227, 251
ṣifāt, 192, 194, 196, 235
Ṣiffīn, 89, 98
ṣirāṭ, 79, 174
ṣuḥuf, 138

ḍalāl, 11, 12, 25, 27, 33, 42, 44, 49-51, 53, 55, 62, 63, 79, 81, 82, 85, 91, 102, 104, 108, 116, 124, 126, 172-174, 178, 190, 244, 249
ḍarar, 130
ḍarūrī, 32, 132

ṭāʿa, 197, 218, 228
ṭabʿ, 190
ṭabīʿiyyūn, 81
ṭāʾifa, 121, 132, 133, 177, 178
ṭalāq, 137
ṭaʿn fī l-sunna, 92
ṭawāʾif, 132, 150

ẓāhir, 72, 80, 107, 110, 118, 120, 133, 153, 154, 166
ẓālim, 224, 239
ẓann, 88, 116, 174, 220
ẓawāhir, 111
ẓulm, 95

ʿabd, 24-26, 28, 41, 162, 218, 252
ʿabīd, 152
ʿaḏāb, 228
ʿadam, 34, 187
ʿadāwa, 158
ʿafuww, 240
ʿālim, 37, 148, 162
ʿamā, 53, 83
ʿamal, 28, 36, 98
ʿamd, 100
ʿāmma, 236
ʿāmmī, 57, 146
ʿaqd, 73
ʿaqīda, 27, 157
ʿāqil, 161, 186, 210, 237
ʿaql, 27, 31-33, 36, 39, 46, 49-51, 54, 108, 114, 177, 187, 189, 216, 219-221, 229, 215,
ʿaqliyyāt, 67
ʿaraḍ, 237
ʿārif, *ʿārifūn*, 78, 232, 233
ʿāšiq, 232, 256,
ʿaṭf, 237
ʿawāmm, 17, 27, 176, 212
ʿayn, 31, 251
ʿazīz, 226
ʿibād, 24, 25, 27, 236
ʿibāda, *ʿibādāt*, 73, 149, 157, 166, 197, 218

ʿitāq, 138
ʿulamāʾ, 68, 141, 153, 250
ʿunf, 236
ʿuqalāʾ, 113, 128
ʿuqūba, 239
ʿuzla, 157
ʿĪsā, 27, 46, 55, 85, 86, 89, 91, 114, 132, 133, 138, 139, 144, 181-185, 189, 203-205, 222, 234, 254, 255
ʿĪsāwiyya, 180, 183

ġaffār, 238-240
ġāfil, 221, 224
ġāfir, 238, 239
ġafla, 83, 236
ġafūr, 238, 239
ġarīzī, 32
ğasad, 26
ğawhar, 27, 35, 65, 172
ġayr, 94, 153, 236
ġurūr, 30, 31, 45, 46, 57, 58, 94, 105, 131, 184, 187, 211, 254

faḍāʾil, 56, 57, 84, 86, 108-112, 114-116, 132, 145, 147, 148, 150, 151, 173, 188, 212, 220, 233
fāʿil, 93, 196
fanāʾ, 34, 189
faqīr, 214
farḍ kifāya, 205
fāsiq, 67, 74, 97-101, 142, 143
fatāwā, 90, 250
fāṭin, 238
fawāḥiš, 96
fawz, 227, 228
fayḍ, 29, 106
fikr, 33, 39, 52, 77, 93, 118, 120, 141, 171, 219
fiʿl, 123, 143, 161, 218
fiqh, 14, 43, 62, 65, 75, 76, 86, 97, 101, 107, 116, 137, 139, 141, 142, 153, 155-157, 202-205, 208, 212, 250
firaq, 9, 98, 103, 112, 114, 186, 194, 244
fisq, 98-100, 102
fitna, 9, 12, 14, 76, 105
fiṭra, 27, 41-47, 49, 64, 111, 151, 152, 170, 175, 176, 178, 179, 212, 221, 225, 248
fuḍayliyya, 68
futūr, 82, 186

qabīḥ, 34, 239
qaḏf, 100
qadḥ fī l-šarʿ, 92
qādir, 105, 148
qalb, 25, 28, 30-37, 39-41, 44-47, 59, 71, 72, 73, 93, 95, 96, 129, 174, 185, 186, 212, 225, 233
qatl, 123, 149
qibla, 77, 181
qirāʾa, 157
qirmiṭiyya, 112
qiṣāṣ, 144
qišr, 188
qubḥ, 239

kabāʾir, 96, 97
kaḏib, 78, 124
kāfir, 9, 67, 74-80, 82, 84, 85, 87, 88, 92, 94, 98, 99, 101, 135, 143, 147, 149, 150, 155, 158, 162, 163, 172, 179, 202, 216, 226, 247, 248, 253, 255
kalām, 14, 33, 50, 62, 67, 75, 89, 101, 104, 177, 179, 180, 212, 225
kāmil, 29, 35, 55, 80, 151
karrāmiyya, 68, 122, 193
kasb, 36
kašf, 50, 177, 197
kibr, 90, 162, 212, 225, 230
kīmiyā, 28-30, 33, 34, 36, 40, 45, 49, 60, 157, 191
kitābī, 74
kuffār, 23, 24, 75, 76, 78, 79, 81, 88, 135, 138, 148, 151, 155, 160, 176, 178, 179, 213, 226, 228, 241, 242, 250
kufr, 53, 56, 58, 59, 69, 74-86, 88, 89, 91, 92, 96, 98, 100, 102, 104, 121, 123, 124, 126, 135, 144, 148, 158, 160, 169, 175, 212, 214, 216, 225, 226

lāhūt, 132, 133
laʿna, 238
lawāqiḥ, 129, 130
lawāzim, 196
liʿān, 137

lubāb, 52
lubb, 188
luṭf, 241

maʿārif, 84, 90, 121, 140, 181, 197, 214
maḏhab, 14, 99, 107, 132, 137, 151
maġrīdī, 32
maǧūs, 113, 138, 139
Mahdī, 106, 126
maḥẓūr, 154
malāʾika, 24
malakūt, 57, 206
mamqūt, 85
Maqālāt, 68, 69, 131
maqām, 7, 187, 214
maqāṣid, 197
maqṣad, 131, 132, 134, 236, 239-241
maʿrifa, 28, 34, 37, 44, 51, 58, 60, 69, 80, 87, 96, 102, 124, 134, 157, 175, 188, 205, 225, 228, 241
mašīʾa, 98, 227
maʿṣiya, 96, 223, 228, 236
maʿṣūm, 117, 147, 176, 185
mawāqiʿ, 215
mawhūma, 204
maẓālim, 110
mazdakiyya, 113
miḥan, 237
miḥna, 77
milal, 9, 27, 68, 98, 100, 105, 116, 140, 141
milla, 70, 113, 192, 197
mirāʾ, 152
miʿrāǧ, 39
miškāt, 17, 25, 26, 31, 33, 45, 78, 80, 87, 91, 188-195, 197-201, 205, 206, 251
mīṯāq, 43, 170
mīzān, 28, 31, 34, 37, 41, 46, 52, 54, 133-135, 175, 176, 186
muʿāmalāt, 142, 206, 208
muʿānid, 224
muʿaṭṭil, 74
mubʿadīn, 162
mubtadiʿ, 67, 74, 101, 158, 177
mubṭal, 50
mudabbir, 195
mudāhana, 160
mufassirūn, 172
muǧaddid, 10
muǧassima, 193
mūǧib, 148
muǧtahid, 62, 116
muḥādaṯa, 62
muḫādiʿ, 94
muḥallif, 155
muḥaqq, 50
muḥarrik, 195
muḫliṣūn, 24
muḥtāǧ, 236, 237
muḥtasib, 142-144
mukāšafa, 35, 134, 157
mulḥida, mulḥidūn, 109, 150, 190, 230, 242
muʾlima, 236
muʾmin, muʾminūn, 67, 70, 72, 75, 79, 99, 101, 143, 161, 163, 172, 177, 233, 240, 241, 248, 253, 254
munāfiq, munāfiqīn, 67, 74, 99
munāsaba, 133
munkar, 84, 142-144, 234
munkirūn, 113, 225
muqallid, muqallidūn, 33, 176, 232, 233
muqarrab, muqarrabūn, 201, 232
murāʾāt, 191
murǧites, 71, 90
murīd, muʿriḍūn, 148, 225
murtadd, 74, 149, 153
mušāhada, 49
muṣība, 223
muslim, 17, 23, 25, 44, 46, 67-70, 72, 75, 101, 103, 106, 134, 141, 153, 170, 172, 206, 207, 209, 225, 233, 243, 244, 248
mušrik, mušrikūn, 74, 87-91, 93, 94, 96, 98, 158, 160, 226
mustaḥiqq, mustaḥiqqūn, 146
mustaʾmin, 140
muṭāʿ, 197, 198, 201
mutafassirūn, 74
mutakallim, mutakallimūn, 16, 62, 74, 76, 148, 172
muʿtazilite, 12, 56, 69, 71, 73, 76, 77, 86, 89, 99, 104, 119, 121, 122, 145, 170, 194, 196, 229, 234, 235
muwaḥḥid, 227
muẓlim, muẓlimūn, 126

nadam, 39, 216
nafs, 26, 31, 33-35, 37, 39, 44, 49, 83, 84, 114, 161, 165, 190, 215, 218-222
naǧāt, 188, 227, 228
naʿīm, 211
nār, 39, 56, 92, 212, 225, 232
nās, 26, 27, 95, 153, 161, 169, 220, 221, 225
nasḫ, 181
nāsiḫ, 203
nāsūt, 132, 133
nawādir, 96, 207
naẓar, 52, 113, 116, 176
nifāq, 81, 90, 95
nikāḥ, 144, 149
nisba, 196
niyya, 94, 160, 207, 208, 251
niẓāmiyya, niẓāmiyyāt, 12, 14, 107
niẓārite, 106
nūr, 26, 86, 92, 189, 195, 201, 216, 243

hawā, 190
hidāya, 94, 138, 157, 161-163, 218, 236
hullāk, 224, 226

wadūd, 238
wāǧib, 115, 149
wāḥid, 57, 146, 153, 199, 210
wahm, 27, 33
wasaṭ, 215
wuǧūd, 59, 115, 116, 237
wuǧūdāt, 196

īmān, 27, 44, 51, 57, 58, 67-75, 79, 82, 83, 87, 93, 98, 99, 101, 148, 153, 155, 175, 212, 215, 216, 218, 225, 227, 236, 239, 243, 248

yaqīn, 51, 124

TABLE DES MATIÈRES

Avertissement 7
Introduction 9
Contexte historique des divergences entre factions à l'époque d'al-Ġazālī 11
Un homme prédisposé à surmonter l'iḫtilāf 12
Points d'attention 16

PREMIÈRE PARTIE : L'ANTHROPOLOGIE INCLUSIVISTE D'AL-ĠAZĀLĪ 21
Chapitre premier : Un « universalisme relationnel » 23
Sens des différences terminologiques pour désigner l'homme : *insān bašar* et *ʿabd* 24
Ontologie et origine commune des hommes 28
Entre l'ange et la bête ou la dualité ontologique de l'homme 38
Une approche universaliste de la *fiṭra* 42
Chapitre II : Épistémologie : entre approche universaliste et particulariste 49
Valeur heuristique de la raison 50
Raison et « Logique » au fondement du dialogue (*muḥādaṯa*) avec les non musulmans 54
Le statut de la vérité 56
Méthodologie d'un explorateur des religions : la théorie du *dihlīz* ... 62

DEUXIÈME PARTIE : HÉTÉRODOXES ET NON MUSULMANS À LA CROISÉE DES REGARDS D'AL-ĠAZĀLĪ 65
Chapitre III : La désignation du non musulman en islam 67
Le débat *islām* vs *īmān* 68
Terminologie théologique des non musulmans 74

CHAPITRE IV : ÉCRITS POLÉMIQUES ET RÉFUTATIONS DES NON MUSULMANS 103
Les *bāṭinites*, musulmans ou non musulmans ? 106
La critique d'al-Ġazālī des philosophes 119
La réfutation des soufis libertins (*ahl al-ibāḥa*) 124
CHAPITRE V : DÉFINIR LES DROITS ET LES DEVOIRS DES MUSULMANS ENVERS LES NON MUSULMANS 137
L'inclusivisme légaliste : l'exemple des *ahl al-kitāb*, les gens du Livre, et des *ḏimmīs* 138
Inclusivisme et exclusivisme légaliste, l'exemple des *bāṭinites* 145
Bienséance et éthique du bel-agir à l'égard des non musulmans ou les règles de la fréquentation 157
TROISIÈME PARTIE : VERS UNE THÉOLOGIE MUSULMANE DES NON MUSULMANS 167
CHAPITRE VI : TYPOLOGIES DE LA DIVERSITÉ DES CROYANCES 169
À la recherche de la vérité orginelle 169
Classification et typologies : vers une théologie des religions ? 175
Statut des Écritures des non musulmans 203
CHAPITRE VII : LE SALUT DES NON MUSULMANS 211
Une eschatologie inclusive : vers un salut universel ? 213
Typologie eschatologique du *Kitāb al-tawba* 223
al-hullāk – al-hālikūn, les perdus 224
al-muʿaḏḏabūn, les suppliciés 226
al-nāǧūn, les sauvés 229
al-fāʾizūn, les victorieux 231
La bienfaisance divine (*raḥma*) embrasse toutes choses 234
CONCLUSION : UNE THÉOLOGIE INCLUSIVISTE 247
Une théorie de l'apocatastase ? 252
Crainte révérencielle, amour et haine pour Dieu 254
L'amour seul 255
BIBLIOGRAPHIE 257
INDEX DES NOMS PROPRES ARABES 269
INDEX DES ORIENTALISTES 271
INDEX DES NOTIONS 272
TABLE DES MATIÈRES 279

IMPRIMERIE F. PAILLART, B.P. 30324, 80103 ABBEVILLE – (17054)
DÉPÔT LÉGAL : 2e TRIMESTRE 2022